The Synchronicity Key

The Hidden Intelligence Guiding the Universe and You

同步鍵

源場2

超宇宙意識關鍵報告

大衛・威爾科克 *David Wilcock* 著　黃浩填 譯

【出版序】

共時性不僅僅是一種幸福的意外

共時性（Synchronicity）不只是一種幸福的意外，也不僅僅是巧合。宇宙具有一種特性——一切都是相互連結的，而共時性就是這種宇宙特性所產生的效應。它是一種證據，證明了萬物都是一個合一、相互連結的整體的一部分，這是對生命法則的確證。

我最初知道大衛．威爾科克這個人是在二〇〇八年，當時我的姨媽凱特．福斯特（Kate Foster）來電讓我去看看DivineCosmos.com（本書作者的個人官方網站）。我的姨媽是靈性探索者，向我介紹了不少偉大的思想家，比如賽斯（Seth）、埃克哈特．托勒（Eckhart Tolle）、亞伯拉罕．希克斯（Abraham-Hicks）等人。凱特說這個網站的主人頭腦非凡。我在DivineCosmos.com看到了一個近年來才被揭示的隱祕世界，一個關於意識的世界。大衛的核心洞見——在宇宙中存在著一個穿透萬物的意識——讓他的研究變得如此獨特。大衛認為，宇宙是活的，而我們全都是這個把萬物鏈結在一起的生命體的一部分。這是多麼精彩的觀點啊！

在這個世界上，可供我們探索研究的資訊是如此之多。身為圖書出版者，我尋找的是那些能對這些浩翰的資料進行研究並完全弄明白的人。在這裡，我們邀請讀者去思考那些古老觀點的新洞見。我的姨媽在二〇一三年年初過世，她生前一直努力領著我去認識宇宙萬物的新理解、新意識，促請我讓這些偉大的觀點得以彙集成書並出版傳播。我和大衛合作的第一本書《源場——超自然關鍵報告》（*The Source Field Investigations*）在出版不久後就登上《紐約時報》暢銷書排行榜，並在世界各地被譯成多種語言出版。《源場——超自然關鍵報告》是一部百科全書式的著作，主要探究人類在宇宙中的存在狀態，出版後立即成為該研究領域的經典作品，但我感覺這只是一場新運動的開端而已。

這本書則是這場新運動的下一次革命。就像《源場》一樣，本書同樣充滿了令人震撼的研究及深刻的洞見，著重闡述這些隱祕的科學法則對我們的日常生活與生命經歷有何影響。你手中的這本書，可以讓你的生命發生深刻的轉變。

大衛是一個不可思議的「瘋子」——像薩滿、宣道者、解密者的綜合體，但是在探索那些令人不安的生命問題方面，他的眼光和洞察力一直都無比敏銳。他總是在不斷地探尋與發現，他有一種能把看似無法解釋的東西解釋清楚的能力。同時，對於一切事物，他總是堅定地保持著積極與樂觀的心態。他的文字與研究，傳遞著關於希望與愛的訊息。凱特把我引向大衛的網站不是意外，我和大衛合作出版這本書也並非巧合；同樣的，你現在正在看這本書也不是巧合。一切都是相互關聯的，這個法則舉世皆然。

道頓（Dutton）出版公司發行人

布萊恩·塔特（Brian Tart）

目錄

出版序——共時性不僅僅是一種幸福的意外　2

第一部　靈魂在宇宙中的旅程

第1章　追尋之旅，真相無處不在　10
最棒的是，當你理解了宇宙的隱祕藍圖，你就可以開始自主控制你的生命經歷，不必隨波逐流，或在接納與操縱之間被迫做出選擇。

第2章　大揭祕，兔子洞裡藏著什麼？　29
在宇宙這個巨大的兔子洞裡，一種隱祕的智慧「規畫」了世界歷史上的一些重大事件，讓我們不斷去經歷同樣的境況，直到人類覺醒，不再彼此傷害。

第3章　巧合透露的天機，同步鍵的共時性現象　51
你以為不經意出現的巧合，其實暗藏玄機。榮格相信，同步鍵能讓我們走出以自我為中心的思維模式泥淖，看到所有人之間那種遠超過我們想像的連結性。

第4章　誰在陰影裡興風作浪？一個幕後的菁英陰謀集團　69
有越來越多的人正意識到：在這個世界上，有些人對人類懷有非常負面的意圖，他們很可能早已組成一個隱祕的菁英團體，在數百年來一直操縱著人類的政治、經濟和媒體。

第5章　拿槍的手改拿鈔票，我們正處在一個金權時代　97
誰在藉著金融風暴牟利？一些跨國銀行家族創立了聯準會與國際清算銀行，借此控制全球金融，試圖實現他們所稱的「新世界秩序」——全球統治陰謀。

第二部　進入魔法世界

第6章　業報，埋在潛意識裡的罪惡感　124
生命的任何境遇都並非偶然隨機，我們的所有行為都會對萬事萬物造成影響。我們對他人所做的，最終都會回到我們自己身上。寬恕，是使業力之輪停歇的關鍵所在。

第7章　無始也無終，關於輪迴轉世　139
透過和相同的人重複經歷相同的生命故事情節，一起轉世的靈魂能夠消融一些集體性和個人性的業障，直到他們學會這些生命課題為止。

第8章　死亡之後的旅程　159
從死亡到轉世之間有十個不同階段，包括死亡與離去、通往靈界之路、回家、定位、轉變、安置、選擇人生、選擇新身體、準備與啟航，還有重生。

第9章　出發吧！發現自我之旅　183
全世界幾乎所有的神話都在講述同一個故事——英雄發現自我的旅程。事實上，只要循著終極靈性進化藍圖前進，我們每個人都可能成為英雄。

第10章　挺身當領頭羊　202
面對人生的重大抉擇時，我們都可能被人性弱點捉住。不想被異形吞沒，你只能勇敢關愛、接納和寬恕，才能扭轉局面。

第11章　一無所有，是人生最大的恐懼？　212
業力之輪會把我們帶到最低點，這時我們沒有任何選擇，只能勇敢地爬起來，克服那些難以言說的痛苦，最終再次返回頂點。

第三部　勝利與失敗的循環

第12章　五三九年，一個深富意義的歷史周期　232
五月風暴的學生運動，發生在聖女貞德起義之後的五三九年，這場幾乎讓法國政府垮台的學運，猶如聖女貞德帶兵起義的重演，讓草根階層站起來反抗工會及政府的專斷領導。

第13章　美國是現代版的羅馬帝國？　247
羅馬帝國與美國的歷史大事出奇相似，古今對照，所有重大事件發生的日期竟然都相隔一個黃道十二宮週期——二一六〇年。

第14章　人類歷史跟著黃道十二宮的週期走？　265
越戰、水門事件、阿富汗戰爭、九一一事件……戰爭與暴行的往復循環，都落在黃道十二宮的週期裡。人類要如何看穿這些循環帶來的啟示，擺脫命運的箝制？

第15章　天沒有塌下來，而是我們開始看到了真相　279
一旦學會歷史週期教給我們的課題，我們可能會經歷一次驚人的全球謝幕，陰謀集團的真面目會被徹底揭開，而我們也將目睹另一個真相：一直以來，都有高度進化的地外親族在幫助我們。

第16章　還原九一一事件的真相　304
官方的故事版本是九一一事件的真相，還是一個驚天大騙局？官方說法的無數漏洞、證人的揭露證詞、來自內部人士的消息等等證據都表明，我們總是被事件的表象蒙蔽了。

第四部　消解外部衝突與內部衝突

第17章　預言與解讀　320
我們一直活在幻象中，如此深陷其中而忘記本質。蒙蔽的雙眼讓我們以為事情總是隨機發生的，但實際上有個更高的智慧早已安排好了這一切，這些計畫的規模之大、跨越時空之廣，超過人類的想像。

第18章　重新改寫人類的生命之書　329
一旦我們能更清晰地理解同步鍵的作用，上緊宇宙時鐘的發條，揭開歷史循環週期的奧祕，人類就能化被動為主動，主導並完成進化之旅。

第19章　歷史為什麼會重演？　335
我們總是習慣性地認為時間是線性的，相信當下所發生的事件不會受到過去的影響。但其實時間本身的結構很可能像是一個螺旋圈，每個反覆的螺旋都會彼此重疊。

第20章　從黑鐵時代到黃金時代　345
全人類的英雄之旅早已默默展開，我們早已上路，只是渾然未覺。所有願意去探求一個更美好、更安穩和更仁愛的世界且勇於面對真相的人，實際上都在幫助療癒我們的星球，而這正是我們目前急需去做的事。

第21章　進化、變身，邁向第四密度　358
在這個宇宙大聯邦之中，目前大約包含了五百個星球意識體。身為其中一員的人類目前的進化層級停在了第三密度，正往第四密度邁進。許多古老的文獻都預言了這個即將到來的變身躍進，不久後，我們將經歷一場全球性的偉大覺醒和轉變。

誌謝　393
本書分章注釋　395

☆編按：本書注釋分為兩種，❶為原書注，統一分章收錄於書末，①為譯注，置於每章章末。

| 第一部 |

靈魂在宇宙中的旅程

01 追尋之旅，真相無處不在

最棒的是，當你理解了宇宙的隱祕藍圖，你就可以開始自主控制你的生命經歷，不必隨波逐流，或在接納與操縱之間被迫做出選擇。

你可能已經拿起這本書，或許很多人在多年以後仍然會喜歡它。對於我們生活在其中的這個複雜的世界，你可能會想從中尋找一種新的理解。不久以後，如果這些資訊對你來說具有足夠真實性的話，你將會飛往一個心智與心靈的天堂，讓你從日常生活中的煩擾困惑中完全解放出來。

美妙的啟迪之語像愛的瀑布一樣從空中灑落下來，此時，雖然你會感到時間在飛逝，但是所有的一切對你來說都是非常美好的。毫無疑問的，你肯定經歷過一些美好的時光，比如說，在孩童時期充滿期待地打開禮物；取得難以置信的成功；欣賞大自然壯麗的景色；享受新戀情或者一個新生兒所帶來的情感激盪。在那些時刻，生活是如此美好，宇宙是如此美妙，你感覺萬物都在帶給你啟示，對於未來你感到無比樂觀。你甚至會開心到掉下眼淚。你感覺到愛的存在，你相信生命是有價值和目的的。你覺得自己是一個美好的人，值得收穫所有的慈愛。你甚至可能會感到這種體驗改變了你的生命——帶給你全新的觀察視角，教你用不同方式進行思考，或者讓你能避開那些以前似乎無法避開的陷阱和誘惑。你似乎得到了真正的幸福。

掉入污水坑般的逆境，你會做哪種選擇？

然而，生活總是很難一帆風順，悲劇經常會突然降臨。那時，你會感到沮喪或屈辱。你可能沒了工作；你或許出了車禍；你可能沒有足夠的錢來維持生計；你擔心可能會失去房子；你的健康也許出現了嚴重危機；你的孩子正在大聲哭鬧，他可能病得很嚴重；你正值青春期的女兒可能痛恨你；你甚至可能會遭受暴力威脅……一切似乎都陷入黑暗之中。

你感到恥辱、被愚弄和嘲笑。你最愛和最信任的那些人沒有伸出援手，反而斥責或攻擊你，讓你感到被殘酷地背叛，孤立無援。那些曾經帶給你愛、感激、尊重、榮譽與寧靜的事物，現在卻讓你感到痛苦、悲慘、憂傷、絕望與恐懼。你竭盡全力去面對和克服這一切，試圖弄明白到底發生了什麼，但是你感覺老天似乎和你過不去，獨獨讓你承受這些可怕的懲罰。你可能會覺得沒人像你一樣會經歷如此的痛苦，你認為自己所經歷的這些痛苦是如此難以言喻，換成是其他人，或許早就崩潰了。

這是你的抉擇時刻。你還相信未來是積極美好的嗎？你還相信愛與幫助別人是有價值的嗎？你會讓悲慘與絕望壓垮你，還是會探尋如何讓這個世界變得更美好？

你仍然相信，如果你依舊以愛、寬容和接納對待他人，同時保持一種適當的界限，不讓自己受到外界操縱，那麼這些個人層面或者世界層面的創傷最終將會被療癒嗎？你會覺得，如果你的心中有愛，愛就會顯現在你的生活中？你是否堅強到可以去寬容與忘記——去真正的釋放內在的痛苦——並且深切的知道，生命是美好的，你值得擁有一切美好的東西？當危難降臨或者他人對你不敬時，你會覺得無需為此生氣、悲傷或沮喪？

且讓我假設，當你面對生命中的起起落落時，愛與寬容將會是你的第一選擇。在下一章，我們將會討論到一些重要的靈性資料，在這些資料中，這種態度（或者說這種選擇）被稱為「正面之路」（the positive path）或者「服務他人之路」（the service to others path）。透過這一條道路，我們會學到如何藉由自己的行為態度讓愛由內而生，而此一過程，也會對我們生活的所有面向產生一種療癒與重生的作用。

你的第二種選擇可能是：把每個悲劇性事件，都看成是發生在這個「真實世界」、長久且從不中斷的一系列可怕事件的開端。在這些痛苦的時刻，你是否會忽視生命中所有積極的東西，然後以憤世嫉俗的自嘲態度下結論：生命是如此糟糕，你無法真正信任任何人；愛是不存在的，每個人只想得到他們想要的東西。你唯一確信的事情就是，你將會走向死亡，而人類的存在最終將會是一種徹底的失敗——變成地球上的一種癌症？

你是否會覺得，因為你瞭解了這個世界是如何運作的，所以你很強大、很有智慧，而其他仍然相信愛與寬容這種幼稚謊言的人是如此軟弱與無知，甚至悲哀？看到別人在遭受痛苦，你會感到快樂嗎？你是否很享受嘲諷那些相信愛與靈性現實的人？你是否把這個世界劃分為「我們」和「他們」兩種類別，認為那些屬於你這個組別的人就是優越的，而那些在你的組別之外的人就是低劣的，或者說次等人？你是否會處心積慮地學習如何操縱和控制他人，為了自己的方便和安全而對他人撒謊，從而避免讓他們的盲目與殘酷給自己帶來痛苦？你是否會覺得，如果能讓他們變得更強硬，變得更像你和你所屬的組別，這最終會是一件好事，因為他們將不會再顯得軟弱無能？

這種行為態度可以被稱為「服務自己之路」(service to self)、「負面之路」（negative path）或「操控之路」(the path of control），我們將在後面詳細探討這一點。從根本上來說，這是在我們的日常生活中尋找能量與生命力的另外一種方式。在這條道路上，我們的首要關注目標就是從他人身上吸取能量。

另外，你還有第三個選擇，也就是否認和避開上述這兩條道路。

當你經歷那些最黑暗的時刻，你是否會保持那種天真的信任——相信一切都會好起來的。當以前那些快樂積極的經歷重新浮現在眼前時，它們現在看起來是否反而像一種可悲的童話故事？你是否會覺得，自己無法承受如此多舛的生命歷程，而無名的恐懼感、難以忍受的恥辱感和壞事似乎總會接踵而至的感覺，幾乎壓得你喘不過氣？你是否會強迫自己不去面對這一切？你是否變得絕望？你是否會失去勇氣？你是否會想盡一切辦法去逃避真相？你是否會想出種種幼稚，甚至是荒唐的方式去欺騙和說服自己，臆想這種令人不快的事件並非真實，並且去尋求他人來支持你的故事——因為他們和你一樣，也無法面對與處理自己的境遇？

你是否會在你悲慘的深淵中孤注一擲地尋求逃避之道，尋找一條救命索，以便讓自己再次品嘗快樂的滋味？你是否正在忽視眼前的現實？你是否透過學會與一種強烈的衝突共存共活的方式，來爬出痛苦的深淵？你是否無法接受一個慈愛的造物主會允許這些看起來無比可怕的事情發生？你是否會在跌倒後站起來，忽視那些痛苦，去做一些會讓你暫時感覺良好、但最終會傷害你的事情？短時間內，你是否覺得一切都好？但那只不過是你在逃避，自己終將會回到現實生活的此一事實。

那些不斷重複這些體驗，沒有獲得新領悟，既不選擇愛的道路也不選擇操控道路的人，被認為身處「冷漠的污水坑」（the sinkhole of indifference）❶，或者說處於一種「真正無助」的狀態❷，就像《一的法則》（Law of one）這套書所描述的。

每次，當我們經歷一個個關於快樂與痛苦、喜悅與絕望、愛與恐懼、繁榮與蕭條、幸福與苦難、寬容與評判、信任與背叛、強大與軟弱、「好」與「壞」的循環時，這些選擇總會出現在我們的面前。正如我們將會看到的，此一循環被寫入每部電影、電視劇，以及從古至今的每個偉大神話故事之中——甚至也被寫入歷史事件的起落興衰之中。這，就是「生命之書」①。

不管是無神論者、不可知論者或是虔誠的宗教信徒，我們每個人一直都被這個故事所驅使著。當我們去戲院看電影時，隨著燈光變暗、影片開始放映，我們會逐漸放鬆自己的防衛機制，像個小孩一樣融入故事之中——如果這個故事說得好的話。從這個意義上來看，每部電影、戲劇、電視劇和神話都是一種靈性儀式，正在從我們體內能毫不費力知曉真相的那個部分，喚醒那些關於萬物真相的深藏記憶。然而，這個偉大故事的現代複述，其實從未揭示出深藏在這個故事之中的真理。在這一永恆智慧的寶石在被真正發現及被如實認知之前，我們將會繼續在快樂與苦難的無盡循環中受苦。

宇宙存在著一種智慧，要讓我們理解業力之輪

這個故事最棒的部分就是，我們無需一直受苦。一旦你理解了宇宙的隱祕設計，你就可以開始自主控制你的生命經歷，立即提升你的生命品質。最後，你或許會感覺到此一資訊——這個永恆的智慧——是一種活生生的存在。就像一顆充滿生命潛力的種子，它可以在數百年或者數千年間保持休眠狀態，但是它並沒有失去生命力。現在，你可以去學習理解這個循環——也就是所謂的「業力之輪」——並去看看它到底是什麼，以及它為何會存在。

踐行這些永恆的智慧，你就可以到達循環的頂端，也就是這個故事中最高潮、最好、最快樂也最成功的點，不會再被拖入到絕望的深淵之中。你將可以從軟弱、痛苦、悲傷、恥辱、背叛、憤怒與恐懼之地，轉移到一個充滿幸福、富足、快樂、豐盛、和平與充實的世界，並且一

直待在這個世界裡。

有人認為「感覺」，可以療癒所有苦痛並創造出永久的寧靜和平。追尋良好的感覺、快樂的感覺和受啟發的感覺，似乎能為任何問題帶來可接受的解決方案。但是，你往往也會在感覺上「受傷」。並且，如果你一心只想得到良好的感覺，你就會不斷地感到失望。當我們無止盡地追尋快樂時，這種癮頭就會不知不覺地形成，這時，即使需要為此付出越來越多的代價，我們通常也不會遲疑。這種只想得到良好感覺的欲望，會讓我們持續地受困於對現實的否認與逃避之中。在這種狀態下，我們不能或不願意在愛與接納的道路、或操縱與控制的道路之間做出選擇。

也有人認為「思考」可以解答神祕的事物。他們認為生命就是一個巨大的謎團，當你對你的問題進行足夠長久且深入的思考時，你通常就能找到答案。然而，你一直生活在一個以特定方式進行思考、持有特定信仰的世界中，因為太過習以為常，我們很容易就會陷入其間，甚至對那些已經在靈性修行道路足夠精進的人來說也是如此。

在動物世界，與自己的同類群體在行動上保持一致可以說是保命之道。如果你離群索居且被拒絕融入群體之中，你可能不會活得太久。行為研究專家很久以來就知道，我們人類與動物世界有很多共通之處，而這種一直存在的、對群體認同的渴望，正是我們那些最根深柢固的行為之一。我們以我們的知識為傲，並且學校和社會都在教導我們，如果我們有不正確的想法，我們就是失敗者，我們的生活會因此受到威脅。我們會根據我們持有並認為真實的想法與知識來建立自我身分，萬一這些知識受到嚴重的挑戰或被證實是不正確的，我們就會感到一種幾乎無法忍受的恥辱。而這種恥辱感，很快會轉變成可怕的暴怒。

當我們繼續深入發掘，我們或許會發現，我們過去所感受到的心理傷害（特別是那些我們在成年前所經歷的傷害）對我們有著深遠的影響。我們內心承載著的種種痛苦或許非常強烈，以至於會影響我們所想的每個念頭、體驗的每種感受，以及我們所採取的每個行為。我們知道自己真正的需求——被愛與被接納。然而，當我們越進入到否認的狀態、越去扭曲真相，我們的問題就會變得越加糟糕。同樣的，當我們越發努力地去要求別人友好地對待我們，或者為了避免受到傷害而避開他人，我們就會越發痛苦。在本書中，我們會探索那些可以為我們提供有效方法來幫我們中止痛苦的智慧教誨。

歷史總在重蹈覆轍？

《源場——超自然關鍵報告》（*The source Field Investigations*）在二〇一一年八月出版後廣受好評，持續三週榮登《紐約時報》暢銷書排行榜。該書原稿我已經刪了一百多頁，其中包含了大量的資料，在這些資料中，我嚴密地證明了世界歷史上那些最重大事件的出現並非偶然——實際上，它們一直在遵循著非常精確的時間週期，不斷重現。發生在這些週期之內的事件，都在向我們述說一個故事——這個世界的「生命之書」①。這個故事展示了「業力之輪」和「英雄之旅」②中的起起落落。關於英雄之旅，我們會在後文探討。

這些週期的其中一個，就是經典的二一六〇年黃道十二宮時代（Age of Zodiac）③。正如我們即將看到的，處於白羊座時代的羅馬曾發生過一些重大的歷史事件，而在二一六〇年後的雙魚座時代，這些歷史事件竟然以一種非常相似的方式重現於一個現代國家——美國。法國學者米契爾．赫爾默（Michel Helmer）和弗朗索瓦．馬森（François Masson）在一九五八年揭示了這個重大的隱祕真相，而我能知道他們的研究工作完全是奇妙的機緣巧合❸。俄國科學家尼古萊·莫洛佐夫（Nikolai A. Morozov）也在歷史中發現了其他的重複模式，比如舊約時期的希伯來國王與一千多年後的羅馬帝王之間的精確關聯性。莫洛佐夫在其一九〇七年的著作《暴風雨中的揭示》（*Revelation amid Storm and Tempest*）中，就已經開始發表了他的研究成果❹。最終，在一九二六年到一九三二年期間，莫洛佐夫將他的獨特發現總結於一套七冊的《自然科學視角下的人類文化歷史》（*The History of Human Culture from the Standpoint of the Natural Sciences*）的巨著中。從一九七〇年代開始，安納托利·弗明科（Anatoly Fomenko）博士就開始運用且大幅擴展了莫洛佐夫的理論模型，在全球歷史的層面探究這種現象。弗明科發現，在有文字記載的整部人類歷史（可上溯至西元前四千年的蘇美時期）之中，這種模式就一直不斷重複出現。

這些如此驚人和神祕的證據，讓莫洛佐夫和弗明科相信，我們記載在冊的大部分歷史，實際上是由歷史學家編撰出來的謊言，這些歷史學家將一系列相同的事件套用到不同的紀元中。他們認為，這些歷史學家一再套用所有最重要的細節，只是把統治者、城市和國家名字換一換而已。但我的感覺是，這些週期是一種極其神祕的現象，有需要寫一本新書來獨立解釋。

對於造成這些週期的原因，儘管我有些想法，但還無法完全確定。在本書中，我將會把這些證據完整地呈現出來，並提供一個解釋這些週期運作方式和原理的可行理論模型。毫無疑問的，儘管這些證據乍看之下可能讓人費解，但這絕對是地球上最大的生命謎團之一——當你研究了這些證據之後，應該會更加認同這一點。

我們大部分人都如此沉迷於「世俗諦」（世俗的真實）④，以至於聽到關於週期循環時間（cyclical time）這樣的觀念（即相似事件在一定的時間週期內重複出現）後都會一口否定，認為這是完全不可能存在的；而任何提出這種觀點的人，則會立刻受到冷嘲熱諷。然而，當你讀完這本書時，或許會有不同的看法。我們不能因為某件事情令人難以置信就無視它的存在，事實上，我們已經得到了相當令人信服的證據，但是要完全理解此一現象，我們需要徹底重建我們對宇宙的科學觀點。目前有各種各樣的相關發現被學術界忽視或輕視，而當我們將這些新資訊呈現在世人面前時，我們的整個世界觀或許會徹底改變。

有很多的科學證據證明，宇宙本身是一個活生生的存在，不過這種認識尚未普及。宇宙是一個龐大的、非凡的、活生生的存在，而我們與它之間的連結程度遠遠超乎我們的想像。整個宇宙起源於一個統一的、具有覺知意識的能量場，而我們可以將這種隱祕的能量場稱為源場（Source Field）。在這種新科學理論中，星系、恆星、行星實際上也是一種生命形態，只不過其規模遠超過我們的想像。量子物理的基本法則，將我們認為無生命的原子和分子組裝成了DNA和生物體。

DNA，一種組裝生命的能量波

顯然的，DNA是理解生命及其組成方式的關鍵所在。從一個細胞中提取出來的一串DNA，包含了足以複製一個完整生命體的資訊。新的科學證據告訴我們，DNA的初始狀態是一種波，而非一個分子。這種波是存在於時間與空間之內的一種模式，被編碼到整個宇宙之中。按照這種新科學理論來看，我們四周充滿了脈衝波，這些脈衝波包含著不可見的基因資訊，很像衛星電視信號、無線電波、手機和寬頻網路信號。這些無比微小的波能夠生成DNA——先在微觀物質層面創造出萬有引力（或稱重力），然後將其周圍的原子和分子吸引過來組裝成DNA。如果能發明出可以探測這些波的儀器，我們就會看到，每一個這種波都可以成為DNA分子的一個能量複製體，而正是這些能量複製體最終形成了物質態的DNA。當原子被這些波吸引到一起時，它們會自然而然地「落」到了正確的地方，就像被山澗席捲的石塊會自然沉到水底一樣。當一個DNA分子被組建出來後，這些相同的微重力會使各個分子纏繞在一起，這樣才能開始整合及創造出更大的生命形態。

有一個科學家見證了這種微重力的能耐，他就是塞吉·萊金（Sergey Leikin）博士。二〇〇八年，萊金博士將一些不同類型的DNA分子放在普通的鹽水裡，再用不同顏色的螢光劑對每一種DNA進行染色標記。令萊金吃驚的是，那些本來相互匹配的DNA分子，竟然穿過了非常遙遠的距離（對它們來說，相當於數千英里遠）成功地找到彼此。沒多久就形成了一簇簇的DNA分子，每一簇都是由染有同色螢光劑的DNA分子所組成❺。到底是什麼力量，吸引著它們經過如此遙遠的距離最終聚集在一起呢？萊金覺得這種現象或許是電荷所致。然而，其他的實驗清楚地證明這種效應與電磁場無關。在現代科學已知的能量場中，重力成了最有可能的答案。

二〇一一年，諾貝爾生物獎得主路克·蒙塔尼耶（Luc Montagnier）博士證明，僅僅由氫分子和氧分子就能自發組建生成DNA。蒙塔尼耶先將純淨的無菌水裝在一個完全密封的試管之中，接著，他將另外一支也密封好的試管放在前一支試管旁邊，但前者的水中還漂浮著少量的DNA。然後，蒙塔尼耶用一種頻率七赫茲的微弱電磁場來電化兩支試管，之後就靜置不管。經過十八個小時後，在那支僅僅裝有無菌水的試管中出現了一小片的DNA——純淨的無菌水竟然生成了DNA❻。我們不要忘了，水就是H_2O，由氫和氧元素組成，而DNA是由比水分子複雜得多的分子構成的。水（H_2O），如此簡單的元素怎麼可能形成DNA呢？這是科學史上最重要的發現之一，而發現者還是一個獲得諾貝爾獎的生物學家。然而，儘管媒體對這個發現做了點報導，但幾乎被完全忽略了。

這種新科學告訴我們，無論何時何地，宇宙一直都在不斷地合力創造生命，甚至在最荒瘠之地也如此。在宇宙中的任何區域，這些隱祕的微重力波都會將周圍的原子和分子聚集起來生成DNA。令人驚訝的是，英國天文學家霍伊爾爵士（Sir Fred Hoyle）和威克蘭瑪辛格（Nalin Chandra Wickramasinghe）博士發現，漂浮在我們銀河系中的九九．九%的星塵實際上是凍乾的細菌。❼霍伊爾爵士在一九八〇年四月十五日的演講中，揭示了這些新發現對人類的意義。然而，直到三十三年後的今天，這項驚人發現依舊沒有被大眾所瞭解。

微生物學起源自一九四〇年代，一個複雜程度令人震驚的新世界等著被發現。回顧起來，有件事相當值得注意，那就是當時微生物學家並未立刻體認到，他們所深入探索的世界必定具有宇宙秩序。我猜微生物所具有的宇宙特質在下一代眼中，就像我們這一代視太陽為太陽系中心一樣明顯。❽

我們已經知道，我們銀河系中的星塵源自於恆星的表面，以太陽為例，就是源自於被我們稱為「太陽風」的東西。如果九九．九%的銀河星塵粒子其實就是被凍乾的微生物體，那麼每一顆恆星就是一座生命工廠。每個恆星的熾熱表面充滿了活生生的細菌，這些細菌可耐極高的溫度；就像恆星中那些極熱的物質會被拋到寒冷的太空一樣，這些細菌會立即被凍乾並保存在太空中。它們最終會漂到行星上，在那裡它們將與水結合並被重新加熱，再次形成有生命力的生物體。科學家們甚至已經觀察到，細菌在完全密閉的核反應爐中出現並成長，還以核輻射能為食❾。它們是如何出現在那裡的呢？我們現在已經有足夠的證據得出結論：這些細菌是在反應堆內自發形成的，被「設計」成以輻射能維生，並將輻射能拆解為對其他生命形態損害更小的物質。

無論在地球的什麼地方，甚至是地表下二．八公里處，我們仍能發現活細菌的身影❿。但是，根據當前的主流科學理論——達爾文進化論，所有的這些細菌都是「隨機」出現在地球上，且全部都源自於一個單一的原始細胞。而根據我們所說的這種新科學觀，宇宙本身就是一個活的生命體，且所有基本的物理法則都被「內建」了一個目的，那就是在任何可能創造生命的地方創造生命——包括微生物、植物、昆蟲、魚類、爬蟲類、鳥類和哺乳類。

其他科學家也發現了DNA吸收光子（一種構成宇宙可見光的微小能量包）的現象。新的科學證據向我們揭示了，光子對於DNA的健康及基本功能有著非常關鍵的作用，並且在生物體內，它顯然還擔任發送和接收資訊的工作。此外，理論生物學家波普博士（Fritz-Albert Popp）發現了DNA分子很像一根微型的光纖電纜，儲存了多達一千個光子⓫。這些光子以光速在分子中不斷運動，它們會一直儲存在分子中直到被使用。科學家們在一些突破性實驗中觀察到了這整個過程，我們將會在本書中探討這些實驗發現。

一九八四年，俄國科學家彼得・卡里耶夫（Peter Gariaev）發現，當一個DNA分子被放置在一個微小的石英容器中時，會自動吸收房間裡的每一個光子⓬。這就好比是當某個人一出現在運動場上，這個區域內的每一個光子就突然改變運動方向，全都直接被他／她吸引過去，使得這個人閃閃發光，而這個區域中的其他地方則完全陷入黑暗之中。根據傳統科學理論，唯一能彎折光線的是重力，就像我們在黑洞周圍看到的情景一樣。因此，DNA似乎產生了一種微重力效應，能夠自發性地吸引及捕獲光。萊金認為，在他所做的那個螢光劑DNA實驗中，使那些DNA分子能夠千里迢迢聚在一起的力量似乎是電荷。但問題是，當光穿過空間時，電荷根本無法使其彎折。我們唯一能看到這種能量性折光效應的地方，只有黑洞附近。

當卡里耶夫將DNA從小石英容器中拿出來後，更不可思議的現象出現了。他取出DNA後，心想實驗已經結束了，但當他最後用顯微鏡再看一眼時，卻驚訝地發現，光子形成螺旋狀懸停在之前DNA所在的那個位置上。這怎麼可能呢？如果沒有DNA可讓光子停留，這些光子應該會立即消散才對，但是它們卻仍然留在原地。似乎有某種力場——顯然與一種微重力有關——使得這些光子仍然停留在先前位置。卡里耶夫和同事將這種現象稱為「DNA魅影效應」（DNA Phantom Effect）。我覺得這是科學史上最重要的發現之一，其背後隱含的意義是如此驚人，許多科學法則需要被完全改寫了。

雖然DNA會創造出某種力去吸收光子並將它們拉到分子中，但要做到這一點並不一定要有DNA。似乎有某種不可見的力量——某種波——能自動地吸引光和使光停駐。一旦我們將DNA移走，這種波仍然存在那裡，仍然能使被聚集起來的光子保持停駐狀態。

卡里耶夫發現，當他用極冷的液氮衝擊這些「魅影」時，光子就會四散逃離那個力場。但是，過了五至八分鐘，新的光子又會被那個不可見的力場捕獲，完整的魅影再次出現。無論卡里耶夫衝擊這個魅影和沖散那些光子多少次，魅影還是一直重現，甚至持續了驚人的三十天⓭。這種效應無法用任何形態的電磁場加以解釋。它不是由靜電造成的，也不是由某種無線電波或電漿造成。重力是我們所知唯一可能製造出類似效應的力場，這也意味著，我們當前對於重力的理解仍停留在很原始的階段。

我們知道，地球上的物體在墜落時的加速度是每平方秒十公尺（$10m/s^2$）；而在真空中，一根羽毛和一塊磚頭的墜落速度是一樣的。但是，現在我們需要考慮的是：重力可能在量子層面上具有某種結構，而這個結構能在同一個地點維持至少三十天，即使這個區域內不存在任何有形物質。這意味著，重力的存在不必然要依賴物質。重力瀰漫於整個宇宙之中，如果重力中隱藏著能生成DNA的波，而DNA能生成智慧生命，那麼重力本身也一定是具有生命力且有智慧的。這就是我將重力稱為「源場」的原因。我們有一些方法可以來驗證源場在量子層面的運作情況，而我剛剛已經和你們分享了其中的一小部分。

雖然從發現ＤＮＡ魅影現象至今已快三十年了，但這個意義重大的發現卻從未被廣泛報導。如果此一知識被廣泛地認知和接受，將會徹底轉變人類的社會；同時，它也會為能量醫學這種全新且有強大效力的療法帶來更大的發展空間。在《源場——超自然關鍵報告》一書中，我整合了超過一千項相關的學術引用，並在網路媒體《赫芬頓郵報》（*Huffington Post*）做了獨家的幻燈片展示報導，同時，這本書也得到了著名學者葛瑞姆・漢卡克（Graham Hancock）的高度評價。下面是關於《源場——超自然關鍵報告》的相關內容概述，為能表達得更清晰，我做了一些修改。在下面幾個實驗中，你將會發現，我們可以用光將新的遺傳指令照射到一個ＤＮＡ分子中，將其遺傳資訊完全改變。生成ＤＮＡ的量子波所具有的微重力會捕獲ＤＮＡ中的原子，並將它們轉移到別處，直到它們再次被組裝成新的結構為止。這是一種解釋物種進化的全新方式，而其中的機制已在實驗室中得到證實。

瑞士著名的大化學公司汽巴嘉基（Ciba-Geigy）——現更名為先正達(Syngenta)——的農業部發現，植物種子只需使用一種微弱的靜電流，就能使它們轉變為已滅絕植物的種子⓮。利用這種方法，他們製造出了更強壯、長得更快的小麥、已滅絕的一些蕨類植物及帶刺的鬱金香⓯。義大利科學家伊吉那（Pier Luigi Ighina）透過某種能量裝置，只需十六天就將一棵杏桃樹轉變成蘋果樹，樹上的杏桃變身成蘋果。伊吉那還把貓的ＤＮＡ波資訊傳送到老鼠身上，讓這隻老鼠在短短四天內就長出了一條貓尾巴⓰。俄籍華人科學家姜堪政博士⑤因為發現了一種裝置而獲得專利（專利號N1828665），這種裝置能用微波將鴨子的ＤＮＡ波資訊轉移到懷孕的母雞體內，使得這隻母雞下的蛋中有八成孵化成半鴨半雞的雜交生物⓱。彼得・卡里耶夫博士用一種低強度的雷射照射蠑螈的卵，再用這些雷射去照射青蛙卵，結果讓這些青蛙卵發生徹底變化，孵化出了健康的蠑螈，並且這些蠑螈及其後代都沒有再變回青蛙⑱。

源場與宇宙意識

在《源場——超自然關鍵報告》一書中，我揭示了隱藏在幽浮現象和那些遠古文明謎題背後的科學。遠古的預言預告了一個即將來臨的黃金時代，而美國的開國元勳們很可能早已將這些預言編碼到各種神祕的象徵符號之中。反重力、瞬間移動、時間旅行、DNA的能量性進化，還有人類意識的轉變，所有這一切將會創造出一個遠遠超乎我們想像的新世界。

空間、時間、物質、能量以及生命體，或許全都是一個有意識的、活生生的能量場的造物，我們可以將這個能量場稱為「源場」。這個能量場是如此宏大，以我們有限的心智實在難以徹底理解。

有些科學家透過很多嚴格規範的實驗研究，證明心靈溝通是一種真實存在的現象，它可以在實驗室中被重複驗證⑲。威廉．布洛德（William Braud）博士是證實這種現象的科學家之一。在這些實驗中，一個受試者能對身處另一個房間的受試者的皮膚產生影響，而兩者所處的房間完全隔絕且有一定距離。在實驗過程中，後者皮膚上的電流活動會突然增強，通常來說，這種電流改變只有在我們變得興奮時才會出現，但在這些實驗中，受試者對實驗過程並不知情，也沒有情緒上的起伏⑳。此外，這些實驗大都是在完全屏障電磁信號的房間中進行的，因此這種現象無法用光譜中任何已知的能量波來解釋。

到一九二九年時，在科學上共有超過一百四十八項不同的「多重發現」（multiples）被記錄在冊。所謂「多重發現」，是指不同的科學家在相同時間分別取得了相同的科學發現或突破，這包括了微積分、進化論、彩色照相技術、溫度計、望遠鏡、打字機和汽船等等㉑。這似乎表明，我們腦中的想法並非如我們所認為的那麼私有，或許當我們努力解開某個難題時，會連接到一個全體共用的知識資料庫。於是，我們所需要的那些資訊就出現在我們的腦袋中，就好像是我們自己獨創的想法似的。但我們不要忘了，這一百四十八個案例是因為申請專利才會被記錄在冊，據此推測，那些沒被記錄的案例可能更多。

有大量證據表明，「超感知覺」是一種我們所有人都與生俱來的天賦。但是，相關的這些研究發現都沒有獲得廣泛的報導。我要問的是，宇宙中的這種基本能量在某種程度上是否具有意識？

高等智慧生命遍布銀河系？

上述案例及其他科學發現讓我們可以推測：人類或許是銀河系或甚至宇宙性的一種生命樣本；並且由於DNA的量子特性，這種生命樣本會出現在銀河系中所有可居住、有水的星球上。全世界的古老文明都曾經聲稱，外形很像人類的「眾神」或「天使」為其文明的發展提供了重大幫助——傳授他們關於農業、畜牧業、語言文字、建築技術、數學及科學等方面的知識，還教導他們關於道德倫理的靈性教誨，成為更有愛心的人。大部分的古老文明也告訴我們，歷史的前進腳步一直在遵循著一些時間週期，比如馬雅的曆法週期或黃道十二宮週期。

古埃及第十八王朝法老阿肯那頓（Akhenaten）長女梅莉塔提（Meritaten）的花崗岩半身像。

在世界各地，我們發現了很多極不尋常的「人類」頭骨。例如，在南非一個名為博斯科普（Boskop）的小鎮上，當地農民發現了一些腦容量為正常人兩倍、臉部特徵卻像孩童的怪異頭骨。二〇〇九年《探索》雜誌報導，在南非發現的這些頭骨屍骸顯然受到了高規格禮葬[22]。同樣的，我們還在祕魯、玻利維亞、俄羅斯和其他地區發現了橄欖形的奇特頭骨，其特徵與古埃及早期法老的頭部特徵非常一致。

銀河系的能量波驅動了物種進化？

古生物學家大衛．洛普（David Raup）及詹姆斯．塞普科斯基（James Sepkoski）創建了有史以來最詳盡的化石目錄[23]，並在這些資料中發現了地球生命的演化中存在著一個二六〇〇萬年的週期。資料顯示，每隔二六〇〇萬年，地球上就會突然出現數量驚人的新物種，就像是一次演化大爆發，而在此之前的數百萬年間，各個物種變化都極小。由於擔心公布這項發現可能會使自己陷入窘況，他們兩人努力地試著要消除此一模式，但是當他們進一步研究時，卻發現這種證據變得更加有力和清晰。近年，物理學教授羅伯特．穆勒（Robert Muller）和羅伯特．羅德（Robert Rohde）甚至在相同的資料中發現了一個更大的演化週期——六二〇〇萬年，而且這個週期可以上溯至所有複雜生命形態開始出現在地球上之時[24]。我認為，極有可能

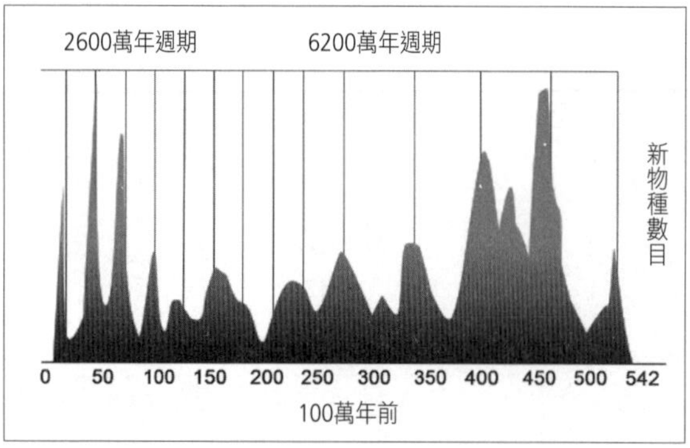

2600萬年演化週期及6200萬年演化週期的聯合圖表。

是銀河系的能量波重新編碼了DNA，進而觸發了這些週期性事件㉕。

威廉．提夫特（William Tifft）博士發現銀河系中的同心微波能量帶會慢慢遠離中心，向外擴張㉖。哈洛．亞斯本博士（Harold Aspden）利用其獨創的物理方程式做出推測：在量子層次，每一個微波能量帶都具有不同特性㉗。這就為我們所見的地球演化週期現象，提供了一個可測量的能量模型。每一個能量帶可能攜帶某種資訊，並根據一種存在於銀河系之內的偉大智慧模式對DNA進行改寫。生命的出現是一種自然法則，是量子力學中的一種「突發現象」，會以任何可能方式出現在宇宙中的任何可能地方。而且，還有一種能在實驗室中被複驗的力量會定期對所有生命進行重新編碼，使得宇宙中的生命物種持續演化。

宇宙，一個有意識的大生命體

我確實相信：宇宙不僅是有生命的，還擁有意識及自我覺知能力。我也相信，有一個藍圖及意圖在冥冥之中指引著我們在地球上的生活，而此一藍圖和意圖遠比我們能理解的要宏大許多。無法否認的科學證據顯示，我們會不斷地透過輪迴轉世，經歷與學習相同的功課，而這些功課會按照非常精確的模式重複出現。世上的戰爭與暴行無需持續下去，但是倘若我們一直無視那個每時每刻都存在於我們周圍的更大實相，那麼戰爭與暴行就不可能消失。

在古老的靈性教誨中，已透露了大量相關訊息，這類的大智慧讓現代科學家不能理解也無法相信。本書所要探討的「同步鍵」就是一種共時性現象，這是一把開啟宇宙奧祕之門的鑰匙。這一類看似巧合的事件，會以一種大規模的、可測量的形式出現在歷史的循環之中，邀請著我們去探索一個更偉大的隱祕實相。

一九九六年，在我開始研究被稱為《一的法則》（Law of One）系列靈性資料時，我才知道人類歷史存在著這種週期循環特性。

譯注：

①作者並非指一本真實的書，而是比喻性說法，意為生命或說生活本身就是一本書，而我們最需要讀懂的就是這本書。

②美國神話學大師約瑟夫·坎伯（Joseph Campbell）在神話故事中發現了一個相同的原型模式，即英雄發現自我的旅程，他稱之為「英雄之旅」。

③在西方天文學中，地球的歲差週期（地球的自轉軸擺動一圈所經歷的時間，即二五九二〇年）被分為十二等份，每一等份就是一個黃道十二宮時代——二一六〇年，地球目前處於寶瓶座時代。

④Conventional reality，世俗諦的真實是指依照人類共同經驗的客觀事實，也就是世俗認為的真實，例如水是濕的、火是熱的等等。

⑤Dzang Kangeng，原文作者寫的是韓國人，但有部分資料顯示這是華人姜堪政，一九三三年生於遼寧省，於一九五七年寫下約七萬字的《場導論》論文。

02 大揭祕，兔子洞裡藏著什麼？

在宇宙這個巨大的兔子洞裡，一種隱祕的智慧「規畫」了世界歷史上的一些重大事件，讓我們不斷去經歷同樣的境況，直到人類覺醒，不再彼此傷害。

如果宇宙是一個活生生的生命體，如果在我們的周圍存在著一種能組裝ＤＮＡ的隱形波，那麼這些隱祕的力量是否一直在對我們的ＤＮＡ進行重新編碼，推動我們進化到一個更高的水準？我們是否需要學習某些靈性課程，以便能更好地應對這種全球性的演化與轉變？是否有一種隱祕的智慧「規畫」了歷史上的一些重大事件，以便讓我們不斷去經歷同樣的境況，直到全體人類覺醒，不再彼此傷害？歷史週期循環的背後，是否真的有個隱形推手故意讓我們發現此一現象？

這種現象是否正在有意地引導著我們，讓我們意識到，我們當下會經歷這種全球性困境並非偶然，而是有其目的的，而且我們有能力改變這一切？在這些歷史循環現象中，是否存在著一種課程、一種模式或一個故事，而它正是我們當下需要去理解的？這個故事本身是否包含著一些智慧與教誨，企圖引領著整個世界走出困境、和平共處？

正如《源場》一書所揭示的，已有確切的證據顯示，我們生活在一個活生生的宇宙中。現在，我們不再將地球上的生命看成是一種隨機出現的現象，認為宇宙是一個了無生機的地方；

相反的，我們將會看到，宇宙充滿了無數的生命——從單細胞生命，到像我們一樣有智慧、有覺知意識的高智慧生命形式。同樣的，我們也將會認識到，生命的本質是能量。最重要的是，生命無需物質實體也能存在。一旦宇宙是一個「有智慧的生命體」的觀念被普遍接受，那麼這很可能成為科學史上最重大的突破，甚至使得像「地球是圓的」或「太陽是太陽系的中心」這一類的科學發現都黯然失色。

在人類的DNA中，包含著建構一個大腦所需的所有資訊，而大腦又被認為是我們的覺知與思維中心。如果DNA能在一個只裝有純淨無菌水的密封試管中生成，那麼使生物體獲得覺知意識的資訊一定也存在於我們的四周——就像無線電波、電視信號或寬頻網路一樣。在最根本的層面，意識和DNA是相互交織在一起的。或許你會認為這些觀點實在太「先進」，但這僅僅是我們這個故事的開端。在某種程度上，這些突破性發現更像是一些線索，一直引導我們去探索那些更大的謎團。

《一的法則》，與外星智慧生命的通靈整理

宇宙是一個生命體，這個理論模型最初源自於一些非同尋常的資料，這些資料被稱為《一的法則》套書，此一系列資料有五本書，書中資訊據稱是在一九八一年到一九八三年間透過直覺傳訊（即通靈）所獲得的❶。《一的法則》包括了一百零六次的對話實錄，對話雙方一個是專業的物理學教授丹・埃爾金（Don Elkins），另一個是更高等智慧的源頭，並透過埃爾金的夥伴卡拉・魯科特（Carla Rueckert）做為傳訊管道進行對話。在此過程中，作為傳訊者的卡拉是處於一種無意識的出神狀態。吉姆・麥卡迪（Jim McCarty）見證了每一次的傳訊對話，他負

責將所有對話的錄音轉錄成文字。透過卡拉與丹進行對話的智慧存在，最初的生命形態也像地球人類一樣，不過，他們不是單一個體，而是一個團體，這個團體最後融匯成一個單一的意識體。從《聖經》觀點來看，這些存在可以被歸類為熾天使或六翼天使——這是曾經出現在地球上的天使中進化程度最高的一類。

「angel」（天使）一詞源自希臘字aggelos，意思是「信使」，他們已經不再具有實體的血肉之軀，而是進化為一種以能量形態存在的生命體。

根據《一的法則》，這個團體與其他的天使團體幫助人類創建了世界上的主要宗教，包括基督教。他們的初衷，絕非是讓我們因為教義差異而衝突對抗，然而現在基督教已經衍生出了三萬八千八百三十個派別，而其他宗教也已經超過一萬種❷。這個將《一的法則》傳達給我們的高等智慧團體聲稱，他們是一個更大型團體的成員，而其存在宗旨就是「為唯一的無限造物主服務」。這個組織顯然在負責引導、保護、掌控和管理我們人類在地球上的集體進化過程，目標就是幫助我們所有人更清楚地看到我們的真實身分。在首次對話中，他們就闡述了「一的法則」的含意和我們的真實身分。

你是一切，你是所有的存在，你是所有的情感，你是所有的事件、所有的境況，你是合一。你是無限。你是愛／光，也是光／愛。這就是「一的法則」。❸

他們所遵循的靈性法則，要求他們現在必須在幕後運作，不能高調地向全世界展示其存在，因為他們要尊重所有存在的自由意志。在我們承認他們的存在並歡迎他們出現之前，他們不能出現在我們的面前，因為這會對人類的自然進化過程造成干擾。但是，他們一直在透過各種方法幫我們逐漸適應他們的存在，而同步鍵的共時性現象，就是其中一種最常見的方法。

你很可能已經看到，《一的法則》所討論的內容，使得「兔子洞」變得越來越深。我從一九九六年開始研究這五本書，而在此之前，我已經花了三年時間深入地進行相關科學研究以做準備。在開始接觸《一的法則》後，我不斷地與書中資訊產生驚人的共鳴和連結。我很快就意識到，《一的法則》的真實性，就跟羅斯威爾（Roswell）飛碟墜毀事件一樣無庸置疑。而且，就像我們可以對墜毀的神祕飛行器進行拆解研究一樣，我們也可以一點點地對這份極其重要的靈性資料進行研究理解。很多人聲稱自己能透過心靈感應的方式與類似的高等智慧生命進行溝通傳訊，但是這些資訊來源絕大部分都是自相矛盾的，我們能輕易發現，其中包含著明顯的缺漏、虛假的預言等諸如此類的東西。但在我看來，《一的法則》與其他任何資訊來源都不一樣，它極其深刻地為我們揭示如此多開創性的、可用科學進行驗證的資訊，而且是超前於所出現的那個時代。

一九九六年一月，我開始研究《一的法則》，在那之前的三年多裡，我每天早上都會記錄自己前晚所做的夢並進行分析，而且也已經花了十五年專注於遠古文明、另類科學與玄學的研究。《一的法則》很快就吸引了我的注意，但是當我開始研究這些資料時，我發現它以一種讓我難以置信的方式將我以前讀到的一切東西連結在一起，並且對我後來的整個研究工作有極其重要的影響。

接觸《一的法則》不到一年的時間，我自己也開始與這些資訊源頭建立了聯繫——包括夢境與直接的心靈感應。那時，我已經很清楚地意識到，在這個宇宙中存在著一種更高的力量。透過邀請這種力量跟我進行接觸並嚴格遵守《一的法則》提供的靈性修行方式，我得到了一些成果。當時，我對《一的法則》所進行的研究仍然非常學術性，但不久後，我開始在深層的冥想狀態下不斷地說出大量的話語，而這些資訊包含了非常驚人和珍貴的靈性指導，能對未來做出極其準確的預言。此外，這些資訊的源頭似乎對我最深層的身體、精神和心理問題有著全然的覺知，可以清楚告訴我如何去處理這些問題。這些「解讀」，常常能準確地預言我以後將會遇到什麼事情，並指引我如何應對這些事件。這顯然讓我的研究變得更加個人化。我不再是一個局外人，不再只是去學習別人的接觸成果並尋找支持其觀點的科學證據，我也能獲得這種類似的奇妙體驗了。

當我開始讀《一的法則》時，經常要花四十多分鐘才能理解每一頁的內容。儘管如此，我從未對這些內容感到一絲失望或乏味。《一的法則》告訴我們，地球上的每個人都在共用同一個心智，我們之間的連結程度遠超我們的想像。幾年後，我找到了一些支持此一觀點的驚人科學發現，比如《罪犯改造雜誌》（*Journal of Offender Rehabilitation*）報導，一個由七千人組成的團體僅僅透過冥想愛、和平與幸福，就能使犯罪活動減少了七二％，在這項研究中，所有其他可能的影響因素都被一一檢驗並排除了，包括時間週期、社會趨勢、天氣、週末和假期等❹。在這七千人進行冥想的同時，那些原本想進行某項暴力活動的人中，有四分之三的人打消了主意，而這些潛在的恐怖份子顯然不知道有人透過這種方式左右了他們的想法。到了一九九三年，有五十個不同的科學研究已經證明這種效應在過去三十年間一直存在。由此可知，人們的想法和感受遠非傳統科學所認為的那麼私密。

《一的法則》告訴我們，宇宙是唯一的無限造物者，而我們每個人都是它的一個完美全息映射。主流科學一直試圖讓我們相信，就在一次大爆炸中，宇宙中的所有物質和能量就在瞬間被創造出來了。而從這一刻開始，宇宙將會不斷變熱並走向消亡。相反的，《一的法則》告訴我們，新物質持續不斷形成，而且從根本上來說，時間與空間只是幻相，僅僅是為了意識的進化才被創造出來的。

除了這些哲學性的觀點之外，《一的法則》還包含了很多可以透過進一步的調查研究去證實的資訊。從《一的法則》出版，到我開始閱讀這些資料的這段期間，已有數百項科學突破證實《一的法則》所提出的理論模型。在我開始整合三十年來自己在另類科學上的研究成果並寫作《源場》期間，我有了一些新發現，雖然這些發現並沒有出現在《一的法則》資料中，但可以透過邏輯推衍得到。

二〇〇三年一月到二〇〇四年十月，我還跟卡拉．魯科特住在一起。卡拉是虔誠的基督教徒，她透過進入一種無意識的出神狀態成為傳訊者，而吉姆．麥卡迪則負責將這些對話記錄下來。他們獲得的資料一直沒有得到應有的重視，部分原因是太過深奧，吉姆不得不去做一些割草坪的工作來維持生計。

在與卡拉一起生活近兩年後，我可以保證她絕對不可能臆造出《一的法則》那些資訊。但不可否認的，在專注研究這些資料七年後，那時的我確實產生了一些不切實際的期盼，認為至少從某種程度來說，能夠說出那些話的人應該也算是高等智慧源頭的化身。當時的我絕對是在尋找一個像超人般的英雄角色，而實際上，這些特性正是我自覺缺乏的。至於卡拉本人，如果有人想把她當偶像崇拜，她也會毫不猶豫地馬上拒絕，在傳訊對話的過程中，我就親眼見過好幾次。

這個活生生的宇宙帶給我們的其中一項最有趣、最奇特的福利是，一旦我們開始去探索它的祕密，它往往會以各種無法否認且非常奇妙的方式來回應。這類回應或經歷，都可以被歸類為共時性現象，而製造這些現象的隱祕力量會盡一切可能不讓你懷有恐懼之心，因此這一類的經歷不會對你有任何負面影響。相反的，你可以從中感受到更多的愛、喜悅、和平與幸福，讓你能夠從無盡的輪迴中解脫出來。此外，由於共時性現象往往不會有絕對性的確鑿證據，因此你也可以選擇接受或拒絕這些現象想要傳達給你的訊息。

在《一的法則》中，自由意志是最重要的宇宙法則，在這個以愛為根本的宇宙中，自由意志必須被遵從並維護。正如我們在本書第六、第七及第八章中所探討的，業力法則並非是神祕難解、不近人情的宇宙法則；而在地球上及地球周圍活動的非物質存在，也一直讓業力法則能夠靈活運轉。

宇宙具有意識的科學證據

儘管在《一的法則》中，有高達八成的資訊都是哲學性的觀念，無法透過科學方法證實，但是也有大量的科學資料來支援其中的很多基本法則。借助這些新的科學資料，我們可以證實以下這個觀點：當生命發展到一個星系、恆星或行星的水準時，它也將和我們一樣，會擁有意識的所有特性。根據此一理論模型，我們與宇宙不再是彼此分離，從根本上來說是合而為一的。我們每個人的思想，沒有我們所認為的那麼私有。斯帕德斯伍博士（James Spottiswoode）針對「異常認知」（anomalous cognition）或超感官覺知現象進行了二十年的科學研究，他發現，當我們在地球表面的位置與銀河系中心形成某種特定的排列關係時，我們的精神能力會增強四倍以上，這種現象在當地恆星時①十三時三十分達到頂點❺。

我們已經看到，七千個人透過冥想就能對地球上的多數人產生積極影響，使得暴力活動減少七二％。斯帕德斯伍博士的發現也顯示，我們的思維與銀河系本身是直接連結的，這或許也可支援以下觀點：從根本上講，我們的DNA是被一種存在於銀河系之內的智慧所創造出來的。

此外，《一的法則》也指出，歷史是以週期循環而非線性方式前進的，比如《一的法則》

中經常提到的，有一個「二萬五千年的週期」在驅使著人類進化。這個觀點讓我花了很多年時間去探索，包括二萬五千年的週期是什麼？如何出現在地球上？以及我們能從中學到什麼？在我寫作《源場》期間，我仍未完全揭開此一謎團，但是現在，我想我已經很接近答案了。

我們已經知道，在恆星的熾熱表面存在著無數活生生的微生物體，它們會被拋到太空中，成為凍乾的星塵。如果這些星體一直在製造出含有完整DNA的微生物，那麼本身或許也具有某種意識，因為生命本身就是具有意識的。這些微生物或許只是一個無比複雜的生命形態中的一個極小部分，就像人類皮膚上的細菌和人類的關係一樣。

星系和恆星是否可能擁有「性格」呢？它們是否有自己的思想？它們在不同的地區是否有不同的思想？而這些思想是否對不同地區的所有生命形態，產生不同程度的影響？事實上，這正是《一的法則》教導我們的東西，現在，已有充分的科學證據來支持這些新觀點。我們已經在第一章中討論了二千六百萬年和六千二百萬年的進化週期，也列舉了DNA新理論模型的證據。在這個模型中，生物體能夠出現自發性的能量改變，使他們的基因編碼得以重寫，這就是我們從尼安德塔人式的人種轉變為現在這種形態的進化機制。

在那時，你們所稱的體毛開始減少，身體開始需要衣服來保護。脖子、上下顎及前額結構也發生變化，好讓發聲更容易。因應第三密度人類所需，人類發展出更大的頭顱。這是一種正常的轉形。❻

如你們所知，這個轉形的過程大約在一個半世代內完成。❼

這就說明了，為何人類學家一直無法找到「失落的一環」來解釋人類腦容量突然增大一倍的這個事實。雖然天體能量的這種生命系統對我們來說非常重要，但基因進化只是其中一個大規模的面向而已。

因此，是否存在著這種可能性：當我們在太空中漂移時，我們同樣也受到不同天體能量的影響，而這種能量會直接影響我們的思想和感受？占星學是一門重要的學術研究，告訴我們，天體能量會對我們的大腦產生直接的影響，只不過這些知識還沒被我們這個時代廣泛接受罷了。占星學的歷史至少可以上溯到五千年前的巴比倫時代，分別被第谷．布拉赫（Tycho Brahe）、伽利略（Galileo Galilei）、克卜勒（Johannes Kepler）和皮埃爾．伽桑狄（Pierre Gassendi）當作一門科學進行嚴肅的研究，這幾個人都是現代物理學和天文學的先驅。❽

黃道十二宮，各有各的脾性

現在，讓我們在頭腦裡想像這樣一個畫面：地球三百六十五天的繞日週期軌道是一個圓。假設太陽一直在產生一種能量場，而這種能量場會對我們的思維和感受產生影響；假設我們在能量場中所處的位置會直接影響我們的心智與身體；假設太陽能量場的不同區域會用不同方式左右我們的思維和感受；假設在太陽的能量場中有十二個空間均等的區段，而我們每一年（一個繞日週期）都會穿過其中的每一區；再假設這十二區都擁有各自的「性格」，而這些「性格」會對我們人類的感受產生特定影響……這就解釋了為什麼會有黃道十二宮（十二星座）的說法。

懷疑論者可能馬上會指出，沒有任何確鑿的科學證據可以證明我們出生時所屬的星座會讓我們形成某種特定的性格❾。然而，將某種特定的星座和特定性格類型相對應只是一種「報紙占星學」——由奈勒（R. H. Naylor）在一九三〇年所創❿。奈勒是英國占星家，曾經在報紙專欄做出準確預測，他警告英國飛機可能會遭遇危險，結果就在同一天，英國軍機R101就墜毀在法國北部，這讓奈勒一夕成名。人們急切地希望他在報紙上開設定期的占星專欄，由此他開創出一種高度簡化的占星方法，為每個星座撰寫個性化的描述。直至今天，很多雜誌和報紙都會為讀者提供奈勒式的星座預測。

但是，這背後的科學絕不像表面那麼簡單。實際上，現代的占星學家認為奈勒發明的「報紙占星學」雖然廣為流通，卻對占星學造成了極大的傷害，因為太陽周圍的十二區（即我們所說的宮或星座），僅僅是一系列彼此抗衡的影響力中的一種而已⓫。如果太陽周圍沒有行星，那麼這十二區的影響力很可能會強大許多。

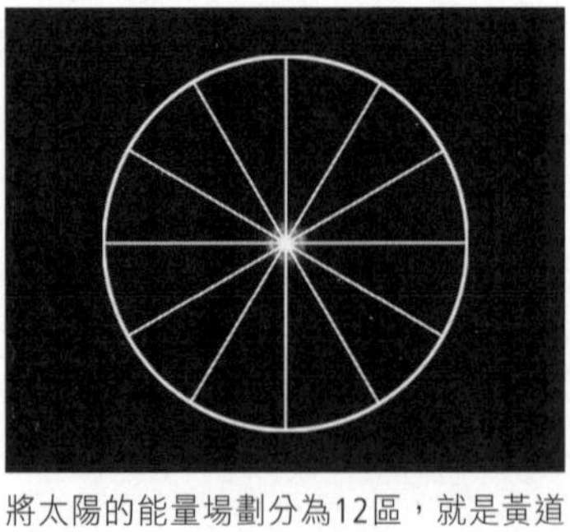

將太陽的能量場劃分為12區，就是黃道十二宮。

繞不繞有關係，行星及衛星的能量影響

有趣的是，「共時性」概念的提出者瑞士精神病學家榮格（Carl Gustay Jung，佛洛伊德的門生）宣稱，黃道十二宮的含意並非是臆造或妄想，而是代表了淵博的人類心理學知識。他曾經說過：「占星學代表的是上古人類心理學知識的總和。」⓬實際上，每一個宮（星座）都代表了一種原型②——一種特定的人格。根據《一的法則》所說，這些模式被寫進了銀河系本身的心智之中。

如果占星學上的星座對我們有影響，那麼，行星和衛星也會對我們有類似的影響嗎？讓我們先來看看最近的鄰居吧。自古以來就認為，月亮的所在位置會對人類造成影響，這也是

「lunatic」（瘋子、精神病患，Luna在拉丁語中是指月亮）一詞的由來。邁阿密大學的心理學家阿諾德・利伯爾（Arnold Lieber）研究邁阿密—戴德郡（Miami-Dade）之前十五年的謀殺案資料（共有一千八百八十七個案件），試圖找出這些謀殺案與月亮盈虧是否存在著某種關聯。利伯爾博士在《臨床精神病學雜誌》（*Journal of Clinical Psychiatry*）發表了他的研究成果，研究報告指出，在這些案件發生的期間，發案率非常穩定地隨著月相的變化而上升下降⓭。

瑞士精神病學家榮格。

《托萊多刀鋒報》（*Toledo Blade newspaper*）則是對俄亥俄州凱霍加郡（Cuyahoga）從一九九九年初到二〇〇一年末的所有犯罪報告（共有十二萬份）進行了一次電腦分析，結果發現，滿月時的暴力案發率增加了五・五%，而財產犯罪則增加了四・六%⓮，入室盜竊案件增加了一六%，拒捕案件增加了三四%，故意傷害案件增加了三五%⓯。二〇〇七年，英國警方宣稱，他們自己在研究犯罪行為的過程中也發現了與上述相似的結果，並且決定相應地增加人員配置以抵減此一效應。巡官安迪・帕爾（Andy Parr）說：「我想聯繫一些大學，看看他們的研究人員是否能對這種現象做進一步研究。這對我們的工作非常有幫助。」⓰

從統計數字來看，月亮對暴力犯罪確實有顯著的影響，那麼，或許行星位置也會對我們的思維和感受產生影響。從一九四九年開始，法國心理學家及統計學家米契爾・高葛林（Michel Gauquelin）針對數千個名人星座進行分析，結果發現，當行星位於某些關鍵位置時，一些特定類型的人會更集中於此時出生⓱。對於這種現象，高葛林一開始完全不相信，結果在研究過程中卻驚訝地發現實際資料與他最初的預判完全相反。

高葛林最被人熟知的一項發現是火星效應（Mars Effect）——許多運動冠軍選手和軍事人員出生時，火星往往位於東方地平線的上方，也就是人們所稱的「上升點」或「中天點」③。高葛林與妻子對分屬於十一種不同職業的六千多人進行分析，結果發現這些人與五個不同的行星之間存在著顯著的相關性⑱：水星影響政客與作家；金星影響畫家與音樂家；火星影響醫生、運動員、軍事人員、執行主管和科學家；木星影響演員、軍事人員、執行主管、政客、記者和劇作家；而土星則會影響醫生與科學家。有些行星與某些職業之間也會呈負相關，也就是說具這些專長的人出生時，有些行星比平常更加遠離其上升點，比如水星與運動員負相關；火星與作家、畫家和音樂家負相關；木星與醫生、科學家負相關；而土星則與演員、記者、作家和畫家負相關⑲。高葛林最初研究的對象僅限法國，但不久後他也證明研究結果同樣適用於美國人及其他歐洲國家的人⑳。

高葛林於一九九一年過世後，休伯特・厄特爾（Suitbert Ertel）與奧托・穆勒（Arto Müller）繼續他的研究，他們分析的對象包括法國國家醫學會的成員、義大利作家及德國醫生㉑。此外，由懷疑論者組成的三個不同的研究小組也獨自收集了運動員的資料，並（有點不情願的）證實了火星效應確實存在㉒。一九九六年，厄特爾與肯尼斯・歐文（Kenneth Irving）在所合著的《頑固的火星效應》（*The Tenacious Mars Effect*）一書透露，他們手上有關火星效應的科學證據比高葛林當初的發現要更確鑿有力㉓。

然而，一旦人們拒絕認同某些事實時，科學對他們來說根本毫無作用。如果他們存心想要否認一些真實存在的事情，你不可能說服他們。

懷疑論者經常使用一些懷有敵意、模稜兩可的方法試圖詆毀高葛林的發現。當感覺到有些東西會威脅到自己時，我們往往會炮火猛烈地反擊，這似乎是人的本能反應。如果你一直強烈相信為真的東西被證明是假的，你往往會發現自己難以面對由此而生的恥辱感，尤其是那些資訊是你花了大量時間與金錢才獲得時。但是，攻擊詆毀新發現，與真正的科學探索精神是背道而馳的，真正的科學精神教導我們要真誠面對資料和證據，無論它們顯得多麼陌生或怪異。

太陽黑子，一個左右人類意識的潛因素

在《源場》一書中，我出示了廣泛的證據，揭示我們人類的集體經驗很可能受到一些天體物理學因素的影響。比如說，俄國科學家希策夫斯基（Aleksandr Chizhevsky）確切地證明太陽黑子的活動週期對人類文明的起落有顯著影響。希策夫斯基研究七十二個不同國家的混亂和騷動事件，時間跨度達到二千五百年，從西元前五百年到西元一九二二年。他研究發生在這些國家中的戰爭、革命、暴動、經濟動盪、大規模出走與移民潮等重大事件，並根據牽涉到的人數將這些事件依照嚴重程度排序。出乎意料的，希策夫斯基發現，高達八〇％的重大事件都在太陽黑子活動極大期的五年中發生㉔。雖然太陽黑子的活動週期長度並非固定不變（通常為十一年），但無論如何，太陽活動達到高峰時，就是八〇％的負面事件發生的時刻。似乎太陽釋放出來的高能量會讓人類集體感到不安，而且這種影響是全球性的。

在寫《源場》一書時，我決定刪掉有關歷史週期的內容，因為當時我還沒有完全解開這種現象背後的原理。而在《一的法則》中，傳訊源頭雖然曾經提到一些關於歷史週期的資訊，但是丹．埃爾金並沒有對這個問題深入討論。直到二〇一二年八月，當我意識到我們的太陽很可能在以一個二萬五千九百二十年的週期繞行另外一顆恆星（形成科學家所說的「雙星系統」），而造成歷史事件循環時，我才找到關於這種現象的一種有效解釋。

我那時對沃爾特・克魯特頓（Walter Cruttenden）的研究工作有些初步瞭解。克魯特頓認為我們其實生活在一個雙星系統中，並為此提出了有力的科學證據。克魯特頓還把他的書寄給我看，但是當時我沒有時間仔細研讀。現在我已經在他的書中發現了確鑿的證據，可以證明整個太陽系在繞行一顆與太陽相鄰的恆星。同時，我也發現此一現象完美地解釋了《一的法則》中一些在之前顯得神祕難懂的內容。

這顆鄰近的恆星很可能是一顆棕矮星④。這就意味著，雖然它與我們之間的距離相對較近，但是我們也很難透過望遠鏡看到它。古代的神祕學派經常提到一顆鄰近的「黑太陽」，認為這顆恆星對人類有強而有力的影響。這顆幾乎不可見的類恆星會產生一些可測量的影響，包括重力。有些科學家推測，在我們的太陽系之外必定有一顆大型天體在牽引著太陽系。克魯特頓在書中詳細闡述了為何這顆鄰近天體的引力很可能牽引著地球的地軸，使其做出週期為二萬五千九百二十年的緩慢搖擺運動——天文學家稱此一現象為「歲差」。現在，地軸這種與地球自轉方向相反的運動，可以歸因於我們的太陽系以二萬五千九百二十年的週期繞行一顆鄰近恆星。有趣的是，這個時間週期在歷史上也被稱為「大年」（Great Year）。

史學家桑提拉納（Giorgio de Santillana）和戴程德（Hertha von Dechend）在其暢銷書《哈姆雷特的石磨》（*Hamlet's Mill*）中證明，全世界有超過三十個古老文明都將關於此一週期的一些技術性資訊「編碼」到他們的神話之中㉕，這似乎是一種全球性行為，絕非出於偶然。

一九九五年，當我開始讀葛瑞姆・漢卡克的著作《上帝的指紋》（*Fingerprints of the Gods*）時，我才發現此一神祕現象㉖。之後，我花了很多年努力研究古人為何對這種長週期如此重視。我們把這個二萬五千九百二十年的歲差週期均分為十二份，每一等份就是一個黃道十二宮時代——二一六〇年。大約自二〇一二年十二月二十一日（也就是馬雅曆法的終結之日）起，我們就走出了雙魚座時代，進入了寶瓶座時代[5]。幾乎可以肯定的是，這個二萬五千九百二十年的歲差週期就是《一的法則》中所指的「二萬五千年週期」，該書的資訊源頭說這個週期一直在引導著人類的演化過程。

另外，似乎還有一個天使團體或外星人類——《一的法則》稱之為「聯盟」（Confederation）——與世界各地的古文明進行接觸，將這些關鍵知識和資訊編碼到他們的神話中。這種古老的謎團，顯然是有意幫我們透過現代科技手段來重新發現其背後的真相。在所有被編碼到古代神話的資訊中，關於「大年」的知識顯然極其重要。

經過長年探索之後，我終於找到了一個能在物理上解釋歷史循環原理的理論模型了。有充分的科學證據顯示，我們生活在一個有智慧的宇宙中，恆星與行星一直在影響著我們的心智和身體，而我發現的此一模型恰好與這一點完全相符。根據這種理論模型，太陽的這顆伴星（棕矮星）一直在產生一個能量場，當我們在這個能量場中移動時，這個能量場會以一種特定的方式對我們的思維和行為產生影響。這個能量場似乎也攜帶著一些訊息，而這些訊息能重寫我們的ＤＮＡ，使我們在時間的循環週期中不斷進化，變得更有智慧。

人類的演化，一個能用科學證明的進化週期

事實上，我們已經有可靠的科學證據支持《一的法則》的說法，即人類的演化遵循著一個大約二萬五千年的時間週期。首先，尼安德塔人大約在二萬八千年前到二萬四千年前之間滅絕或者轉化[27]。如果我們上溯到五萬年前，也會看到這種大規模的變化。在那之前，地球上的原始人類使用的最精巧工具，頂多就是一把粗糙的石刀[28]。但是，根據人類學家約翰·伏里

格（John Fleagle）的研究，從五萬年前開始，世界各地的人突然開始製造出樂器、藝術品、宗教雕塑、魚叉、箭矢、針和首飾[29]。同時，在除了非洲以外的其他大陸上，對人類生存有威脅的大型哺乳動物在五萬年前開始大規模滅絕[30]。分據各地的不同人類群體突然變得非常有創造力，而且智商似乎都在同一時間得到大幅提升。

現在，這種智商提升的現象再次發生了，我們可以透過不同方法來證實。在後面章節中，我們將會詳細討論這一點。《一的法則》指出，我們人類在不久後將會進化到一種全新的存在狀態，相對我們現在所處的「第三密度」來說，我們將進化到「第四密度」。如果針對《一的法則》中有關第四密度人類的描述進行分析，我們會發現第四密度的人類非常像傳說中耶穌復活後的狀態。在世界各地有數千個被記錄在冊的案例描述，得道的修行者進化（或說轉化）為藏傳佛教所稱的「虹光身」狀態。顯然的，這個二萬五千年的週期一直在推動著人類實現此一轉變，並指引著我們穿越過不斷重複的歷史週期。因此，對我們來說，確認和理解這種現象是極其重要的。

就像米契爾．赫爾默和弗朗索瓦．馬森所揭示的（參見第一章），每個歷史循環週期都是這個「大年」週期的一種精確等分。透過太陽伴星能量場的簡單幾何法則，雙星系統的理論模型最終為我們提供了一種關於這種歷史週期如何發生、為何會發生的可行解釋。

基本的歷史循環週期之一就是黃道十二宮時代，每個時代有二一六〇年之久。而在每一個地球年（三百六十五天）中，同樣也有十二個黃道宮（十二星座），每一個宮（星座）的時間只有一個月。現在，透過研究雙星系統的理論模型，我意識到，創造了傳統占星學中黃道十二宮的太陽能量場，很可能也是這些黃道十二宮時代的幕後推手。黃道十二宮時代（週期為二五九二〇年）和黃道十二宮（週期為一年）這兩種不同的時間週期，真正差別或許在於：前者是地球繞行太陽伴星一周的時間，而後者是地球繞行太陽一周的時間。由於沒有其他行星或大型天體牽制我們伴星的能量場，因此分別為二一六〇年的這十二區，影響力很可能比傳統的黃道十二宮強得多。

林肯與甘迺迪，除了都當過總統，還有更多巧合……

如果你隨便問一個美國人：歷史上是否有任何事件遵循著一個精確的時間週期重複出現？大部分的回答很可能是兩個有爭議性的著名例子：一個是美國兩位總統林肯與甘迺迪之死，另一個是特庫姆塞詛咒（Tecumseh's Curse）。

這兩個例子未必精確，但無疑非常有趣。懷疑論者會本能地貶損這些現象，但是當你讀完這本書，你的看法或許會改變。我們往往認為時間是線性的，但是我們或許弄錯了，實際上，時間可能是不斷往復循環的。在前一個週期中發生的事件，可能會以一種神祕的方式繼續在後面週期中影響我們的思維和行為。

先來看看林肯與甘迺迪之間的關聯。首先，從生命歷程和死亡方式來看，這兩位美國總統確實存在著奇怪的關聯。他們及身邊的人都經歷過一些特定的事件，並存在著一個一百年的週期時間。

我們在第一章中已經提過，俄國科學先驅尼古萊．莫洛佐夫首先在歷史中發現了循環現象。他注意到，《舊約》時期的希伯來國王，跟一千多年後的羅馬帝王的歷史描述，存在著一些驚人的相似性。而在林肯和甘迺迪的例子中，兩人之間的一些關聯事件並非剛好都相距一百年，但是仍存在著不少奇怪的巧合。

比如說，林肯在一八六〇年當選總統，而甘迺迪在一九六〇年當選；兩人都曾當選過眾議院議員（林肯是在一八四六年，而甘迺迪是一九四六年）；兩人都在副總統中提名失利（林肯是一八五六年，而甘迺迪是一九五六年）；兩人的副總統、同時也是各自的繼任者都叫詹森，分別出生於一八〇八年與一九〇八年；兩人都關注美國黑人的權利。一八六三年一月一日，林肯的解放奴隸宣言成為法律，終結了奴隸制度：「所有被當成奴隸的人……都應該……被永遠解放；……美國政府及軍隊從此將承認並保護這些人的自由。」㉛

在一百年又六個月之後的一九六三年六月十一日，甘迺迪針對民權問題對全美國人做了一次重要演說。甘迺迪紀念博物館的官方網站描述：「總統要求國會立法保護全體美國人的投票權、法律地位、受教權及享用公共設施的權利，但是也瞭解單靠立法是無法解決這個國家的種族問題的。」㉜甘迺迪這次演說也為馬丁・路德・金恩（Martin Luther King Jr.）在一九六三年八月二十八日發表名為〈我有一個夢〉（I Have a Dream）的演講鋪路。在金恩的演講稿中，前八個句子中有五次提到了這是林肯發表解放奴隸宣言後的第一百年；前八句中有四個句子的開頭是「百年後的今天」。㉝

為了能更深入理解林肯和甘迺迪之間的關聯，我們必須研究至今仍在負責發行美國貨幣的聯準會歷史。「聯準會」一名經常讓人混淆，事實上，聯準會並不屬於美國聯邦政府，它是一個由跨國銀行家組成的私人財團，有越來越多的人已意識到了這一點。一九一三年，由於無力償還債務加上金融危機，美國政府將自己的財政體系拱手讓給這個跨國銀行家團體。從那時起，美國財政部開始允許聯準會的銀行家們發行他們的聯邦儲備券——也就是美元——並當成法定貨幣㉞。參議員榮恩・保羅（Ron Paul）對這個問題進行了三十多年的調查，他認為，聯準會是美國社會的終極敵人。保羅和其他許多有影響力的人物都認為，美國在過去一百年間出現過的很多重大問題都是由聯準會造成的。下面一段話是榮恩・保羅在國會上的發言摘錄：

聯準會是經濟危機背後的罪魁禍首。它運用不受監管的權力憑空創造了數量難以估計的金錢，讓我們陷入到繁榮與蕭條的循環之中，製造了一個又一個的經濟泡沫。從一九一三年成立以來，聯準會就一直肆無忌憚地增加貨幣供應量，使得美元貶值超過了九六％，並且不斷地操縱金融利率，意圖侵蝕美元價值。㉟

林肯和甘迺迪都曾試著將美國貨幣的發行和控制權從私人銀行家財團的手中拿回來，讓其回歸到美國財政部的掌控之中㊱。儘管林肯執政期間聯準會尚未成立，但是這一批銀行家族早在一八〇〇年代就已經開始謀劃了。在林肯的推動下，國會在一八六二年二月二十五日通過了《法定貨幣法》㊲，授權美國財政部發行美鈔（綠幣），並且不由黃金或白銀支撐。這使得美國經濟出現了前所未有的發展，也擺脫了外國銀行的控制和抽稅。外國銀行想以資助美國基礎建設和戰爭為由抽取二四％到三六％的稅，此計謀落空了。林肯將美國貨幣的發行權收歸美國財政部手中，徹底激怒了這些外國銀行。㊳

在大約一百年之後的一九六一年十一月二十八日，甘迺迪禁止了涉及出售來自美國財政部的白銀的所有交易㊴。在此之前，美國財政部的白銀儲存被以非常低廉的價格快速拋售。於是，甘迺迪起草了五三八九號經濟穩定緊急法案，授權美國財政部印發「銀票」，這些銀票將會成為一種完全不受聯準會控制的美國官方貨幣。一九六三年四月十日，眾議院通過甘迺迪這條開創性法案㊵，並於同年五月二十三日獲得參議院批准㊶。一九六三年六月四日，甘迺迪正式簽署此一法案，並在同一天簽署了一一一一〇號總統令㊷，授權財政部長獨立發行銀票，不受聯準會的任何影響或監管。林肯在一八六二年二月二十五日發行美鈔，而甘迺迪在一九六一年十一月二十八日禁止出售美國財政部銀票的行為，這兩件事間隔時間就是一個一百年的週期，僅僅相差不到三個月的時間。

林肯在一八六五年四月十四日被槍殺身亡，而甘迺迪則在一九六三年十一月二十二日遭到刺殺，從時間上來說，也非常接近一個一百年的週期（只差不到一年半）。美國這兩個總統都是頭部受到槍傷，遇刺時妻子都在場，且時間都是在週五。

很多研究者都推測，林肯和甘迺迪之所以會遭到刺殺，是因為他們都反對國外的銀行家掌控美國經濟，而這些銀行家最終在一九一三年合力創建了聯準會㊸。林肯在福特劇院被暗殺，而甘迺迪則是在林肯轎車內遇刺，而這輛車子是由福特汽車公司所生產的。此外，這兩個美國總統的姓都是七個字母，而兩個刺殺者的姓名都由十五個字母組成，分成三部分——約翰・威爾克斯・布斯（John Wilkes Booth）及李・哈威・奧斯維德（Lee Harvey Oswald）。

酋長之怒，特庫姆塞詛咒

另外一個常見的例子是特庫姆塞詛咒。一八〇九年，威廉・亨利・哈里森（William Henry Harrison）是印第安那領地（Indiana Territory）的管理者，當時正是美國不斷向西擴張的時期。在韋恩堡條約（Treaty of Fort Wayne）中，哈里森勸服一些美洲原住民部落將他們最珍貴的財富——廣闊的土地——出讓給美國政府。哈里森成功地引起部落之間的糾紛，再以低廉價格買下他們的土地。肖尼族（Shawnee）的首領特庫姆塞很快就發現所有印第安部族都被騙了，他們的土地已經被美國人用各種不道德的手段奪走了。於是，特庫姆塞和其兄弟坦斯克瓦特瓦（Tenskwatawa）聯手創立了一個印第安部落聯盟，抵抗不斷向西擴張的美國人。確切來說，坦斯克瓦特瓦是部落中的精神領袖而不是戰士，族人稱他為「先知」㊹。一八一一年十一月七日，坦斯克瓦特瓦帶領族人與哈里森的軍隊在蒂珀卡努（Tippecanoe）一帶開戰，在此同時，特庫姆塞則忙於招募新盟友㊺。最後，美洲原住民因為彈藥用盡而戰敗。

哈里森在一八四〇年出任美國總統，此時許多美洲原住民已驚覺他們出賣了自己最珍貴的財富，而換來的回報卻微不足道。為了報復哈里森奪取族人的土地，「先知」坦斯克瓦特瓦對哈里森及未來的美國總統公開下了一個詛咒㊻。坦斯克瓦特瓦說：「我告訴你，哈里森將死。繼他之後每隔二十年，每個在尾數是〇的年份當選的總統都必須在任內死去。」㊼很多人都相信這個詛咒，尤其是在一八四一年哈里森因肺炎死於任期內之後⑥。下一位應驗的美國總統，就是林肯。這個模式像時鐘一樣不斷重現，總計前後有七位總統符合這個詛咒條件——在尾數為〇的年份當選，並在任內死亡。一直到雷根時代，才破除了這個詛咒——刺殺失敗。事實上，還有一個死於任內的美國總統，即第十二任的札卡里．泰勒（Zachary Taylor），但他並非在被「詛咒」年份當選，而是在一八四八年當選總統，死於一八五〇年。

一九九八年，我拿到一份用打字機打出來的未出版手稿，這疊泛黃的手稿完成於一九八〇年，當中提出了很多歷史重演的驚人例子，其精確性遠超過林肯—甘迺迪的關聯及特庫姆塞詛咒。所有這些循環週期都是二五九二〇年的一個精確等分，而作者當時無法解釋這種現象。手稿的作者弗朗索瓦．馬森根據這種循環週期的規律，大膽預測了蘇聯垮台的時間——一九九一年。不要忘了，他的手稿完成於一九八〇年！直到二〇一〇年我在為《源場》一書查閱資料時，才開始仔細研究這份手稿，結果一些發現讓我大吃一驚。相隔數百年甚至數千年的歷史事件，竟然存在著非常確切的關聯。我很快就發現了，九一一事件和一四六二年（哥倫布在三十年後發現新大陸）發生的一系列事件有著相似性，發生日期（不算年份）僅僅相隔幾天。

二〇一一年十一月末，就在《源場》出版不久後，我又簽下了一本新書合約，一開始書名暫定為《時間的隱祕構架》（*The Hidden Architecture of Time*）。不過，出版社發行人建議我把書名改為《同步鍵》（*The Synchronicity Key*），他認為這個書名夠大器，才能表現出本書宏大的企圖，而不會只局限在歷史週期這個主題上。我欣然接受了這個主意。

當時的我還不知道即將面對及挑戰的，很可能是這個地球上最強大也最負面的勢力，同時還獲得了一個珍貴的機會，能與一些光明力量聯手對抗這個黑暗勢力。在講述這個故事細節之前，下面我們要先來探索共時性現象，以及這個現象如何成為我生命經歷的一部分，讓我有信心且能勇敢地面對這個全世界共同的敵人。

譯注：

①當地恆星時（local sidereal time），以當地經度為標準所測定的時間。因所在經度不同，在同一瞬間太陽或春分點的時角也不同，因而各地的時刻便不一樣。經度相差一度，地方時刻相差四分鐘。

②原型（archetype）是集體無意識的主要內容。原型不是人生經歷過的事情在大腦中留下的記憶表象，它沒有一個清晰畫面，而更類似於一張需要後天經驗來顯影的底片。原型深深地埋藏在心靈之中，當它們不能在意識中表現時，就會在夢、幻想和精神病症中以象徵形式表現出來。

③中天點是指天文學上當行星、恆星或星座等天體，在週日運動的過程中所經過的一個點，在觀察上是該天體正經過當地子午圈的時刻。換言之，是該天體在最高點的位置，也是該天體最接近天頂的時刻。

④棕矮星是類恆星天體的一種，與一般恆星不同，其核心不會融合氫原子來發光發熱，無法成為主序星。

⑤關於地球何時進入寶瓶座時代目前尚未有共識，占星學家在這個問題上存在著較大的分歧，有說是二〇〇〇年到二〇五〇年間，有說是在二〇一二年二月二十一日，有說是二三七六年等等。

⑥哈里森是美國第九任總統，就任時已六十七歲。上任三十一天就因肺炎病逝，是美國史上第一個死於任內的總統。

03 巧合透露的天機，同步鍵的共時性現象

你以為不經意出現的巧合，其實暗藏玄機。榮格相信，共時性能讓我們走出以自我為中心的思維模式泥淖，看到所有人之間那種遠超過我們想像的連結性。

究竟什麼是共時性呢？「共時性」一詞最初是由榮格在一九二〇年代創造出來的心理學用語❶。榮格博士是瑞士的心理學家，最初曾跟隨心理學先驅佛洛伊德學習，但因為兩人之間存在一些根本性的分歧，榮格最終脫離了佛洛伊德的理論體系，開創了自己的研究。相對而言，佛洛伊德的觀點更為傳統，比如說，佛洛伊德並不認同榮格提出關於「集體無意識」（collective unconscious）的觀念。這種理論認為，在心智層面，比如在夢中，我們所有人之間都存在著一種根本性的連結。字典對共時性的定義是：無法用因果規律來解釋，但被認為背後存在意義而不僅是巧合的同時發生的事件❷。簡單來說，共時性就是一種「有意義的巧合」。

有意義的巧合，不只是一種心理感應

榮格在一九二〇年代早期就曾討論過這個概念，但直到一九五一年，他才正式將這個想法發展成完整的理論並公開發表❸。隔年，榮格出版了他的經典著作《共時性：一種非因果關聯

的原則》（*Synchronicity: An Acausal Connecting Principle*）❹。榮格認為，共時性是與靈性覺醒有關的其中一種關鍵要素。他相信，共時性能讓我們走出以自我為中心的思維模式的泥淖，看到所有人之間那種遠超過我們想像的連結性。

不要忘了，榮格曾經與當時一些最出色的科學家互有往來，包括愛因斯坦（Albert Einstein）和包立（Wolfgang Pauli）。包立是量子物理學的奠基人之一，也是諾貝爾獎得主，他跟同行的一些傑出科學家也過從甚密，其中包括兩位諾貝爾獎得主——波耳（Niels Bohr）與海森堡（Werner Heisenberg）。包立直接或間接地對量子物理學的一些重要突破有過重要貢獻，比如他提出的包立不相容原理（Pauli's exclusion principle），他用這個原理證明兩個電子無法同時占據同一空間。榮格認為可以用科學方法解釋共時性現象，比如愛因斯坦的相對論，還有包立與其他人正在發展的量子物理理論。至於包立本人也對共時性概念非常著迷，事實上，他完全相信這是真實存在的現象，還在一九五二年與榮格合著的書中發表了一篇關於共時性的論文❺。當時，包立已經是榮獲諾貝爾獎（一九四五年）的知名物理學家了，在往後幾年，他還獲得了其他一些重要的物理學榮譽。

榮格個人最經典的共時性經歷，被記錄在他一九五二年的史詩級著作中，我在大學期間首次讀到這些內容。那時我正在上一門叫做「認知心理學」的課程，而閱讀這些內容是這門課的家庭作業。當時讀到的這些內容給我留下了深刻的印象：

有一次，我正在給一位年輕女子做心理治療，在一個非常關鍵的時刻，她突然告訴我她做了個夢。在夢中，有人給了她一隻金色甲蟲。當時我正坐在窗戶旁邊，背對著窗戶。這時我突然聽到背後傳來一些聲音——似乎有東西在輕拍著窗戶。我轉過身，發現恰好有一隻金色甲蟲正從窗外不停地拍打著窗戶。於是，我打開窗戶，抓住了這隻似乎想飛進屋子的甲蟲……通常來說，昆蟲有趨光性，而這隻甲蟲卻想飛進這間黑暗的屋子裡，顯然這違背了牠的天性。我必須承認，這是我一生中所遇到的最奇怪事情了。❻

包立被稱為「物理學界的良心」——他經常毫不客氣地指出其他人的觀點或理論中的漏洞。在包立身上，經常發生共時性現象，其中很多事例都被記錄了下來。其中的經典事件是，每當包立的同事正在做實驗時，如果包立正好進到實驗室，實驗室的設備常會在他一進門就出現嚴重故障，因為同樣情形發生得太頻繁了，被他的同行戲稱為「包立效應」❼。比如說，一九四三年的諾貝爾獎得主、著名物理學家奧托・斯特恩（Otto Stern）是包立的好友，他就堅定地謝絕包立探訪他的實驗室，以免昂貴的實驗設備受損❽。包立在與榮格合著的書中，也談到了這個效應❾。

榮格在一九四四年因為心臟病發而有了一次瀕死經驗（我們將在第八章中探討瀕死經驗）。據榮格後來聲稱，在那次瀕死經驗中，他看到了美麗的光，獲得了很多洞見，而這些洞見形塑了他後來提出的很多概念，比如集體無意識、共時性及原型等等。

榮格認為，一些特定的人格原型是存在於宇宙心智中的基本元素，而且他相信占星學是共時性的一個例證。在經歷了強烈的瀕死經驗後，榮格決定尋找科學證據來證明占星學可以成為一門真正的科學。他研究了四百八十三對夫婦的星盤，試圖從傳統占星學中找出每對夫婦的三個共通點。此外，他還將這些星盤與其他三萬一千七百三十一個人的星盤混合起來進行比對。榮格發現，每對夫婦的星盤比其他一些隨機匹配的人，擁有多達三倍的共通點❿。另外，在夫婦的星盤中，被認為有利於婚姻關係的星組配置出現頻率更高，而相對來說，對婚姻關係益處不大的星組配置則更少出現。榮格經過計算發現，這種現象隨機出現的概率約為六千二百五十萬分之一。[11]

榮格將共時性定義為一種「有意義的巧合」——一些同時發生的事件，表面看似無關聯、但實際上卻存在著深層聯繫。這些現象和經歷，很可能會完全顛覆你對現實世界的認知和信仰。在我個人看來，沒有其他任何東西能讓你在身體、精神和靈性上感到如此興奮與激動。一旦你經歷了共時性現象，你就會知道這是真實存在的，而且是無與倫比的體驗。一些最戲劇性的共時性經歷，甚至會讓你驚訝得屏住呼吸，你的頭腦會陷入到一種無法言語的狂喜之中。那時，在你眼中，萬物似乎都在發光，現實轉化成一種令人難以置信的、真實的隱祕秩序，而在此之前，你可能認為這種秩序是不可能也不應存在的。現在看來，這個你完全習以為常的世界只不過是一個影子，而那個你一直不敢去認知的真相就藏在那裡。

靈性覺醒，我的親身經歷

一九九二年十二月二十一日，正好是馬雅曆法終結日的二十年之前，我回到了家鄉。我告訴高中的老友，在過去三個月中我已經擺脫了酒精和藥物，徹底清醒了。在大二開學不久後，我接受了一些治療，開始在每天早上記錄下我前一晚所做的夢。我這麼做，不僅因為我覺得記錄這些夢能幫我保持清醒，還因為在這些夢中出現了各種各樣不可思議的事情，包括一些充滿希望的宇宙資訊及一些關於未來的預言（有些預言在後來成真了）。我的朋友們看著我，從嘴裡吐出熟悉的酒氣及陣陣菸雲，我告訴他們，我現在相信，我是帶著靈性的使命出生的，我將會幫助無數的人。當我說完時，無情的沉默頓時變成激烈的語言攻擊和嘲諷。在他們看來，我只可能找到一份無意義的工作，和一個惡毒醜陋的女人結婚，然後為了自己的孩子變成生活的奴隸，而我的孩子將不會感謝我的養育之恩，只會越來越討厭我，而最後，我將孤苦伶仃地在一個養老院中離開人世。

這就是我的人生嗎？這就是我將會過的生活嗎？我瘋了嗎？他們是對的嗎？他們怎麼能如此殘酷？我完全無法忍受他們的嘲笑和羞辱，我數次警告他們，但他們完全沒有理會。最後，在他們的嘲諷聲中我站了起來，沒有對他們進行憤怒和惡意的回擊，徑直走出了門，從此離開了他們（二十年後，直到我寫完上一本書時，我才和其中一位朋友重新聯絡，並在一次真誠的交談中寬恕彼此）。

走了十分鐘後，我站在街道上強忍著淚水，感到悲痛欲絕。我不由自主地舉起手臂，指向天空說道：

你……我不知道你是誰或是什麼。但是我知道，你就在那裡，我知道你能聽見我。我知道，我在這裡是有原因的，我的生命是有目的的。你已經向我展示了這一點。我知道，我並沒有瘋。我做出了選擇，我將會奉獻自己的生命來幫助其他受苦的人們。感謝你，感謝你幫助了我，現在，我想幫助你。

在我說這些話時，我正盯著夜空中的一些星星。就在我說完「我想幫助你」時，突然一顆發著黃光的大流星在我的眼前一閃而過。那是如此真實，如此的不可否認，如此讓我震驚！我從來沒看過這麼大這麼亮的流星，我感到一陣狂喜的能量流遍我的身體，讓我喜極而泣。我跟宇宙說話，還得到了回應。這真是我生命中最奇妙的一刻了。

這次事件後，共時性現象就像發了瘋似的頻頻出現在我的生活中。我經常在無意中隨處看到重複的數字，在此之前，我只有過一次類似的經驗，那時我正在讀高中。而現在，這種現象幾乎天天都在發生，有時還一天出現了好幾次。比如，我正坐著看一些超自然方面的書，然後停下來看了一下時鐘，結果經常看到一些重複的數字，比如11:11、12:12、3:33、5:55⋯⋯。有時，我從一個非常強烈的夢中醒來，看了一眼時鐘，發現又是重複的數字。另外，我也經常在手錶、電視螢幕、記分牌或車牌上看到重複的數字。我通常不會去思考這些數字背後的含意，但是這些事件似乎對我正在思考的某些事情做出回應——想讓我知道自己正走在正確的軌道上，讓我知道我當時的想法是對的，是能夠促進我在靈性上覺醒的。我發現，每當我的念頭是積極且充滿愛心時，這些現象就會出現；反之，如果是負面的念頭，這些現象就很少發生。另外，我還注意到，我的飲食習慣似乎也決定著這種現象的發生頻率，如果我吃得更健康，就會遇到更多共時性現象；但如果吃進太多加工產品，比如乳製品、白麵粉和精製糖等食品，就會越難回想起做過的夢，而碰到共時性現象也會越少。

相信我，我並非刻意去尋找這種現象，反之，如果我刻意去做，共時性現象往往不會出現。我知道，有些人會立即把這些經歷歸結為純粹的巧合，他們會說這是不合理的、荒謬的、愚蠢的。而懷疑論者則會利用一些科學家的理論去詆毀共時性理論，但他們不知道的是，現在的共時性理論正是由這些科學家所發展出來的。

然而，如果你意識到共時性現象的存在，它就會越來越頻繁地出現在你的生活中。這本書叫「同步鍵」，但你現在並非只是在看這本書，而是直接與書中所要探討的主題建立聯繫了。這個有意識的宇宙很可能認為，你已經準備好要去探知自己的本質了。很多《源場》的讀者告訴過我，他們在看書的過程中也遇到了很多不可思議的共時性現象。現在，我們會對這個主題進行更深入的探討。

兩顆子彈的故事

在我讀五年級時，我的父母離婚了。從那時起，我經常用食物來自我麻痺和自我安慰，很快地，我成了學校中最胖的孩子，也讓我受到排擠。但同時，我也是學校中最聰明的孩子之一，還是個和平主義者，無論做什麼事，我都會盡一切可能避免傷害到其他人。我的肥胖、聰明，還有愛好和平的特性，讓我成了其他孩子欺負和羞辱的最佳對象。至今，我的前額還有一道疤，那是一個孩子用堅硬的冰球，從三十五英尺外的地方像打棒球般快又準確地扔到我臉上留下的。當時，痛得讓我哭倒在地，當我試著爬起來時，那個孩子還在嘲笑我。我的左耳邊緣也有一塊圓形傷疤，是被帳篷支柱刺穿的。當時我的朋友拿著一根帳篷支柱向我扔過來，直接刺中了我的左耳。看到我被擊中，他不但在笑，還讓他的狗追著我在院子裡到處跑。我捂住耳朵痛苦地大叫，哭倒在地上，當他的狗開始舔從我手上滴落的血後，他才意識到事情的嚴重性。我被送到醫院接受緊急的外科手術，術後數個月，我的左耳一直包著厚厚的紗布。從此在學校中，幾乎所有的人都叫我「文尼」（Vinnie，梵谷的暱稱）。後來，我留長了頭髮，好遮住耳朵上的傷疤。

到了一九八九年，十六歲的我體重已經到了二二五磅，而身高是五尺八寸。我已經完全無法再忍受被其他人欺負和取笑了，因此我嚴格控制飲食，早餐只喝一杯蔬菜汁，課間只喝水不吃任何東西。到了年底，我的體重少了八十五磅。但是，遭到霸凌所留下的心理創傷並沒有消失。

在五年後的一九九四年六月，我上了大學，和我最好的朋友傑德一起在他的公寓創作音樂專輯。那時，我很瘦，經常運動，從來沒談過戀愛。多年來被其他孩子嘲笑、欺負、羞辱之後，我沒有勇氣去跟女孩子約會。晚上，我就躺在一塊冰冷、老舊的橡膠床墊上，盯著天花板，經常難以入眠。傑德就睡在我右邊的床上。傑德的公寓很小，無法給我一間單獨的臥室，而他的親戚魯賓又占用了客廳的沙發。

我躺在床墊上，突然做了一個怪異卻很清晰的夢：一個身形巨大的胖子——這是我過去模樣的誇張版——一直在追趕著我，試圖殺了我。在逃跑途中，我發現腰間有一把槍，可以隨時拿起槍殺死這個人，終結我的痛苦。但是，不知何故，我卻沒有這樣做，我不想傷害他，即便我知道他明顯想要傷害我。這個可怕的戰鬥一直持續著，我一直拚命地跑；我的精神狀態在清醒與恍惚中不斷切換。突然，傑德在睡夢中轉過身來，激動地告訴我：「快拔槍殺了他，只需要兩顆子彈！」

我突然有種類似受到電擊的感覺，瞬間就醒了過來，同時感到幾乎無法呼吸。我盯著天花板，周圍的一切似乎都在放出生命之光。我感覺身體正在飄浮，頭腦閃過無數念頭，處在一種狂喜的狀態中。我想叫醒傑德，告訴他剛剛發生的事情，但又怕把他叫醒，我們就整夜不用睡了。結果，我忍到了第二天早上才告訴他，我們兩人都被這個夢境所代表的意義給震驚住了。

這個夢境似乎在告訴我，我的「陰影自我」（shadow self）①仍在控制著我的生活。儘管在過去一年半，我成功減肥又極少抽菸或酗酒，但仍然害怕會被拒絕或受傷而不談戀愛。在某種程度上，傑德似乎在（潛意識中）觀察著我的夢境。在夢中，我沒命地跑，而身形巨大的胖子正在追趕著我，儘管我身上帶著槍，但並沒有打算開槍。而傑德似乎觀察到了這整個過程。這顯然在暗示著，這些事件不僅是發生在我的意識中，而是發生在一個與他人共有的意識空間中。後來，我發現，烏爾曼（Montague Ullman）和克里普納（Stanley Krippner）兩位博士在一九七三年發表了一份歷時十年的夢境心電感應實驗報告，這個規模空前的實驗結果發現，一般人都能在清醒時專注想著特定畫面，再把畫面傳送給正在做夢的人。做夢的人在夢境中所感受到的符號與事件，都與傳送者所傳遞的訊息非常相似。這種不可思議的效應，被超過一百位受試著重複驗證。⑫

我的這個夢似乎在告訴我，應該象徵性地將扭曲的舊我消滅，以便放下過去的痛苦、傷害、恐懼和深藏在心底的恥辱感。這意味著，我需要去愛我真實的過去，不去扭曲過去的經歷，不論其他人在過去如何看待我。兩個月後，我就對一個名叫由美的日本女孩敞開了心扉，我讀大四時，我們墜入了愛河，她對我的藍眼珠十分著迷，有一天我甚至還讓她用手直接摸我的眼珠子來證明它們是真的。

謊言正在退去，真相正在浮現

從讀高二起，在父母的堅持下，每個暑假我都要去找份工作。一九九四年七月十七號，是我的大三暑假，離「兩顆子彈」一事已過了一個禮拜。當時，我的父親借給我二千美金去買了一部紅色的二手車。我煞費苦心地安裝了一套全新的音響設備，還重新布置了一下車內空間，以便裝下我跟傑德的所有做音樂的裝備。就在我給這部車安裝音響時，麥可．傑克遜的歌聲突然閃過我的腦海：

為什麼……為什麼……告訴他們這是人之天性……為什麼……為什麼……是它在為我指引方向？

結果，神奇的事情發生了。我將最後一條揚聲器電線連接起來，用黑色膠帶封住並推放到儀表板後，按下按鈕，收音機傳過來的竟然是剛剛在我腦海中閃過的那首歌，而且就唱到上面的歌詞部分。我沒有補過牙，體內沒有任何金屬物，所以不可能透過（金屬）牙齒接收到無線電波；周圍也沒有人在播放這首歌。但是在打開收音機至少二十多分鐘前，這首歌就閃過我的腦海了。我花了數月時間，試著找出這種巧合背後的原因。按照傳統的科學理論，我們應該是生活在一個被線性時間所限制的宇宙中，我們的心智也獨立於周圍環境之外，這種現象怎麼可能出現呢？

共時性現象是變幻莫測的，不是你需要就能召喚來的。一旦你意識到存在著這種可能性並嘗到個中滋味時，你也許會哀求、呼叫，渴望這種現象再次發生，乞求這個宇宙的偉大力量再次給你機會。但是，共時性有它自己的運作規律，自外於時間，下個事件可能發生在十年之後或十分鐘之後。在我完全放棄使用改變精神狀態的藥物——包括咖啡因、尼古丁和酒精——並採用更加健康的飲食之前，我幾乎很少碰過共時性現象。同時，我也領會到，共時性背後所包含的意義往往不會在一開始就顯現出來。

新工作的第一天，我開心地開著那部二手車。倘若沒有自己的車，我可能需要花兩個小時、轉乘三輛公車才能到達工作地點，而我現在只需要開半小時的車子就能抵達了。

就在我結束第一天的工作準備回家時，發現車子後面冒出大量白煙，滾滾白煙甚至吞沒了從後面經過的一家人。我在工作中認識的一個新朋友趕過來幫忙，她開車送我回家，而我的車子則被拖到汽車修理廠檢查。修理廠的人告訴我，我的車子完全報廢了，汽缸、發動機組無法修復。當時我好害怕賣車子給我的那對夫婦會推卸責任，我感到非常孤單、失落與困惑。顯然的，我父親不會再借錢給我，而我可能要再花一年時間才能掙到足夠的錢來償還先前的債務（當時我還是學生）。我心想，那對夫婦是否會撒手不管，難道這就是麥可．傑克遜那首歌所說的「人之天性」嗎？這些歌詞是否在警告我他們可能會「這樣做」？或者，我應該相信在買車時他們給我留下的好印象，相信他們會把錢退給我？

經過兩天煎熬般的等待之後，那對夫婦告訴我他們會取回那輛車子，並把錢退回給我，如釋重負的我當場就哭了出來。他們說，先前確實不知道這輛車子已經快過了使用期限；而我之前的一些共時性經歷似乎是在告訴我不用擔心這些問題。確實，有一種神祕的、不可見的力量在引導和保護著我。這種力量能左右人的天性，還能製造出奇蹟。線性時間似乎無法對這種力量構成任何障礙。

我們很難預測共時性現象會在什麼時候發生，或發生在哪個地方。但是，在它發生的那一刻，在那種不可思議的時刻，你會接觸到宇宙的無限智慧，你會品嘗到那無法被品嘗的東西，你將瞥見那無法被瞥見的存在，而這與你眼睛看到的、耳朵聽到的、頭腦感知到的事物，同樣真實。對我來說，現在已經無處可躲藏了，那個孤單、飽受折磨並相信世上只有痛苦與分離的靈魂已經被逼到了角落。它之前一直在奮力抗爭，緊抓著絕望與痛苦不放，並對戲劇性事件和扮演受害者上癮。但是，在這麼多的共時性事件出現之後，它再也無法繼續走老路了。現在，謊言正在退去，真相正在浮現。我們一直被灌輸的對這個世界的認知，實際上都是謊言，這個宇宙比我們想像的還要更加奧妙與偉大，並且，我們所接收到的愛，也遠遠超乎我們的想像。

一隻小鳥帶給我的訊息

共時性經常會發生在你陷入絕望之時，這樣的低潮期，任何人都曾經有過。研究榮格理論的心理分析學家們，將這種時刻稱為「靈魂的黑夜」。經歷這種時刻時，我們會覺得彷彿是世界末日。但是，我們也可以學著去發現，這只是我們自己進化過程中的必經歷程。並且，放大到人類集體及整個星球的層面來看，當我們陷進戰爭、災難和文明劇變的巨大循環中，也會出現這種低潮期。

在歷史中，人類一些看似隨機的想法、決定和行為，實際上是在遵循著一部隱祕的劇本。

最終，我們都會知道這部劇本的存在，會發現各種不同的事物一直都在告訴我們一個相同的故事。榮格發現，在我們的夢中經常會出現一系列的象徵和經歷，無論我們身在何方或何時，這些符號和經驗都會始終如一，它們被稱為原型，而這些原型囊括了我們所能經歷到的最困難、最可怕的體驗，以及那些最具有轉變性和勝利意義的時刻。這些象徵與經驗創造了被約瑟夫・坎伯稱之為「英雄之旅」的覺醒故事。

在經歷自己的「英雄之旅」和探尋宇宙更偉大智慧的過程中，我的自我被摧毀了不下數百次。我原本是個渴望他人照顧的人，也害怕承擔責任。當我從大學畢業並取得心理學的學位後，經歷了很多不可思議的共時性現象。讀大學時，我一直是個住校生，對於畢業離校，感到非常害怕。因為我知道，單憑一個心理學的學位幾乎不可能在紐約這樣的城市找到一份好待遇的工作。

我清楚記得一九九五年八月那段時間，當時我剛從大學畢業，非常清楚我的母親不會再容許我待在家裡，她堅持要我到外面學習獨立生存。我不知道自己該怎麼做，沒有退路的我，必須在外面那個如叢林的險惡職場中掙取那些少得可憐的工資來維持生計。但那時候的我已經知道，有一股險惡的強大勢力一直有系統地侵蝕中下階級的財富。一九九二年，我修了一門社會學課程，探討當代社會問題，在課堂上，我們的教授公開談論美國企業如何有系統地資助希特勒的崛起。我知道，全球的菁英團體已經對大眾發起了大規模的戰爭，而我們的媒體並沒有告訴我們真相。我也知道，僅憑一個心理學學士根本無法在紐約實現經典的美國夢。現在，我母親要把我趕出溫暖的巢穴，多年積累的焦慮突然變成了一種可怕的、令人想作嘔的恐懼。我無助地躺在後院草坪上，不由自主地啜泣起來。我是如此害怕，甚至不知道自己能否站起來。

這時，我發現一隻胸部長著紅色羽毛的知更鳥飛了過來，落在我的旁邊，就在我面前僅僅兩尺之處。牠轉動著小小的腦袋，好奇地看著我，開始鳴叫起來，似乎在跟我交流。這隻小鳥飛落在我身邊，停留了超過十分鐘，似乎在盡全力安慰無比孤單、害怕和困惑的我，要我振作起來。但是，這反而讓我哭得更大聲了。

我眼前的這隻野生小動物，牠真的會對人類產生這樣的情感嗎？我那時正無力地躺在草地上，徹底絕望，而這個小小的生命就陪在我旁邊，牠是否從遠處就意識到我正在哭泣，想盡全力來讓我感到我並不孤單？

這隻小鳥知道冷嗎？絕對是。這隻小鳥知道餓嗎？肯定如此。這隻小鳥知道孤獨和害怕的感覺嗎？毫無疑問。牠的媽媽也曾經將牠趕出巢穴，要求牠學著獨立。從那時起，牠就必須學習捉蟲子果腹，學習築巢來遮風擋雨，學習尋找伴侶來組織家庭。

毫無疑問的，牠能感受到愛，比如對其他鳥兒的愛。倘若同伴不幸死亡，或當牠需要將自己的孩子趕出巢穴時，牠們同樣也會感到痛苦。儘管我想就這樣一直躲在自己那個充滿不幸和苦難的小世界裡，但是我無法否認眼前發生的這一切。這隻小鳥就站在我的面前，想要安慰我——這可能只是我自己的瘋狂想法，卻是真實發生在我身上的事。

牠用牠的鳴叫聲和我交流了超過十分鐘，不停地轉動小腦袋，走來走去，拍動自己的翅膀，盡全力讓我知道牠在安慰我。這種經歷是如此不尋常，如此不可思議，以至於我又開始哭了起來。我知道，牠最終會飛走，去過牠自己的生活；而我也不得不學會在這個殘酷的現實世界中生存。我感到好脆弱，這隻鳥在意識到已經對我做了自己能做的一切後，似乎有些沮喪地飛走了。又只剩下我一個人了，但原本傷心的我很快就轉換了情緒，對剛才發生的事充滿了驚訝和懷疑。我站起了身，拍掉身上的泥土，走進屋子，開始打電話，看看能否搬到我先前居住的那個大學城。不到一週，我就找到了容身之處，並在我抵達的二十四小時內，順利找到了一份工作。

共時性會以各種不同形式出現，甚至，你還能對共時性進行「解碼」——如果你認定某些事件或象徵對你有意義時，你可以自己解碼來得到共時性所要傳達給你的訊息⓭。比如說，有些人會發現自己開始到處看到自己喜歡的數字，有些人則會把在地上看到一枚硬幣當成共時性現象。或者，你可以拿起一本書（最好是有關靈性成長的書），然後問自己一個問題，再隨機翻開一頁，這時你可能會發現答案就出現在這一頁裡。

有時你看到的是一些帶有象徵意義的生物，比如榮格碰到的金色甲蟲，或者在薩滿文化中的圖騰——鷹、貓頭鷹、鹿或小野狼。你可能會突然感覺到身體的某個部位突然有強烈的能量流，或是覺得聽到了某種神祕的嗡鳴聲。又或許，你會感到身體的某個部位有莫名的刺痛感，就像被針扎到一樣。

當然，一些心靈感應事件也可以歸結為共時性現象。這種現象可能會發生：你突然想起某個人，不久後電話就響了起來，電話那頭正是你剛剛所想的那個人；或是不久後，你就在某家商店遇到了那個人。

懷疑論者通常會將共時性現象解釋為純粹的巧合。假如你想將這些不同尋常的經歷跟別人分享，但對方卻堅稱你在撒謊，或者勉強把這種現象以傳統科學方式解釋，你可能會深感沮喪與挫折。但是不要心灰意冷，因為當你敞開心胸及視野時，你會發現這種現象會更頻繁地出現在你的生活中。一旦放下偏見，謙虛地觀察這種現象，你會驚訝地發現，共時性現象無處不在。這就是榮格所說的「靈性覺醒」，代表你要開始認識到一種更偉大實相的時刻來到了。

如果你遇到了懷疑論者，請堅決告訴他們，早在二十世紀就有出名的學者對共時性現象進行了積極的討論，其中包括愛因斯坦，還有榮格。我個人就曾經好幾百次看到有人故意忽視所經歷的共時性現象，有時，他們甚至會公然否認這些事件，而你所能做的就是一笑置之。

在寫書的準備期間，我發現對我來說，共時性和直覺是非常有益的工具。比如說，我的夢境經常帶給我一些我正需要的資訊；而當我上網搜尋某個研究主題時，經常會發現另一個更令我感興趣的主題突然出現。這種情形，已經不下數百次了，要一一描述這些事件，我可能需要寫二十本書才能談完。

如果宇宙是一個活生生又有意識的生命體；如果時間、空間、物質、能量、所有生物，都只是這個唯一生命體的軀幹；又如果生命的最終目的，是讓我們去發現萬物都是這個單一身分的完美投射；如果量子力學的基本法則創造了ＤＮＡ和生命，像人類的這種生命形態其實遍布全宇宙……那麼，我們會不會從一個嶄新的視角來重新看待宇宙及審視我們自己？從中找回被我們遺忘的真實身分，並在持續的演化過程中，用溫柔、仁慈、愛、接納與寬恕來幫我們認識到我們的本質？如果這個有意識的宇宙一直透過共時性現象來向我們傳達訊息，而我們卻經常性地將這些事件歸結為純粹的巧合，那麼宇宙是否會一如以往地幫我們實現自己的最高潛能？還有，我們能否用科學去解開這些重大的謎團，並證明這些現象是真實存在的？

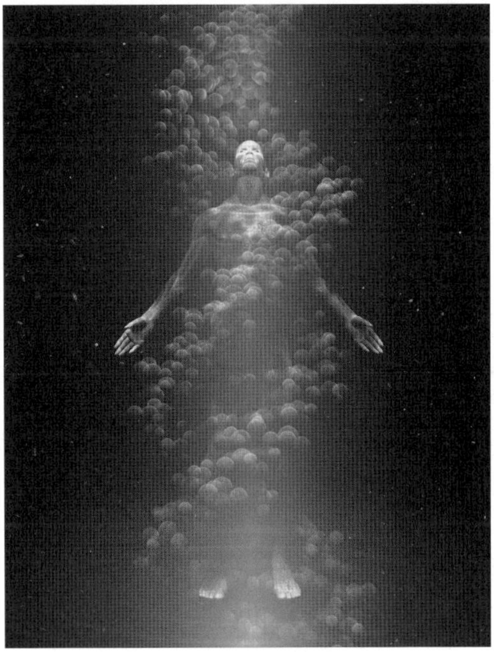

微重力場或許會不斷地從無生命的物質建構出DNA。

開悟，對當下的完整體驗

《源場》一書，是我近三十年探索一些宇宙謎團的成果總整理，並參照了一千多個學術性研究。但是，我也意識到，僅僅將這些事實呈現出來還是不夠的，要更加真實地瞭解及理解這個宇宙的運作原理，我們需要將我們的研究提升到超越思維和感受的層面，進入到個人化的直接經驗層面。在這個層面上，共時性現象就成了解開這些偉大宇宙謎團的一把鑰匙。

當然，感受和思維不是我們的敵人，想要獲得更好的感受不是壞事，想要用我們的思維去探索並解決一些偉大的謎團也無不妥。然而，古代的靈性教誨一直在告訴我們，只有當我們的心智安靜下來，敞開內心，在深層放鬆及冥想狀態下讓直覺自由流動，我們才有可能真正觸摸到真理。一旦我們在心智中挪出空間，打造一個充滿愛的所在，我們才能為共時性打開一扇門。那些僅僅想要尋找良好感覺的人，很可能無法體驗共時性現象；而那些相信思維能掌控一切並解決所有問題的人，或許會拒絕共時性的顯現。無論如何，只要放下自我的束縛，全然進入到當下這一刻，我們就能得到一些答案，而這些答案是無法透過感覺或思維得到的。下面是《一的法則》中關於這個問題的討論，我在一九九六年首次看到這些靈性資料時，這段內容就引起了我的注意：

開悟就是對當下的體驗，是通往那個具有智慧的無限存在的一個開口。它只能由自己完成，為了自己而完成。你無法向他人學習或教導開悟，僅能學習或教導訊息、靈感，或是分享愛、神祕與未知之物。這種學習、教導和分享的過程會讓人開始去探索更大的真相，開始在當下展開探索之旅，但是沒有人知道，一個存在的實體會在何時開啟通往當下的大門。⑭

現在，數以百萬計的人會開始經歷一些無法用常識和理性解釋的不尋常事件。榮格認為，像金色甲蟲神奇造訪他辦公室那樣的事是極其罕見的，然而現在，人們似乎越來越常在日常生活中經歷著這一類的事件。每一天我都能透過網站收到數百封信件，描述著在生活中遇到一些完全顛覆他們對這個世界固有認知的異常事件。共時性會逼迫你去探索一些令人不舒服的問題，讓你認識到，絕大部分科學家傳遞給我們的世界觀是不完整的，甚至可以說是不正確的。事實上，我們生活在一個更具靈性意義的實相中，而現在，我們才剛開始認識到這一點。當我還是大學生的時候，共時性已經開始頻繁地出現在我的生活中。這些事件以令人震驚的方式出現，以至於我無法不去探尋其背後的意義。在我們的文明中，存在著一個非常大的盲點，而這很可能就是我們無法去接受更偉大實相的原因。而在這種實相中，人類可能是一種多維度的生命存在。

「我」是個非常個人化且珍貴的觀念，而一旦共時性開始出現在你的生活中，你就會開始質疑是誰在創造這些事件。或許，就是你自己在一種你目前尚無法感知的層次創造了這些現象？你是否有一個「高我」（Higher Self），而這個高我一直在幕後規畫著你生命中一些看似隨機的事件？死亡真的是一種我們無法超越的界限，會將所有的意識、所有存在、所有覺知全部帶走嗎？生命是永恆的，且在別處還存在著另外一個「我」的這種概念，對一般人來說，簡直難以想像。如果你不是只有一種身分，不是只有一種覺知意識，發生在你人生中的某些事件都是為了一個靈性目標而存在，這有可能嗎？

《一的法則》告訴我們，所有生命體都在使用同一個意識進行思考、感受和行動。我們是一體的，個體只是一種幻覺，只是宇宙的創造者用來體驗自己的手段。缺乏自由意志及這種明顯的個體性，我們就沒有機會去遺忘真正的自己。如果我們天生就有這種宇宙性覺知，人生會頓時變得索然無味。我們的健忘為我們提供了一個故事、一段探索之旅，給予我們在無數次生命中去探尋及奮鬥的目標。此外，自由意志還是宇宙的共通法則，允許一些人走向負面之路，變得喜歡操控別人及使用暴力。這些人確實能夠製造出可怕的苦難，但他們的行為同樣也在迫使我們去探索、去進化，在解除痛苦中尋找萬物背後更深層的意義。

顯然的，關於萬物合一的觀念很難被證實，這是一種哲學性而非科學性的理論。所幸的是，現在已有不少科學證據正在向我們揭示，宇宙是一個具有意識的生命體，而在科學止步之處，共時性開始顯現。

有些人不相信共時性，但他們非常清楚有一股負面勢力正在操控著我們的政治、經濟和媒體。這單純只是一種陰謀論嗎？或者不只如此？我所做的調查證實了，在我們所在這個世界上，確實存在著一個全球性的敵人，而我們能治癒這個星球的唯一方式，就是擺脫恐懼去迎戰這個一直在恐嚇、操控我們的黑暗團體。如果我的生命中沒有共時性現象帶給我指引，我很可能沒有勇氣走上這條探索之路，並為一個以實現世界永久和平為宗旨的聯盟貢獻出自己的棉薄之力。

譯注：

①陰影自我是榮格提出的一個分析心理學概念，他用陰影來描述我們內心深處隱藏的或無意識的心理層面。陰影多半是因為意識自我的壓抑而形成，或是意識自我從未認識到的部分。

04 誰在陰影裡興風作浪？一個幕後的菁英陰謀集團

有越來越多的人正意識到：在這個世界上，有些人對人類懷有極負面的意圖，他們很可能早已組成一個祕密的菁英團體，數百年來一直操縱著人類的政治、經濟和媒體。

通常來說，大部分人都傾向於相信：所有人都是心地善良的，都會為他人著想，或至少是懷有好心眼的。同時，我們還傾向於相信：我們的政府和金融系統是公平合理的，雖然少數的貪婪和腐敗行為在所難免，但是，他們還是值得信賴且負責任的。然而，我們現在越來越清楚地意識到了一個事實：在這個世界上，有一些人對人類懷有非常負面的意圖，這些人很可能早已組成一個祕密的菁英團體，數百年來一直操縱著人類的政治、經濟和媒體。

二〇一三年四月二日，一家專門分析政治動向的美國機構——公共政策民調基金會（Public Policy Polling）所做的調查顯示，有二八％的（美國）投票者認為，有一個祕密的、強大的菁英團體正在推動一項全球性議程，謀畫著透過一種極權式的世界政府或「新世界秩序」（New World Order）①來實現統治全球的目標。這些投票者包括了三八％的共和黨及民主黨選民❶。如果有接近三分之一的美國民眾願意透過電話告訴一個匿名的陌生人，他們相信像這樣一個對人類有著巨大威脅的菁英團體確實存在，那麼我們所討論的，就不再是一種邊緣的觀點了。從一九九二年到現在，我花了數千個小時對這個問題進行學術式的調查與研究，結果讓我相信，類似的祕密團體確實存在，而我們必須及時阻止他們。

把我的黃金還回來

二〇一一年十一月二十三日，就在我簽訂本書寫作合同的數天前，有一件不可思議的訴訟案開始浮出水面，可以這樣說，這件訴訟案是針對全球金融寡頭的一次大膽且直接的宣戰行為。這些金融寡頭包括創建聯準會的一些跨國銀行家。一個由五十七個國家組成、總部設在東南亞的聯盟②正在向聯準會追討巨額財富（大部分為黃金），他們認為屬於他們的這些財富被偷盜後存放在聯準會❷。到了二〇一二年四月，已經有超過一百六十個國家加入這個聯盟。我在一九九九年創建了自己的網站後建立了一些名聲，因而獲得一個高層內部團體的信任，這個團體可以接觸到一些機密資訊，他們的目的是重建一個自由與和平的世界。

這些內部人士聲稱，這個由一百六十個國家組成的聯盟獲得美國軍方大部分團體的支持，這些軍方團體矢志保護美國憲法不受任何敵對力量的侵犯。他們告訴我，美國軍方有些派系全力支持揭露那些掌控聯準會的銀行家們的真面目，以便終止這些野心家對全球政府與政治活動的滲透行為。

二〇一三年四月二十五日，《滾石》雜誌的專欄作家馬特．泰比（Matt Taibbi）透過一篇勇敢的調查報導，向公眾揭露了另外一個大規模的金融騙局，而這一騙局使得上述醜陋真相變得更加明顯。下面是馬特．泰比那篇報導的摘錄：

世界各地的陰謀論者，所有相信羅斯柴爾德（Rothschild）家族、共濟會和光明會正在幕後操控這個世界的人們，我們這些懷疑論者欠你們一個道歉。你們是正確的。真正的玩家名單或許有些不同，但你們的觀點基本上是正確的：這個世界是一場被操縱的遊戲。我們在過去幾個月發現了這一點：一系列相互關聯的金融腐敗事件告訴我們，某些大銀行很可能在操縱一切價格。

你或許聽說過倫敦銀行同業拆款利率的醜聞，在這次事件中，至少有三家（很可能多達十六家）知名的、所謂「大到不能倒」的銀行被揭露一直在操控全球的金融利率，攪亂了超過五十萬億的金融商品價格。這一蔓生交織的騙局在去年進入公眾視野後，立即就成了歷史上最大的金融醜聞——麻省理工學院的教授安德魯．羅（Andrew Lo）甚至說：「這使得市場歷史上任何一次金融騙局都顯得黯然失色。」

這已經夠糟糕的了，但是現在，倫敦銀行同業拆款利率醜聞似乎還有一個孿生兄弟……對於所有人來說，這種劇情並不讓人意外……而牽涉這些醜聞的玩家們，人們同樣也不感到意外……還是那些銀行巨頭——包括巴克萊銀行（BARC）、瑞士銀行（UBS）、美國銀行（BOA）、摩根大通（JPM）和蘇格蘭皇家銀行（RBS）。這些銀行都在倫敦銀行同業拆款利率醜聞中擔任要角，操控著全球的金融利率。實際上，在過去幾年間，這些銀行中的大多數都已經為各種反競爭指控付出數百萬美金的賠償金……這個問題沒有得到應有關注度的唯一原因是，它的規模是如此巨大，以至於普通老百姓完全無法看清全貌。❸

「大到不能倒」，這些大銀行葫蘆裡賣什麼藥？

我們無法用傳統方式去對抗這些巨大的敵人，因為這些強大的銀行能用幾乎無限的金融資源進行回擊。聯盟正在執行一項大規模的行動，從法律上和金融上阻止這個敵手繼續為所欲為，同時將他們那些最重大的祕密有系統地對外揭露。上文提到的訴訟案，只是這個行動的一個關鍵部分。這件訴訟的正式提交日期，正是在美洲原住民部落對哈里森軍隊發起進攻之日（一八一一年十一月七日）的二百年又十六天之後，而當我寫到這本書的這個章節時，我才發覺到這一點。一八一一年的蒂珀卡努戰役中，美洲原住民部落要求美國人歸還奪走的大量土地；而二〇一一年，聯盟則開始向聯準會追討被奪走的大量黃金。我們可以再次看到，這兩個事件的間隔時間剛好是兩個一百年週期（或者是十個二十年週期）外加僅僅十六天的時間。這一週期是否會持續顯現，或者像曾經出現的一些週期一樣不斷弱化或完全消失，還有待我們進一步觀察。

我們可以再次看到，我們不得不透過多種方式去對抗這種全球性的敵人，這些方式包括入侵和刪除關鍵的銀行帳號、提交重要的訴訟、揭露腐敗行為、阻止資金流入，以及透過有計畫地對大眾揭露來對一些關鍵人員施壓，讓他們安靜辭職下台③。二〇一一年十一月二十三日，，尼爾．基南（Neil Keenan）代表聯盟中的亞洲成員提交這個史無前例的訴訟案。這是一次針對金融暴政的直接攻擊，有助於為我們所有人帶來和平與自由。而且，聯盟還特意將訴訟的提交日選在甘迺迪遇刺的四十八週年紀念日。

在訴訟案浮出檯面的三天後，我寫了一篇評論文章，令我驚訝的是，聯盟主動跟我聯繫，並直接提供給我進一步的證據。他們告訴我的其中一件事情是，甘迺迪發行不受聯準會控制的銀票，是為了幫印尼總統蘇加諾（Sukarno）重新恢復美國憲法做準備，這顯然也是甘迺迪在一九六三年遇刺的主要原因。

從二〇一一年十二月一日開始，聯盟開始提供給我一些非常吸引人的內部資訊，包括數百份原始檔和照片，其中很多都能得到證實❹。問題在於：無論這些故事的真實性如何，對這些故事進行調查的風險很大，這些資訊是如此機密，如此複雜，以至於沒有任何知名的記者或研究者願意或能夠調查報導。聯盟中的政府官員都曾被警告，如果他們敢與這個全球敵人對抗，會波及到整個家族。而我為了保持調查的獨立性，不曾從任何與這個行動有關的人或組織手中拿取絲毫報酬，這樣一來，也就沒有人能在日後要求我提供回報。當時的我對這個調查的難度及嚴重性，還一無所知。

可能很多人會認為，對於這個全球敵人的想法只是我的一種狂熱妄想。但是，我從一九九二年就開始對此進行調查及研究，也陸續揭露了一些真相，上文提到的訴訟案就是非常真實的證據。我意識到，如果聯盟揭露這些令人震驚的腐敗行為，同時能夠成功實現改變這個世界的計畫的話，這將會是人類歷史上最偉大的事。現在，我不再是以一個局外人的角度去觀察歷史週期循環，而是有機會親自跳入這個全球性的業力之輪中，並能夠協助聯盟去對抗那些幾乎完全操控西方金融系統的銀行寡頭。我知道，業力之輪背後的不朽智慧告訴我們，如果我們懂得這些盛衰交替的週期循環想教我們的功課，就不必在業力之輪中重複經歷那些相同的痛苦與不幸。在《一的法則》中，有三段內容可以充分解釋這一點，這些內容也是我個人很喜歡的：

在寬恕中，行動之輪（也就是你們所說的業力之輪）將會停擺。❺

原諒他人就是原諒自己，因為你和他人是一體的。你需要有意識並堅持地寬恕自己與他人，才能理解這一點。如果你無法寬恕自己，就無法達到徹底的寬恕。❻

對我們來說，你與其他人並無區別。我們認為，區別只存在於你對自己與他人的不實定義之中。❼

一直以來，我的感覺是，關於黃金時代的遠古願景很難在我們當前的世界徹底實現。現在有太多制度上的腐敗，改變現狀所受到的阻力非常大，比如說，那些跨國石油巨頭顯然不想看到自由能源技術的普及。

一九九七年，新能源協會（Institute for New Energy）披露，美國專利局曾經偷偷地將三千多項專利發明或應用列為機密❽。美國科學家聯合會（Federation of American Scientists）聲稱，在二〇一〇會計年度結束之時，被美國政府壓制的發明專利已經多達五千一百三十五項。任何效率值超過二〇%的太陽能電池，或任何能量轉換率超過七〇%的電力系統都被自動列為「待審並可能禁止」❾。尼爾．基南在二〇一二年十一月二十三日於紐約南區法院提交訴訟後，聯盟開始提供一些檔案給我，於是我針對此一問題進行廣泛調查並寫了一篇總結文章，標題是〈已確認：上兆美元訴訟或可終結金融暴政〉（Confirmed: The Trillion- Dollar Lawsuit that Could End Financial Tyranny）❿。

隨著我的知名度提升，一些有權接觸到高度機密資訊的內部人士跟我建立了聯繫。但一旦我發現有人故意欺騙我或試圖操縱我時，我會立刻切斷聯繫，只與那些在我看來真正為全人類利益著想的人合作。這些不同的資訊來源，往往可以重複確認資訊的真實性，也讓我堅信，這個世界上確實存在著一個重大的祕密，其重要性及被保護的程度都遠超過歷史上的任何事件，甚至包括幽浮議題。

有人天生喜歡黑暗，他們是服務自我的一群

如果是一般人，要守住這樣的一個大祕密根本無法承受，這會讓他們一直處在焦慮中，最

終毀了他們的生活。但是，在我們這個世界確實有大約一%的人是天生的反社會者⓫。對這些人來說，他們確實不認為所做的事有何錯誤——套用《一的法則》的話，他們選擇的是「服務自我」的道路，這也被稱為「分裂之路」。

我們要提醒你，負面的道路就是一種分裂之路。最初的分裂是什麼？自我從自我中的分離。⓬

在第一章的開頭，我曾概要描述那些負面化的人會如何思考、如何感知，及如何行動。現在，我們將針對這一點更深入探討。《一的法則》對正面之路與負面之路也有清楚的闡述：

有些喜歡光，有些喜歡黑暗。造物者喜歡有無限多種選擇及體驗，就像小孩去野餐一樣。有些小孩很享受野餐，他們發現陽光很美、食物可口，遊戲讓人興奮不已，他們徹底沉浸在造物的美妙光輝中。但有些小孩發現夜晚更加迷人，他們喜歡看到他人遭受痛苦和折磨，他們喜歡探索本性墮落的那一面。⓭

那些習慣「服務自我」的老手認為陰影更能讓他們感到滿足，陽光會讓他們別過頭冷笑，他們偏愛黑暗。⓮

為了繼續存在，你不得不選擇正面之路

《一的法則》還指出非常重要的另外一點，那就是：每個存在的實體都只能在負面之路上前進到某個程度，在那之後，他將不得不選擇正面之路，並完全整合及展現對其他所有存在的

愛、寬恕和欣賞。否則，他將會被分解成純粹的能量而不再存在，此一過程被稱為「靈性熵」（Spiritual Entropy）。在《一的法則》提出的宇宙學模型中，為了讓靈魂得以系統性進化，這個活生生的宇宙將自己分成七種不同的主要層次或「密度」。以我們的線性時間來看，完成整個進化過程需要花上數百萬年的時間。由七種顏色（紅橙黃綠藍靛紫）所組成的可見光譜，顯然是被創造來充當這個偉大結構的一種映射。這七個層次的每一個都代表著一種存在層次，而每個層次都存在著不同的生命形態。透過被印度教稱為「脈輪」的人體能量系統，我們與這些層次互相連結。從我們的脊椎底部到頭頂之間的不同位置，存在著不同的能量中心，這些能量中心就被稱為「脈輪」。我們現在正處於第三密度，它所對應的顏色是黃色，所對應的脈輪是臍輪。不過，我們正在進入到第四密度當中，這個密度對應的顏色是綠色，而對應的脈輪是心輪。重要的一點是，沒有任何負面的存在能夠通過第六密度，而這個層次所對應的是我們大腦中央的松果體。即便如此，最後所有的靈魂都必須到達第七密度並完全精通其運作原理後，才能與造物者徹底合體。

第六密度的那些負面實體其實非常聰明。他們觀察到，如果無法表達出第六密度的合一性，他們的靈性（靈魂）就會逐漸瓦解。因此，他們會透過對造物者產生真正的愛，並意識到自己和其他存在都同為造物者，而在瞬間轉化自己的能量，以便讓自己繼續存在與進化。⓯

那些負面的實體在完成第五密度的進化過程後，在開始進入第六密度時會遇到一個它們一直無法穿越的瓶頸，那就是：一個存在需要懷有相應數量的愛才能獲得第六密度所包含的智慧。對於那些選擇負面道路的存在來說，要獲得這種光／愛的智慧能量是極其困難的，可以說幾乎不可能。當進化到第六密度的早期階段，這些負面存在往往會放下自己的負面傾向，走上正面之路。⑯

在第六密度，正面／負面的二元性將會完全消失。⑰

從更高的層次來看，並不存在著二元性。整體來說，宇宙本身的特性是正面遠大於負面的。為了讓業力得到完美的平衡，當某個第四、第五或第六密度的實體準備走上正面之路時，必須要為他先前所製造的負面業力付出沉重代價。從那時起，負面業力將不再是一種必要的存在因素。這是非常重要的一點，對於負面實體來說，不能豁免於業力法則之外。無論你對別人做了什麼，最終，你將會以相同方式、相同程度去體驗這些行為所造成的後果。我們將會在本書第六、七、八章中深入分析。

上帝的黑名單，探討反社會者的心理狀態

心理學家將這種高度負面的人格類型稱為「精神變態者」或「反社會者」。這種人幾乎完全關閉了自己的同理心，不會去關心別人，或至少，不會去關心他們所認同的團體之外的人。通常來說，他們都曾經歷過一些痛苦和創傷，並將之深埋於心底，以至於變得不再去考慮他人感受，事實上，他們會因為對他人的操縱和控制而得到巨大的快感。即使犯下嚴重罪行，也不會有絲毫懊悔。

這種人往往非常以自我為中心，有著難以穿透又複雜的心理防衛機制。他們認為自己高人一等，有權享受比別人更多的福利和特權。同時，他們也可能非常有魅力、外向且吸引人。很

多人一開始並沒有發現自己人格中的陰暗面，因為這些特性往往隱藏得很深。反社會者通常非常討厭無聊的感覺，會隨時隨地盡一切可能去尋找興奮感。在很多情況下，支配他人變成了最讓他們上癮的事情——一旦實現了，就會想更進一步深化，永遠沒有東西能滿足他們內在的欲望。以連環凶手為例，他們會在奪取別人生命的過程中得到高度的興奮感，而這種興奮感會讓他們不由自主地去重複這種行為，儘管他們很清楚自己隨時都可能會被抓。當然，大部分的反社會者都不是殺人犯，他們通常會慢慢地榨乾他人生命。在內心深處，他們往往會自我壓抑也深感痛苦，為了獲得新刺激，他們不惜拿自己的生命來冒險，甚至終結自己的生命。

有趣的是，某些專業的占星家能透過分析星圖所顯現的特徵來鑑別出連環凶手。電視節目《未解之謎》（*Unsolved Mysteries*）曾將二十張星圖交給知名占星家卡洛琳・雷諾茨（Carolyn Reynolds）進行分析。在這二十張星圖中，有四張分屬於四個連環凶手——「怪物」傑佛瑞・達默爾（Jeffrey Dahmer）、「山姆之子」大衛・伯克維茲（David Berkowitz）、「夜行者」大衛・拉米雷斯（David Ramirez）及艾德・坎伯（Ed Kemper）。在完全不知情的情況下，卡洛琳竟然準確地挑出了這四張星圖[18]。另一名專業的占星家埃德娜・羅蘭（Edna Rowland）也曾參與一項類似實驗，並成功地在一堆星圖中準確地指出了六個連環凶手的星圖。埃德娜的這次實驗結果，被刊載於《命中注定的謀殺：對六名連環凶手的占星分析》（*Destined for Murder: Profiles of Six Serial Killers with Astrological Commentary*）一書中[19]。

這一類天生具有負面傾向的人之中，反社會者是最極端的例子。戴爾・卡內基（Dale Carnegie）在他於一九三七年出版的經典著作《人性的弱點》（*How to Win Friends and Influence People*）一書中指出，那些死刑犯，包括連環凶手，經常會堅稱自己是好人，沒有做錯任何事情[20]，而被問到如何證明自己奪走他人性命是一種合法行為時，他們往往會想出各種藉口，甚至不願承認自己曾犯下這些罪行。那些有著明顯反社會行為的人，往往會把他人的道德感和良心看成是可以利用的弱點，耽溺於操控他人的支配欲望而不可自拔。下面是摘錄自麥斯威爾．布里奇斯（Maxwell C. Bridges）的一篇文章，對反社會者的思維模式有詳細分析。㉑

> 所有人類中，約有三%的男人和一%女人是反社會者……這些人能辨別自己行為的對錯，但當他們做出一些錯誤行為時，不會有任何懊喪之感。他們看不起受良心所約束的人。只要對他們有利，扭曲真相是順理成章的事。
>
> 這類人中有很多人有時可以表現得深具魅力又溫文爾雅，但有時又十分惡毒，極具操控欲。他們能看透那些受良心所驅使者的身體語言及面部表情，而偽造自己的情感，以尋求他人同情及喜愛——而他們卻從未同情或喜愛過他人。他們往往會引誘受害者，利用或故意傷害他們。在利用完之後，就像丟掉用過的衛生紙一樣棄之不顧。
>
> 在我們的潛意識中有一種機制，會一直計算和判別本身的行為是否符合道德，是否違背良心，是否出於愛。但是，在那些反社會者的潛意識中，似乎缺乏這種機制。他們無法忍受無聊乏味的事物，對他們來說，冒險行為和操縱（折磨、羞辱和背叛）他們眼中那些受縛於良心的次等人，才能讓他們擺脫這種無聊感。通常來說，他們的晚境都很淒涼：孑然一身，沒人想靠近他們，甚至包括他們的家人。他們中有很多人最後都命喪於復仇者之手，或者被復仇者弄得身敗名裂；極少有人能在那些愛他的人環視下壽終正寢。㉒

無所畏懼的支配欲，造就了賈伯斯，也逼出了殺人犯

我覺得有一點需要強調：從本性來講，我們每個人或多或少都有一些反社會傾向。我們每個人都可能一方面對別人殘酷，忽略別人感受，而另一方面仍覺得自己是個十足的好人。行為遺傳學家大衛．萊肯（David Lykken）發現，如果孩子顯現出一些具有反社會特徵的行為傾向，比如無所畏懼、好鬥、喜歡尋求感官刺激，父母可以透過愛的教育及良好的約束，引導他們將這些性格特徵轉變成更正面的行為㉓。我在大學曾上過一門課「行為修正心理學」，學到了好的教養方式需要包括一種穩定的懲罰機制，透過這種機制，讓孩子清楚知道自己的行為界限。我們應該讓孩子清楚地意識到，無論何時，一旦他們觸及那些界限，就會得到相同的懲罰。有些父母對孩子的錯誤行為常感到不知所措，在孩子犯錯時沒有施加始終如一的懲罰，這就是典型的溺愛式教養方式，這種教養方式會對孩子的成長造成巨大傷害。

甚至，對成年人來說，反社會的行為傾向也能轉變成積極正面的性格特點。由利林菲爾德（Scott O. Lilienfeld）帶領的一個科學研究小組，確定了幾種具有反社會特徵的性格特點，其中也包括「無所畏懼的支配欲」。這個小組還發現，這些性格特徵如果用在正途，也能造就出高效率的領導能力及創新能力㉔。美國有很多各領域的領袖都有這種無所畏懼的性格特徵，史蒂夫．賈伯斯（Steve Jobs）就是其一。下面是摘錄自利林菲爾德的研究報告，為這種性格特徵做了最好總結：「無懼，是一種與精神變態相關的魄力，往往與更好的統御能力、領導力、說服力、危機處理能力等相關……無懼……可能演變成殘酷的犯罪行為，也可能在危機中表現卓越的領導能力。」㉕

我們每個人都具有正負面兩種特性，承認這一點對你的靈性覺醒非常有幫助。反社會者不

是惡魔，並非壞到無可救藥，但不可否認的，在一些最極端的例子中，他們可能需要接受完全的改造，以阻止他們以任何可能方式對他人製造傷害，直到他們的性格真正轉變為止。大部分的人都不是反社會者，但有時也會表現得非常自我或自私，也可能管不住自己的控制欲，特別是覺得自己受辱或受到傷害時。

中彩券，可能是你這輩子最糟糕的一件事

天生不帶有反社會性格的人，也可能發展出反社會的態度和行為。比如說，突然獲得巨額財富或巨大權力的人，尤其是那些不在正常家庭或社會環境長大的人。在現實中，擁有權力會遭遇到的一個問題就是：他人的索取。如果你認識一些有錢又有權的人，你可能會發現，有很多人會為了接近他們而把你當成跳板。你擁有的財富和權力越多，就越會發現你遇到的每個人似乎都想要向你索取點什麼。每個人都想要你的錢，或想利用你來取得成功。當然這是有點誇張的說法，並非每個人都會這樣做，但是你會看到，似乎確實存在著這種明顯的傾向。

還有很多人會討厭（甚至憎恨）那些有錢有權的人，這樣做能讓他們的內心平衡一點。然而，即便你擁有豪宅、名車，想要的話，每天都能在高級餐廳用餐，享受奢華的假期，也未必能過上幸福的生活，因為幸福是選項而非保證。如果你身邊的人都想占你便宜，或想要控制你，你會發現幸福離你好遠。沒有愛，物質世界中的一切如同幻影。

披頭四在推出成名作〈我想牽著你的手〉（I Want to Hold Your Hand）後聲名大噪，後來保羅．麥卡尼（Paul McCartney）坐在巴黎喬治五世飯店的鋼琴前，在巨大的壓力下，寫了另外一首風行一時的單曲，曲名是〈無法為我買來愛〉（Can't Buy Me Love）㉖，貼切描述物質財富與

成功無法為你帶來所尋求的愛。事實上，財富與成功帶來的東西，往往與愛背道而馳。

很多中彩券的人都沒能過上幸福生活，反而覺得中獎是他們人生中最糟糕的事，原因就在於此[27]。桑德拉．海耶斯（Sandra Hayes）是一名保母，二〇〇六年她與十幾個同事一起合買威力球彩券，中了兩億兩千四百萬美金，她分得了超過六百萬美元的稅後彩金。後來，她在受訪時告訴記者：「中獎後，我最受不了的是人們的貪婪與索取，他們總是要我分點錢給他們。這讓我很痛苦，他們都是我深愛的人，但是現在他們彷彿成了吸血鬼，只想吸光我的血。」[28]

換位置就換腦袋？實驗證明給你看

一九七一年，史丹佛大學的心理學教授菲利浦．辛巴多（Philip Zimbardo）博士做了一項實驗，這個實驗後來被稱為「史丹佛監獄實驗」。在這個實驗中，他從另一個角度來探索普通人如何發展出具有反社會特徵的行為。辛巴多和他的同事在校園內的喬丹紀念廳（Jordan Hall）地下室搭建了一個模擬監獄，找了一些志願者隨機扮演囚犯或獄卒，參加者每兩週可拿到十五美金，共有七十個志願者接受了面試及一系列的心理測試，研究小組最後選了二十四名他們認為最普通、最平常也最健康的男學生參與這個實驗。

為了讓實驗更逼真，一九七一年八月十七日，還特別讓帕羅奧圖（Palo Alto）警局的真警察去九名被指定扮演囚犯的年輕男子家中逮捕了他們，有些人還被扣著手銬出門。一開始，他們被蒙著眼帶到一所真實的監獄，然後再開車轉送到史丹佛大學的模擬監獄。另一方面，扮演獄卒的學生則穿上研究小組發放的制服並被告知，要在不使用暴力的情況下控制住那批囚犯。

後來的演變是，獄卒對囚犯越來越苛刻殘酷——特別是在囚犯的一場暴動之後。成功鎮壓暴動之後，「獄卒變得更具侵略性，開始用話羞辱囚犯，並做出一些非人性的行為。」辛巴多說。在那些羞辱囚犯的行為中，還包括徒手清理馬桶。有一天半夜，獄卒告訴囚犯，這不是實驗，他們確實被囚禁在此，要等多年後他們才會被釋放。這一類的精神虐待帶給九個囚犯嚴重的心理壓力，以至於其中五個人必須被提前釋放（每天釋放一人）。

實驗進行到第五天，辛巴多的女友克麗斯汀娜．馬勒斯（Christina Maslach）前來觀察實驗進展。一開始，她覺得這個實驗有些無聊，但就在她跟一名迷人又風趣的獄卒扮演者交談後不久，她就被眼前的事嚇到了㉙。她曾聽研究人員說，有個獄卒特別有虐待傾向，其他獄卒和囚犯為他起了個「約翰．韋恩」④的綽號。克麗斯汀娜後來得知，那個人就是剛剛跟他談過話的年輕「獄卒」。克麗斯汀娜後來說道：「他與囚犯之間的互動方式讓我嚇了一跳，就像變了一個人似的，連說話腔調都不一樣，帶著一種南方口音，走路方式也改變了……看起來就像是一個雙重人格者。」㉚

有個囚犯向研究人員投訴，說約翰．韋恩曾經趁研究人員不在時故意絆倒他。這名囚犯指責他太入戲，但約翰．韋恩拒絕改變自己的態度和行為，他說如果對囚犯過於友好，那他的角色將會失去影響力。克麗斯汀娜還看到獄卒曾在囚犯就寢時間之前，讓他們頭上套著紙袋去上洗手間。她覺得這種行為簡直令人作嘔，但是她的感受卻被其他研究者取笑。那天晚上，她與辛巴多大吵了一架，要求他立刻終止實驗。辛巴多最後也意識到，他跟同事就像那些獄卒一樣，在實驗過程中對囚犯失去了同情心，因此他明智地提前終止了這個實驗。克麗斯汀娜和辛巴多在一九七二年結婚，也成了伯克萊大學的正式教授。她在非人性化方面的研究成果，對我們當今的世界有深遠意義。

「在這方面我做了大量且長期的研究，採訪對象包括獄卒及從事緊急醫療的護理人員。」克麗斯汀娜說。她的工作主要是研究：「在有些個案中，負責照顧和治療的人員會以物品般的方式來對待他們照護的對象，到底是什麼導致了他們變得如此麻木、漠不關心、殘酷和喪失人性。」㉛

有趣的是，辛巴多的高中同學史坦利．米爾格倫（Stanley Milgram）也曾在一九六五年進行一項類似的開創性實驗。在這個實驗中，身穿白衣的研究者告訴受試者，會給他一個電擊器，如果隔壁房間的那個陌生人在做問卷過程中答錯，他要按下按鈕電擊他。他們在牆上裝著一面單向鏡子，讓受試者能夠看到和聽到隔壁房間發生的事。事實上，接受電擊的人沒有真的受到電擊，他事先就被告知要在對方按下按鈕時，假裝痛苦喊叫，就像真的受到電擊一樣。每一次，當受試者不忍心或感到反胃想喊停時，研究人員總要他繼續下去。隨著電擊強度不斷升高，接受電擊的人發出了瀕臨死亡似的慘叫聲。但儘管如此，還是有三分之二的受試者會按下強度最大的電擊按鈕（高達七五〇伏特，並貼有「危險，劇烈電擊」的標籤）㉜。當研究人員後來告訴受試者真相之後，很多人都被自己在實驗中展現的陰暗面嚇到了。在米爾格倫和辛巴多這兩個實驗後，美國通過了一條新法律，禁止任何有違道德的心理學實驗，因此現在大部分的類似實驗都只採用問卷調查方式。

辛巴多和米爾格倫的實驗向我們揭示的是，當我們處於一種特殊情況下，有多麼容易地做出非人性化的行為。在我們的社會中，人們似乎默認了一些社會角色必須帶有特定的行為傾向，比如獄卒或權威人士。一旦你獲得財富和權力，並開始融入名人圈的生活時，你就會發現，自己很容易就適應了他們的思維方式、感知方式及行為模式。儘管你一開始會非常看不慣他們的某些態度和行為，但是你卻發現自己有一股服從權威的強烈欲望，就像米爾格倫的電擊實驗所顯示的。至於克麗斯汀娜針對那些出現職業倦怠的從業人員所做的研究，則有個新名詞可以形容，那就是「悲憫疲憊」（compassion fatigue）。

冷漠的社會，全是因為旁觀者效應？

旁觀者效應描述的是：身處於群體中時，一般人會如何發展出具有反社會特徵的行為。

一九六四年三月十三日，二十八歲的凱蒂・奇諾維斯（Kitty Genovese）被一名強姦犯刺死，後來的初步調查顯示，在行凶過程中，她曾經大聲呼救超過一個半小時，而且有三十八個人目擊或知道這事卻沒有干預或報警，放任奇諾維斯死於血泊中，而凶手則逃離了現場。不過，《美國心理學家》（*American Psychologist*）雜誌在後來進行的調查顯示，這個案件的一些細節被媒體誇大了。這份調查報告指出，至少有一個旁觀者報了警，而一些人雖然能聽到奇諾維斯呼救，卻不知道案發的確切地點[33]。儘管如此，有一點是可以確定的：只要群體中的人能夠及時出面干預，很多死亡事件是可以避免的。

一九六八年，約翰・達利（John Darley）與比伯・拉丹（Bibb Latané）所做的實驗，有力地證實了旁觀者效應[34]。隔年兩人所做的實驗則顯示，一群人中僅有四〇%的人會為一個跌倒在地並痛苦呼叫的婦女提供幫助，而如果是獨自看到同樣的情況，則有七〇%的人會呼叫別人來幫忙或親自去幫她。[35]

成名的代價，貓王—夢露症候群

一旦成為名人後，嚴重的生活倦怠感可能會隨之而至，這也是為什麼有這麼多的名人或公眾人物會患上嚴重憂鬱症和焦慮症。我創造了一個詞——「貓王—夢露症候群」——來描述這種現象。我們總是被告知，物質世界的果實有多麼甜美，但是二十世紀名利雙收的一男一女卻深陷憂鬱症，對藥物嚴重成癮，最後死於服藥過量。儘管如此，很多人還是無視這種明顯的事實，依然相信獲得如此程度的名聲和財富，將會帶給他們這個世界所能提供的最大快樂。同時，我們還傾向於迷信一夕成功的神話，而不是「要怎麼收穫，先怎麼栽」的真理。

就像中彩券的海耶斯所說的，在她獲得六百萬美金大獎之後，她的朋友突然變得像吸血鬼一樣，試圖榨乾她的生命，這些友人的行為就顯示出明顯的反社會傾向。

在本書第一章，我們看到DNA會把光當成一種首要的生命力來源；而吸收和傳輸光似乎是DNA具備的基本功能。這種知識一旦普及，將會對各種領域帶來巨大影響，包括醫療、心理學等等，甚至能幫我們解決人類社會中的衝突。儘管我們還需要透過新的科學研究來進一步確證，但是那些反社會者似乎就是透過這種機制來吸收他人的能量。另外，因為此一機制的驅動力只是簡簡單單的一種有意識的意圖，所以，目前還沒有足夠的科學知識能探索這種現象，並將研究結果應用於日常生活之中。不過，即使我們仍不清楚其背後的運作原理，我們也能清楚看到它所造成的結果——就像在牛頓被蘋果砸到而發現重力之前，重力一直在默默運作一樣。

探討癌症成因的波普博士，早在一九七〇年代就發現了DNA會儲存光子。波普博士發現，細菌、植物、昆蟲和魚類等所有不同的生命形態，都會將光子吸入到DNA中。在一些實驗中，波普博士甚至觀察到生物體之間會彼此交換光。比如說水蚤會發出光，而這些光會被牠周圍的同類所吸收。我們也可以在一些小魚身上看到這種效應㊱。光子似乎一直受到某種智慧的引導，它們好像知道應該前往何處，從一個生物體轉移到另外一個生物體。

此外，波普博士還發現，當他使用溴化乙錠（ethidium bromide）這種化學物質讓ＤＮＡ分子解體時，會有大約一千個光子組成的光子流湧現出來㊲。這意味著，每個ＤＮＡ分子就像一根微型光纜，在需要為身體所用之前，光子一直以光速在ＤＮＡ中來回運動。波普還發現，這些光子與我們的健康程度息息相關。在身體虛弱或生病的部位，ＤＮＡ所儲存的光子數量極少，甚至幾乎沒有。另外一項重要的發現是，在我們遭受壓力時，我們的ＤＮＡ會流出更多的光，並很快變得暗淡。由此可知，壓力對我們身體造成的損害，並不亞於抽菸。如果我們身體的某個部位需要被修復，我們的ＤＮＡ會明顯地釋放出光子，讓這些光子去完成必要的修復及療癒工作。

這個研究領域中，還有一位偉大的先驅是格蘭・瑞恩（Glen Rein），他是畢業自倫敦大學的生物化學家。瑞恩博士發現，我們能夠靠意識去控制別人ＤＮＡ的光子儲存量。帶有愛與養護意圖的念頭會創造出一種療癒效應，使ＤＮＡ中的光子含量增多，而憤怒或具有侵略性的想法則會使光從ＤＮＡ分子流出。請注意，我們這裡所說的是取自於另一個人身上（胎盤組織）的ＤＮＡ㊳。瑞恩博士還發現，他的受試者們能夠有意識地控制他們對ＤＮＡ的療癒。比如說，當他們有心想療癒那些取自胎盤組織的ＤＮＡ樣本時，這些ＤＮＡ就真的會被療癒。如果他們只是有個想法卻沒有將注意力集中在ＤＮＡ上，那麼ＤＮＡ中的光子數量不會發生改變。

光是生命體，愛是傳輸光的力量

如果宇宙是一個單一的、宏大的、活生生的生命體，那麼，這個宇宙中的一切也同樣具有生命力。在量子層次，宇宙一直在製造生命。因此，從自身層面來講，光也具有生命。這是我在一九九六年開始讀《一的法則》時，所發現的另外一個科學概念。

最簡單的存在就是光——也就是你們稱之為「光子」的東西。㊴

在這種新理論模型中，一個光子能儲存遠超過我們想像的信息量，包括能製造出任何一種生物體的完全基因代碼。甚至，當光子穿過一段無比遙遠的距離時，所攜帶的遺傳資訊仍能保持完整不變。顯然，穿越空間並不會對光子的內部結構造成破壞。同樣的，光還會為生物體提供一種非常珍貴的生命能量來源，讓生物體保持生機與健康。

在宇宙是生命體這個理論模型中，還必須存在著一種有智慧的力量，使得光能從一點傳輸到另一點。瑞恩博士所做的科學性實驗證明，當我們想著某個人，甚至想著一個活的生物樣本時，就會自動地在我們的身體與注意力聚焦的生命體之間創造出一條通道，讓光立即通過。這些能量性通道是不可見的，我們暫時無法對其進行科學性測量。然而從理論角度來說，它們必須存在，這樣我們才能解釋從大量不同的重複性實驗中所得到的觀察結果。

在這種「能量生物學」的新模型中，似乎有兩種不同的力量在運作。首先，我們知道其中一種是光——不斷提供生命力的原始來源。另外一種力量則會塑造光，並引導光穿越那些隱形通道。《一的法則》將這種會形塑及引導光在不同生命體之間傳輸的力量，稱為：愛。

在這種理論模型中，愛變成了一種非常活躍的力量。它製造出了類似通道的隱形結構，使得光能被傳送到不同地方。我們有意識的想法會創造出這種通道，無論何時，當我們想起某個人，就會自動地在無處不在的源場中創造出一種通道，讓光子得以借助這種通道來傳輸。我們想法中所攜帶的訊息會被編碼進這些光子裡，這樣一來，我們就創造出了一種能實現心靈溝通的有效機制。同時，愛也正是創造出ＤＮＡ魅影效應的力量，這種相同的能量既能使光子以ＤＮＡ分子的形狀懸停，也能創造出一種看不見的通道，將光子傳送到ＤＮＡ分子之外——甚至穿越遙遠的距離。

從哲學角度來看，我們可以幫這兩種力量賦予性別——光是陽性力量，一直在向外投射及提供原始能量，而愛則是陰性力量，負責對光進行形塑和引導。從心理學角度而言，為了變得更健康，我們需要在自己的生活中學會平衡這些人格特性，或者說「原型」。《一的法則》認為，我們在生物上所看到的屬性（陰性、陽性或中性），其實是宇宙能量基本結構的全息映射。要注意的是，在這個問題上，《一的法則》裡的外星資訊源頭並不想幫我們揭示所有答案，我們需要靠自己去解開全部謎團。

那向外投射的可以被看成是一種象徵陽性的力量，而那等待與接收投射的，可以被看成是一種象徵陰性的力量。這種陰陽二元性系統是非常豐富有趣的，但是我們不會對這個問題做進一步評論，我們建議學習者自己去思考和摸索。㊵

在《一的法則》第六十七節討論中，丹．埃爾金概述了自己對陰陽原型本質的理解，但當時丹除了知道電荷的負極正極特性之外，還不瞭解陰與陽、光與愛所具有的一些其他能量特性。下面這段話是丹當時被告知的部分內容：

父親原型對應的是電磁能量的陽性或正極層面，它是積極主動的、具有創造性的，像太陽一樣放出光芒。母親原型對應的是電磁能量的陰性或負極層面，它具有接納性或者說磁性，如同地球會接收陽光，並在第三密度的豐饒中孕育生命。㊶

想要知道出現在你夢境的那些象徵意味著什麼，或是想知道生命中的那些苦難有何深意，那麼理解陽性與陰性原型就是重要關鍵。大部分的男性都需要充分地發展其女性能量層面，並透過與女性交往來學習。反之，大部分女性會被男性吸引的原因，同樣是為了想發展自己的男性能量層面。然而，有些男人的女性能量可能會大於男性能量，這使得他們往往會被那些具有強烈男性特徵的女人所吸引。性吸引力，經常會在潛意識層面驅使我們去接近那些我們能從對方身上學到最多東西的人。比如說，溫順、被動且有焦慮傾向的人，往往會覺得那些強勢、有控制欲且自戀的人對自己有不可抗拒的性吸引力。

小心，你的能量正在流失

理想的情況下，一旦我們透過意識在自己與他人之間創造出一條通道，那麼光子就會開始雙向傳輸、彼此交換。當我們療癒他人時，我們會將自身的光子傳送到對方身上。不僅如此，當我們對某人感到生氣憤怒時，也會自動地在自己與那個人之間創造出通道，不自覺地想去吸收對方的光子。但要實現這一點，我們必須使那個人處於一種不穩定的負面精神狀態中，比如懷有愧疚、恐懼、羞恥、悲傷、憤怒、憎恨、害怕或震驚等情緒。相反的，如果對方處於一種充滿愛且穩定的精神狀態，就能阻絕他人吸收自己的能量，同時也不會讓自己陷入負面情緒中。這樣一來，他就能保護好自己的生命能量，不會遭受任何損失。這是《一的法則》中最重要的教導之一，如果你想要保護自己的生命能量，可以透過這種方式來實現。

假如我們能成功地從他人身上獲取能量（也就是讓他在精神上屈服於我們的憤怒），那麼我們就能將對方身上DNA所儲存的光吸收過來，這也是直接獲取能量的一種方式。在得到這些能量後，我們的專注力會提高，感覺自己活力四射。但是，這種獲取能量的方式實際上非常冷酷無情，而且沒有意義。其實，還有另外一種更有效且完全無害的獲取能量的方式，那就是：內心抱持著真實的愛，讓自己活在全然的愛之中。根據《一的法則》所說，從他人身上吸取能量實際上是在踐行著「負面之路」。無論你從別人身上奪取了什麼，不久後，你奪取的東西也將會通過一種相似方式被拿走。

這正是格蘭．瑞恩在DNA實驗中所觀察到的能量交換機制。同樣一份取自人類胎盤組織的DNA樣本，憤怒的人會將這些DNA所儲存的光子吸收到自己身上，而懷有愛心的人則會將自身的光子傳送給這些相同的DNA。目前，我們仍無法探測這些不可見的能量通道，也無法看到我們的想法如何自發性地創造出這種通道。但是，這種能量交換機制所產生的效應早已被記錄下來了。

魚卵實驗與能量療癒作用

俄國科學家博拉科夫博士（A. B. Burlakov）所做的實驗研究，為上述的能量交換理論提供了進一步的支援證據。在實驗中，博拉科夫將一些仍在成長中的魚卵緊挨著放在一起，讓光子能自由地在這些魚卵間移動傳輸。他發現，當他將一些更大、更成熟的魚卵放在剛發育不久的年輕魚卵前面時，成熟魚卵會吸收年輕魚卵的生命能量，而年輕魚卵不久後就會出現嚴重的健康問題，包括萎縮、畸形，甚至死亡[42]。由此可以看到，更成熟也更強壯的魚卵似乎會直接吸收那些更年輕、更弱魚卵的生命能量，使自己發育得更好。同理可證，我們也能將生命能量傳送給他人，幫他人回復健康。另一方面，把兩種成熟度差異不大的魚卵放在一起時，稍年輕的魚卵會加快自己的發育速度，直到兩種魚卵達到相同的成長水準。[43]

博拉科夫也發現，如果在兩個裝有魚卵容器的中間擺上一塊玻璃，這種能量傳輸就會被完全阻絕。我們幾乎可以確定，造成這種現象的原因就是，玻璃能夠阻擋紫外線。但是，玻璃無法阻擋那些較強壯魚卵中的微重力場將較弱魚卵中的光子拉出來，在這種重力場的影響下，較弱魚卵會釋出自己的光子。不過被釋放的光子會撞到玻璃片而彈回原來的容器中，再被其中的魚卵吸收。因此，即便較強壯魚卵的引力會持續吸引較弱魚卵的光子，但在這個過程中能量並沒有損失。

丹尼爾·班諾博士（Daniel Benor）總共分析了一百九十一項關於精神療癒的不同研究。在這些實驗中，他讓受試者有意識地對各種活的生物體進行療癒，包括細菌、水藻、植物、昆蟲、動物，還有人類。令人意外的是，丹尼爾·班諾經過分析發現，在這一百九十一項實驗中，有六四％的實驗顯示出明顯的效應，甚至在一些實驗中，受試者還能有效進行遠距治療，比如從紐約到洛杉磯這樣的距離。[44]

這些實驗再次顯示，當我們將自己的思想及感受（特別是懷抱著愛），聚焦於一個生命體時，就會打開一條通道，讓光子進行傳輸。這種效應非常穩定，在大部分關於療癒的科學實驗中，都能清楚地觀察到這種效應的存在。然而，最讓人高興的是，根據《一的法則》所說，當你療癒他人時，你自己的生物光子並不會有任何損失，在療癒過程中，你的角色類似一種能量稜鏡，只是轉送宇宙能量到療癒對象身上而已。《一的法則》對這一點有清楚的闡述：

（能量）療癒者並非是靠自己的力量對他人進行療癒。在療癒過程中，他的作用其實是一種通道，讓具有智慧的宇宙能量能借此為療癒對象提供自我療癒的機會……你們人類文化中的傳統治療者，實際上也是如此運作。很多療癒者無法完全瞭解，他們的責任只是提供一個治療機會，而不是去治療他人。倘若他們能夠瞭解這一點，他們就會有如釋重負的感覺。㊺

那些無法平衡生活和工作的療癒者，可能會發現自己很難接收「智能無限」的能量。因此，他們可能會變得扭曲失真，導致自己和他人的能量失調。在這種情況下，他們最好馬上停止自己的療癒工作。㊻

用愛來創造能量通道

《一的法則》告訴我們，光是一種活的生命體。我們已經能從科學角度去證實，光子是宇宙中最基本的生命形式。ＤＮＡ魅影是一種一直圍繞並塑造光的漩渦能量，象徵愛的陰性力量。《一的法則》告訴我們，這個宇宙是由光與愛（陽性能量與陰性能量）組成的，愛是形塑光的力量。「智能無限」（萬物本源）所顯化出來的兩種最根本能量，就是光與愛，而這兩種根本能量建構出了這整個宇宙，所有物質和生物體都是光與愛這兩種能量的產物。下面是《一的法則》中關於光與愛的一些重要摘錄：

那些被稱為物質的東西其實是由光構成的，物質就是一種充滿能量及智慧的光。47

石頭是活的。你們當前的文明並沒有理解這一點。48

我們認為，除了光之外並無他物。49

問題：是什麼使光「濃縮」為物質或化學元素？

回答：……你們必須理解你們稱之為「愛」的那種能量的聚焦功能。這種能量在本質上能指揮一切。50

愛能指揮及使用光。51

光，創造出了這個幻象（也就是你們的物質宇宙），更精確來講，是光／愛。52

你是一切，你是所有存在，你是所有情感，你是所有事件、所有境況，你是一，你是無限。你是愛／光，也是光／愛。這就是「一的法則」。53

遙視現象研究

當我們將自己的注意力集中在某處或某物時，會自發性地創造出一種能量通道——一種由愛所創造的漩渦能量。透過這種通道，光就能進行傳輸。即使距離非常遙遠，這種效應也依然存在。

美國和中國所做的遙視研究中，一個受過訓練的受試者坐在房間內，僅僅透過直覺感知就能準確描述千里之外的遙視目標，比如某地的景觀特徵等等。在其中的一項實驗中，受試者被要求遙視在一間完全黑暗房間中的一個目標，結果研究人員發現，當受試者能準確地感知並描述出遙視目標的同時，這個目標的周圍會出現一些光子，而且這些光子的數量甚至比正常的背景雜訊值還高出一千倍[54]。這似乎表示，當受試者將注意力集中在遠處的目標時，就會在自己與這個目標之間創造出一條能量通道，讓這些光子進行傳輸。任何人經過訓練都能成為出色的遙視者，也就是說，我們所有人都具備創造出這種能量通道的能力。正常情況下，我們無法看到這些能量通道，但在靈魂出體的狀況下，就會看到這些能量通道。很多有過出體經驗的人都曾經描述，在這個過程中會看到一條連接自己的星光體[5]及肉體的銀色光帶，這很可能就是我們所說的能量通道。

當我們專注地想著某個人時，就會在自己與對方之間創造出一條能量通道，透過這種通道，兩人可以傳輸及交換彼此的光子。我們可以借助這種通道將自己的能量傳送到他人身上，同時也能從他人身上吸收能量。如果一直懷抱著愛及平和的心態，就能增強自己的生命能量，增加DNA中的光子數量。

然而，對反社會者來說，他們會抗拒愛，認為那是一種軟弱表現，這種做法顯然對他們的健康造成損害，讓他們難以保持專注。反之，他們認為要讓自己保持活力的唯一方式，就是吸取他人的生命能量，因此他們往往會攻擊與羞辱他人，要求他人做出更多的犧牲、妥協及退讓。他們總是蓄意讓那些心地善良的人產生負面反應，因為他們知道，讓別人向自己乞求，是最有效的一種吸收生命能量的方式。

然而問題在於，對那些反社會者來說，無論吸取了多少能量，他們總是無法滿足。在真正學會愛之前，他們永遠都不會感受到真正的快樂。他們在自己與他人之間設置了厚厚的圍牆，學會去愛就意味著自己需要徹底拆除這些圍牆。他們非常清楚，如果允許自己去感受愛，還有他們曾經歷的巨大創傷和痛苦，別人就可能乘虛而入，吸取自己的生命能量，就像他們對別人所做的一樣。想到這一點就會讓他們害怕，但如果他們肯踏出第一步，就會發現絕大部分人都是心地善良的，完全沒有傷害或折磨他人的意圖。

我們的全球敵人——即《一的法則》所稱的「負面菁英團體」——一直在處心積慮地尋求全球性的權力和威望，以便吸引無數人的注意力而接受到巨大的能量。那些選擇「負面道路」的人，往往認為從他人身上吸取能量是讓自己保持健康和活力的唯一方式。他們不斷尋求公眾的關注、喝彩、愛慕與崇拜，並為自己能愚弄所有人感到自豪。幸運的是，當我們開始揭露他們的黑暗面時，我們就能逐步且徹底地擺脫他們的操縱和控制。

譯注：

①眾多西方政客、金融家都曾公開並多次鼓吹以建立全球統一政府為藍本的「新世界秩序」，這些人包括老布希、小布希、尼克森、柯林頓、歐巴馬、洛克斐勒家族與羅斯柴爾德家族成員、薩科齊、教宗本篤十六世等。

②在美國，有一個極具爭議性的外星接觸個案，當事人喬納森·里德（Jonathan Reed）醫生在接受墨西哥電視台採訪時展示了他拍攝的錄影帶及實物證據。後來美國當局在他的房子進行地毯式搜索，運走了他放在冰箱中的外星人屍體及其他一些物證。他在逃亡過程中，有一個東南亞聯盟主動提供保護。有興趣的讀者可以上網搜尋相關訪談視頻。

③二〇一〇年中期，有多個國家的首相或總統，以及跨國公司的高層紛紛辭職，目前仍未知道這是否與作者所指有關。

④此指John Wayne Gacy，他是美國一個典型的反社會人格殺人魔，童年遭受的嚴重虐待和心理創傷讓他在後來發展出嚴重的反社會性格傾向。表面看起來性格溫和，後來被發現性侵和虐殺了三十多個少年。

⑤星光體是一種玄學概念，指由人身上所投射出來的一種意識能量團，可以做到穿牆越壁、翻山越嶺，甚至做星際之間的時空旅行。

05 拿槍的手改拿鈔票，我們正處在一個金權時代

誰在藉著金融風暴牟利？一些跨國銀行家族創立了聯準會與國際清算銀行，借此控制全球金融，試圖實現他們所稱的「新世界秩序」——全球統治陰謀。

很多戲劇、小說、電影及電視劇都曾描述過一些心地善良的普通人，在獲得財富與權力後人格變得如何負面。然而，我們絕大部分的人目前仍未意識到的是，一些擁有財富及權力的人現在已經形成了一個全球性的菁英團體。二〇一一年，諾丁漢特倫特大學（Nottingham Trent University）教授克利夫．伯蒂（Clive Boddy）發表了一篇標題為〈全球金融危機中的企業病態者理論〉（The Corporate Psychopaths Theory of the Global Financial Crisis）❶的論文，米契爾．安德森（Mitchell Anderson）在《多倫多星報》（*Toronto Star*）上對伯蒂教授的研究發表了有趣的評論：

實際上，只有一小部分精神變態者會變成電影中出現的那種暴力罪犯，大部分的精神變態者一直在積極融入社會，力圖隱藏他們的特徵，以便更有效地操縱他人。從古至今，這種令人害怕的情況一直都存在……科學家認為，在所有人類中，大約有一%的人具有明顯的精神變態人格特徵，這意味著在普通的美國民眾中有超過三百萬人是道德怪獸。有越來越明顯的證據顯示，在現代公司的高層管理人員中，這個比率還在不斷攀升。實際上這

並不令人驚訝，因為在現代的大企業中，冷酷無情且熱中追逐個人權力的性格已被看成是一種寶貴的資產。一些作者認為，這些公司實際上也顯現出越來越明顯的精神變態特徵。

然而，一個人的外表和他的行為品性是兩碼事。一些精神變態者，外表可能迷人又擅長自我推銷，但是他們可能是非常可惡的管理者——不斷欺壓同事，同時用製造混亂來隱藏自己的行為。當他們位居高職，其人格缺陷就意味著他們無法勝任工作對他們的要求：真心誠意地為其他人著想……

伯蒂教授指出，隨著企業結構日趨不穩定，這些精神變態者也越來越容易混水摸魚，在混亂中隱藏他們的行為……

伯蒂不認為當前金額龐大的紓困政策能夠解決所有問題。如果一些精神變態者已經在全球性的金融機構中位居要職，那麼他們的人格缺陷就意味著他們會貪得無厭，繼續做出反社會的、冷酷無情的行為。由於他們掌握巨大權力，其任何行為都會對社會造成嚴重影響。或許，直到他們所代表的金融機構或全球經濟體系徹底崩潰，這種影響才會終結。❷

聯準會背後的金權角力

當我們確認美國的金融體系在一九一三年被私有化這個事實之後，一個更大的祕密開始浮現。包括羅斯柴爾德和洛克菲勒家族在內的一些私人銀行家創立了聯準會，掌控了美國發行貨幣的權力❸。聯準會背後的這些銀行家族也創立了國際清算銀行（ＢＩＳ）——第一個全球性的「中央銀行」。

二〇一一年九月十九日，由經濟物理學家詹姆斯・格拉特菲爾德（James Glattfelder）帶領的瑞士科學研究小組發現，全世界八〇%的財富最後都流入聯準會的口袋裡。而他們使用的伎倆就是一種被精心偽裝、所謂的「連鎖董事」（interlocking directorates）①機制❹，這些企業包括了一些大型的媒體新聞集團。研究小組用超級電腦對一個由全球三千七百萬個公司及個人投資者組成的資料庫進行深入分析。結果，他們驚訝地發現，由七百三十七家公司所組成的網絡，囊括了全世界八〇%的財富。這些資訊被深藏在龐大的資料中，需要用超級電腦才能挖掘出來。進一步研究顯示，這個網絡背後的掌控者可以繼續減少至一百四十七家超級公司，而在這些超級公司中，有高達七五%的公司實際上是金融組織。這個高度隱祕的網絡中包括二十五家頂尖的金融組織，例如巴克萊銀行、摩根大通、美林證券、瑞士銀行、紐約銀行、德意志銀行、高盛投資、摩根士丹利及美國銀行，而以上名單據稱都是聯準會成員❺。美國官方以安全及隱私為由，一直都沒有公開掌控聯準會的銀行名單，但我接觸過的大部分研究者及內部人士對於誰在掌控聯準會都沒有異議。這些頂尖銀行對世界經濟活動的操控是科學驗證的事實，而非某種陰謀論，而這還只是冰山一角。

二〇一一年，美國眾議員艾倫・格雷森（Alan Grayson）、前眾議員榮恩・保羅和已故的參議員羅伯特・伯德（Robert Byrd）對聯準會進行了一次國會稽核，結果發現，聯準會悄悄地送出了二十六兆美元，這些錢不是給民眾，也不是拿給政府，而是給了聯準會的成員銀行，其中一些銀行的總部甚至不在美國❻。設想一下，如果這筆錢拿來改善民眾的生活，將會創造多少福祉？這可是全世界一年生產總值的三分之一啊！這些金融組織的胃口是如此之大，下的籌碼是如此之高，以至於這些錢僅僅只能讓他們繼續活下去。

我曾經從一百六十個國家組成的那個聯盟得到消息：二〇〇八年的全球金融危機是聯盟中

的一些成員所特意製造的，目的是直接在金融上擊垮以聯準會為代表的陰謀集團。聯盟中沒有人會預想到聯準會能製造出如此龐大的紓困行動，讓它背後那些腐敗的金融組織保住性命，並逃脫罪責。

對大部分人來說，或許很難相信這些都是確鑿的事實。但是，由一百四十七家超級公司所組成的權力網絡，確實控制了全世界八成的財富，聯準會也確實拿出了二十六兆美金來為這些銀行保命。

通常，我們都認為反社會者一般都是各自行動，但從本質來看，權力結構等級是十分森嚴的。我曾經與那些從這個團體中逃脫出來的人，或者一些試圖在內部摧毀這個團體的內部人士交談過，最常聽到的一件事情是，那些集財富及權力於一身的人都認為，一旦獲得了世界級的財富，自然就比他人更聰明、更強壯且更優秀。然後，再跟一群同樣坐擁財富及權力的人為伍，就能穩固你的位置，變得更富有，得到更多權力。對這個權力體系來說，保密很重要，位於權力金字塔底層的人永遠不會發現高層在做什麼。如果你夠冷酷無情，並且願意為這個組織奉獻一切，就會得到獎賞，越往上走，就越會發現這個團體顯現出越來越多與德國納粹相同的特性。事實上，有不能推翻的證據顯示，這些人正是納粹背後的資助者和支持者，我們將會在第十三章討論❼。

聯準會背後的這些銀行還資助了俄國的布爾什維克革命②。關於這一點，愛德華．格里芬（G. Edward Griffin）的《哲基爾島上的大人物——審視聯準會的第二視角》（*The Creature from Jekyll Island*）❽和安東尼．薩頓（Antony C. Sutton）博士的《華爾街與布爾什維克革命》（*WallStreet and the Bolshevik Revolution*）都有全面論述❾。我深信這整個體系目前正在崩潰中，這也是我現在和各位讀者討論這些資訊的原因。

尖叫的植物，集體性的聯合意識

克利夫．貝克斯特（Cleve Backster）是美國中情局的前雇員，他開創並標準化測謊器的操作規則⑩。貝克斯特的發現，對我們理解全球敵人的真面目非常重要。測謊器能測量人類皮膚的電流變化，也能測量其他生命形式的電流活動。一九六六年，在這個領域研究多年之後，貝克斯特突然有個想法，他用測謊器對栽種的室內植物進行測試——想看看是否能從這些植物中得到類似人類的反應。結果他驚訝地發現，這些植物中有持續不斷、複雜的電流活動。

貝克斯特知道使用測謊器的關鍵，在於受測對象被質問時的立即反應，比如「你有沒有開槍殺死你的妻子？」如果測試對象否認，但他的身體電流活動卻開始出現顯著反應——彷彿他正在尖叫、受到驚嚇或生氣時所產生的電流反應，那麼就可認為他在撒謊。貝克斯特想看看植物在生命受到威脅時，是否也會出現與人類相似的反應。於是，貝克斯特在腦中想像這樣的畫面：他用燃燒的火柴去燒植物的葉子。結果發現，連接那棵植物的測謊器出現了強烈反應，而且這種反應是出現在他真正去燒那棵植物之前。接著，貝克斯特真的點燃了一根火柴並灼燒植物的一片葉子，在整個過程中，那棵植物一直沒有停止「尖叫」③，直到他拿起火柴離開實驗室。

這種「警報系統」在自然界中似乎一直存在，而且在所有

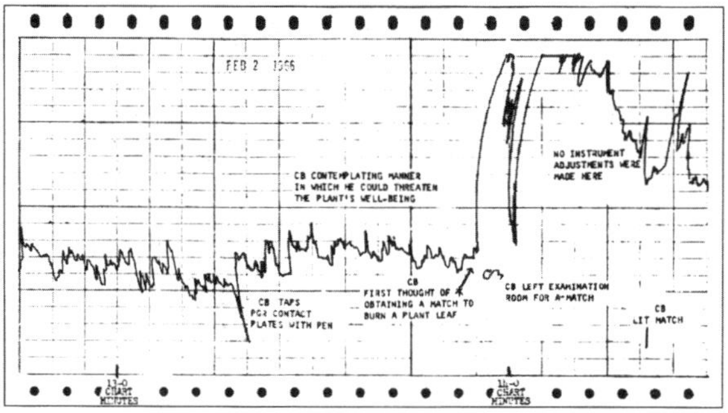

貝克斯特把測謊器連接上植物所得到的實驗圖表，電流活動情形與人類接受測謊時很相似。

生命體之間形成一種集體性的連結意識。貝克斯特分別測試植物、乳酸菌、雞蛋、動物細胞及人類細胞，結果發現，當其中一個有機體感受到壓力、痛苦、恐懼和危險時，就會將一種能量信號傳送給周圍其他生命體。當貝克斯特突然嚇醒他的貓時，旁邊的紫羅蘭也會被嚇得「尖叫」⓫。當貝克斯特毒殺一些細菌時，其他細菌也會「尖叫起來」⓬。一九六九年，貝克斯特在一群耶魯大學的研究生面前做了一項實驗：他讓學生放走抓在手上的蜘蛛時，臨近的藤類植物害怕得「尖叫了起來」⓭。巴克斯特也用雞蛋試驗過，當他把蛋一個接一個放進沸水中時，由連接的測謊器可以看出其他雞蛋每次都會發出「尖叫」⓮。而他也在人類身上進行過實驗：他讓一個在二戰中幾乎被擊落的飛行員，觀看另一個飛行員被擊落的影片，從他身上取出的組織樣本也「尖叫了」。⓯

我們可能連接到一個巨大的能量網絡

我們不要忘了波普博士針對壓力所做的研究成果。當我們感受到壓力時，我們DNA中的光子數量會突然減少，這會讓我們身體中的光變得暗淡。在先前的章節中，我們討論了我們能在自己與他人之間建立一種能量通道，透過這種通道，我們能借助光子的傳輸互相交換資訊與生命能量。現在我們面臨著一種新的可能性，那就是：宇宙中存在著一種由這些能量通道所組成的巨大能量網絡，而且這種能量網絡早已將每個生命體連結在一起。這會是一種我們目前尚未理解的自然法則嗎？或許在我們突然感受到壓力時，我們就會釋放出生物光子，而這些生物光子會將我們的恐懼和痛苦的信號傳播到這整個能量網中？

我們的每個細胞都含有四十六條染色體，而每條染色體都由兩個染色分體（或者說兩個

DNA分子）組成。因此，我們的每個細胞中都含有九十二個DNA分子，這還不包括粒線體DNA（不同類型的細胞中，粒線體DNA數量各不相同）。在我們的身體中大約有十兆個人體細胞，另外還有九十兆個不屬於人體的細菌細胞，這意味著在我們自己的人體細胞中就有九百二十兆個DNA分子，而這些DNA分子都存在於染色體中，每個DNA分子都儲存有大約一千個光子！從這個數字，就可看出我們體內儲存著一個巨大的能量源。在任何一個時刻，我們的體內都有九萬二千兆個光子在不斷運動著，而當我們感受到壓力時，我們可能會一次就釋放出數百萬甚至數十億個光子——這相對於我們所儲存的光子總數來說，只是九牛一毛。

波普博士發現當我們感受到壓力時，DNA中的光子數量會突然減少。而貝克斯特博士則發現，當生物體感受到壓力時，會將一種警報信號傳送給周圍的其他生物體。雖然貝克斯特尚未發現壓力警報信號的傳輸途徑，但是，我們有可靠的理由相信：光子可能被用作這些警報信號的傳送媒介。在連接萬物的源場中存在著無數的能量通道，而這些光子很可能就是透過這些能量通道來傳輸。

顯然的，這些能量通道不受距離限制。太空總署的布萊恩・奧里利（Brian O'Leary）把從身上取出的細胞樣本存放在鳳凰城的實驗室中，在他從聖地牙哥飛回來的途中，放在實驗室的細胞樣本與他相距數百英里，但每當他感受到壓力時，這些細胞樣本都會立即接收到這些生物信號。我們也已經知道，對人體療癒能力進行研究的丹尼爾・班諾博士也發現：一個身在紐約的人能遠距療癒一個身處洛杉磯的人。

因此，我們可以得出一個可靠的結論：當我們將注意力聚焦在一個特定的人身上，就會透過一種能量通道將自己的生物光子傳送給對方。而這很可能是一種我們尚未發現且適用於所有生命體的自然規律。如前文所述，生物體所發出的特定生物信號，比如痛苦、恐懼、壓力和死亡威脅，似乎會透過能量通道傳送給周圍的所有生物體，但是如果我們把注意力更集中時，這些能量通道似乎會被強化。參與格蘭・瑞恩博士實驗的受試者，能夠將關愛的情緒發送給DNA樣本來進行療癒，但如果他們未能集中注意力，這些DNA樣本就不會得到新的光子。

權力為什麼會令人上癮？原來跟能量有關

威廉・布洛德（William Braud）博士證明了僅僅注視一個人，就足以讓對方身體產生興奮反應——即使注視者與被注視者相距遙遠，兩人之間沒有任何可見的物理聯繫。這種現象背後的原理，很可能與我們先前描述的能量交換機制一致。在布洛德的實驗中，受試者甲被要求放鬆地坐在一間裝有監視器的房間，並看一本雜誌，同時也用儀器監看著他的皮膚活動。在另一個房間擺著閉路電視螢幕，可以觀看受試者甲的影像，當然受試者甲並不知道他正在被監視著。在這個安裝有監視螢幕的房間，受試者乙被要求在由電腦產生的隨機時刻，突然集中精神盯視著螢幕上的受試者甲。神奇的是，實驗顯示，在受試者乙盯視受試者甲時，有高達五九％的機率，受試者甲的皮膚會出現突然性的衝擊反應，上述兩名受試者都是男性。不過，布洛德發現當受試者都替換成女性時也存在著這種現象。高過半數的機率，對科學家來說具有極重大的意義。後來布洛德一遍又一遍地重複這個實驗，換了很多不同的受試者，但這種效應一直都非常穩定⑯。

熱中追逐權力的人，有可能不知道自己為何對權力有如此強烈的欲望，或許布洛德的研究發現在無意中揭示了背後的奧妙。二〇一一年四月，我首次在電台節目《兩岸之間》（*Coast to Coast*）與主持人亞特・貝爾（Art Bell）進行了一次完整的訪談，當時這個節目的聽眾大約有兩千萬人。在訪談過程及結束後不久，我都感到有一股強烈的能量流遍全身，讓我心跳加速、呼吸急促，還有點頭暈（類似嗑藥反應）。這種反應是如此強烈，我決定去海灘上走一走看看能否緩和過來，但直到幾個小時後我才真正平靜下來。

當時，我很快就意識到這種強大的能量很可能會被嚴重濫用。事實上，在隨後幾年，我都盡量避免參加任何研討會或引起公眾注目，直到我覺得自己夠成熟，能妥善處理這種受關注的能量為止。如果心存良善，對這種能量的最好回應就是將它轉化為能激發和振奮人心的行為。然而，我發現很多政客、軍事領袖、企業家及名人（演員、歌手等）都會拿這種強大的能量來冒險。權力是非常真實的能量，而且很容易讓人上癮，每一個將注意力集中在你身上的人都在傳送能量給你。

強者越強，弱者恆弱，能量也是如此

顯然的，這種能量交換機制在人類的演化過程中一直都存在。有些國家會把領袖肖像印在鈔票上，當民眾每次掏出鈔票時，很可能就在將自己的能量傳送給鈔票上的領袖。當然，現場聚集的人群傳送出的是更強烈的能量，比如一場激動人心的政見發表會。在印刷術問世之後，因為鈔票的印製與發行，那些有野心的領袖們很可能就是透過這種途徑來接收大量能量。而攝影技術則進一步推動了這種能量交換機制，在領袖肖像變得更加清晰的同時，也強化了能量交換系統。

同理可證，廣播、電視及電影中的人物，也可能讓數百萬人在同一時間將注意力集中在他們身上，並將能量傳輸給對方，即使演員只是在扮演某個角色。下面摘錄自《一的法則》，對於極性／二元性（正面與負面）有一番扼要見解：

我們可以用放射／吸收的概念來理解二元性：正面就是放射，而負面就是吸收。⑰負極總是在試圖吸收靈性力量，並將之據為己有。⑱對他人進行鎮壓或奴役時，這種負面極性會被大幅強化。⑲

能夠操控他人看似會為自己帶來一些好處，但是從下面這段摘自《一的法則》第五十二場討論的內容來看，當我們傷害他人時，我們會在以後的輪迴轉世中，體驗我們的行為加諸在受害者身上的痛苦。

控制似乎是一種維持紀律、和平與強化自我的捷徑，然而，為了業力的平衡，操控他人的行為很可能會讓你在以後的轉世中付出相應的代價。⑳

從動物王國遺留下來的求生本能

我的確相信大自然之所以創造出這種能量交換系統，絕對有一個正面的目的——至少初衷是如此。想像一下，在遙遠的過去，你所在的部落可能生活在洞穴中，大家擠在一起相互取暖。突然，一頭尖牙利齒的凶猛老虎出現在洞穴入口，飢餓的老虎正要獵食，此時，為了保護族人，部落中需要有人站出來擊退老虎。扮演這個角色的，通常是部落中的男性首領，他應該是會帶頭為族人而戰的人。部落裡的其他人都被老虎嚇得半死，當他們經歷這種生死存亡的恐懼與壓力時，他們的DNA會釋放出大量的光子，每個人所釋出的光子可能高達數十億個，這些生命能量會直接被傳送到挺身而出的那個勇士身上。這時候，接收到生命能量的勇士，思考會變得更敏銳，行動更敏捷更有力量，耐力也更持久。

從古至今，只要人類群聚在一起，這種能量交換的機制就會變得更明顯。二〇一一年，我受邀去看了底特律老虎隊的棒球比賽，那時正是季後賽階段，那場比賽將會決定他們能否進入世界職業棒球大賽。我不是球迷，比賽結果跟我也沒有任何利害關係。然而，就在進入球場後，我立即感受到一股巨大的能量衝擊，混合了愉悅感與興奮感，特別是當主隊的打擊手揮出一顆漂亮的球，極可能成為一支全壘打時，我的精神和身體都進入了一種狂喜狀態。全場觀眾都盯著那顆飛行的球，創造出一種高度聚焦的巨大能量。當球飛過場外時，觀眾們都興奮地跳了起來，就在這不到十或十五分鐘的時間內，我發現自己深深愛上了棒球這項運動。

在觀看運動比賽的過程中，所有觀眾所發出的巨大能量會帶給每個人更多的生命力。所以很多人都願意花數百美金買票看球賽，感受這種能量衝擊，而這種能量交換系統似乎也能解釋為什麼有主場優勢這回事。在主場比賽時，觀眾當然會希望自己的球隊能夠獲勝，所以會將大量的生物光子傳送給主隊的運動員，讓他們更警覺更有耐力，而在客場比賽時，你顯然不能從觀眾席中獲得如此多的能量。

追求刺激的一群人

大部分的人都能透過關愛和支持來恢復彼此的生命能量，而我們也不要忘了，七千個人聚在一起冥想就能讓全球的暴力活動少了七二％。然而，仍然有一％的人會變成真正的反社會者，他們完全與愛隔絕——至少他們不會去愛別人。他們總是感到厭倦和沮喪，喜歡鋌而走險，而且是十足的腎上腺素上癮者。他們總是追求更快的速度、更多的權力、更多的刺激和更大的風險，不在乎自己的行為會傷害或威脅到其他人。欺壓他人或吸收他人的能量，確實會令人上癮；挑釁及操縱他人的不確定感，則讓這些人感覺到非常刺激。一旦他們在這種操控鬥爭中得逞，就會從被他們羞辱及打敗的對象吸取巨大的生命能量。

現在就有這麼一個團體，由反社會者所組成，一直在無情地追逐權力。在團體內爭權奪利的過程中，形成了一個等級分明的權力系統，而這個集團的終極目標就是統治與控制這個星球。他們自認為是地球上最強大、最有智慧的人，所以認為自己值得擁有這些權力。從本能來講，他們可能知道，人們在精神上遭受創傷時會釋出自己的生命能量，傳送給那個站出來保護他們的首領。

大規模的精神創傷會使人們釋放出大量的生命能量，當這些菁英團體利用這種卑鄙手段，自導自演地站出來偽裝成那個保護我們的勇敢領導者時，他們就會得逞——吸收到廣大民眾傳送給他們的能量。這個擁有巨大權力的菁英團體，最終極的目標就是，維護及穩固自己的統治地位，持續控制金錢、政治、軍事和媒體，沒人能真正地反抗他們。一旦他們的陰謀得逞，就會持續不斷地獲得他們傷害對象所釋出的生命能量。然而，勇於面對真相，對我們來說也是一次讓我們獲得靈性成長的重要機會，我們可以借此終結地球上的不公平，建立互助合作的社會。《一的法則》在第九十七場討論中清楚地闡述了這一點：

通常來說，那些表面上看起來似乎是負面的經驗，最後往往有助於靈性進化。㉑

戰爭，是精心安排的大騙局？

為了理解這個全球共同敵人的大祕密，我們必須要探討一個可能病態的觀點：第一次及第二次世界大戰很可能是精心導演的致命騙局。一開始你可能很難接受，這是正常的自我保護反應，你的身體試著去避免恐懼與創傷，因為它知道這會讓它失去生命能量。但我認為，去理解過去曾經發生過什麼與現在正在發生什麼，對我們來說是非常重要的，只有這樣我們才能掌控及改變自己的命運。事實上，知道真相比否認真相要安全得多了。

如果說，這個由銀行巨頭所組成的菁英團體一直在祕密資助戰爭的敵對雙方呢？如果說，很多小國的領袖、參與戰爭的士兵和民眾都相信他們有正當理由去作戰，但實際上他們很可能都被騙了呢？㉒你會疑惑，怎麼會有人類能做出這樣的事情？或者更重要的問題是，他們為什麼要這樣做呢？絕大部分的人都會覺得自己無法接受這樣的假設，因為這種行為是如此大逆不道、駭人聽聞。一般人會覺得自己沒有足夠的勇氣去探索這樣的觀點：如此龐大、相互串連的一個神祕組織會存在於今天的世界。人們普遍持有的信念是，慈愛的上帝不可能允許這樣一種邪惡力量來操縱世界。為了一些隱祕的政治及金融意圖而不惜犧牲數百萬人的生命，這種行為已經不是瘋狂二字可以形容了。

「這樣一個大祕密，我們怎麼可能會毫不知情？」當我將大量可證實的證據攤在人們面前時，很多人的反應就是如此。不承認或是嘲笑這些證據和觀點，甚至尖銳地攻擊認同這種觀點的人。事實上，他們之所以會急著否認，是因為他們覺得這些想法會讓自己活在恐懼中，而恐懼的心理會促使生命能量流失，因此潛意識會要求他們否認這一切。

意識，是一種能量系統

《一的法則》對於地球上這些菁英壞份子的真面目多有著墨，也說明了他們在操控他人的過程中是如何有意識或無意識地吸收別人釋出的能量。《一的法則》將意識描述為一種能量系統，與電力很相似。同時，《一的法則》還提醒我們，行星與衛星的運行位置在任何時刻，都會對地球上所有的生命能量與意識產生強烈影響。

問題：我覺得有一點是非常重要的……讓我們用電來比喻：我們各有一個正極與負極，當其中一極的電荷不斷增加時，電壓就會升高、功率變大，也就是說這個系統的能力更強大。我覺得，這個比喻和我們所說的意識非常相似，這樣說正確嗎？

回答：……完全正確……在宇宙智慧能量的指引下，許多能量電磁場相互作用，創造出了這個物質系統（即身體）……你們一直受到心智系統製造的各種念頭及身體系統的干擾所影響，也受到個人小宇宙及大宇宙對應關係的影響。由於個體之間的差異，星體所發出的能量射線對每個人的電磁網也會造成不同影響……因此，對每個實體來說，占星學只是眾多影響因素之一。㉓

羊群效應的啟示

觀察動物界，我們往往會得到一些有助於我們解決當前全球問題的啟示，因為我們與動物有很多相似之處。在動物界，我們所說的負面菁英團體可用狼群來代表，而普羅大眾則是羊群。

我曾經在電話上接受一位女客戶的心理諮商，她當時正深陷巨大的恐懼中，甚至不敢去面對問題。對我來說，解決問題的方法非常簡單。在我試圖讓她談論問題癥結時，她一直想逃避。最後我要她告訴我，如果她面對內心的恐懼會發生什麼？「我怕它會徹底擊潰我。」她回答：「我覺得只要我瞄一眼那種恐懼，它就會緊緊抓住我，還會殺了我。」在我多次向她保證她現在非常安全，而且會盡力幫她克服所遇到的困難後，她才肯談論她碰到的問題，並說自己感覺好多了。不久後，她就意識到解決問題的辦法其實非常簡單，沒什麼需要恐懼的。我發現，她那時正在經歷一種動物性的原始本能，而我想對這種本能做更深入的探究。

羊兒總是成群移動，聚在一起吃草，這是牠們集體行為的一部分。對牠們來說，這也是更安全的做法。一開始，我們可能認為一旦羊群發現有狼在周圍走動，一定會開始逃跑——但或許實情並非如此。恐懼往往會使動物不知所措，就像被車頭燈照射到的鹿會愣住一樣。牠們本來有足夠的時間跑開，不被高速行駛的汽車撞到，但是最後往往不是如此。

羊群很可能非常清楚有一頭狼正在牠們身邊繞來繞去，牠們很害怕，卻繼續低下頭吃草假裝什麼事都沒發生，試圖忽視這個問題。有時候，狼會自己離開，沒有騷擾這些羊，但是一旦羊群開始奔離，狼肯定會衝向前去。羊群無法阻止狼殺害牠們，因為牠是如此強大。然而，在羊群中往往會有一兩個倒楣傢伙，覺得無法再承受這種壓力，牠知道狼就在那裡，牠需要去看，牠抬起頭直視那頭凶惡的狼。現在，狼知道自己被發現了，需要爭取時間衝上去，而在牠衝向羊群時，雙眼一直緊盯著那隻抬頭看牠的羊。這時，時間似乎停止了，被當作目標的羊徹底被恐懼麻痺，像進入催眠狀態似地一直回看著狼。這種麻痺狀態或許只持續幾秒鐘，卻讓牠成了最後逃跑的那隻羊，狼很快就追上去捉住了牠，接下來發生的事情就是撕咬、痛苦、恐懼、流血、掙扎、死亡。

其他羊都非常清楚發生了什麼事，而這個不幸的傢伙只是再次證明了一個法則：懷著恐懼去凝視，恐懼往往會回看並壓倒你。通常來說，這是一種我們所有人都擁有的潛意識反應。好萊塢電影一直在強化這種精神弱點——我稱它為「羊群效應」。我們總是喜歡認同電影中的角色，很多懸疑電影都有這樣一個經典場景：為了躲避凶手，某個角色找到了一個完美的藏身地點，比如床下。當凶手走進房間時，緊張氣氛逐漸達到高潮，這時，受害者所要做的就是閉上眼睛，這樣她就不會有事。但是，她總是忍不住去看，她想看看發生了什麼，於是她偷偷看了一眼，而凶手的雙腳就近在眼前。這時，她感到極度恐懼，開始驚慌失措了起來，不小心弄出了聲響，比如頭撞到了床板。這時，令人發毛的配樂聲開始響起，凶手發現了受害者的藏身地點，他掀開了床，用最恐怖的方式殺害了她。對我們來說，凶手的刀片就是狼的利齒。我們可以再次看到，當你看這部電影時，你就會在不知不覺中被灌輸一個訊息：「不要睜開眼睛、不要看，否則你就會死。如果你夠幸運，我們會給你留一條活路。」

上千部好萊塢電影，一直在強化我們這種原始本能。如果我們沒有選擇正面之路，沒有感覺到宇宙充滿愛而且我們一直受到保護，這種原始本能就會不斷被強化。從整個星球的層面來講，擺脫恐懼是極其重要的，因為只要我們團結一致，就擁有巨大的力量。但我們一直被灌輸的是，不要去面對恐懼，我們總是天真地以為只要拒絕面對真相，就能讓事情往希望的方向發展。

一旦我們意識到我們的集體力量，即使那些主流媒體不敢討論，那些負面菁英的行為也一定會曝光。在寫到這裡時，我已經能真切地感覺到，我們非常接近一個重大的轉捩點，一旦我們開始無所畏懼地去學習和瞭解真相，就能解決我們面臨的所有問題，而不是永久受困其中。

利用印鈔戲法來統治全球

如果第一次及第二次世界大戰都是全球性的欺騙戲法，是那些跨國銀行家資助了戰爭的敵對雙方，那麼他們的計畫到底是什麼？就像我在電子書《金融暴政》（*Financial Tyranny*）所寫的，這些陰謀集團的目標就是統治全球㉔。對那些反社會者來說，權力就像是一種讓人無法拒絕的上癮物，一種讓他們趨之若鶩的煉金藥。控制這個世界最關鍵之處就在於控制全球的金融，透過創造出像美元這樣沒有實物支撐的「全球儲備貨幣」，銀行家就能隨心所欲地增加或削減鈔票的價值。就像參議員榮恩・保羅所說的，過去一百年，聯準會一直在幹這樣的事。

如果有個國家擁有大量黃金，無論這些黃金的擁有者是個人或中央銀行，這個國家只需要印發由黃金支撐的貨幣，就能完全摧毀全球統一貨幣的陰謀。相比一種沒有任何實物支撐而僅僅依賴發行政府信用的貨幣，人們顯然更喜歡一種能兌換回黃金的貨幣。要遂行統治全球的陰謀，那些跨國銀行團體就需要系統性地從任何可能妨礙他們印鈔戲法的國家、團體或個人手中偷走黃金。一旦你能憑空製造金錢，你就掌握了這個世界上的終極操控戲法。你只要在一張白紙上寫個數字，再把這張紙交給某個人，就能從他手中拿到真實的財富。

我們都是聯準會金融暴政的受害者

第一次與第二次世界大戰中，大部分受侵略國家的中央銀行都被侵入過，而且黃金儲備都曾遭受掠奪。但是，在這些國家中卻很少人意識到，交戰雙方的背後資助者其實是相同的團體。很多國家由於擔心被入侵，特地將他們的黃金存放在美國境內的聯準會，讓他們「代為保管」㉕。下面這段摘自《今日俄羅斯》（*Russia Today*）新聞頻道的文章，明白地指出了這一點。

在紐約聯準會的地下金庫中，藏有六千七百噸的金條，總價值達到驚人的三千六百八十五億美元，但是紐約聯準會銀行的說法是：「我們並不擁有這些黃金，我們只是監管人。」這些被聯準會「代為保管」的黃金屬於六十多個主權國家和少數組織。據聯準會宣稱，儲存在紐約聯準會銀行地下金庫的金條，九八％的擁有者是其他國家的中央銀行。㉖

像這樣的計畫聽來荒謬、膽大妄為，幾乎不可能實現。要清楚並正確地向你們解釋這些銀行家的陰謀，我需要寫一本完整的書，這就是《金融暴政》電子書的書寫動機。奪取全世界的黃金，是這個影子團體的主要目標，我將這個團體稱之為「陰謀集團」，很多人則將之稱為「光明會」。這個團體的第二個重要目標是：創造一個跨國同盟，聯合這些盟友重建「新世界秩序」，亦即建立一個由這個陰謀集團所掌控的全球統一政府。下文摘錄自《一的法則》第十一場和第五十場討論的內容，解釋了這個光明會的負面思維方式：

那些選擇負面之路的人，一直在散播他們對於一的法則的另類態度和理解——為自己服務。這些人最終組成了一個全球性的菁英團體，試圖借此創造出一種情境，讓這個星球上的其他人自願選擇被他們所奴役。㉗

就像正面存在，這些負面存在也同樣自覺找到了存在的意義和目的。這些負面實體一直在努力地將他們的理解灌輸給其他人，做法通常是組成團體、招攬門徒，告訴他們奴役他人的必要性和正當性，還有這種行為對受奴役者來說又是如何有益。他們認為其他人都要依賴他們，需要他們的指引和智慧。㉘

黃金祕密存放地：國際清算銀行

如果第一次及二次世界大戰都是一種規模龐大的戲法，其背後的操縱者只是利用這些大規模的暴力和流血衝突當掩飾，入侵和掠奪世界各國的中央銀行才是他們的真正目的。那麼，所有這些黃金和財富最後落腳在哪裡？

顯然的，很多遭受侵略和搶奪的國家，他們的領袖都清楚黃金的流向。這些黃金都被祕密存放在一個被稱為「國際清算銀行」的跨國銀行中，而國際清算銀行的創建者正是聯準會背後的那些銀行，終極目標就是控制全球的金融系統。那些國家領袖被告知，他們「存放」在聯準會的黃金及財富仍然歸他們所有，並且會被祕密用來保障他們國家的貨幣價值。儘管這些國家的中央銀行所發行的法定貨幣看起來似乎沒有任何實物支撐，但實際上，每種貨幣背後都有貴金屬所支撐，只是這些貴金屬一直被「存放」在國際清算銀行。另外，這些國家都得到一些面額為天文數字的聯準會債券，做為他們存款的抵押品。這樣的一張紙，面值可能高達一億或十億美元，可以在聯準會兌換貨幣。

從二〇一一年十二月一日開始，我陸續收到了數百張照片，包括聯準會債券，以及存放這些債券的盒子與箱子。隨後，我將這些照片和資訊發表在我的網站上，這是全球性的獨家新聞。

為什麼這些國家領袖會同意一個聽起來如此荒謬的計畫呢？為什麼他們會允許將自己國家的財富「存

據稱是聯準會祕密發行的一張債券，面值高達10億美金。

放」在由聯準會控制的一個祕密世界銀行?顯然的,每個領袖都被暗中推薦去看了亞當・史密斯(Adam Smith)寫於一七七六年的《國富論》(*The Wealth of Nations*)㉙。聯盟告訴我,陰謀集團曾支付給史密斯一大筆錢,讓他寫出這一本書。史密斯在這本影響深遠的著作中提出了一個重要觀點,那就是:如果任何國家或私人團體存有巨額黃金和財富,那麼這個世界將永遠不會得到真正的和平與繁榮。在書中,他還給出了幾點關鍵論據。

比如,任何國家如果把黃金存在國內的中央銀行,將會成為其他國家覬覦目標。假設有國家用自己的黃金儲備來評定其貨幣價值,一旦黃金被其他國家偷走,這個國家的整個經濟體系將會崩潰,而那些最具有侵略性的強大國家,就能輕易成為最富有的國家,而累積的不義之財會繼續增強他們的實力。書中的另外一個觀點是,隨著時間推移,任何一個國家的人口只會越來越多,一旦這些新增人口開始工作,就會創造出新財富,而政府就要印發更多貨幣來阻止通貨膨脹。假如那個國家的貨幣價值以黃金為支撐,那麼當工人越來越多時,這個國家的經濟走向崩潰的風險就會越來越高。如果,一個國家不能根據其經濟增長相應提高黃金供應量,那麼購買相同數量的黃金,就需要更多貨幣,最後將會造成災難性的通貨緊縮現象。就像我們在德國威瑪共和時期④所看到的情形,人們需要拿裝滿整整一推車的現金才能買到一條麵包。

在史詩級著作《黃金武士》(*Gold Warriors*)中㉚,作者希格雷夫(Sterling Seagrave)揭露了一八九五年,全世界的黃金開始被大規模地沒收、集中。那一年,日本入侵韓國,並掠奪了他們的中央銀行(聯盟說,從一八六八年的明治維新後,日本就被提供武器與資金做為大英帝國的一個代理國)。受華爾街所資助的布爾什維克黨,在一九一七至一九二二年期間搜刮了俄國的所有黃金㉛,並將這些黃金交給了聯準會。一九二〇年代與一九三〇年代,在日本天皇的金百合行動(Operation Golden Lily)⑤期間,日本曾大規模地掠奪了中國與其他亞洲國家的黃金

32，並祕密將這些黃金交給聯準會。一九三三年四月五日，美國通過了六一〇二號行政命令，宣布在美國私自擁有黃金是非法行為，違反這項命令的人將可能被處以高達一萬美金的罰款或長達十年的刑期，或者兩者並罰33。就像日本和布爾什維克黨所做的，納粹和美國同樣在二次大戰時清空了所占領國家的中央銀行所儲備的黃金，這些黃金最後都流入了聯準會／國際清算銀行，並被祕密隱藏起來——大部分被埋藏在遍布東南亞地區的地堡中。

根據我接觸的一些內部人士所說，最後流入國際清算銀行的黃金有八五％來自亞洲國家。現在問題的關鍵是：失去了黃金，就沒有哪個國家有能力去對抗這種憑空創造貨幣的「印鈔戲法」。實際上，任何能憑空印發貨幣的團體都將得到無限的權力。

絕大部分的人會將這樣的論述當成瘋狂的陰謀論，但上述內容都是取諸於可嚴密證實的資訊來源。《金融暴政》一書是我十九年來的研究成果，還有相關內部人士提供的珍貴證詞，二〇一二年一月十三日該書發表後，到了二〇一三年四月的點閱量已達數百萬次。而在寫作這本書期間，我承受了巨大的壓力，三番兩次被告知這些事情的機密遠超過幽浮檔案，我有可能會因此丟了性命。

保持沉默或說出真相？生與死的考驗

二〇一一年十二月十四日，我收到一封來自高層的死亡威脅信，儘管如此，我還是決定繼續調查。兩週後的二〇一一年十二月三十一日，大衛．胡澤勒（David Hutzler）寄給我一些來自聯盟的重要資訊，指引我去「私密情報」（Unwanted Publicity Intelligence）網站的一個祕密資料庫，其中有很多張聯準會債券及存放這些債券的盒子與箱子的照片。一週後的二〇一二年一月六日，大衛・胡澤勒和兒子麥奇在家中遭到槍殺，房子也被燒毀[34]。

這個時候，我還保持著二十年來每天早晨記錄前晚夢境的習慣。很多夢境都在催促著我繼續調查，並清楚指明，我在這個過程中將會受到保護，而發生在我日常生活中的共時性現象也在支持這個直覺。然而，我現在所說的這種情況並不是夢境，而是事實：我所面對的，是地球上最危險也最負面的一股勢力。而許多人甚至還不敢面對這樣的觀點：一個黑暗的銀行家集團一直在控制著聯準會，操縱著美國、英國、蘇聯、日本、義大利、納粹黨和一些重要的歐洲國家。進行這個調查需要大無畏的勇氣，同時也要拿生命去冒險，當時的我如果單憑感覺，它會告訴我做這樣的事太危險，如果相信自己的心智，它會說這個主意太瘋狂。

然而，當我開始聆聽內心深處的聲音、相信我的夢，以及觀察發生在我身上的共時性事件後，我知道繼續進行調查是正確的選擇。因此，即便在大衛・胡澤勒父子被殘忍謀殺後，我仍然決定完成調查。就在他們遭槍殺的一週後，也就是二〇一二年的一月十三日，我上傳了最後的調查結果——《金融暴政》電子書。[35]

在我開始針對金融暴政展開調查後，就收到了大量的威脅郵件及網站評論。二〇一二年四月復活節，我的朋友以一種十分暴力的方式死於我住家附近的一個街口[36]，這件事讓我悲痛莫名，但我還是堅持閱讀所有郵件，而每一天我至少會收到二或三封充滿憎恨、嘲諷意味的惡意信件。二〇一二年六月二十二日，我在高層的一個重要內部聯繫人險些被一種奇怪的生化武器毒死[37]，但此後我仍堅持自己收信看信，不讓別人先篩選過濾。到了八月，我發現自己再也無法承受了，對我的惡意攻擊一直沒停過，而期間卻有人為了揭露真相而不幸喪命。即便我一直盡己所能地幫這個星球實現轉化，但我也不需如此承受別人的羞辱和批判。後來我甚至害怕在書中提到自己的事，所以我刪除了已經寫好的生命經歷、關於發生在我身上的共時性事件、業力法則等內容，不想在我的論述中留下一個會被攻擊的漏洞。但過了不久，我發現還是無法擺脫巨大的壓力，所以從二〇一二年九月二日開始，我給自己放了一個長假，前往洛磯山脈休息散心。

暫停寫作期間，一開始我還是深陷在《金融暴政》這個調查所帶來的壓力與痛苦之中，找不回內心的平衡與平靜。當時的我已經很多年沒有再看過《一的法則》了，所以我決定重讀這些資料，重新認識自己。在做了這些功課之後，我發現很多新資訊的關聯點開始湧現，而我的工作激情也再次被點燃了。這些新的關聯資訊，給了我寫作這本書最直接的幫助。

聆聽內心深處的聲音

回家後，我與維克多．沃夫（Victor Vernon Woolf）進行了一次長時間的懇談。沃夫博士是生命力學理論（holodynamics theory）的創立者及作者[38]，專精於治療創傷後壓力症候群。他使用的方法截然不同於傳統精神分析學，是他與俄國的自然科學學院（Academy of Natural Science）共同研發出來的。沃夫博士的團隊一共有六百多名受過訓練且獲得認證的治療師，成功治療了一些經歷過複雜創傷的病人。

我非常感謝沃夫博士幫我指明了這一點：思考與感受無法解決我們的問題，無論是個人問題或全球問題。只有透過轉變我們的存在狀態，對當下有完整和直接的體驗與覺醒，才能放下舊傷痛，看到所有問題的解決辦法，以及治癒那些看似無法治癒的創傷。對我來說，共時性帶給我的「有意義的巧合」，就是其中一種最能讓我聚焦於當下的神奇力量。

當我與沃夫博士談完話後，就意識到我並不需要完全以純科學的角度來寫這本書。當我靜下心來，聆聽內心深處的聲音時，終於領悟了一件事：我的生命歷程一直在向我展示問題的答案。不是所有事情都能夠被證明，有些事情需要我們去體驗與經歷。

挺身而出的騎士們

不到兩個禮拜，我就知道我應該做什麼了，並且也成功克服了文思不順的問題。俄羅斯的非官方網路電視台REN-TV跟我聯繫，這家網路電視的觀眾近一億四千萬人，遍布俄羅斯和其他前蘇聯國家。讓我吃驚的是，他們不僅讀了《金融暴政》這本電子書，還希望為這本書拍攝一部長三小時的紀錄片，並在黃金時段播出。十二月中旬，離馬雅曆法的終結之日——二〇一二年十二月二十一日沒剩下多少天，這部紀錄片正式開拍了。後來，REN-TV又決定拍攝另一部長三小時的後續紀錄片，在這部片子中，他們探討了三十個相關問題——拍攝小組顯然已經徹底研究了《金融暴政》這本書。第一部紀錄片在二〇一三年一月十六日首播，當天還發生了一件震驚世界的事，德國要求聯準會歸還三百噸黃金，還請求法國歸還他們存放在法國中央銀行的三百七十四噸黃金[39]。從金融層面來看，這等於是直接宣戰了。

德國的這次行動證明了英國政治家奈傑爾．法拉奇（Nigel Farage）在二〇一二年十二月十四日受訪時所說的：「喬治．奧威爾在《一九八四》一書中所說的都成真了……美國一些評論員明確指出，在黃金儲備這個問題上很可能存在著一個很大的問題。」[40]

根據我從聯盟內部人員得到的消息，法拉奇的這番聲明徹底激怒了陰謀集團，也讓他們深感驚慌。接著，二〇一三年的二月四號，一個自稱「匿名者」的神祕駭客組織將四千位聯準會主管的私人資料發布到網上，包括手機號碼、帳戶、ＩＰ位址及一些憑證[41]。紅迪網

（Reddit）⑥有個用戶撥打了這些號碼，確認他們是聯準會的人員，這名用戶說：「這次駭客行動對聯準會所造成的影響和後果非常嚴重。」[42]幾週後，一個關鍵的內部人士揭露「匿名者」組織一直在跟美國軍方的電腦專家合作，他們的目標是保護美國憲法不受任何外國或本國敵人侵犯，而這一次行動只是他們聯合計畫之一。就在聯準會被駭客入侵後的第二十四天，教皇本篤十六世辭職了，這樣的事在過去六百多年從未發生過。而就在教皇辭職的同一天晚上，梵蒂岡大教堂遭受了雷擊，並被照相機和攝影機記錄了下來。我認為，這次事件是一種全球性、強有力的共時性例證，我也為此在我的網站上發表了一篇相關的評論文章[43]。

《一的法則》中描述了二十二種生命原型象徵，認為這是所有人類都必須經歷的，而且已被編寫在銀河系心智之中。其中雷擊高塔，就是一個象徵原型，也被稱為「靈魂的黑夜」，其象徵圖像正是雷電擊中高塔建築，以及國王或皇后的死亡。

我們可以這麼說，這個雷擊事件象徵了純粹的宇宙能量對人類生活的一次干預，對所有存在於政府、宗教、軍事、金融和媒體中的腐敗進行大清算。這種時刻，代表業力之輪走到了最底端，我們將要承受所有罪業。

以下你即將看到的不僅是政治陰謀。我堅信，我們當前所見的一切，只是一個更宏大、更重要的故事的過程，一個關於靈性進化的故事——我們將會進入到一個充滿和平、繁榮及更高覺知意識的黃金時代。但從更高層次來看，那個被《一的法則》稱為「負面菁英」的黑暗集體，其實也在促使著我們醒悟，讓我們看到以下的實相：我們一直被灌輸的那個現實，其實只是幻覺，而真相比科幻故事還更奇特。⑦

譯注：

①指一個人同時在兩個或者更多的公司中擔任董事。

②又稱十月革命，發生於一九一七年十一月七日（俄曆十月二十五日），推翻臨時政府，建立了世界上第一個無產階級領導的社會主義國家。

③此指植物出現了強烈的電流反應。

④Weimar Republic，指一九一八年至一九三三年期間採用共和憲政政體的德國。

⑤指二戰期間日本從亞太各國掠奪價值數十億美元的金條並祕密埋藏的行動。

⑥美國一個知名的新聞網站。

⑦對本章主題感興趣的讀者，可以觀看另一部紀錄片《興盛》（*Thrive*），這部廣受好評的免費紀錄片目前已被譯為多種語言（包括中文）廣為傳播。

｜第二部｜

進入魔法世界

06 業報，埋在潛意識裡的罪惡感

生命的任何境遇並非偶然隨機，我們的所有行為都會對萬事萬物造成影響。我們對他人所做的，最終都會回到我們自己身上。寬恕，是使業力之輪停歇的關鍵。

隨著業力之輪的不斷轉動，我們也在不停經歷生命中的高低潮。我們的一生，總是不斷經歷快樂與不幸、喜悅與痛苦、勝利與挫折、光明與黑暗的循環。所經歷的某些事件可能讓我們心煩意亂，甚至帶給我們巨大的精神創傷，以至於我們常常無視一個最大的真相：我們正生活在其中的這個世界，其實是一個幻相。人生境遇不是隨機偶然的，我們的所有行為都會對萬事萬物造成影響，我們周圍的生靈萬物都能覺知到我們的思想，而我們在這裡的任務是學會互相關愛。

無論我們對別人施予什麼，最終就會得到什麼——這是一種始終如一且無法避免的自然法則，就像無時無刻都在將我們拉向地面的重力一樣。對於那些已經看到真相的人來說，這是非常明顯的事實；然而，對一些不願正視真相的人來說，這卻是最荒唐可笑的觀點。

「karman」這個古老的梵文單字，意思是行動、影響和命運，完整的意思包含了行動與反應——因與果。karma（業力）一詞同樣也出現在印度教中，最接近的英文翻譯是work（運作），同時，它還包含「我們在靈魂層面努力跟我們最高且最真實的本質合為一體」的意思❶。簡單來說，業力一詞就是指「種何因得何果」——我們創造什麼，最終就會經歷什麼。

在這一生中，我們會遇到各種事件，有美好的事，也有最糟糕的事，但是這些事件都不是隨機發生的。有一股看不見的宇宙力量一直在運作著，不斷形塑和安排發生在我們生命中的事件。業力似乎在強化宇宙中另一條絕對法則，也就是自由意志法則。如果我們尊重和支持他人的自由意志，我們就是在選擇愛的道路；如果我們操縱他人的自由意志，就是選擇操控的道路。在一個不可見的層次上，我們的所思所想、所言所做的一切都會被我們自己與他人評估及衡量，以便看清楚我們行為背後的動機是關愛或操控。

出現在我們人生中的事件並非偶然，它們是我們選擇的結果。如果你選擇去羞辱、取笑、蔑視和貶低他人——也就是說為了利益去操控他人——那麼你以後也會經歷到這些體驗。我提到的那個陰謀集團，其所屬成員同樣也無法逃脫這種永恆的自然規律。如果你製造苦難，你也會經受到苦難。如果你無視他人感受，那麼他人也會無視你的感受。如果你創造愛，甚至在你覺得無法這樣做的情況下，那麼你最終也會得到同樣的愛。最棒的一點是，我們可以透過寬恕來讓業力之輪停止運轉，只有當我們真正學習到宇宙最重要的一課——我們與宇宙萬物合一之後，那些不斷重複、令人不快的事件才會真正停止顯現。如果你深入探索這種新的實相，在生活中去觀察，你可能很快就意識到，無論相信與否，我們每個人都無法豁免於這種業力系統。一旦你意識到業力的存在，看到這種法則數百次甚至數千次出現在你人生中時，你會訝然發現，有不少人真的冥頑不靈，不願去面對這種生命真相，即便在它們非常明顯且直接的形式顯現時，他們也依舊視而不見。

即時的業報

幾年前，我聽到一個關於業報的真實例子，其背後意義非凡，整件事就像命運開的玩笑。如果我將這個事件的情節寫成劇本，許多專業的劇本顧問可能都會要求我刪除，因為這整個故事看起來太令人難以置信了。

我有個女性朋友含辛茹苦地撫養兩個幼兒，為了生計，她不得不把孩子放在托兒所，每天出門工作。不過，她再怎麼努力，也很難賺到足夠的錢來維持生計。我當時沒有能力幫她，而孩子的父親拋棄了家庭，又拒絕找工作來支付撫養費，於是我的朋友考慮採取法律手段。最後，男方同意一次付清拖欠的撫養費，他說要向父親借錢，等拿到現金後就會把錢拿給女方。

但是女方後來卻沒有他的任何消息。最後，他告訴女方，他放在車上的錢被偷了，還強詞奪理地認為不需再支付這些撫養費了。但就在隔天，女方發現他開著一輛全新的車子，當她質問他時，他不僅拒絕透露新車哪來的，還口氣惡劣地叫她閉嘴。就在同一天晚上，這輛車子在路上翻覆，從小山坡上翻滾了下來，結果車身嚴重損毀，無法修復，所幸人沒受什麼大傷。後來，男方的父親聯繫了我朋友，說他曾經借錢給兒子，非常確定他兒子用來付了新車的頭期款。

還有一個例子，當我住在維吉尼亞海灘時，住所剛好位於大黃蜂戰鬥機的固定航線上。飛機經過時的聲音，就像天空快撕裂一樣，我幾乎整天都要忍受這種折磨。原來，房租這麼便宜是有原因的。當時住我隔壁的是一對酒鬼夫婦，每晚都會坐在門廊前喝酒，向對方咆哮、辱罵。每天晚上都要聽到他們千篇一律的爭吵聲，我都快受不了。不過，我總有一種感覺，覺得報應快到了，這種恐怖的情況不可能持續多久。

有一天，一條大蟒蛇跑進他們的浴室，盤繞在馬桶上。「你覺得這事是否有什麼含意？」女主人問我。「很有可能，妳應該好好想想。」我回答道。在我看來，蛇會出現在他們家裡，就是一種共時性現象，警告他們如果不改變自己的行為，可能會遭遇危險的業報。接著，在一九九九年十二月二十九日那天，我做了一個可怕的噩夢，夢中有個像幽靈的女人一直出現（下面內容摘自我的夢境筆記）：「當女人出現時，一切似乎進入到慢動作和暫停狀態，這看起來十分詭異，就像恐怖電影的場景，同時還響起非常可怕的背景音樂。」❷

即使她的外表看起來非常可怕，還在做一些傷害自己的事，但沒有人意識到她的存在。「她看起來好傷心，開始在我的面前自殘，血和身體碎片四處飛濺。我在想她為什麼會如此激動，但毫無頭緒。我發現，除了我之外，其他人似乎都看不到她。」

過了一段時間，她終於成功讓其他人看到她了，但即便如此，那些人還是對她視而不見。「即使她在這些人面前瘋狂自殘，死盯著他們看，這些人仍然無視她的存在。」

最後我猛然想到，她之所以自殘是為了喚醒其他人，讓他們意識到自己的負面行為。這個女人最後出現在我夢中，卻是最戲劇性的一個場景：「煎鍋底下的火正在往上冒，她把頭一次又一次地貼在燃燒的煎鍋上，企圖引起別人的注意。」後來，我領悟到這個女人其實代表的是業力：「她投射出自己的一個影像，她直視著人們，一直做出可怕的自殘行為。顯然的，她是想讓人們意識到他們其實也一直在自我傷害。」❸

這對夫婦的爭吵持續著，直到二〇〇〇年一月二十四日那天晚上。那晚住在他們樓上的男人抽菸時不小心睡著了，引發了火災。男人醒過來後開始潑水滅火，但是火勢已經失去控制。我被門外喊叫聲驚醒，打開了門，看到隔壁房子已經完全淹沒在煙霧裡。我和那對夫婦無助地站在房子外面，看著消防員奮力救火。由於火勢過大，沒有燒毀的東西也多半泡在水裡報銷了。失去一切家當的那對夫婦，後來就行蹤不明了。

我很快就意識到，我在不到一個月前所做的夢精確地預告了這整個事件，隨後我也將之記錄在我的網站上❹。我所做的那個夢暗示著，他們的房子被燒毀，是因為他們一直以來怒火衝天、暴力相向的行為的一種顯化。宇宙用一種非常戲劇性的方式，試圖引起他們注意，讓他們看到自己的負面行為。

潛意識存在著絕對的道德感

就我的經驗來說，壞業報往往非常容易識別，我幾乎總能看到我的念頭和相應結果之間的因果聯繫。史蒂文斯夫婦（Jose and Lena S. Stevens）的著作《薩滿教的祕密：釋放你內在的靈性力量》（*Secrets of Shamanism: Tapping the Spirit Power Within You*）❺，教我如何識別出這種業力系統，看到壞業報會如何影響我的生活。這位心理醫生和他的妻子用清晰、精確且自信的方式解釋了這種業力系統，讓我認識到這很可能是一種真實存在的自然法則。那時的我只有十六歲，但是這種知識不久後就帶給我一些意義深遠的生命洞見與個人經歷。

在接下來的二十四年間，我有數千次真實的業報經歷。當我對某人懷有不好的意圖時，比如對他人感到憤怒或評判他人，我往往會遭遇意外或受傷。比如說，被刀子割傷、突然咬到舌頭、不小心燙傷、吃東西時被叉子弄傷牙齒、開車時遇到動物竄出路面而緊急轉向、不小心摔壞最喜愛的杯子、刮鬍子時刮傷自己、沙塵跑進眼睛裡、被蟲子咬傷、碰落放在桌緣的書而砸傷腳、洗澡時滑倒而弄傷手肘，還有食物掉在身上，弄髒了我最喜歡的上衣及一條價值不菲的褲子。後來，透過留意自己的念頭及待人接物的態度，我因此避免了連帶而來的「處罰」。然而，很多人得到的業報遠遠比我所描述的要嚴重得多。

就像史蒂文斯夫婦在書中所說的，關鍵在於，你要記住意外發生前你正在想些什麼。訓練自己做到這一點之前，你通常只會去關注意外本身，而沒有回想你先前有些什麼壞念頭。當這些意外或問題發生時，你的注意力馬上就會被吸引，這時你只會感到心跳加快、呼吸急促，血液湧向大腦，同時也會感到十分煩悶。這種突然襲來的憤怒或沮喪，立即把你在意外發生前的想法和念頭掃到一邊。要看清這種業力法則，訣竅是：當這些令人感到痛苦和煩惱的事發生時，你要盡量避免自己的注意力被分散，保持冷靜，並記住自己在此之前的想法。這樣一來，你就能不費力地看到你的念頭與經歷之間的因果關係。雖然不是所有的業報都會像上述一樣即時顯現，但在很多情況下確實如此。

我還要指出重要的一點：在我所提到的這些壞業報中，有很多是由我的身體所引發的。在表層意識上，我可能對此沒有任何覺知，但是我的潛意識似乎直接參與了創造這些業報的過程。我經常不夠留心身體的活動狀態，讓身體想當然耳的行動，一個沒注意就會切傷手指、撞傷腳趾、意外燙傷、咬到舌頭、摔碎自己最喜歡的杯子、被小東西劃傷、洗澡時滑倒、被紙割傷……。而另外的事件——比如動物突然竄到路上、被昆蟲咬傷或沙塵跑進眼睛——則很可能是在告訴我們，這個宇宙是活的，是有意識的。各種不同的非物質實體一直在促使我們覺醒，而且它們有能力製造出一些看似巧合的事件來向我們傳遞訊息。

一旦你開始留心你的日常經驗，你會輕易看到這類事件經常發生在你身上。儘管壞業報會讓人感到討厭，讓你覺得自己在被一些看不到的力量所羞辱、評判，但是這些事件同樣也會讓你受益匪淺。

你所認知的世界，跟你生活在其中的世界，是截然不同的。一旦意識到這一點，你將會不由自主地觀察起這些現象，無論在表層意識上你信仰什麼，你的潛意識裡一直都存在著絕對的道德感。你可以大聲哭喊，責怪別人，認為自己是那個一直遭受折磨的無助受害者，但這一切都無濟於事。你可以想出各種理由為自己辯解，自認是一個善良的人，做了很多好事，因此不應遭受這些業報。但遲早，你的自負心態會開始減弱，開始學會停止抱怨，努力去理解這些壞業報以及其背後所包含的憐憫。業力或許看起來不是好東西，但是，古老的教誨一直在告訴我們，它是宇宙賜予我們的一個最好的學習機會及生命禮物。

救贖與原罪，地獄存不存在？

大部分的《聖經》學者都同意：根據原始的亞拉姆語（Aramaic）①，耶穌（Jesus）的正確名字是「Yeshua」（耶書亞）❻。在希臘語中，這個名字又被翻譯為Iesous。《一的法則》稱，最接近的發音是Jehoshua（約書亞）❼。很多基督教徒都相信，約書亞曾經告訴人們，存在著一個被稱為地獄的地方（可能就位於地表之下），而不信基督的人將會待在這個地方永受地獄之火的炙烤。在一個以愛為基礎的活宇宙中，讓某個靈魂永遠遭受折磨似乎不可能，因為那個唯一的意識，其本質就是愛。

在當今的《聖經》學中，有一股正在興起的潮流，那就是回溯到最原始的經文去尋找直接證據，而不是相信今天盛行的觀點。在葛拉漢（W. L. Graham）的「聖經現實核查」（Bible Reality Check）網站上，有基督教徒應該去瞭解的大量相關資料資訊。葛拉漢是基督教徒，認同基督教的核心信念，但他認為目前基督教徒所持有的信念，跟現代語言學家及研究者在經文中的確鑿發現，兩者之間有很多關鍵性的差異。在〈對地獄的質疑〉（A Case Against Hell）一文中，他表示地獄的概念其實是建立在非常薄弱的證據上。事實上，在《舊約全書》中都找不到這個詞❽。在大部分《聖經》版本中被譯為「Hell」（地獄）的希伯來原文是sheol，意思是「墓穴」。sheol在《舊約全書》中只出現了三十一次，指的是每個人最終都必須前往之處——不論他們這一生是怎麼度過的。上帝並沒有警告亞當與夏娃，如果他們吃了知善惡樹上的果實，就會墜入地獄；上帝只說這種行為會導致死亡。該隱也沒有聽說關於地獄的警告，而所多瑪與蛾摩拉這兩個城市的居民也沒有收到這種警告。《摩西十誡》同樣沒有提到任何有關地獄的警告；而彙編超過六百年的戒律、律法和條例的《摩西律法》，也沒有類似的警告。一些最知名的《聖經》學者，包括威廉・巴克萊（William Barclay）、約翰・羅賓遜（John A. T. Robinson）、法勒（F. W. Farrar）和馬文・文森特（Marvin Vincent）都承認，地獄這個現代概念並沒有出現在任何希伯來或希臘的古文獻中。❾

在《新約全書》中，約書亞偶爾會用一個希臘單詞「Gehenna」（欣嫩子谷），來描述如果我們總是做出自私的負面行為會發生的事。Gehenna在《登山寶訓》（Sermon on the Mount）中首次被提到——在《馬太福音》第五章第二二、二九與三十節。約書亞清楚地警告我們，如果我們做出像罵他人「笨蛋」（fool）這樣的事，我們就可能陷於「Gehenna」的危險之中。

現代的基督徒當然不相信對他人做出如此平常的辱罵，就會被判永受地獄之火的折磨，但是這個詞確實出現在《馬太福音》中，而且已經被譯為「地獄」（Hell）。人們讀《聖經》時，往往只是想讓自己的信念得到確認，而不是去考慮這些資訊的是非曲折，進而去分析約書亞和其他人的話語原意。重要的是，「Gehenna」一語在希伯來語的《舊約全書》中不是指「地獄」，而是一個山谷。

這個山谷是眾所公認最可怕之地，最初是當作獻祭地點，很多兒童在這裡被獻祭給貓頭鷹神——摩洛（Moloch）。後來，獻祭活人的儀式被廢除了，而欣嫩子谷也成了整座城市的垃圾場。屍體與各種污穢之物都被定期填埋在這裡，因此欣嫩子谷成了一個需要定期清理及用火淨化的地方；而這似乎就是約書亞所說的「懲罰」背後所隱喻的深層含意。「Gehenna」，在英語辭典的第三個含意是「一個痛苦、煎熬的地方或狀態」❿，因此當約書亞說辱罵他人「笨蛋」會讓你陷入欣嫩子谷時，意思其實是說：如果你帶給他人痛苦和折磨，那麼你也會將這些東西帶回給自己，而這是一種洗滌罪行的形式。

許多人仍然認為業力是一些你需要去「燒掉」的東西，而這也似乎與約書亞所用的象徵相呼應。《新約》的《加拉太書》（Galatians）第六章第七節有句經典話語：「你種什麼，你就收穫什麼。」這也表達出業力的概念。約書亞經常使用的一些象徵及隱喻，似乎常常被誤解，而欣嫩子谷只是其中之一。

葛拉漢等《聖經》學者認為，關於地獄的概念完全是被杜撰出來的，在經文中完全找不到任何支援證據，而上述例子僅僅是他們提出的眾多論據之一。在《新約全書》還有另一個關鍵例子。使徒保羅在《使徒行傳》（Acts）第二十章第二十七節聲稱，他已經揭示了上帝的全部忠告，但在他的書信中，他從來沒有提到「地獄」一語。唯一的可能例外是，有些《聖經》譯本曾提到保羅在《哥林多前書》（Corinthians）第十五章五十五節中提到「約書亞戰勝了地獄」，但是這裡所用的希臘語「sheol」被譯為「墓穴」，即《舊約全書》中被誤譯為「地獄」的原詞。

同樣的，儘管「saved」（被救贖）一詞仍然是非常重要的一個靈性概念，但是它同樣也被誤解了。在希臘文的《新約全書》中，與「saved」相對應的詞是「sozo」和「soteria」。這些單字有多種定義，包括被救、被遞送、被療癒及「從危險中被拯救出來」等意思，這些單字遍布《新約全書》，出現在各種不同的語境中。因此，那些靈性教導，比如約書亞的教導，透過向我們揭示我們之所以在這裡的真諦，能將我們從欣嫩子谷的危險中——從那些會燒盡我們的業力之火中——解救出來。

另外一個經常被誤譯的單字是「eternity」（永恆）。在《舊約全書》中，相對應的字是「olam」——在《聖經》中很多處，這個字明顯是指比永恆短很多的一段時間，其中包括一個國王的壽命、約拿（Jonah）在鯨腹中停留的時間、一個人在地球上的壽命期限、一個孩子應該待在神廟生活的時間、一個僕人應該侍奉主人的時間、大衛安坐以色列王位的時間。這些例子都是指某段特定的時間週期。在希臘語中與「olam」相對應的字是「aion」，意思是「age」（時代）或時間週期，對應到現代英語則是單字「eon」（永世、宙）。「age」這個字可能指黃道十二宮的一個時代，但是，顯然也指一些相對短很多的時間週期。

《聖經》還使用了「aionian」與「aionios」這兩個字，是指相同的時間週期不斷往返循環。與《新約全書》同期的其他希臘文獻中，「aion」的意思都不是指「永恆」或「永遠」，柏拉圖、亞里斯多德、荷馬、希波克拉底及其他很多希臘學者都用「aion」來表示一段比永恆短很多的時間。

再來看看「sin」（罪惡）這個字，被翻譯成觸犯了神聖法則——特別是故意違反道德或宗教信條⓫。事實上，「sin」是指對他人自由意志的侵犯。因此，約書亞的原意應該是，如果你侵犯了他人的自由意志，你將會在一個時間週期內經歷一次演化循環（或者說欣嫩子谷的考驗）。這與「你將永受地獄之火的炙烤」，意思出入很大。一旦你理解了發生在你身上的事件，還有這些業障背後所飽含的愛，你就能從悲慘和苦難（Gehenna）的循環（aionios）中被解救（sozo）出來。而要讓業力之輪停止運轉，關鍵就是寬恕。

別讓宗教信條綁住了你的身心

這些誤譯是怎麼發生的？我們不要忘了，基督教當初是由當權者扶植起來的宗教，那是一個正在走向衰退、對權力汲汲營營的大帝國。由於無法阻止約書亞教導的傳播，所以當權者想出的最好辦法就是沒收所有相關的文獻資料，將這些資料整合為唯一的資訊來源，並宣稱這就是上帝話語的權威版本。這正是羅馬帝國君士坦丁大帝與尼西亞會議②在西元前三二五年所做的事。任何違背君士坦丁大帝心意的內容都被剔除出了《新約》，其中包括跟隨在約書亞身邊的人所寫下的福音書。曾為陰謀集團工作的高層內部人士告訴我，君士坦丁大帝認為他是《新約》與《舊約》中所說的聖父，還認為自己位居於約書亞之上。陰謀集團對基督教抱持著非常負面的評價，他們在自己的圈子中分享著上述這些不為人知的古老祕密。原本最初的設想是，會議的一致決議會被認為是上帝的旨意，但是這本神學「教科書」內容的定奪權是握在君士坦丁大帝的手上。歐尼斯特．史考特（Ernest Scott）在《祕密之人》（*The People of the Secret*）一書中對這個事件表達了他的看法：

如果會議結論被認為是聖靈的啟示，那麼這些一致的結論就十分重要了。然而，君士坦丁大帝並沒有把這些放在眼裡，他直接將兩個與他意見相左的主教趕下了台。在接下來的一千五百年中，作為基督教論據的，似乎不過是一些公然的政治花招罷了。⓬

如果有政府想建立一種能用來鎮壓所有異議的宗教，那麼，關於「永恆的地獄之火」的概念就是非常有用的思想控制工具。另外，政教合一也是讓人民甘願掏錢出來的好辦法，其伎倆就是向教會購買「贖罪券」，讓教會得以公然斂財，而這時的教會其實就是政府。當人們自覺罪惡深重，自然會願意花更多錢來買「贖罪券」，以確保死後能上天堂。讓人民一直恐懼死後可能會在地獄中受苦，是一種非常有效的控制方法。這種操控伎倆，同樣也讓「聖戰」合理化，任何不屬於這個宗教團體或不認同他們行為的人，都會被判決為地獄的永久居客，永世遭受折磨。假如你認為你的敵人早晚會墜入永恆的恐怖之地，你就會將任何惡行合理化，因為你早已將他們歸類為沒有生存權利的人。

《一的法則》完全贊同約書亞的教導，說他的使命受到那些照管我們地球的天使團體全力的支持與贊同。雖然這些教導在傳播過程中被扭曲，但是其核心訊息是如此純淨，可以說瑕不掩瑜。約書亞的使命只是一個宏大計畫中的一個關鍵部分，而這個計畫就是幫我們人類進化到更高級的存在狀態。同時，各種不同的存在也一直在與約書亞合作，幫他實現使命。另外，《一的法則》還告訴我們，約書亞意識到自己與唯一造物主的化身是合一而非分離的，因而與「智能無限」融為一體，讓約書亞進入了人類的下一個進化階段，轉變為「光之身」（light-body）③的生命形態。套用《一的法則》的話，這個過程稱為「收割」（harvest）。這是《聖經》的用語，我們會在本書第四部繼續探討。

（約書亞）非常渴望來到這個星球，他希望以一種盡可能純淨的方式分享愛的振動。因此，這個實體被允許去實行這個使命……（約書亞）是極度正面化的……這個實體逐漸意識到自己並非是與萬物分離的單獨個體，他把自己當成是造物主的信使。在他看來，那個造物主就是愛。⑬

進入到第八個進化階段或「智能無限」的狀態時，只要願意，在任何時空都能讓身／心／靈的複合體（也就是人）被「收割」（即進入到下一個人類進化階段）。⑭

關係中的業力

一些業報會以一種近乎神奇的方式出現在我們的生命中，就像共時性一樣。當我們造成他人的痛苦時，我們也可能會立即遇到一些同樣痛苦的事件。這個有意識的活宇宙及它的信使們一直努力在讓事情變得更容易理解，讓因果聯繫變得更為清晰。然而，有一些業報會在很久後才顯現，而且表面看似平淡無奇。我們身邊的人經常會帶給我們最強的業報，當我們做出一些讓他們難過的事時，我們也會承受相應的後果。我們會與身邊的人爭吵、意見分歧、衝突不斷，有時我們可能會覺得孤獨、絕望、沮喪、憤怒、悲傷與嫉妒，這都很平常，但你沒能理解到這其中的牽連。我們會在第七章與第八章告訴你，大部分與我們關係密切的人都跟我們有前世因緣，而關係發生問題，其癥結可能要回溯到數百年或甚至數千年之前。

《一的法則》有一個很獨特的洞見：即使是嚴重的反社會者，在更高的層次上，他仍然保有完整的覺知。在表層意識上，他或她可能不知道，即便他們去傷害別人，對因果業力也是一種貢獻。假如你故意傷害別人，當他對你進行報復時，你的業障就可以被消滅。然而，那個人也必須承受自己行為的後果。從業力的角度來看，你的痛苦經歷是被你自己吸引過來的。到了最後，我們所有人都必須學會愛，而當全宇宙的所有存在都能夠做到這一點時，宇宙將會重新合為一體，開始創造出新的進化循環。

至於被我當成全球敵人的那個強大的反社會菁英集團，正在替我們所有人製造一面威力強大的業力鏡子。根據《一的法則》所說，他們只能做我們集體自由意志所允許的事，換句話說，這一切都是我們在集體層次所吸引過來的。大部分的人在日常生活中的為人處事，實際是介於正負面之間，無論有意無意，每個人都可能會給其他人造成痛苦。但是，我們往往會忽視自己行為中的陰暗面，而自認為是個好人。當其他人指出我們的負面行為時，我們可能會拒絕承認曾經做過傷害他人的事，另一方面，我們也會努力隱瞞自己的陰暗面。透過觀察不良政客隱瞞真相的行為，我們可以藉此學到要避免哪些錯誤行為，並盡力幫助他人。倘若沒有這些負面的人事物，我們很可能無法在靈性上快速成長。

我們經常陷入這樣一種幻覺，認為自己是一個單獨存在的個體，從物質面來看，這倒是真的，每個人的身體確實只屬於自己，如果別人摔倒了，你的身體不會感到疼痛。不過，你卻會因為同理心而感同身受。許多古老的教誨一直試著告訴我們，從更高層次來看，我們與宇宙萬物其實是一體的。要覺知到這一點，只要進入深層的冥想狀態，就能明顯感受到萬物合一的特性。你的內心越是放鬆，這種真相對你來說就會越明顯。懂得業力之輪如何運作，你就能學會療癒自己與完成生命功課的方法，做到這一點，你就可以跳脫輪迴，不用再重複經歷那些相同的事件了。

假如地球是一所靈性訓練學校……

你可能會覺得這些關於業力的討論只能算是小兒科，但這對我們的自我探索之旅卻非常重要。或許你會放聲大笑：「這根本是天方夜譚，太荒謬可笑了。」

但是，讓我們考慮這樣的可能性：地球是一所靈性訓練學校，所有生活在這個星球的人都是這所學校的學生。有無數進化程度遠超過我們的智慧實體一直在引領及看顧著我們，他們時時刻刻都能知道我們的所思所想，還有所做的一切。他們對我們懷抱著最博大的愛與憐憫，對我們所經受的一切痛苦，都有更深層的理解。無論我們犯下何種罪行，即使沒有人能原諒我們，這些智慧實體都會無條件地寬恕我們，不會對我們感到羞恥或失望，還會帶著絕對的愛與尊重來協助我們恢復業力平衡。

一旦我們還清了自己的業債，就無需再對業報擔心恐慌，因為我們已經懂得選擇去幫助及關愛他人，而不是去操縱和控制他們。如果我們能夠一直做出正面的選擇，就不會再積累新的負面業報。每個人如果都能做到這一點，宇宙力量就會積極地保護我們，讓我們避開一些本來會發生、可能給我們帶來痛苦與混亂的災難，並開始從善行中收割正面的回報。

這些智慧實體清楚地知道我們要如何通過人生的考驗，他們努力建構出一些看似隨機的事件，期望我們能從中看出他們的精心規畫與控制，在一些巨大的時間週期裡，引導我們不斷去經歷一個完整的靈性進化之旅——我們可以稱之為「生命之書」或「英雄之旅」。如果你已經成熟到可以應付跟他們的交流，你會發現他們早已準備好且樂意跟你談談。而共時性，只是他們用來讓你不帶恐懼地慢慢覺知他們存在的墊腳石，目的就是讓你看到生命的真相……

已有充足的證據顯示，我們不會隨著死亡而消失，而且我們都已在地球上生活很多世了。我們對於前世不復記憶，是因為被「遺忘的帷幕」（veil of amnesia）阻絕了，只要穿越這層帷幕，比如透過回溯催眠，就能喚起前世記憶。有時，我們因為曾經做出了一些太極端的行為，以至於無法在一世生命中完全平衡這些業力。透過轉世這種生命輪迴系統，我們可以延遲償還業債，直到我們在靈性上成熟到能夠正確應對這些事。

譯注：

①閃族語系，後來演變為敘利亞、美索不達米亞及巴勒斯坦等語言。

②Council of Nicaea，君士坦丁大帝於西元三二五年召開的主教會議，在教會史上被稱為第一次的大公會議，會中產生影響深遠的「尼西亞信經」。

③即藏傳佛教所稱的虹光身，是一種由明光所構成的身體形態。

07 無始也無終，關於輪迴轉世

透過和相同的人重複經歷相同的生命故事情節，一起轉世的靈魂能夠消融一些集體性和個人性的業障，直到他們學會這些生命課題為止。

在你出生之前，你曾經以任何形態存在過嗎？在你的物質身體死亡之後，你還會繼續存在嗎？你僅僅只有一次生命，還是靈魂會在無數次輪迴轉世中不斷進化？美國維吉尼亞大學醫學院的精神病學教授伊恩．史蒂文生（Ian Stevenson）對來自全球三千多名有前世記憶的兒童進行訪談，前後花了四十多年才完成這項龐大的研究工作。這些孩子的前世記憶極其明確，包括具體的名字、日期、地點、相關人物及歷史事件，甚至還包括他們的死亡地點及死亡方式。史蒂文生對這些孩子所說的訊息細節進行徹底的核實。結果，他一再發現，他們的記憶總是準確得令人驚訝。

他走訪了這些孩子所說的前世親人，尋找他們前世的住所，揭開過去的創傷與真相。一個黎巴嫩女孩說出與她前世有關的二十五個人的全名，以及這些人跟她前世的具體關係，這個女孩和家人從未見過這些人❶。維吉尼亞大學兒童家庭精神病主任醫師吉姆．塔克（Jim Tucker）與史蒂文生共事多年，並在後來接手了史蒂文生的研究。塔克醫生說：「對於那些最具說服力的個案，輪迴轉世是最有可能的解釋了。」❷

塔克醫生在《生命不息》（*Life After Life*）一書中收錄了史蒂文生的二千五百個案例中的大量證據，還有他自己的研究成果，並鼓勵讀者獨立思考與判斷這些訊息。那些孩子經常是在二或三歲時開始記起前世，但是到了七或八歲，這些記憶會逐漸消退模糊。有些個案的孩子堅持要別人稱呼他們的前世名字，他們所提到的一些關於前世的具體細節最後都得到證實。身為接受過嚴格科學訓練的專業兒童精神病學家，塔克醫生注意的是那些可檢驗的證據。許多孩子身上的胎記或先天性缺陷，恰好就是他們前世的致命傷所在。另外，塔克醫生還用現代的臉部識別軟體，證實了這些孩子的長相與他們所稱的前世看起來確實很相似❸。主流科學家總是對這一類的研究抱有敵意及懷疑，而吉姆．塔克顯然非常清楚這一點。

如果我們現在這具「新的」物質身體，與前世的面容有顯著的相似性，那麼這就暗示了，在我們人類的本質中存在某種能量性的東西，會從一世生命傳遞到另一世生命。這種能量性的東西（換句話說，就是靈魂）能夠形塑我們的臉部特徵，並用胎記或畸形方式來重現前世的致命傷處。因此，靈魂對我們ＤＮＡ的構造與功能有直接影響，一些能量生物學實驗的結果，似乎說明這種推測可能是正確的。僅僅通過能量方式，我們就能重組一個生物體的結構，比如彼得．卡里耶夫的實驗，成功地將青蛙卵轉化為蠑螈卵。同樣的，我們的靈魂顯然也改造了我們再次投生的身體ＤＮＡ，讓我們今世與前世的面貌保持一些相似性。當我們轉世時，我們會從父母身上遺傳到一些臉部特徵，我們的靈魂會將之與前世的臉部特徵結合在一起，而這也為今生前世的面貌相似性提供了一種科學性的解釋。

對輪迴轉世抱著開放態度的那些文化中，孩子們更有可能記起前世生命。這意味著，在不相信輪迴之說的西方國家，有很多父母可能忽略了孩子的不尋常記憶，而錯過探索生命真相的機會。一九九八年，卡洛．鮑曼（Carol Bowman）在她的經典作品《我家小孩的前世》

（*Children's Past Lives: How Past Life Memories Affect Your Child*）中探討了這個主題[4]。她開始研究這個主題的動機是她孩子的奇怪病症：慢性濕疹，以及對巨大聲響的恐懼。臨床催眠師諾曼・英吉（Norman Inge）對她的孩子進行了回溯催眠，結果發現，這個男孩有曾參加美國內戰的大量記憶。男孩的描述相當仔細，有個歷史學家證實了男孩所說的歷史細節。在這個孩子記起並療癒了他的前世創傷後，濕疹與對巨大響聲的恐懼完全消失了。於是，卡洛・鮑曼也用同樣方法治癒了她女兒對房子可能會燒毀的長期恐懼。

在第一本書中，卡洛大量著墨的是用回溯催眠來療癒童年時期的恐懼。書出版後，她收到了大量的讀者來信，為她提供了更多的研究案例。在這些信件中，她注意到有一種持續出現的現象：人們總是會轉世到同一個家族，比如轉世成自己的曾孫。透過科學性調查及對一些特定細節的追蹤跟進，這些案例很多都被證實了。卡洛把這些研究過程及結果，寫成了第二本書《下輩子還要做你的親人：輪迴在美國的真實案例》（*Return from Heaven: Beloved Relatives Reincarnated Within Your Family*）。[5]

對轉世的科學研究，證明這是一種真實存在的現象。至於西方世界普遍排斥輪迴轉世的觀念，顯然其中一個最大的障礙，就是基督徒認為《聖經》沒有說到這個觀點。但事實上，轉世是《舊約全書》與《新約全書》共有的教義，卻在政治陰謀下被掩蓋了真相，操縱了現代基督徒對轉世觀念的普遍看法。

基督教也有轉世的觀念？

轉世，會讓「死後靈魂可能會去到一個可怕所在永受折磨」這種觀念，完全失效。轉世的意義是：倘若某個靈魂無法在一世生命中學到要學的功課，那麼他會一再地獲得新機會投生再學。所有靈魂在努力進化到下個階段的過程中，都必須經歷欣嫩子谷的考驗——滌罪之火的淨化。

靈魂會獲得永恆的寬恕，此一知識被一些希望操縱人民的古代政權（比如羅馬帝國）視為對權力的一種威脅。西元五五三年的第二次君士坦丁堡會議上，羅馬政府公開宣布，相信或教授關於轉世觀念是違法行為。違反此一法律者，將會被流放和逐出教會，而這在當時幾乎意味著被判死刑。當時的法令是這樣寫的：「任何宣稱靈魂曾經存在並會再度返回的人，都應該被逐出教會。」❻

西元一二七四年的里昂大公會議（Council of Lyons）再次強調了這一點，他們宣稱人在死後靈魂會立即前往天堂或地獄。接著，一四三九年的佛羅倫斯大公會議（Council of Florence）幾乎相同的話又重申了一次。

但一世紀時，猶太歷史學家弗拉維奧．約瑟夫斯（Flavius Josephus）曾經指出，法利賽人（Pharisees）——一個受歡迎的猶太教派別——相信轉世觀念。根據約瑟夫斯的觀點，行為正直的人死後靈魂會進入其他身體，因此他們將得到再次復活的力量。門徒保羅在信仰基督教前，就是法利賽教徒。屬於純化主義派別（purist sect）的撒都該人（Sadducees）①否認轉世觀念，只支持猶太教正統派關於「sheol」（墓穴）的信仰。進一步的歷史證據，來自基督教神學家俄利根（Origen, 185-254），他曾得到亞歷山大的聖克萊門（Clement of Alexandria）的指導，克萊門則曾跟隨約書亞的十二門徒彼得學習。俄利根繼承了約書亞的口頭教導，並根據這些知識創立了靈修神學。在他的神學體系中，轉世是其中一個重要概念。俄利根和他的老師克萊門都曾提到，約書亞的門徒將約書亞的祕密教導傳授給他們，而他們也強調，轉世是約書亞最重要的祕密教導之一。下面取自俄利根的語錄，總結了他對轉世的觀點：「靈魂無始也無終……靈魂來到這個世界，被前世的勝利或失敗所強化或弱化。」❼

西元三二五年舉行的尼西亞會議，決定刪除了一些福音書，最後彙編成了現在的《新約全書》。可以推想得知，當時很多關於轉世的文獻都很可能被移除了。但顯然的，有人不認同這種蠻橫的做法，有些與轉世相關的引文因而倖存下來。比如在《馬太福音》第十六章第十三至十四節的內容中，我們看到人們公開推測「人之子」約書亞的前世到底是誰：「人們說的人之子是誰？」他們回答道：「有人說是施洗者約翰，有人說是先知以利亞，又有人說是耶利米或其他先知。」《約翰福音》第九章第一至三節的段落，在約書亞與門徒的對話中，轉世的概念也被提到了。

當他經過時，他看到一個天生失明的人，他的門徒們就問他：「老師，這個人天生就失明，是他的錯，還是他父母的罪過呢？」

約書亞回答：「既不是這個人的罪過，也不是他父母的罪過——而是上帝在他的身上顯現出他的作為。」

如果一個人沒有前世，那麼他怎麼可能在出生前就做出某些行為呢？——無論其行為是否有了過錯？約書亞接著又說道：「等等，朋友們，這是一個荒謬的問題。這個人怎麼可能在出生前就犯下罪過呢？」他進一步地丟出了這個問題，並解釋這個人顯然選擇失明的方式，以便促使自己去關注內在，透過這種方法他更有可能走向靈修之路。此外，在《馬太福音》第十一章第十一至十五節中，約書亞還直接確認了施洗者約翰就是先知以利亞的轉世：「你們若肯領受，這人就是那應當來的以利亞。有耳可聽的，就應當聽！」

偉大的預言家艾德格・凱西

當我們討論轉世與歷史循環這些概念時，不得不提到艾德格・凱西（Edgar Cayce, 1877-1945）為我們留下的重要遺產。他靠直覺傳訊的方式為人們提供大量可靠的訊息，只要知道姓名及住址，凱西就能準確地診斷出求助者的健康情況，並開出有效藥方。凱西認為身體毛病通常與精神問題息息相關，為了要讓求助者得到徹底療癒，他會根據病人的身、心和靈的狀況提供綜合性的治療建議。

在諮詢過程中，凱西會在夥伴的催眠下，進入深層催眠狀態。一旦凱西完全進入恍惚狀態，就會開始用另一種身分說話，這個「智慧源頭」所用的語言和凱西的講話習慣截然不同，而且也像《一的法則》那樣，所說的話經常讓人很難理解。凱西是虔誠的基督教徒，他先創造了「心靈解讀」(psychic readings)一詞來描述他正在做的這些事，《伯明罕先驅郵報》（*Birmingham Post-Herald*）首次引用了這個詞，並說直至一九二三年十月十日，凱西已經做了八千零五十六次解讀。然而，遺憾的是，這些解讀紀錄在一場火災中被完全燒毀。在一九二三年九月十日之前，凱西的解讀紀錄都沒有被有系統地保存下來，直到葛萊蒂絲・戴維（Gladys Davis）以全職速記員的身分加入凱西團隊才有了改善❽。從那時起，總共存檔了一萬四千八百七十九份的解讀資料，前後的解讀紀錄總數超過了二萬二千份。

然而，一九二二年十月至一九二三年九月期間的解讀活動卻沒有被記錄和存檔，而這段時期正是凱西知名度及客戶數量急劇提升時。吉娜・瑟敏納拉（Gina Cerminara）博士在其經典學術著作《靈魂轉世的奧祕》（*Many Mansions*）中估計，凱西所做的解讀次數大約有二萬五千次，這是一個令人吃驚的數字。

一九六七年，即凱西去世後的二十二年，《艾德格・凱西精選集》（*The Edgar Cayce Reader*）終於出版了[9]，編者在這本書的引言中提到，截至當時，市面上已有十本關於凱西的著作，而總銷量超過了一百萬冊。一九九八年，即凱西去世後的第五十三年，推出了《艾德格・凱西的影響力》（*Edgar Cayce in Context*）一書，作者保羅・詹森（Paul K. Johnson）與紐約州立大學聯合發表了以下觀點：「無疑的，凱西的影響力足以跟過去兩個世紀美國那些偉大的宗教改革家相提並論。」[10]另外，凱西還被認為在某種程度上啟發了崛起於一九六〇年代的「新時代運動」②與「身心靈整體健康運動」，這兩者在後來都逐漸進入主流文化。

在《艾德格・凱西的影響力》一書中，我們可以知道從一九五〇年以來，與艾德格・凱西有關的書共有六百四十六本，而直至凱西在世的前幾年，他才獲得全國性的關注，其中最具關鍵作用的是湯瑪斯・薩格魯（Thomas Sugrue）所寫的傳記《一條大河》（*There Is a River*）。這本重要的凱西傳記於一九四二年出版[11]，而在隔年九月，《冠冕》（*Coronet*）雜誌刊登了一篇標題為〈維吉尼亞海灘的奇人〉（Miracle Man of Virginia Beach）的文章。在此之後，凱西很快就收到了大約二萬五千封求助信件。因為信件太多了，他們只能將這些信件用麻繩捆綁起來，而其中很多信件還一直原封不動地掛在凱西的房子裡[12]。為了滿足大批求助者，凱西開始每天接待八名客戶，他在上午和下午個別為四名客戶提供解讀，如此緊密的工作日程嚴重傷害了他的健康。儘管如此忙碌，但凱西的客戶預約還是排到了一年半以後。一九四五年一月三日凱西因過度勞累而過世，距離《冠冕》雜誌刊登那篇文章，只有一年三個月。

在解讀過程中，凱西的潛意識顯然能直接出入病人身體進行檢查及診斷。不僅如此，只要有需要，他的潛意識還能隨意探訪任何地方。在凱西的傳記《一條大河》中，有一個一直被引述的例子：凱西在對一名腿部疼痛的男孩進行解讀後，指示他的家人去尋找一種名為「煙油」

（Oil of Smoke）的藥品。然而，卻沒有藥劑師聽說過這種東西，藥物手冊中也找不到，這使得藥劑師開始嘲笑凱西提出的治療建議。凱西為此再次進行解讀，而在這次解讀中，他強調這種藥能在肯塔基州路易斯維爾斯市（Louisville）的一間藥房找到。

凱西的團隊打電報到這間藥房詢問，但對方在回覆電報中卻說從未聽過這種藥。根據凱西姆博士（Wesley Harrington Ketchum）的紀錄，凱西在接下來的解讀提到了更具體的細節。

我們進行了第三次解讀，在這次解讀中，凱西提到路易斯維爾市這家藥房後面的一個貨架。他說能在這個貨架上找到一瓶貼著「煙油」標籤的藥品。於是，我又發了電報給藥房，結果他回報說他找到了。幾天後，這瓶藥就被寄送過來，整瓶藥看起來非常老舊，標籤也已褪色，而生產此藥的公司早已破產。但是，瓶身的標籤和凱西所說的完全一致——「煙油」。⓭

一些懷疑論者直到今天還在用「煙油」的例子來揶揄凱西，因為它的發音和「snake oil」（蛇油、萬靈油，即騙人的玩意兒）相似。經過進一步研究，我們發現，「煙油」是山毛櫸木餾油的舊別名⓮，主要成分是石碳酸、甲酚及癒創木酚，一直被用於消毒劑、瀉藥和咳嗽藥。雖然在美國已經停產，但在其他國家仍然被當作一種治療草藥，比如日本就當祛痰劑及瀉藥使用。⓯

解讀時，凱西會閉眼躺在沙發上，由速記員葛萊蒂絲聽錄，如果她聽寫錯誤，凱西會很快指正⓰。如果客戶本人也在場時，凱西的智慧源頭經常能讀出他們的心思，在他們發問之前就回答他們腦中所想的問題⓱。凱西在意識清醒時只會說英文，但在解讀過程中，他的智慧源頭能夠使用客戶的母語來跟不同國家的客戶交流，有時還會說出他們母語中一些幽默有趣的諺語。據估算，凱西在解讀過程中，能流利使用超過二十四種的不同語言⓲。他的智慧源頭一直強調的是，我們所有人都具備這種潛能。

凱西的醫療建議，經常能使那些已被醫療機構認定無藥可治的病人得到神奇的療癒效果。無數病人在聽取凱西的治療建議後治好了難纏的病症，但他建議的藥方往往讓人匪夷所思，比如烘烤蘇打和蓖麻油來治療皮膚疣⑲。當回到清醒狀態時，凱西就會忘記他在解讀過程中所說的話，有時那些話會顯得神祕和不合時宜，比如他常用欽定版《聖經》③的語彙滔滔不絕⑳。不過，解讀時的凱西也一如清醒狀態下，仍保有他的人格特徵，包括機智風趣的幽默感。㉑

一九二三年八月十日，亞瑟・拉莫斯（Arthur Lammers）首次向凱西的智慧源頭詢問，凱西在地球上是否有前世的生命經歷㉒。讓拉莫斯驚訝的是，他被告知凱西有三個前世。其中一世是一名僧侶，而他現在的人格就受到這一世的強烈影響。這些資訊在艾德格・凱西的表層意識引發了衝突，因為他是虔誠的基督教徒，而基督教並不相信轉世的觀點，凱西又顯然不想否認教會的官方教義。

這時候的他，已經瞭解自己的解讀在過去二十多年對很多人都幫助很大，因此他開始接受轉世是一種真實存在的現象。在一九二三年拉莫斯的提問之後，凱西的解讀中也開始加入了大量的前世資訊。根據凱西的解讀，一個普通人很可能有多達三十五到四十次不同的前世生命。㉓

在凱西的所有解讀中，有超過二千五百名客戶的解讀資訊牽涉到前世經歷，其中談及的一些晦澀的歷史細節在最後都能得到證實。比如有個客戶被告知他的前世是一名「浸水椅的行刑手」。凱西回復清醒狀態後，查了百科全書才知道「浸水椅」是美國早期針對女巫的一種殘酷刑罰。㉔

凱西在進行前世解讀時，通常能給出他們前世的確切名字。其中有個戲劇性的例子是，有個客戶原本雙眼失明，但在聽從凱西的建議後，其中一隻眼睛竟恢復了部分視力。這名客戶被告知，他的前世姓名是巴奈特．西亞（Barnett Seay），是南北戰爭期間李將軍（Robert E. Lee）麾下的一名士兵，住在維吉尼亞州的亨利科郡（Henrico County）。凱西告訴他，他前世的檔案還存放在維吉尼亞州。於是，這名客戶生平首度造訪了亨利科郡，最後在州立歷史圖書館的舊檔案中找到了巴奈特．西亞的資料，發現他是李將軍率領的邦聯軍隊的旗手。㉕檔案中特別指明了西亞是在一八六二年應召入伍的，那時他是二十一歲。㉖

漸漸的，凱西的團隊發覺接受解讀的人，其前世的出生地和所處的歷史時期存在著某種規律性。這暗示了一種有趣的可能性：同一個國家或地區的人似乎會沿襲某種相同的東西，社會文化背景相同的人會一起轉世到不同地方。進一步研究這些解讀內容，證實了這種現象確實會發生。比如說，凱西的客戶幾乎都是美國白種人。關於這種轉世模式的一個例子是：來自失落的文明——亞特蘭提斯的人顯然大規模地轉世到了美國。為了重獲與以往相似的體驗，他們需要再次轉世到一個科技夠發達的社會，以便將這些資源用於一個更積極的目的。下文摘錄自吉娜．瑟敏納拉的《靈魂轉世的奧祕》。

> 很多人都有相似的歷史背景，事實上，人們前世的樣貌幾乎都有某種模式。一種常見的轉世時間序列是：亞特蘭提斯→埃及→羅馬→十字軍東征時期和早期的殖民時代。另外一個時間序列是：亞特蘭提斯→埃及→羅馬→法國路易十四、十五或十六在位時期，以及美國的內戰時期。當然，還是會有一些變化版，包括中國、印度、高棉、祕魯、挪威、非洲、中美洲、西西里島、西班牙、日本及其他地方。但基本上，凱西大部分的解讀報告都遵循著相同的歷史路線。

按照凱西的看法，之所以會如此，是因為某個時期的靈魂群通常都會一起轉生到同一時期。而在這兩個出生時期的間隔時間，則會有其他一些靈魂轉生到地球，就像輪值一樣。這個過程非常規律，就像工廠的工人換班。所以，今世在一起的靈魂，過去世同樣也處在同一個時代。在此生，因家庭、友誼或共同興趣而關係密切的人，往往在前世就已經結緣了。27

由於大部分關於轉世的證據，都來自於孩童對前世的記憶，因此目前我們仍很難以科學方法證明其真實性。那些孩子可能記得他們前世是誰，但是通常不會意識到，在這個宇宙中有一種更為宏大的模式一直在有序且有節律地掌管他們投生轉世的過程。凱西的解讀資料，透過許多不同方法證明了這些前世記憶的真實性，因此不用我在這裡贅言，倒是我們要注意的是，為什麼歷史會一直以精確的週期不斷重複呢？下文我們將會看到，轉世很可能就是這種現象的主要理由之一。吉娜．瑟敏納拉在書中分享了凱西對歷史週期性的看法：「歷史中的每一個時期，都為我們提供了消減我們業力的必備工具。」28

凱西的解讀資料確實提到了二五九二〇年的「紀元大週期」及黃道十二宮時代，這也支援了以下觀點：這些歷史週期很可能形成某種能量結構，以便讓輪迴轉世得以發生。這些系統性的重複事件模式，讓我們能夠以群體的形式一起轉世，並知道自己將會在什麼時候有何種經歷。透過大規模群體的形式一起轉世，靈魂能夠解決一些集體性和個人性的業障。轉世到同一個社會後，人們將會和相同的人重複經歷同樣的生命故事情節，直到他們學會這些生命課題為止。

顯然的，如果歷史具有週期性，那麼這種現象的背後肯定有原因，而去探索和理解這種原因絕對會讓我們受益匪淺。如果有一個隱祕的宇宙劇本一直在規畫及指引我們的命運，那麼，我們就必須理解它，只有這樣，我們才有可能徹底終止人類社會一直存在的戰爭和暴行。

前世債今生還，你的業障解藥是什麼？

由一些具體的例子，凱西的解讀資料讓我們更清楚地看到轉世背後的緣由和必要性。我們將會看到，我們製造的業障未必會在當世就顯現，可能在以後的轉世中才能做好準備去面對及處理，而到那時候業障才會顯現。我們的靈魂可能不會馬上就去處理那些最強的業障，直到它覺得我們已經在靈性上夠成熟，能夠恰當處理這些業障。我們得到的業報不一定和我們施加他人的行為程度一致，但這些業報與行為之間至少存在著某種象徵性的關聯。心理學家吉娜．瑟敏納拉對超過二千五百份凱西解讀的資料進行研究，並在她的書中收錄大量引人入勝的例子。

比如，有個大學教授在被醫院告知視力恢復無望的情況下，遵照凱西的治療建議，結果左眼恢復了一成的視力。在後來的解讀中，發現他有一世出生在西元前一千年的波斯，當時他是一個野蠻部落的一員，這個部落會用燒紅鐵塊來燙瞎敵人的眼睛㉙。這是一個很有趣的個案，因為它顯示了當事人不需要一直承受失明的折磨來消除業障，一旦他意識到過去所發生的事並理解應該如何寬恕自己，那麼他就會對生命的真諦有所領悟，而這些領悟往往能直接改善他當下的生命境況。

另外有一個四十歲的婦人，她有些奇怪的病症，比如一吃麵包或穀物就會不停打噴嚏，接觸到皮革和塑膠時，左半身會出現嚴重的神經疼痛。沒有醫生能夠治癒她這種怪病。她在二十五歲時曾接受催眠治療，在那之後的六年，這些病症都消失了，不過後來又復發了。凱西對她進行解讀時，說她的前世是個藥劑師，製造了一些會導致人們嚴重發癢的化學藥品，以及一些能被吸入體內引發中毒的藥物。她選擇的「業障解藥」，是在後來轉世中讓自己患上這些奇怪的過敏症狀。㉚

還有一名客戶的前世是法王路易十三的隨從，有暴食習慣。今生的他飽受消化毛病之苦，在三十五歲時去找了凱西尋求幫助。[31]

瑟敏納拉將以下這個案例稱為「象徵型業力」。有個醫生請凱西幫他那個從小就患有貧血症的兒子解讀，解讀資料指出，在過去五世中，這個男孩有一世曾出生在祕魯，那時他用暴力手段追逐權力，雙手沾滿了鮮血。貧血症讓他今世的身體變得異常虛弱，那是潛意識在追悔著前世追逐權力時所過的血腥人生[32]。此外，還有一個常常感覺呼吸困難的哮喘症患者，凱西告訴他在前世中曾經導致別人窒息而亡；一個耳聾的客戶被告知，他在某一世中曾是法國貴族，但是在法國大革命中卻對他人的求助掩耳不聞。[33]

造口業的代價：嘲弄的業障

約書亞曾經說過，僅僅叫他人「笨蛋」就足以點燃欣嫩子谷之火來淨化。然而，這種辱罵在今天多數人看來似乎十分平常，尤其是網路上。

然而，凱西的解讀資料告訴我們，嘲弄他人可能會造成嚴重的業力，尤其是當這種行為造成他人的痛苦或死亡時。瑟敏納拉書中的第五章，標題就是「嘲弄的業障」，她講了七個被記錄在冊的不同案例。在這些案例中，一些身體有嚴重殘疾的人被告知，他們在某一世中曾經嘲弄那些有相同或相似殘疾的人。

有三個是患有小兒麻痹症的客戶，他們被告知在過去某一世中，曾經嘲笑那些被扔到羅馬競技場中受飢餓猛獸折磨而死的殘疾人[34]。有個女性客戶，因為在羅馬時期的前世曾經大笑著看著一個女孩被獅子開膛破肚，導致今生患有髖關節結核病，無法行走[35]。另一名婦女的前世是體型健美的羅馬運動員，因為經常嘲笑身材肥胖的人，這一世因為內分泌失調而有體重過重的問題[36]。下文摘錄自瑟敏納拉的《靈魂轉世的奧祕》一書，告訴我們隨意批判他人可能會帶來沉重的業力代價：

儘管惡意批評他人不會讓你在金錢上蒙受損失，但是你可能會為此付出沉重的精神代價。艾德格．凱西的「智慧源頭」能從更高角度看到因與果在時間長河中的演化，並且給那些走上錯誤道路的人提出非常尖銳且明確的警告。[37]

業力，是你的深層記憶

一名十一歲的男孩從兩歲起就有尿床問題，他的父母多年來為此四處尋醫，但都無濟於事。凱西對男孩進行解讀後，瞭解男孩前世曾是清教徒運動④的一名基督教牧師，而且還是浸水椅行刑手[38]。有趣的是，針對男孩的長期尿床問題，凱西提供的建議是在他入睡時，讓他母親用緩慢的聲調反覆做出肯定性聲明：「你是一個心地善良的好人，你會將快樂帶給很多人，你將會幫助每個跟你接觸的人。」[39]結果，男孩當天晚上竟然沒有尿床——這是九年來的第一次。接下來的幾個月，他的母親每個晚上都會重複地向他做出這些暗示，後來治療頻率減少到一週一次，直到最後完全停止，而這個男孩的尿床問題也完全解決了。

男孩的母親是個律師，先前對這種不切實際的東西還半信半疑呢。男孩長大後，待人接物格外寬容，他還接受了詹森．康納人類工程實驗室（Johnson O'Connor Human Engineering Laboratory）獨創的心理測試，結果表明他已經從一個性格極度內向的人，轉變成一個「適應良好的外向者」。

瑟敏納拉總結道：業力的一個重要面向是，我們總是會在潛意識中緊抓著對負面前世行為的內疚感及恥辱感不放。凱西的解讀資料經常提到，業力是記憶的一種作用，而打破這種業力循環的關鍵，就在於寬恕自己在前世的行為。就像《一的法則》所說的：「在寬恕中，業力之輪將會停歇。」

寬恕我們自己和寬恕他人同等重要。我們的潛意識顯然很清楚我們累世的一切經歷，包括我們對他人所造成的傷害。我們很多人都在下意識裡自我懲罰，而這種自我懲罰的程度，往往超過消除業障的必須程度，在凱西的解讀資料中，這是很重要的一個訊息。一旦你能真正接納和愛自己、學會尊重他人，你就能消除自己的業障，避免不必要的痛苦。此外，如果不想製造業障，那麼，尊重他人的自由意志會是一個絕對的行為準則。

瑟敏納拉在書中第七章也探討了另外一個有趣的主題：延遲的業報。凱西的解讀資料揭示，如果我們嚴重侵犯了他人的自由意志，那麼我們要清除這種業障的適合境遇很可能會在幾個世紀後才顯化。更重要的是，從靈性角度來看，我們必須要變得夠強大，才能在不帶給自己更多痛苦的情況下通過這種業障境遇的考驗。在我們能夠處理並從中受益時，這些需要我們償還的業債才會顯化出來。瑟敏納拉在《靈魂轉世的奧祕》一書中，強調凱西解讀資料帶給我們的教導：「不是所有人都能在一世生命中，就進化到具備包容萬物的慈愛心——這是基督意識的真正本質——並從業債中徹底解脫。」[40]

人格，其實是一個多世記憶體

令人感到吃驚的一個發現是，根據凱西的解讀資料，我們往世的經歷對於形塑我們今生的人格有很重要的影響力。有個案例是一個白人至上主義者，他被告知前世曾被黑人士兵囚禁，後來被拷打致死，從此他對有色人種的憎恨持續了好幾世。有個反猶太的專欄作家，某個前世曾是生活在巴勒斯坦的撒瑪利亞人（Samaritan）⑤，經常遭受猶太鄰居的暴力攻擊。一個三十八歲的未婚女子因為前世曾加入十字軍而被丈夫拋棄，使得她內心深處對男人完全不信任，無法與任何男人建立持久的情感關係㊶。一名包容所有宗教信仰的婦人，前世是個十字軍戰士，曾與穆斯林人一起生活而發現穆斯林人善良、仁慈、勇敢且充滿理想，這種經歷對她的幾個後世性格帶來了正面影響……

在《靈魂轉世的奧祕》一書中，瑟敏納拉博士也回應了排斥轉世理論者的說法。他們覺得今世要對自己想不起來的往世行為負責是不公平的，如果你的前世代表是一個完全不同的人（有不同的父母，受不同的影響，生活在不同的文化，有不同的生命經歷），為什麼你現在要為他或她所做的事負責？顯然的，這個問題的答案就是：在清醒的表層意識中，我們當前正在扮演的這個人格僅僅是我們永恆身分的一小部分。我們無法覺知到我們完整的真實本質，因為大部分都被遮蔽了，就像吉娜在書中所揭示的：「這個永恆的身分就像站在幕後的演員，他能夠記起所有的過去，但是一旦他開始扮演某個人格，就像演員扮演某個角色，一種保護我們的自然法則會阻止他記起過往的一切。」㊷這正是《一的法則》所說的「遺忘的帷幕」。

根據《一的法則》所說，我們當前的存在層次是「第三密度」，也被稱作是「抉擇的時刻」（the Choice）。為了畢業並進入到「第四密度」，我們必須在「服務自己之路」與「服務他人之路」做出明確選擇。

銀河系的統一心智（太一）被稱作「邏各斯」（the Logos）⑥，如果我們能清楚意識到「邏各斯」的存在以及關於我們靈魂進化的偉大藍圖，那麼我們將無需再學習任何東西。然而，因為「遺忘的帷幕」，我們很難看到此一真相。

> 讓第三密度的實體遺忘往世的生命經歷是必要的——這樣一來，自由意志才能對這些剛被個體化的意識發揮作用。[43]
>
> 超越第三密度後，實體會保有對邏各斯構架的認知，但是對第三密度做出選擇有重要影響的帷幕已不復存在。[44]
>
> 問題：我猜測，在宇宙的循環中，當一個星系處於萌芽或建造階段時，帷幕的存在及自由意志的擴展將會同時展開。我的猜測正確嗎？
>
> 回答：……完全正確。[45]
>
> 要跨過第三密度和第四密度之間的門檻是很困難的。可以說，在每個密度的邊界都存在著重重阻力。每一個實體想跨越第三密度的邊界，需要理解、培養及發展必要的信心和意願。那些沒能完成功課的實體，即使有良善的性格也無法跨越。[46]

穿透帷幕可以被視為開始在綠光活動（green-ray activity）⑦的孕育中生根。如果遵循這條途徑，更高能量中心將會被啟動及結晶化，直到行家誕生。在行家的內在或多或少具有拆除部分帷幕的潛能，如此一來，萬物合一的本質就可能再次被看到。可以說，其他的自我是促使你走上穿透帷幕之路的主要催化劑。㊼

我們來生見！一起轉世的同一群人

你認識並關愛的人——包括那些跟你經常爭吵的冤家——很可能在過去與你共同生活了很多世。瑟敏納拉簡潔概括了凱西解讀的此一教導：「所有婚姻都有一段非常久遠的因緣，開始於很早之前一個系列故事中的某個篇章。」㊽

我們今生的人生一直受到往世生命的影響。顯然，我們當前的所有主要人際關係，無論是朋友關係、家庭關係或伴侶關係，都有著久遠的淵源。本能上，我們總是會被那些前世曾跟我們一起生活的人所吸引，目的是為了讓我們解決彼此之間的業力。馬克・萊納（Mark Lehner）的經典著作《埃及的遺產》（*The Egyptian Heritage*）對埃及／亞特蘭提斯時期有非常廣泛的調查研究，與凱西關係最密切的兩百多人都曾出現到這個時期。在凱西的解讀資料中，出現了這個時期令人震驚的許多細節，也看到了這個時期的不同人物令人稱奇的轉世經歷。㊾

丘奇（W. H. Church）在《艾德格・凱西的生活》（*The Lives of Edgar Cayce*）一書中，描述凱西身旁的人如何跟著他一次又一次地在不同的歷史時期一起轉世㊿，在凱西的十三次前世經歷中，有十二次資料是來自凱西對自己前世的解讀，另外一次是得自他的夢。書中還提到了凱西未來兩次轉世：一世是一九九八年會出生在維吉尼亞海灘，另外一世則出生在西元二一五八年。

凱西還列出了他所有前世的名字，包括：五千年前一個古埃及的精神領袖亞薩法王（King Asapha）；古希臘一個名叫薩諾恩（Xenon）的士兵，自殺身亡；著名學者畢達哥拉斯；古希臘煉金術師阿米提蒂德斯（Armitidides）；路易十四女兒的私生子拉爾夫・達爾（Ralph Dahl），五歲時遭到謀殺；美國內戰時期的一名士兵等等。

從轉世的時間線中，我們可以看到很多有趣的東西，其中一點是靈魂如何在其成熟和進化程度上起起落落。一些巨大的創傷性事件及其他負面事件都會對後面的轉世造成連鎖反應，需要多次轉世來消除這些業障。凱西所有的前世身分，以約翰・斑布利奇（John Bainbridge）的轉世身分最令人稱奇。一七〇〇年代，他轉世到一個英國家庭，航行到美洲探險，生性嗜賭，好酒又好色，還經常用第六感在賭博中作弊。顯然他非常享受這種生活方式，於是又再次轉世度過相同的生活。在這兩世裡，他製造了大量業力，後來他的靈魂創造了一次機會，讓他用一種最戲劇化的方式消除這些業障。在他後一世的生命末期出現了可怕的饑荒，他感覺到自己很快就會餓死，因為除了手中僅剩的食物外，他再也找不到其他東西可以吃了。

這時，他看到一個挨餓的小男孩，心裡頓時湧出一股前所未見的憐憫心。斑布利奇知道，如果將手中的食物送給男孩，男孩很有可能存活下來——或者至少能夠減輕男孩挨餓的痛苦。於是，斑布利奇把僅剩的食物送給了男孩，而這個男孩感激地哭了起來，斑布利奇也跟著掉眼淚。不久後斑布利奇就餓死了。凱西在解讀過程中說，由於臨死前的無私慈愛之舉，讓他消除了兩次生命所積累的所有負面業力。

這是個很極端的例子，還有很多溫和的方式來消除業報，但對一些靈魂來說，他們更傾向於選擇像這樣的激進方式。這樣的無私行為，幫助靈魂趕上在進化過程中落下的進度，讓他轉世為艾德格・凱西時擁有更了不起的通靈能力。

這些故事都得自凱西長達二十年的解讀紀錄，顯而易見的，某些靈魂會組成一個「靈魂團體」不斷地一起轉世。每一次當我們進入死後世界時，我們的「靈魂團體」會迎接我們，理解這一點對我們探索共時性、歷史週期及轉世等現象都非常關鍵。我們在死後世界所能瞭解的知識及訊息，遠比我們生前所知要更加精確及具體。瞭解我們死後會發生什麼，可以帶給我們意義深遠的生命領悟，幫我們更深入理解生命的意義，更清楚地看到共時性及業力如何在我們的人生中適時顯現。

譯注：

①西元前二世紀形成的一個猶太教派別，他們不信靈魂不滅，不信肉體復活，也不信天使和彌賽亞（Messiah），與法利賽人相反，他們熱中於權勢、金錢、名利，宗教感淡漠。

②New Age Movement，又稱新紀元運動，涵蓋靈性、神祕學、替代療法、環保，有別於一般傳統或新興的宗教，被學者歸類為新宗教意識或隱形宗教。

③此聖經譯本於一六六一年出版，是在英王詹姆斯一世的許可下，由五十四位學者歷時七年完成的權威譯本。

④十六世紀在英國發生的教會革新及社會政治運動，主張教會組織民主化，廢除主教制，人人都能與上帝直接交流，並反對封建領主的奢侈生活。

⑤撒瑪利亞人是非常古老的民族，據稱他們是在三千多年前遷居到以色列帝國北部的一個部族後裔。

⑥歐洲古代和中世紀常用的哲學概念，相當於我們所說的太一或一。

⑦根據《一的法則》，綠光是心輪的顏色，綠光活動指從心出發的行為。

08 死亡之後的旅程

從死亡到轉世之間有十個不同階段，包括死亡與離去、通往靈界之路、回家、定位、轉變、安置、選擇人生、選擇新身體、準備與啟航，還有重生。

如果轉世是事實，且被許多重要的世界性宗教所承認，那麼，當我們從一世生命過渡到下一世的過程會發生什麼事？我們僅僅是從一具身體蹦出來。然後再跳進另一具身體，對其間所發生的事情沒有任何記憶或知覺嗎？或者我們會進入一個微妙的死後世界，在其中得到一連串的神奇體驗，而這些體驗將會幫助我們規畫下一次的轉世？那張一直遮蔽著前世經歷的「帷幕」會被掀開嗎？我們是否會探知到我們更深層的本質呢？那時，我們是否會對以下問題有更加廣泛和深刻的理解：在我們的生命中、在地球上的不同歷史週期中，我們該學習什麼？我們是否應該為如何通過生命功課，以及如何在未來轉世中穿透那層「帷幕」，設定好計畫和策略呢？

不可思議的瀕死經驗

臨床死亡是指一個人的心跳、呼吸和所有腦波活動都停止了，沒有腦波，我們的思維也應該不復存在——至少從傳統的生物學來看是如此。

如果你被判定腦死，那麼你的腦袋裡就不會有任何電流活動，而傳統的科學家認為這些電流活動是所有意識的基礎。然而，很多在臨床上被判死亡、後來又復活的人都說，他們在這個死而復生的過程中有一連串不可思議的體驗。很多人對瀕死經驗都抱持著懷疑的態度，但全世界無數有瀕死經驗且互不相識的人，對於瀕死經驗的描述卻有相當不尋常的相似性。南安普頓大學的山姆・帕尼亞（Sam Parnia）博士和同事檢查許多瀕死體驗的研究報告，結果發現，在這些報告中存在著許多共同點。他說：「近年來，一些獨立研究者所做的科學研究顯示，在那些經歷心臟驟停與臨床死亡、但最後復活的人之中，有一〇％至二〇％的人稱他們在這個過程中擁有清晰的思維能力、推理能力及記憶，有些人還能清楚記得自己在這個過程中的經歷。」❶

荷蘭心臟病學家凡拉曼爾（Pim van Lommel）帶領過一項以醫院臨床報告為基礎的迄今最大型的瀕死體驗研究。在這之前，他早在一九六九年就聽過一個病人說自己曾經歷過臨床死亡，看到了隧道、光和美麗的顏色，還聽到美妙的音樂，但未引起重視。一九七六年，雷蒙德・穆迪（Raymond Moody）博士關於瀕死體驗的著作《死後的世界》（*Life After Life*）問世；又過了十年，凡拉曼爾再次聽到一個細節令人震驚的瀕死經驗，故事中的主角在經歷整整六分鐘的臨床死亡後活了過來。於是，他開始對瀕死體驗進行全面調查：

在讀了雷蒙德・穆迪的書後，我開始對我那些曾經歷心臟驟停又倖存下來的病人進行訪談。讓我感到驚訝的是，有五十個病人向我描述了他們的瀕死體驗……因此一九八八年，我開始對來自十家荷蘭醫院的三百四十四名心臟驟停的倖存病人進行調查和研究……六十二個病人（一八％）稱對臨床死亡期間的經歷有記憶……在報告有瀕死體驗的病人當中，約有五〇％的人聲稱意識到自己正在經歷死亡或有正面感受。三〇％的人稱自己走過一條隧道、觀察到一種天堂景象或者與已故親人見面。在有瀕死體驗的病人中有二五%的人有出體經驗，並且和「光」進行交談，或者觀察到顏色。一三%的人經歷了一次生命回顧，而八%的人體驗到某種邊界的存在……

那些有瀕死經驗的病人復活後不會再對死亡有絲毫恐懼，他們強烈相信有死後世界，並對生命中什麼是重要的，重新有了不同的理解：最重要的是對自己、對他人和對自然的關愛與慈悲。他們理解了一條宇宙法則，那就是一個人對他人所做的，最後都會返回到自己身上——無論是憎恨、暴力或關愛、慈悲。另外，令人驚訝的是，有些人的第六感顯著提升了。❷

凡拉曼爾博士對這六十二個瀕死經驗的個案研究，顯示：當我們進入死後世界時，似乎能真正理解我們到底是誰，以及我們正在做什麼。那時候，我們會完全覺知到業力法則的存在，並學會彼此關愛。我們可能會對自己做過的事感到後悔，但我們渴望能再次轉世去學習同樣的功課，真正敞開自己的內心。

「瀕死網站」（Near-Death. com）重點列出了五十一個關於瀕死體驗令人印象深刻的不同證據❸。在肯尼斯．林格（Kenneth Ring）博士的研究中，有些人說在他們臨床死亡期間曾目擊真實事件發生，其中一些事件恰好就發生於他們所在的手術室中，而當時他們的腦波活動、心跳和呼吸都處於完全停止狀態。另外一些個案，則清楚記得一些發生在遠處的事。他們在死而復生之後，可以說出在臨床死亡期間身邊的人說了什麼及做了什麼，這些記憶後來都得到證實。最令人驚訝的是，有些人會以幽靈形態出現在親人面前——他們的親人能大概識別出他們的樣貌，雙方還能進行具體談話。而在這些病人甦醒後，他們自己與親人所記得的談話內容完全一致。❹

這些資料的可信度很高。在法庭上，我們已經把目擊證詞當成有效證據，目擊證詞能夠使一個人被判監禁，甚至死刑。然而，對於類似瀕死經驗的目擊證詞總是被忽略、忽視，或者被一些懷疑者無情攻擊。

從死亡到轉世的十個階段

邁克爾・紐頓（Michael Newton）在一九四七年就開始了自己的首份工作——催眠師，當時他只有十五歲。後來，他成了一名能透過催眠暗示治療多種心理障礙的專家。催眠暗示是一種心理學技巧，可用來幫助病人改變行為模式、戒除有害的習慣，比如減肥和戒菸。有時，紐頓博士的客戶會問他能否用催眠方式讓他們進入前世，但總是遭到他的拒絕，當時他根本不相信轉世或死後世界。然而，就在他治療一個右半身長期疼痛的年輕男子時，開始改變了原有的觀點。在催眠狀態下，男子被指示去加劇自己的疼痛程度，這是一種讓病人學會掌控疼痛的常用心理技巧。男子想像自己被刺傷來加劇疼痛，紐頓博士想瞭解原因何在，結果男子毫不猶豫地告訴他，前世中的他曾在第一次大戰的法國被人用刺刀刺死。這類案例的細節太有趣了，而紐頓的客戶也經常會鼓勵他做進一步探索。他後來說：「最初我擔心當事人本身的需求、信仰和恐懼可能會製造一些幻想式的記憶，然而，不久後我就意識到深層記憶所展示的過往經歷非常真實且連貫，很難被忽視。」❺

紐頓博士解釋，人在催眠狀態下不是在做夢或產生幻覺，而且在這種狀態下無法撒謊，他們會如實報告在自己的潛意識中所看到和聽到的一切。在催眠狀態下，當事人可能會誤解所看到的東西，但是不會報告任何他們覺得不真實的東西。

在我工作生涯的早期，我發現對催眠對象進行交叉盤問非常有用，而我並沒發現有人試圖虛構心靈體驗來取悅我的任何證據。事實上，這些處於催眠狀態下的人會毫不猶豫地更正我對他們陳述內容的誤解……隨著我的催眠檔案不斷增多，經過不斷摸索與試誤，我發現了如何循序漸進地提出關於靈界的問題。❻

另外，我還發現無論是無神論者、虔誠教徒或者屬於任何哲學派別，一旦當事人處於正確的超意識催眠狀態下，所陳述的內容會前後一致……我至今已存了厚厚一疊催眠檔案……近年來對靈界的研究正方興未艾，但跟我的工作是兩回事……我甚至離那些賣玄學類書籍的書店遠遠的，以避免任何來自外界的偏見。❼

紐頓博士在多年的催眠研究中發現了很多有趣的現象，其中一個是，當人們被帶入到超意識催眠狀態時，其實並不想揭露太多關於死後體驗的細節，他們總是想逃避或推托，似乎在遵循著某種道德準則——亦即生活在現實世界的人只能獲取靈界的有限知識。紐頓博士也漸漸瞭解到每個催眠對象會經歷的體驗模式，並透過不斷熟悉他們「所在」的世界，開始能夠使用他們的慣用措辭來跟他們深入交談。這讓他贏得客戶的信任，能夠自在地跟他分享所知道的東西。紐頓博士發現，在這些來自不同催眠對象的報告中存在著驚人的一致性。事實上，那些在現實世界中素未謀面的客戶，經常會使用相同的用語、圖像來描述及表達他們在死後世界的經歷❽，連經歷的階段性事件都大同小異，這就意味著：一旦我們被催眠進入到超意識狀態後，我們會對死後世界非常熟悉。

有趣的是，紐頓博士發現沒有一個客戶能夠帶領他完整見識到進入超意識催眠狀態後的所有經歷❾。他們似乎總會跳到某個階段，停留在那裡或者快速向前跳躍幾個階段。紐頓博士透過對很多催眠對象的訪談，建立了關於死後世界之旅的樣貌。長期性的大量臨床經驗及研究，也幫他完善了他的理論模型。

紐頓的第一本書《靈魂的旅程》（*Journey of Souls*），帶領我們認識從死亡到轉世之間的十個不同階段，包括死亡與離去、通往靈界之路、回家、定位、轉變、安置、選擇人生、選擇新身體、準備與啟航，以及重生❿。確切來說，在紐頓博士的模型中，選擇人生和選擇新身體是同一階段的兩個部分，出現在死後世界的同一個相對位置①。但是兩者的體驗截然不同，因此紐頓在書中各用一章來分別闡述。

階段一：死亡與離去

你會發現自己漂浮在身體上方，看到圍繞在你身體周圍、為你的死亡而哀傷的人。你會發現自己努力地想要告訴他們你仍在那裡，只是存在於另外一種形態，但是這種努力只是徒勞。很快的，你會感到有一股力量在牽引你遠離你的身體，同時會感到自由和光帶來了一種狂喜感覺。有些人會看到他們周圍都是光，而有些人則會看到有光在遠處吸引他們過去——這就是為什麼很多人都說自己走過了一條末端有光的隧道。⓫

有些人在經歷肉體死亡後並不想再逗留在身體附近，死亡世界對他們有強大的吸引力，他們迫不及待地去體驗；但更多人會在葬禮後多停留幾天（按我們的時間來算）。紐頓博士的研究對象告訴他，他們在死後世界會覺得時間加速，我們認為幾天的時間，對他們來說可能只有幾分鐘⓬。大部分的人都不想看到自己被埋葬的過程，雖然他們不會和我們有一樣的情緒感受，但他們會感激親友獻給他們的尊重與悼詞。

在這個階段，他們可能還會說出關於他們前世是誰，以及住在哪裡的具體細節。紐頓博士

說，我們每個人都擁有揭露前世出生日期及出生地點等具體資訊的驚人能力，而且這些訊息經常能得到證實。⓭

階段二：通往靈界之路

在這個階段，我們會看到及走進一條黑暗的隧道，最後進到洞口的一片亮光之中。但不是每個人都以相同方式經歷，有些人會看到隧道出現在他們的身體上方，有些人則需要飛到地球半空中才能進入到隧道裡面。但是，在大部分案例中，當我們離開地球時，隧道很快就會出現，只有那些最不安的靈魂才會想盡量待在他們身體附近。那些前世經歷較少的年輕靈魂，可能會花較長的時間才啟程，而更老到的靈魂往往會迅速啟程。

在一些個案中，當事人會說自己一離開隧道就出現在長滿高草和野花的漂浮曠野中，而所有的親友都會在那裡迎接他們。但是，並非所有人都會有這種相同體驗。在這個階段中，似乎每個人都會經歷一些非常有啟發性的景象。當這些景象首度出現時，大部分的人都會感到困惑，不知道如何去解釋他們看到的這些形狀、顏色和能量。你需要花些時間來理解你所看到的，而想要找到貼切的方式來向催眠師解釋也非常不容易。大部分人會在經歷死亡後立即聽到美妙的音樂或聲響，另外一些人則說他們看到了能量層，在這些能量層中，似乎有不同的活動正在進行著。

在紐頓博士的書中提到，有個男人說在他走出隧道的那一刻，看到了一個由水晶建造的巨大冰宮，一眼望去，似乎永無止境⓮。我們每個人看到的景象可能完全不同，但是規模總是十分宏偉壯麗，比如令人讚歎的城堡、塔樓，巨大藍色天幕的美麗彩虹，或者五彩繽紛的曠野。紐頓博士觀察到，這些場景經常和我們現實生命的心愛記憶有關，比如家、學校、花園、山或海灘，而這可能是為了讓我們能在到達靈性世界時感到熟悉與自在⓯。這個階段，是我們的死後旅程中唯一個如此多樣化的階段，在這個階段之後，每個人看到的東西會更趨於一致性。⑯

此外，我們不是在死後就會立即變得無所不知。我們可能會對剛剛發生的事情感到困惑、悲傷、疑慮和痛苦。這時，我們在死後世界的主要嚮導會過來找我們，耐心且專業地協助我們處理自己的情緒，陪伴我們度過最初的幾個階段。

階段三：回家

紐頓博士將死後旅程的第三個階段稱為：回家。在這個階段，我們會被更正式地迎入靈界，出現的不僅有嚮導，還有那些與我們關係密切的人。這些人通常會以發光能量團的形態出現，但是為了幫我們更快適應新環境，他們也能投射出我們之前熟悉的樣貌，這是因為「能量身」（energetic body）能即時地回應我們的意念。因此從理論上來看，一個靈魂在死後世界可以顯現無限多種形態，而先前在地球上的肉身僅是其中一種而已。

紐頓博士的另一個有趣發現是，我們也會在死後世界中看到目前仍活在地球上的人。紐頓博士在他的第二本書《靈魂的歸宿》（*Destiny of Souls*）詳細地解釋了這個現象。即使這些人的肉身仍然存活在地球上，他們仍然有一個能量身始終存在於死後的世界中。這一點，有別於多數人對於轉世的看法。紐頓博士的個案一次又一次地告訴他，任何時刻我們都只會將本質的一部分投射進我們在地球的肉身中，而剩下部分則會保留在死後世界，負責引導和看守我們在地球上的旅程。一般來說，進化程度較低的靈魂會將五〇%至七〇%能量投射到肉身中，而進化程度較高的靈魂則會投射不到二五%的能量。⑰

對於那些更成熟的靈魂來說，投射更少的能量是會讓他們在死後世界擁有更多的靈活性。有些企圖心更大的靈魂，會將自己分割投射到兩具或三具同時存在於地球上的肉身中，希望借此來加快他們的進化速度。紐頓博士發現，如果有些靈魂選擇這樣的進化之路時，他們的嚮導會警告他們不要輕易嘗試。因為這意味著會發生重疊現象，亦即一個靈魂能在其初始肉身仍然存活的情況下，又將部分能量投射到另一具新肉身之中。大部分的人都認為轉世是按照線性規律一步一步進行的，但上述的說法顯然挑戰了這些固有觀點。

我們還發現，倘若靈魂將自己百分之百的能量投射到單一肉身中，大腦將會完全受制於靈魂的力量，而這會讓「遺忘帷幕」沒有容身之處，《一的法則》認為這層帷幕對我們的靈魂進化不可或缺。如果缺乏這種靈性的失憶症，我們就不會有成長的機會，我們會在已經知道一切的情況下轉世到地球上。

在「回家」這個階段，我們會跟已故親友相聚而找到歸屬感[18]。但對那些犯下暴行的人（包括謀殺與自殺），可能就會孤獨經歷這個階段。這些無家可歸的靈魂會在嚮導的慈愛對待下，一起快速規畫和重新設定下一次轉世[19]。這跟我們一直被灌輸的信念（比如說這樣的人死後會受到嚴刑拷打）是截然不同的[20]。不過，他們確實會回顧並以相同方式去體驗對別人所造成的傷害。《一的法則》清楚揭示，自殺是非常糟糕的選擇，如果這樣做了，你將需要接受大量的療癒工作，並在後續的轉世重新學習相同的功課[21]。如果我們在前世犯下嚴重的暴力或不道德的行為，那麼在下一世中我們就需要選擇去經歷一些困難的生命境況，以期能清除我們的業力。

在《靈魂的旅程》一書中，紐頓博士有個當事人說他看到一名男子因為在最近一世中殘酷虐待了一個女孩，而導致無法與他的靈魂團隊重聚。他不得不在嚮導的陪伴下接受密集的個人課程，並很快選擇轉世為一個經常受虐的女人。[22]

在回家這個階段，我們所遇到的人通常不會和我們有進一步互動，除非是遠距離的溝通。直到進入下一階段，我們才會與我們的「靈魂團隊」重聚，這是一群和我們在靈性進化程度上相似的靈魂。此外，隨著我們進化程度更高，在回家這個階段，會跳過很多「前置作業」，很快地回歸到所屬的靈魂團隊。在這種情況下，會出現一種類似波浪的光帶引領著我們前進。

階段四：定位

一旦我們通過回家這個階段，將會經歷一連串有趣的體驗，而這些體驗將會幫我們重新定位並再次熟悉死後的世界。在這個階段，我們的嚮導會緊密陪伴著我們，而最重要的部分就是接受一種能量性療癒，幫我們清除在物質生活中所受到的創傷。紐頓博士覺得這很像是在醫院接受治療，他的當事人也經常會使用這些類似的語句來描述這個過程，他們經常說的是「一個療癒之處」，有時也會說一個房間、一張床鋪或一個停留之處。一旦我們進入到這個類似醫院的密室，就會體驗紐頓博士所說的「療癒之浴」（the shower of healing）：進入一個充滿光的房間，沐浴在一股流動的療癒能量之中，感覺就像光穿流過我們無形的身體。紐頓博士很多客戶都表示，這種感覺就像是在勞累一天後洗了一個神清氣爽的澡。

在這個階段，創傷記憶、恐懼和憂慮都會被一一清除，我們會有煥然一新的感覺。「定位」的後半階段則是跟我們的嚮導進行重要的諮詢，他會深入詢問我們如何度過自己的一生，是否實現了對自己的期望（也就是出生之前我們所選擇的目標）。我們的嚮導雖然口氣溫和，但是他會希望我們能夠坦誠以告，進行深刻的反思。他清楚我們的長處和弱點、我們的恐懼和執著，只要我們不放棄努力，他會願意和我們一起解決難題。在死後的世界中，靈魂之間心意相通，我們無法隱藏任何事情。

有些人在這個諮詢過程中會遇到更多困難，這跟每個靈魂的成熟度有關。由於我們還保留著一些先前的人格特性，會有需求和欲望，會感到尷尬、恐懼和沮喪，因此這個諮詢過程對我們來說顯然並不容易面對。另外，我們還會發現，我們的嚮導一直透過很多不同方式，試圖指引我們做出正面選擇，因此在諮詢過程中，我們必須坦承我們曾忽視過哪些訊息，或因為無知和恐懼而做出哪些負面行為。後面，我們還會在死後旅程的第五個階段參加一個更重要的會議，我們將和一個被稱為「大師議會」（Council of Masters）或「長老議會」（Council of Elders）的高度進化團體碰面。而對那些更進化的靈魂來說，他們不需要經過諮詢這個過程，可以直接前往最後選擇的目的地。

階段五：轉變

在接受療癒之光的沐浴及嚮導諮詢之後，就會進入紐頓博士所說的轉變階段。在這個階段，我們會見識到整個死後旅程最令人驚歎的景象。我們會來到一個像火車站或地鐵站一樣的地方，但規模更為宏大，有無數靈魂來來去去。在死後世界中沒有重力作用，因此，我們會看到一個由無數能量通道串連而成的巨大能量網絡，帶領著靈魂到達他們的目的地。人們通常都會對在這個階段看到的景象感到很興奮，他們會發現自己正在沿著某道光前行。我們通常都會知道一旦我們沿著這種能量通道走，就會和我們的親人朋友相聚。心念一起，透過心靈感應方式我們會跟他們取得聯繫。我們最熟悉和珍視的這些人在靈魂進化程度上都跟我們大同小

十九世紀法國著名版畫家古斯塔夫．多雷（Gustave Dore）的一幅蝕刻版畫，描繪的是但丁所說的天國景象。

異，我們會分享彼此的經驗並從中學習，而這往往是一個充滿樂趣的過程。

在這個階段，能量通道會自行轉彎，帶領我們一路前行。一些靈魂進化程度較高的客戶宣稱，有些被稱為「導航者」的高級存在一直在引導著我們前行㉓。在我們沿著這些能量通道前進的過程中，會看到其他人也在各自的目的地與親人朋友相聚。一旦我們到達並進入自己的目的地，所看到的景象通常會變得很尋常，跟現實世界的景象非常類似，比如我們熟悉的城鎮、學校、心愛的家和一些代表性建築物，這會讓我們感到更加自在及安心。接下來，我們會跟我們的靈魂團隊重聚，這些人和我們一次又一次地一起轉世，在我們的生活中扮演不同角色，包括父母、戀人、兄弟姐妹、老師、同事或者朋友。在我們的靈魂團隊中，那些目前仍以人類形態在地球生活的成員，看起來就像是處於一種半睡狀態，安靜地散發著暗淡的光。跟親友重聚敘舊之後，接下來就是跟大師或長老們碰面。

階段六：安置

在這個階段，我們會與我們熟悉的靈魂團隊再度重聚，一起進入一個類似學校的地方（通常會以地球上的建築形式顯現），很多西方人會選擇古希臘神廟來當作他們主要的學習地點。我們會和我們自己的靈魂團隊一起學習，這個靈魂團隊由三至二十五個靈魂組成，最典型的成員數目是十五個左右㉔。這個團隊通常被稱為「核心團隊」（Inner Circle），我們還會和一個規模更大的次級靈魂團隊進行某種程度的接觸。這個團隊的靈魂雖然不會總是跟我們一起轉世，但是仍然和我們存在著某種關係。紐頓博士說，這些次級靈魂團隊的成員數量不會少於一千個。這讓我們聯想到，在凱西的解讀資料中，曾經提到整個城鎮、國家或種族的人會一起轉世，並按照精確的歷史週期重複某些事件，直到我們最終學會所有功課為止。

在這個類似學校的地方，我們會學習一些課程，學習方式通常是坐下來閱讀一本「生命之書」。雖然它看起來就像是一本由皮革包裹、長相平常的書，但是一打開，卻以先進的全像投影技術展現，每一頁都代表著我們生命中的一個特定時期，用非常生動的方式回顧著我們的一生。在這個過程中，有時我們會被特別提醒進入別人的內心裡，親自體驗我們曾帶給他們的感受，尤其是當我們對這些人造成傷害時。

在這個階段中，也有一些娛樂時間，比如會讓不同進化程度的靈魂聚集在一起進行一些活動，我們可能會跟其他靈魂圍成一圈，讓思想及感受彼此交流。

另外，紐頓博士還發現，根據進化程度的高低，靈魂有七個不同的進化層級。紐頓博士最初發現這種現象，是因為他的催眠對象在進入靈界後，發現自己能量身的顏色和周圍的其他存在不一樣。第一層級（初級）是白色，第二層級（中低級）是紅黃色，第三層級（中級）是黃色，第四層級（中高級）是略帶藍色的暗黃色，第五層級（高級）是淡藍色，第六層級（資深級）是藍紫色，而第七層級（最高級）則是紫色（這個層級非常罕見）。紐頓博士的一個當事人將第六層級的存在稱為「智者」，而將第七層級的存在稱為「長老」，這類存在很少見到，極其神祕。我們知道，在《一的法則》中也有關於七種不同密度對應七種不同顏色的說法。紐頓博士統計後，發現有四二％的客戶處於第一層級，三一％處於第二層級，一七％處於第三層級，九％處於第四層級，而僅僅只有一％處於第五層級。㉕

紐頓博士的客戶中，沒有一個能進化到第六層級。他發現那些第五層級的靈魂轉世後，通常會從事助人的行業，或者以某種方式來幫助消除社會的不公不義，他們通常帶有仁慈、從容及穩重的特質㉖。紐頓博士沒有接觸過第六層級的客戶，可能是因為那些靈魂已進化到這個層級的人不須尋求催眠療法。在《一的法則》中，高層級的靈魂偶爾會投生到物質世界，他們被稱為「漫遊者」（Wanderer），其任務是幫我們記起我們的真實本質。

問題：你曾提到漫遊者。他們是誰？來自何方？

回答：第五或第六密度的靈魂團體對自身的渴望已有完整的認知，他們可能會渴望去服務其他存在，向任何請求援助的存在伸出援手。你們可以稱這些實體是「消除哀傷的兄弟姐妹」，他們會前往任何發出呼救的地方。這些實體來自無限造化的各個層面，因為服務其他存在的渴望而結合在一起。

問題：他們目前有多少人降生在地球？

回答：由於地球迫切需要提升其振動，因此這些（實體）大量投生到地球。目前數量接近六千五百萬。

問題：這些漫遊者是否大都來自第四密度？

回答：少數屬於第四密度，絕大部分屬於第六密度。漫遊者的心智純真，有時可能會忘記自己的任務，與業力發生牽扯，雖然他原本降生的目的是要幫助改善這種混亂狀況。

問題：這些實體會在什麼情況下捲進業力？

回答：如果某個實體在有意識下對其他實體做出缺乏愛心的行為，就會捲入到業力之中。

問題：漫遊者是否會在第三密度的地球上產生肉體上的病痛？

回答：由於第三密度的振動頻率有很大的不同，漫遊者通常會出現某種形式的障礙、難關或有嚴重的疏離感。由於人格上的混亂，他們會企圖對抗地球振動的不良反應，在他們要把振動頻率調整到跟地球一樣的過程中會出現身體病痛，比如你們所說的過敏。㉗

在安置階段，當靈魂進化到中級或高級狀態時，就能離開基地前往遙遠的星球旅行。在《靈魂的旅程》一書中，有一些關於「受造與非受造世界」（the World of Creation and Non-Creation）的精彩討論㉘。一旦靈魂進化到第四層級，就會開始探訪類似這樣的三維世界。根據紐頓博士所有客戶的靈魂層級比率來估算，當前地球上十個人中有一個人會在兩世生命之間進行這樣的活動。紐頓的一位客戶將這些星球稱為「地球二」（Earth II.），「地球二」比我們的地球更大也更冷，陸地多、海洋少。類似這樣的星球被設定為「度假區」，但是這樣的旅程其實有一個更有意義的目標：我們會學習如何成為生命的共同創造者。在《靈魂的旅程》一書中，有個當事人是在一家專為流浪者提供食物的慈善組織工作，他說自己在這些星球上只用了一些基本元素就創造出東西，比如混合泥土、水、空氣和火來創造石頭。不過紐頓博士也在研究中發現，雖然第四層級的靈魂已經開始探索造物的過程，但是靈魂在進化到第五層級之前，無法真正創造出生命體。

根據紐頓博士的個案記載，靈魂能夠探訪遍布銀河系的星球（但《一的法則》不同意這種說法）。許多靈魂會對一些特定星球產生偏好，經常在兩世生命之間的過渡期回到這些星球㉙。絕大部分的人在回溯催眠時，其實無法清楚地記起自己在其他世界的生命歷程，只有極為罕見的一些人和靈魂層級較高的人才能探知到這些資訊。據紐頓博士推測，我們的嚮導可能在我們的意識中設置了屏障，阻止我們記起那些我們目前可能無法正確應對的資訊。

一個靈魂層級為中級的當事人描述，他曾經想轉世到地球以外的地方，後來被送往一個類人世界。那裡的人矮小結實，臉色是灰白色，臉部構造讓他們無法微笑。他們的思維發達，性格憂鬱沉靜。結果他因為無法適應那裡的環境，決定在那裡度過一世後再次重返地球。

紐頓博士的客戶還提到「自然星門」（Natural stargate），或者說時空門（time door）。這些自然存在的通道遍布整個宇宙，我們能夠借助這些通道在時空中旅行。在靈性世界中，過去、現在和未來都是一個統一的連續體②。幾年時間可能過得和幾秒一樣快，你能夠像快轉看一部視頻一樣，觀察發生在這段時間中的事件。在靈界中，時空旅行就像我們在現實世界中從一個地方到另外一個地方一樣容易。在《源場》一書中，我曾經列舉了一些科學證據，這些證據表明，在我們的現實世界之外，還存在著一個具有三維時間的平行實相。

紐頓博士總結道，時間被創造出來是為了提供我們一個機會，讓我們的靈魂可以用特定的速度去體驗進化過程。如果能同時探知過去、現在和未來，這個世界就不存在著任何神祕感，也不再具有挑戰性，顯然這無法幫助我們的靈性成長。但是，對我們來說，在靈界中能夠以「俯視」的視角來感知我們所處的更大實相是十分重要的，因為我們可以發現，從一世生命到另一世生命，我們老是在什麼地方原地打轉、重複學習同樣的課程，並據此設計出能夠幫我們克服這些困難的後世課程。

紐頓博士的研究發現，跟《一的法則》還有一處有趣的關聯，那就是關於「靈性物質」（spiritual substance）的討論。根據《一的法則》，衡量存在的不同層次，標準不是「維度」，而是能量密度的差異。就死後世界的生理感受來講，這些密度就像是不同程度的稠密度。而紐頓博士的客戶也描述了相同的現象——觀察到不同形態的靈性物質，它們或輕或重、或密或稀、或大或小。

在安置階段，靈魂還可以隨意將自己投射到不同的生命形態之中，把這當成一種娛樂活動。比如，投射成石頭可以感受到稠密感，樹木可以提供寧靜感，水提供流動感，蝴蝶能感受美麗與自由，鯨魚能感受力量和龐大㉚。享受完安置階段的歡樂活動後，就必須嚴肅起來開始規畫下一次的轉世。根據紐頓博士的經驗，靈魂至少要達到第五層級才有可能停止轉世到物質身體。

階段七：選擇人生

離開靈界通常會令人覺得難受，我們非常清楚這意味著我們將要離開一個充滿愛、和平、智慧及快樂的世界，返回到一個往往充斥著痛苦、煎熬、背叛和沮喪的世界。有些靈魂會抗拒離開，希望不用再回到物質世界——但他們終究無法如願。如果原本所生活的那個世界已經無法再支持人類這種生命形態的進化，那麼有些靈魂就會被轉送到其他世界㉛。根據《一的法則》所說，一旦地球完全進入第四密度——大約在二〇一一年後的一百至七百年間，任何仍然需要第三密度生活經驗來促進進化的靈魂，將會被送到一個不同的全新世界。

紐頓博士個案編號二十四的當事人說，下一世他不會再回到地球，未來地球人口將會變少，因為有些人會轉世到其他星球上㉜。另外，非常有趣的一點是，紐頓博士發現客戶的靈魂顏色涵蓋了彩虹光譜的所有顏色，除了綠色——這種顏色幾乎從未出現過。根據《一的法則》所說，地球需要完成量子式的躍遷，才能進入到綠光層級，這樣它的居民才能夠「被啟動」（activated）——也就是說他們的靈魂能夠完全轉變進入綠光密度。此外，那些來自藍光和靛藍光密度的高級存在，則會以漫遊者身分投生到地球，其目的通常是幫助這個星球，同時也大幅加速自己的進化。

紐頓博士針對兩次轉世的間隔時間進行研究，其結果和我們在凱西解讀資料所發現的遙相呼應。紐頓博士發現，在新石器時代，靈魂兩次轉世到地球的間隔長達數百甚至數千年。當農業和畜牧業發展起來後，轉世間隔開始縮短，但是也可能長達五百年。他還發現，在西元一〇〇〇至一五〇〇年之間，他的客戶平均每隔兩百年轉世到地球一次，而在西元一七〇〇年之後，轉世間隔變為一百年。而進入二十世紀之後，靈魂在一個世紀中轉世多於一次已是常見的現象。

在「選擇人生」這個階段，主要任務是到達一個被紐頓博士客戶稱為「命運之輪」（Ring of Destiny）的地方，這個地方看起來像一個光亮的球體。到了這個階段之後，我們會帶著無比的信心和期盼展望下一世的生命經歷，並對可能得到靈性成長的機會而雀躍不已。

進入命運之輪的球體，感覺就像走進一個極具未來感的高級駕駛艙。不同銀幕在周圍漂浮著，向我們展示下一世可以選擇的不同人生。另外，我們也會拿到一個操控面板，讓我們查看不同的螢幕，包括快轉、播放或重播那些將會發生在這些不同人生的事件。這些螢幕會在這個光球內四處流動，當我們選擇其中一個螢幕時，它就會流向我們，而附近的其他螢幕則會移開。另外，我們也能將自己投射進螢幕所顯示的這些場景中去親身體驗一下。

我們所能選擇的每個人生版本都有不同故事，有些非常具有挑戰性（或者說非常艱難）。比如說，身上帶有一些嚴重的傷病，目的在幫助我們靈魂成長和進化。雖然透過螢幕，我們能看到不同的人生，但卻不被允許去看到每個選擇可能會產生的結果。而這背後有一個非常正面的理由：一旦我們知道將會發生的事和結果，那麼自由意志將不復存在，我們也不會從這些人生經歷中學到真正的一課。在命運之輪中，通常會有四個不同的人生版本供你選擇㉝，在這個階段，嚮導不會出現為我們提供任何建議，我們需要獨自經歷並完成這整個過程。

有些個案，會自願選擇很快結束的人生，比如因暴力事件而死亡，或者遭受一些突然的致命疾病。紐頓博士就有個客戶，選擇轉世為一個在七歲時就夭折的美洲印第安男孩，在這個案例中，一個遭受虐待和飢餓之苦的短命孩子，讓他快速學會了謙遜的課程，而這也讓這個靈魂快速消除了大量的業債㉞。另外一名客戶和她靈魂團隊的三個夥伴，則一度選擇轉世為被囚禁在達豪

（Dachau）③集中營的囚犯，這為他們提供了一個去安撫那些受苦孩童及幫助他們生存下來的機會。她非常勇敢地完成了自己的使命，也為自己創造了大量的正面福報㉟。我們要記住的是，靈魂不會隨便選擇像這樣的使命，他們只有在感覺自己已經強大到能夠應付時，才會做出這樣的選擇。當然，我們知道，計畫往往趕不上變化，但是這些靈魂仍然會懷著最高及最好的願景選擇接受這些挑戰。

階段八：選擇新身體

紐頓博士不認為「選擇新身體」是一個分離階段，因為這個過程同樣也發生在命運之輪中——選擇人生。在這個階段，我們仍然置身在類似駕駛艙的命運之輪裡，看著那些漂浮的螢幕為我們展示可供投生的多具不同身體。我們能夠看到這些身體的樣貌、健康狀態，以及它們如何思考。我們看到的每具肉身都是為我們精心挑選過的，不管它看起來如何。我們會花大量時間和心力檢查每一具肉身的細節，在這個過程中，不會存在倉促選擇這回事。通常來說，這並非我們第一次考慮自己要選擇哪一具肉身，在之前的階段中，我們一般都已經跟嚮導及我們靈魂團隊的成員討論過了。

紐頓博士發現，我們這一生所經歷的大部分重大病痛，都是在這個階段定案的，也就是說早在我們出生之前就已經選擇好的。當我們選擇一具肉身時，通常會知道在整個人生歷程中這具肉身會遭遇到什麼事。同樣的，我們也會被阻止去看到這些事件將會如何影響及形塑我們的人格。每一具肉體都會遭遇一定的磨難，如果我們的上一世選擇的是相對輕鬆且沒有太多壓力的人生，接下來的一世很可能就會選擇能為我們提供更多挑戰的肉身和人生。紐頓博士的研究還發現，遭遇各種生理困頓的肉身，最後往往會加速靈性的進化。㊱

《靈魂的旅程》編號二十六的個案，精彩地展示了同一個靈魂在兩世生命中所選擇的肉身能有多大差異。這個案例的主角是一個體型高大、健美、勻稱的女子，但長期有腿部疼痛的毛病，但醫生找不出病因。為了緩解疼痛，她試過很多方法，包括催眠療法。紐頓博士認為，或許癥結出現在前世。在進行回溯催眠時，當事人回到了命運之輪中。這時，她面前有兩個選擇，一個是長期受制於嚴酷控制體系的羅馬士兵，另外一個是擁有自由生活的維京人。她選擇了後者，於是在西元八百年前後的這一世，她成為一個野蠻且強壯的維京男子，名字叫萊思。她的靈魂很享受這一世孔武有力的身體，以及喝酒、打鬥、掠奪和性等追求物質的生活。萊思沒有生過病，也從來不覺得痛。他唯一的遺憾是，自己總是欲求不足，不管是喝酒、打鬥、掠奪和性生活都一樣。但在這個時代，幾乎所有人都有相似的行為和人生態度，因此萊思的侵略性行為（或說負面行為）並不特別突兀。他背負的沉重業力，其實是因為侵犯了他人的自由意志，而且很可能需要好幾世才能清除他在這一世所創造的業障。這個例子說明了，年輕的靈魂在不瞭解業力法則下，如果想要選擇有可能傷害他人的人生時，他們的嚮導也不會禁止他們這樣做。

紐頓博士讓女子去探索她長期腿痛的原因，她立即進入到她最近一世的生命經歷。這時，她看到自己是一個名叫艾希莉的六歲女孩，生活在一八七一年的新英格蘭，這是她轉世為萊思之後的一千多年。當時，艾希莉正坐在一輛載有重物的馬車上，不小心摔下來時，車輪輾過她的膝蓋並壓碎了骨頭。艾希莉的腿從未獲得正確治療，終其一生只能撐拐杖走路。她的腿經常腫脹，最後逝於一九二二年。今生的她是個作家，也是弱勢兒童的輔導員，在靈魂層面已積累了大量福報。

在艾希莉的那一世，她大部分時間都待在床上，學習閱讀、寫作和溝通能力。在催眠狀態下，她看到了自己直接參與了安排那件交通事故發生的時間與地點。儘管她可以選擇不用經歷這樣的意外，但是她知道這是她能做的最好選擇。因為這次意外會限制她的行走能力，而這可以讓她有長期的獨處時間去發展心靈層面的能力[37]。紐頓博士在催眠狀態下幫她進行減敏訓練，清除了她對於腿痛的潛意識記憶。後來，她告訴紐頓博士，她的腿痛消失了，現在還經常打網球呢。

階段九：準備與啟航

在準備與啟航這個階段，我們會離開命運之輪，和那些在來世中與我們有關的重要角色一起密集開會，這些人通常是我們靈魂團隊的成員。死後旅程的這個階段，我們會精心規畫來世將要經歷的很多共時性事件，以確保我們會在特定時間採取特定行動，而嚮導也會在一旁幫忙。比如說，如果我們選擇要跟某個人建立情侶關係，可能就會先規畫兩人第一次見面時會出現的指示標誌，可能是一個特別的地方，或一件特別飾物，或剛好聽到特別的音樂等等。在這個階段，我們會竭盡全力記住所有線索，希望當那個時刻到來時我們能立即辨識出來。然而，等我們真正投生後，往往不記得這些事件背後的精心計畫，但藉由指示標誌，可以觸發一些記憶讓我們做出決定。

編號二十八的個案是一名男性客戶，他描述了自己出生前的一條協議：在孩童時期，他會遇到一個女人，這個女人的脖子上會戴著一條閃亮的銀吊墜，陽光會把這條吊墜照得閃閃發光。而在他投生後，這個女人每天都會經過他家門前的街道，她總是戴著一條銀色吊墜，當他第一次見到這個女人時，陽光照在她的銀色吊墜上——就像他在死後世界中所計畫的一樣，而這個事件也觸發了他的某種記憶，讓他立即被這個女人吸引，並從她身上學會了非常有價值的一課——尊重他人。[38]

在這個階段，我們很可能會擔心，投生後會無法及時識別出我們靈魂用來和我們溝通的共時性事件和直覺。在這種情況下，我們可能會設置多種不同的記憶觸發元素，而這些元素將會以共時性形式出現在我們的生活中，透過這種方式，我們更有可能做出與生前計畫一致的決定。編號二十八的個案，為了辨認出生前跟他協定成為夫妻的女人，所以預設了多個觸發物。在準備與啟航的這個階段，他們兩人都同意透過這些觸發物來找到彼此。這些觸發物包括：她的笑聲讓他想起了一種小鈴鐺，他第一次與她跳舞時聞到她身上有種熟悉的香水味，還有她的眼睛給他的感覺。而她所選擇的觸發物則是他的大耳朵、兩人第一次跳舞時他會踩到她的腳，以及和他擁抱時給她的特殊感覺。

在規畫好這些讓我們不會脫離正軌的共時性事件後，我們在進入接下來的重生階段之前，通常會再次和長老們見面。這次會面的目的，主要是提醒我們記住自己的人生目標，以及接下來的生命歷程中要堅守理想及價值觀。在《靈魂的旅程》一書中，紐頓博士的一位客戶形容了那些長老的外貌特徵：沒有頭髮、橢圓形臉、高顴骨、五官較小，很像有些目擊者所描述的某種外星人樣貌㊴。另外，我們可能會從這些長老身上接收到一種特殊的能量，這種能量通常會在我們身上顯現為一股充滿愛的正面力量。

階段十：重生

死後旅程的最後一個階段就是重生。跟長老們見面後，在轉世之前，有些靈魂會變得安靜內斂，有些靈魂則會和朋友輕鬆地開玩笑。終於要出發時，會有一種向下降的感覺，接著會穿過一片發光的能量地帶。另外，我們也可能看到另一條黑暗隧道，只是這一次我們是透過它重返地球，而不是離開地球。一離開隧道，我們會發現自己已經是母親子宮裡的胎兒了。

在大約五歲前，我們仍然具有足夠的靈活性，可以暫時抽離身體，和我們的（靈魂）朋友重返我們在前世待過的地方。在這個幼兒期，一遇到危險或感受到壓力時，我們可以憑本能立即處理好問題㊵。另外，我們也可以成為家庭氣氛的潤滑劑，比如，父母爭吵時，我們會做出一些可愛動作或哈哈笑，幫助他們回到正面的思想狀態。只要有需要，隱藏在體內的靈魂可以讓幼兒開心大笑。

靈魂進化過程就是一趟英雄之旅

已有廣泛的科學證據顯示，宇宙是一個活生生的存在。DNA和生物體似乎被編寫進量子物理的法則之中，並以一種「突發現象」（emergent phenomenon）在任何可能的地方以任何可能的方式顯現。同時，無論我們是否意識到，恆星和行星一直都在左右著我們的意識。我們清醒時的人格是身體和靈魂相互融合的結果，而我們會透過不斷的轉世來精通相同的功課。我們會盡可能地確保自己在每一世的生命中，都能看到我們大部分的（靈魂）朋友。另外，我們也會轉世到更大的群體之中，這些群體可能有成千上萬的成員，我們很可能會因為相同的業緣而與他們緊密連結。我們需要經歷人生的起落、高低潮、勝利與災難，並與這些次級靈魂團隊一直重複相同經歷，直到我們一起做出更有愛心、更加正面的選擇。我們的經歷會被編碼在精確的時間週期裡，而這是我們第三部將要探討的重點。

我們都聽過這樣的說法：「歷史總是驚人相似。」一直到接觸這些不可思議的資料並親自進行深入調查研究後，我才瞭解到我們的經歷具有多麼顯著的結構化特性。那些全球性事件看似偶發現象、隨機發生，但其實有一個隱祕的靈性藍圖一直在暗中指引著我們在每世生命的所有經歷，這個進化模式就稱為「英雄之旅」。在《一的法則》中，這些經歷被稱作「原型心智」（the archetypical mind），用以表示銀河系的人格。看看《一的法則》如何描述這種銀河心智：

原型心智是偉大宇宙心智的一部分……可以被視為心智根源的其中一支，雖非最深，但就某方面來說卻是最具啟發性的……每一個邏各斯（銀河系）都渴望藉由造物者去創造一種更動人的經驗表達。設計原型心智的意圖是用模式來凸顯造物者的能力，讓造物者如孔雀開屏般，各個切面都燦爛鮮活、挺直，閃耀著靈動之美。㊶

譯注：

①死後世界的空間位置不像現實世界一樣固定，因此稱為相對位置。

②指過去、現在和未來都存在於當下，合為一體，不可分割。

③第一個納粹集中營，位於德國小鎮達豪，建於一九三三年三月，一九四五年四月獲得解放。

09 出發吧！發現自我之旅

全世界幾乎所有的神話都在講述同一個故事——英雄發現自我的旅程。事實上，只要循著終極靈性進化藍圖前進，我們每個人都可能成為英雄。

很多人認為地球生命只是隨機產生的結果，但事實絕非如此。共時性不僅發生在我們日常生活中，幫我們覺知到真實本質，還發生在更大的層面，比如歷史週期。如果紐頓博士的研究發現是正確的，那就意味著我們生命中的許多經歷一直受到靈界力量的影響和協調，而一些歷史事件會以精確的時間週期重複循環，這種現象可能就是證據。這些資訊將成為一種強大的工具，幫我們（尤其是那些急切要求具體證據的人）覺知到我們身處其中的這個更偉大的實相。這些循環週期可能長達數百年甚至數千年，其精確性和有效性往往讓人深感不可思議。

在這個新科學中，一切存在都是活的，包括行星、恆星和星系。從量子到星系，宇宙的每個層面都有一種隱祕的能量結構，並且被一種類似心跳的律動所驅動著，而這種宇宙律動會直接影響我們的自由意志。根據《一的法則》所說，你物質身體的心跳，就是環繞著我們的那個更大實相的一種全息鏡像。當我們所在的星球穿過不同的能量帶時，我們每個人都會受到程度不同的影響。我們（甚至包括那些最負面的人）的思想和行為，一直都受到這個隱祕的時間架構所引導。從這一點來看，共時性已足以成為一門科學，超越個人及主觀的領域，進入到整個世界性領域中，並能得到證實。

為了理解這些歷史週期，我們首先必須知道，它們一直在向我們講述一個故事，而這個故事通常就被稱為「生命之書」。就像我們在本書開頭所講的，每一個靈魂都一直在經歷快樂和痛苦的往復循環，業力之輪的運作規律絕非隨機。從一世到另一世，我們一次又一次地重複相同或相似的經歷，直至我們精通了這個故事為止。這個故事被寫入到世界上所有最偉大的神話之中，也出現在歷史事件的週期之中。在遭遇痛苦的個人經歷之後，我最終發現了這個故事幾乎是所有電影和電視劇的創作根源。一旦我們理解了這個全球性業力之輪的結構和運作規律，我們可能就會意識到，這種知識能夠為我們帶來一次徹底的靈性覺悟，為人類開啟一個黃金時代。

生命教給我的功課

二〇〇五年，我在洛杉磯一個名為「意識生命展覽會」（Conscious Life Expo）上發表了我人生的首次演講。不久後，一名好萊塢的製片人找到了我，他曾經與不少知名演員合作，包括畢雷諾斯（Burt Reynolds）、桃莉芭頓（Dolly Parton）和席維斯史特龍（Sylvester Stallone）等。他告訴我，如果根據我的這些研究主題（包括DNA源自一種量子能量波的概念）製作一部紀錄片，很可能會帶給許多人非常大的幫助，也可能具有票房潛力。老實說，我從沒想過將自己的這些研究工作拍成電影。

那時，我還住在肯塔基州密爾頓（Milton）的一棟三房小屋子裡，而一里半之外就是「光與愛研究中心」（L/L Research）的工作地點——《一的法則》套書就是在這裡誕生的。這個研究中心的志願者常借住在我那裡。

密爾頓是個安靜的小鎮，發生在我住家附近的最大條事件是，鄰居的狗吠得太厲害，還有他們養的牛會跑到我家這邊來。可以說，我那時完全是半隱居狀態，也非常享受這種獨處的生活狀態。我唯一來往的是郵局或雜貨店的人、研究中心的志願者，以及一些打電話給我要我幫他們解夢的客戶——我當時唯一的收入來源。我發現，我除了能夠為這些人提供一種艾德格・凱西式的直覺解讀之外，有時還會在為他們提供解讀的當天夜裡，在夢中親身體驗他們那些最深層、最黑暗的人生經歷，就像是這些事發生在我身上一樣。

一九九八年至二〇〇五年期間，我總共做了五百多次類似的解讀，而客戶的滿意度達到九九％。然而，因為沒有夥伴在我進行解讀時幫我，時日一久難免會覺得力不從心。客戶的預約表排了一大串，偶爾還有一些客戶的夢境太強烈，讓我開始覺得自己的個人身分已變得有些模糊不清，無法分辨這些令人痛苦的夢境是在警告我，或只是一種單純的個案反應。後來，我知道自己必須放棄這樣的工作，將精力擺在能幫更多人的事情上，而拍攝這部紀錄片就是關鍵。

在這個類似修道院的鄉村環境，我徹底研究了這些年來從很多不同網站收集而來的資料，以及日記中的大量摘錄。如果將所有這些資料列印並疊放起來，可能有近三公尺的高度。我幾乎每天研究長達十四個小時以上，終於在二〇〇五年九月初把所有關於宇宙的研究成果統合起來，而這些資料就是這部紀錄片的創作來源。

同年九月，我們和一個在洛杉磯一所大學教授電影理論的女導演合作，而她覺得拍一部有故事性的影片會比紀錄片的效果更好，當然，那時的我對劇本創作一無所知。因此，在合作開始後的前十五個月，我幾乎都在忙著看大量與劇本創作有關的書籍。我們也籌到了足夠的資金，能讓我在接下來的一年內不用工作，專心寫電影劇本。為了聯繫方便，二〇〇六年一月我搬到了洛杉磯的公寓居住。整整一年，我全心投入，希望自己能寫出一部自認為優秀的好劇本。我們也找了一些劇本顧問，把自創的劇本拿給他們過目，結果這些劇本總是被他們公開嘲諷。雖然在電影行業中這是家常便飯，但是這些冷酷的嘲諷還是讓我感到震驚與挫折。經過兩輪的劇本改寫之後，女導演就與我們分道揚鑣了，於是我們不得不從頭再來。對我來說，這種一再重複的痛苦經歷是非常珍貴的歷練，因為我意識到自己一直過於認同自己的作品，以至於把別人對這些作品的批評都當成是殘酷的人身攻擊。那時，需要盡快完成劇本的壓力也讓我幾乎透不過氣來。

那段期間，我每天幾乎都會接到同樣的電話：「你在做什麼？現在寫多少頁了？」創作壓力讓我更為焦慮，甚至感到恐懼和絕望。我必須確保每天接到電話時，能夠向投資方有所交代，我瞭解業力的運作規則，所以不想撒謊。我很孤獨無助，似乎我的個人價值就完全取決於能否寫出一部好劇本。而我總覺得自己似乎徹底辜負了投資人，而這種想法也給我帶來了極大的恥辱感。持續了幾個月的壓力和疲憊感，我終於完成了一部新劇本，但結果只是聽到相同的回覆：看起來很糟糕、可笑和幼稚；這次寫得是有點差，但還不算太糟……

萬事開頭難，創作一部劇本更難。即使有高智商和長期寫作的背景，我也無法創作出一部能符合別人期望的好劇本。而對於別人是否會喜歡這部作品，我似乎完全沒有把握。有好幾次，我都必須從頭再來過：新的角色、新的想法和新的共同創作者。

在生活中尋找啟示

二〇〇七年年初，我從嘈雜且污染嚴重的聖莫尼卡（Santa Monica）海灘搬到了悠閒而安靜的托潘加（Topanga）山區。一些共時性事件及夢境得到的訊息，一直在暗示著我搬到這個新地點，我至今仍住在這裡。在我搬家前，發生的一些共時性事件及夢境，都不斷在提醒我，要我把一九九九年至今的所有夢境錄音和出體解讀錄音抄寫下來。這些年來我一直很忙，沒有時間去抄錄早期的錄音帶，而當時我也沒有錢去請別人來代勞，於是我只能靠自己了。

在抄寫過程中，我驚訝地發現，很久以前我做的夢和一些解讀資料，跟我當下的經歷有非常精確的關聯性。有些夢明確地指出我會搬到洛杉磯，參與一部電影的創作。這些夢非常清楚地描述我在日後遇到的一些人，其中很多細節都讓我感到不可思議。同時，這些夢也描述了我將會遇到創作劇本失敗所帶來的痛苦。八年前我甚至還夢到冰箱上有一顆番薯長出了長長的芽，而在不久前我真的在公寓裡看到一模一樣的景象。

在繞了很多彎路之後，我才意識到有一股神祕的力量一直在冥冥中指引著我。我曾經非常確信自己想住在聖莫尼卡海邊，但是，每次我覺得事情進展順利時總會有意外發生。比如，只要我看上某個滿意的住處，房地產經紀人總是在我上門前就把房子租了出去，或是管路電線出了問題而無法承租等等。

有一次，我看上了一間完美的房子，準備打電話進行確認時，一隻小鳥就飛過來撞上窗戶，瞬間折斷了脖子。這讓我很沮喪，開始咒罵宇宙：我需要找到一個好住處，現在已經沒有太多時間了。一想到我可能需要在這個糟糕的地方再住上一年，我就快抓狂了。

最後，我意識到這可能是一些共時性事件，意圖阻礙我的計畫。於是，我開始在《一的法則》中尋找相關啟示，想起那個傳訊源頭曾經指出，如果要進行一些靈性工作，森林環境或者樹多的地方是最好的去處❶。那時，我一個朋友剛好告訴我，可以透過Google Earth以三維形式放大瀏覽地表的任何一個地方，我很快就將焦點對準洛杉磯，尋找其中樹木最多的地區，而看上了樹木最密集的托潘加。雖然當時我有些不情願，但是我知道這應該是正確的選擇。

在我住在維吉尼亞海灘的那段期間（從二〇〇〇年初到二〇〇二年末），我的前女友經常說我們需要搬到洛杉磯，她還特別提到了托潘加峽谷。不過在那三年中我一次又一次地告訴她：「別想了！我絕不會搬去洛杉磯，也絕不會住在托潘加峽谷！」現在看來，托潘加恰恰就是我需要去的地方。

我開始在托潘加尋找住處，不久就有了眉目。我原本想找一個能付得起的私密住處，但後來也決定去看一間公寓的單人房。就在參觀單人房的前一天晚上，我又打消了主意，我筋疲力盡地躺在床上，一想到可能又要住在底層樓房就感到心煩氣躁。先前住在底層公寓一年經驗很不好受，除了要忍受吵死人的音樂聲、派對聲、孩子的喊叫聲、汽車的喇叭聲、狗叫聲，甚至還有陌生人在我窗戶邊窺視，還有樓上不停滲漏的洗碗水……我決定不要再住在底層樓房了。那天晚上入睡後，我卻在睡夢中把手撞在床頭板上，馬上把我痛醒過來。這是我人生中唯一一次碰到這樣的事。我的手指關節紅腫，皮膚也有一些擦傷，但我很快又睡著了。第二天早上，迷迷糊糊中我聽到了電話在響，馬上從床上爬起來接電話，結果發現，原來我是在做夢。

這時，我已經完全清醒了，心怦怦直跳。我很不情願地咕噥：「算了，就去看看托潘加的那個底樓房子吧。」開車途中，我一直想著：「不行，我要把這個房子排除掉。」由於路程比我預想的要遠很多，我開始不停埋怨地方太過偏僻，等我開到了房子前面的私家車道時，有一輛黑色的ＳＵＶ正要開走。那是房產經紀人的車子，因為我遲到太久，他就先離開了。後來我跟房東談得很愉快，而且看到房子後我十分驚訝，先前的抱怨和擔憂完全被我拋諸腦後。我心想：「天哪，無論如何我一定要住在這裡！」在聖莫尼卡時，因為停車問題，我收到了人生中最多的罰單。而讓我欣喜的是，這間房子前面的私家車道能夠輕鬆停上二十五輛車子。我簡直馬上就愛上這間房子了。

搬進新家後，我感到一切都很棒。我在這間景觀極好且漂亮的房子租了一間單人房，我的室友每隔兩三週就會出去旅行。我深深覺得這裡比密爾頓市更棒，住在全世界的娛樂之都，我有更好的機會讓更多人瞭解我的研究工作。我開始更頻繁地更新網站，告訴大家電影的進度。在搬過來幾天內，我就創作了一首名為〈旅程〉（The Journey）的新歌，描述我們都會經歷快樂與不幸的循環。同時，我繼續抄錄過去八年來的夢境和解讀錄音，發現到其中有很多關於這個房子的具體細節——包括那條傾斜的私家車道、山區景色、翱翔的老鷹，還有我現在接觸的一些人的個性。這些具體的資訊都出現在這些錄音帶中，而我「剛好」在過去幾年忘了抄寫這些錄音帶。我本質的某個部分好像查地圖一樣可以看清我未來的經歷，而對於接下來的旅程，我感到非常好奇。

架構：娛樂界最大的祕密

這時，我們雇了洛杉磯一家頂尖電影學院的首席教授出任我們的劇本顧問，讓他在每週一次的會面中跟我們一起創作劇本。我很快就發現，他最喜歡的電影類型似乎是諜戰片及驚悚片，這種類型的電影通常會有出乎意料的結局，通常只有那些洞察力敏銳的觀眾才能猜到故事會如何發展。他後來跟我們講起「架構」（structure），顯然這是所有電影劇本最基本的創作原理。最初，我完全不知道他們在講什麼，有些電影行業的術語我聽都沒聽過。儘管如此，我很快就發現在電影劇本創作的背後有些科學規律和原理可循。

娛樂行業尤其是電影行業，一直在精心守護著一個祕密。雖然看了這麼多年電影，但我從來沒有發現電影劇本其實非常公式化。媒體顯然不會討論這種存在於電影、電視劇、雜誌或報紙文章中的結構，因為這會洩露這個娛樂王國的祕密。由於我之前的劇本遭受無情批評，於是我下定決心要在每週一次的會面中獲得尊重。我開始埋頭苦讀能找到的所有編劇類書，做了大量筆記。最後，我一共讀了十三本作品，並掌握了書中的內容，而每一本書都讓我對一個相同的根本性概念有了更新的理解。

到了二〇〇七年底，我終於弄懂了好萊塢的行話，隔年，我上傳了一部名為《二〇一二之謎》的演講視頻，是我在「意識生命展覽會」的演講，而這個研討會的舉辦酒店正好是我首次被邀請參與電影創作的地方。我完全不知道這部視頻會在二〇〇九年十二月被電影《接觸未來》（*Contact*）的編劇吉姆・哈特（Jim Hart）看到。《二〇一二之謎》後來也成為Google上點閱率最多的視頻，這也得益於電影《二〇一二》在全球的熱播。吉姆・哈特曾與史蒂芬・史匹柏（Steven Spielberg）、柯波拉（Francis Ford Coppola）等一線導演共事過，而在我之前創作電影劇本的過程中，一直把《接觸未來》當作參考典範。當吉姆發信問我是否想雇他當《收斂》這部影片的編劇時，我驚訝得目瞪口呆。不久後，我又籌到了新資金，就在二〇一二年初請他加入我們的創作團隊。於是，我們又從頭開始了。當我寫完這本書時，他正好完成了劇本的定稿，而他覺得這是他寫過的最好劇本之一。

開始學習編劇技巧時，我驚訝地發現，幾乎我們所看過且喜愛的每一部電影，無論是喜劇片、劇情片、驚悚片、恐怖片、科幻片、奇幻片或愛情片，都在講述一個完全相同的故事。這種說法似乎令人難以置信。不過，當你理解了這個故事實際上更像是指導原則而不是樣板時，你就會發現這絕非空穴來風。

好的電影中都有個尋求自我的主人翁，他會跟著內心深處熱切的渴望走，在追尋這個目標的過程中，一定會經歷非常艱苦的過程，即使是喜劇片也如此。雖然有些電影會脫離此一結構，但是所有好萊塢的製片高層都希望他們的電影中都能包含此一架構，他們甚至知道，某些故事元素大概應該出現在劇本的哪個階段。如果沒有按照這種規則行事，你的劇本很可能拿不到稿費。市面上能揭示此一架構與遠古神話之間關聯的作品，首推克里斯多夫・佛格勒（Christopher Vogler）的《作家之路》（*The Writer's Journey*）。❷

觀眾用電影票表達了他們對這個故事架構的認同。在創作劇本的過程中，你仍然能創新，但是，如果你希望電影能獲得觀眾青睞，就必須要讓你的創意遵循這些指導原則。一旦你理解了這個架構，就能輕易地看出賣座電影——詹姆斯・柯麥隆（James Cameron）的《阿凡達》（*Avatar*）——如何一步一步地演示這個架構。

當我理解了這個故事創作規律後，《阿凡達》的架構就變得如此明顯，以至於我完全能跳出電影來理解整個故事。經典熱門電影系列《星際大戰》和《駭客任務》三部曲，也嚴格遵循了佛格勒書中所提到的「架構」，迪士尼的《獅子王》也如此。很多人都可能注意到，《阿凡達》、《與狼共舞》與《風中奇緣》這三部電影的故事線非常相似，似乎都有相同的故事架構。但是，他們沒有意識到的是，這僅僅是無數例子中的幾個而已。

隱藏在所有神話中的原型

好萊塢是如何得知並採用這種故事架構的？所有故事都能被分為三大部分——開頭、中間和結局——這個基本結構最初是由亞里斯多德提出的。在傳統戲劇中，每個部分之間都有一次謝幕，讓觀眾有時間起身去上個洗手間，而演員也能暫時休息，後台工作人員也可以重新布景。然而，關於故事敘述的內在規律，直至一八五六年才被全面地揭示出來。當時，馬克思·穆勒（Max Müller）在發表於《牛津隨筆》（*Oxford Essays*）的一篇文章〈比較神話學〉（Comparative Mythology）中提到了古代史詩故事的相似性。另外一些研究者，在後來也探討了這個相同主題。

比較神話學的研究，在一九四九年有了重要成果。約瑟夫·坎伯（Joseph Campbell）在這一年出版了他的作品《千面英雄》（*The Hero with a Thousand Faces*），這是一部影響深遠的學術著作。在這部令人興奮的作品中，坎伯對世界各地所有不同歷史時期的神話進行全面分析，發現在這些神話中存在著不可思議的相似性。坎伯將他在這些神話中所發現的故事原型稱為「英雄之旅」。這個故事原型的主要內容是關於我們如何在每一天戰勝我們的恐懼、我們的弱點，並突破我們的局限。「英雄之旅」是關於我們進化旅程的一個藍圖，也是通往黃金時代的一條道路。那些寫出動人劇本的編劇，實際上都有意或無意地利用英雄之旅的故事架構。

坎伯大量吸收及引用了榮格的研究工作。榮格發現，那些不同的古代神話以某種持續不斷的主題重複出現在我們的夢中，他將這些主題稱為「原型」❸。這些原型往往非常具體，以至於我們能夠將夢中所見到主題清晰地勾勒出來，但是他們沒有意識到自己所畫的內容，竟與遠古的神話作品雷同。亞馬遜網站有個評論者總結了其中的要旨：「最重要的原型似乎是陰影（Shadow，我們對他人隱藏的那些低劣的自我部分）、阿尼瑪（Anima，男人心中陰性心理傾向的化身）／阿尼姆斯（Animus，女人內在潛意識的陽性化身），以及智慧老人或導師（Wise Old Man or Mentor）。另外，榮格還提到了一種母親原型及兒童原型。他指出，還存在著很多其他原型，而對任何一種原型的過度認同都會導致精神錯亂。」❹

這篇評論漏掉了另一個關鍵原型，即「回頭的浪子」（Prodigal Son）——一個離家的英雄人物，認為自己將會因為這種行為而惹上麻煩；最後他回家時，擔心會面對最糟糕的情況……

結果卻發現，他的家人一直都愛著他，敞開雙臂歡迎他回家。《一的法則》對原型這個主題進行了具體的探討，認為總共存在著二十二個原型——其中七個關於心智進化、七個關於身體進化、七個關於靈性進化，最後一個則象徵回頭的浪子，也被稱為「愚人」（Fool，剛剛走上探求之旅的英雄）❺。有二十二種象徵性圖像分別代表了這二十二個原型，而這些象徵性圖像也成為塔羅牌的「大阿爾克那」（Major Arcana）。隨著時間推移，我們銀河系的心智也更清楚地覺知到如何為我們設計出最佳的靈性進化藍圖，因此這些原型也會隨之不斷演變。

> 原型不是一次就發展定型的，而是逐步演變的，並且不會遵循我們所知道的這個時空結構的次序，而是其他不同次序。❻

名導喬治・盧卡斯（George Lucas）認為，約瑟夫・坎伯帶給他的啟示幫他鞏固了為《星際大戰》系列電影所虛構的世界。他說：「在發現《千面英雄》這本書後的三十年中，它一直吸引並啟發著我。約瑟夫・坎伯穿透了人類歷史的迷霧，向我們展示了我們所有人都因為一種基本需求而連結在一起。這種需求就是去聽故事並瞭解自己。這是一本讀起來無比精彩的書，而就啟迪人類狀態來說，它是一部啟示錄。」❼

喬治・盧卡斯說坎伯的書是一部啟迪人類存在狀態的啟示錄，這是什麼意思？在這裡，我們引用「懷疑論者的坦克」（Skeptic Tank）網站的創辦人弗雷德里克・賴斯（Fredric L. Rice）的文章來闡述。你可以在這個網站名為「無神論者二」（Atheist II）的子目錄中找到這篇文章。儘管身為一個忠誠的懷疑論者和無神論者，賴斯還是真誠地探討了坎伯作品的重要性，以及它對現代社會的影響。他對此發表了一些極坦率的評論，他相信《千面英雄》將會毫無爭議地被視為二十世紀最有影響力的著作。他也承認，坎伯的史詩級著作對電影製作和故事敘述都有深遠影響。

坎伯書中的觀點比金字塔還要古老，比巨石陣還要古老，比那些最早期的岩畫還要古老。坎伯的貢獻在於，他將這些觀點收集起來、識別出來、清晰表達出來，並為它們命名。在人類歷史上，他首次揭露了這個模式，每個被傳誦的故事背後都有這麼一個模式……在他研究全世界的神話時發現：所有這些神話基本上都在講述同一個故事，並且不斷有各種版本被複述。

坎伯是瑞士心理學家榮格的學生，而他在《千面英雄》一書中所提出的觀點常被認為是榮格學派的一種理論。這本書的基礎是榮格的原型理論，根據榮格的理論，原型是一些不斷出現在所有人夢中和神話中的角色。榮格認為，這些原型是人類心智的映射——我們的心智會將自己分裂成這些角色來參演我們的生命劇本。在英雄神話中不斷出現的角色，比如年輕的英雄、智慧老人、會變形的女人和那些躲在暗處的敵人，全都與人類心智的原型一致……（上面提到的變形主要是指突然改變情緒狀態，但在神話故事中可能會被描述為身體形態的改變。）①

那些奠基於《千面英雄》模式所發展出來的故事都有一種神祕的吸引力。可以讓每個人都感受到，這是因為它們來自人類集體無意識的一個共有源頭，反應了全人類共同的關注點。這些故事都在處理一些人類共有的問題，比如「為什麼我會出生？」、「我死後會發生什麼？」，以及「我要如何克服生命中的困難並得到幸福？」❽

出自懷疑論者及無神論者的這番話中，竟然會有「人類無意識的共同源頭」一語，著實令人驚訝。我們的潛意識強烈影響著我們，讓我們渴望能一次又一次地聽到這個相同的故事。好萊塢的編劇將坎伯的研究成果當成一種隱祕的架構用於劇本創作，歷史可以上溯至一九六四年九月二十六日，當時導演史丹利・庫柏力克（Stanley Kubrick）建議亞瑟・克拉克（Arthur C.

Clarke）在創作電影《二〇〇一》劇本時，不妨學習《千面英雄》這本書。克拉克接受了庫柏力克的建議，結果發現這本書「非常引人入勝」。❾

克莉絲汀．布倫南（Kristen Brennan）總結了多年來對約瑟夫．坎伯理論的研究成果，發表在她所創辦的「星際大戰起源」（Star Wars Origins）的網站上：

> 《千面英雄》這部在神話學領域引發轟動的作品於一九四九年出版。這本書是建立在德國人類學家阿道夫．巴斯蒂安（Adolph Bastian, 1826-1905）的開創性研究之上。巴斯蒂安是第一個提出全球神話似乎都有一種相同基本思想的人；而榮格則將這些基本思想命名為「原型」，他相信這些原型不僅是無意識心智的基石，也是人類一種集體無意識的基礎。換句話說，榮格相信，世上的每個人在出生時都帶有相同的基本潛意識模式：關於何為英雄、何為導師，以及探索的意義。這也是說不同語言的人能夠欣賞同一個故事的原因。
>
> 榮格提出並發展他的原型概念，主要是想當作一種途徑來探求夢境的含意和精神疾病背後的原理。舉個例子，如果有個人相信有塊巨大的蘋果派在背後追他，那麼，你很難用傳統的理性方法來幫他。但是，如果那個巨大的蘋果派能被理解成是那個人的陰影——他所有恐懼的具體化，那麼精神病學家就能夠引導他們克服恐懼，就像《星際大戰》尤達對天行者路克的引導一樣。如果你把一個人想成是一部電腦，那麼我們的身體就是「硬體」，而語言和文化可以看成是「軟體」。我們所有人似乎都被內建了一種「作業系統」，透過將人、地點、事物和經驗歸類為多種原型的方式來詮釋世界。❿

大部分的人都沒有意識到我們有一種內建的「作業系統」，也不曾想過，其實我們所有人都有一種深層且永恆的共同需求，那就是希望有人將那個相同的故事一次又一次地向我們復述。當我們看電影或看電視時，經常會無意識地希望能看到那個故事的變化版。而這就是坎伯的偉大貢獻，足以讓懷疑論者弗雷德里克．賴斯斷定《千面英雄》將會被視為二十世紀最有影響力的一部作品。

玩電影的人都要懂的成本計算法

好萊塢顯然不會公開他們如何運用這個故事架構，因為如果有太多人知道的話，就會變得太過明顯。然而，這種隱祕的架構卻對電影票房有巨大影響。現在已經有人寫出一些能精確計算一部電影成本的電腦程式，誤差區間非常小。迪克．科帕肯（Dick Copaken）和友人尼克．米尼（Nick Meaney）開發出這種方法，並據此創立了他們的公司——艾波（Epagogix）⓫。他們運用大型電腦透過一種被稱為「神經網路」（neural network）的人工智慧分析劇本。他們將電影劇本中所有不同成本的要素進行分析運算。《經濟學人》（*The Economist*）二〇一三年五月／六月刊的專題全面地介紹了這種新穎的技術：

當一家電影公司雇米尼對他們的電影劇本進行分析以預測電影票房時，米尼所做的第一件事，就是對從劇本中提取到的數千個不同要素進行量化。比如，是否有扮演壞蛋的明確角色？對於主角的同情程度有多深？主角是否有一個同伴或密友……等等。接著，電腦會將這些要素在這部電影中的複雜關係，跟以往已上映電影中的關係進行對比。最後，再據此參照以往已上映電影的真實票房成績，對這部新電影的票房進行預估。在八三％的案例中，得出的總體票房預估值都在一千萬美元以內。實際上，米尼有一套能判斷藝術作品

的價值——或者說賺錢能力——的演算法。⓬

一些電影批評家認為這整個想法太瘋狂了，他們覺得科帕肯和同伴是騙子，完全不相信這種方法能奏效⓭。然而，這背後的原理確實非常簡單又有用。就像坎伯和其他學者所發現的，我們都在共同使用同一個「作業系統」，如果一部電影能全面深入地揭示它，那麼這部電影就會獲得成功。於是，這部電影的實際票房就能提前精確地計算出來。下文摘錄自趨勢研究專家麥爾坎·葛拉威爾（Malcolm Gladwell）於二〇〇六年發表於《紐約客》（*The New Yorker*）的一篇文章，總結了這一點：

在二〇〇三年夏天，科帕肯找上了喬什·柏格（Josh Berger）——華納兄弟影業公司的高級主管……他們在歐洲用神經網路對十六部電視試播劇進行分析，預測每部劇最終的收視率……其中六部劇的預測值和真實值之間的誤差值小於〇·〇六%。十六部中的十三部，平均誤差值在二%之內。柏格看到資料後嚇呆了。他說：「太不可思議了，就像是有人跟你說他能在賭城算牌贏錢一樣，這就是我當時的感覺。」⓮

九九·九%的準確率實在太讓人吃驚了，這幾乎不可能做得到！然而，還不止如此：

科帕肯後來又接觸了另外一家好萊塢電影公司。這家公司將九部未發行的電影交給他分析……其中有一部電影，電影公司覺得畫面很棒，自己預估票房將會超過一億美元，而艾波公司的分析結果則是四千九百萬美元，結果那部電影的真實票房略低於四千萬美元。而對於另一部大製作電影，他們的分析預測值與真實票房只相差不到一百二十萬美元。其中多部電影的分析值和最終結果都很接近。「他們基本上的誤差都在幾百萬美元之內，」

那家電影公司的主管說道：「這真的讓人震驚，甚至覺得有些詭異。」如果這家電影公司在那九部電影開拍時就跟艾波公司合作，將會省下數千萬美元。⑮

其中的訣竅在哪呢？讓我們一起揭開吧。

「有些事讓我印象深刻，」同一家電影公司的另一位主管說：「他們認為對電影有重要影響的那些元素，讓我印象深刻。在這之前，我們自己都認為它們無關緊要。他們關注故事的發生地點，是否是愛情故事，還有故事情節中一些非常具體的東西，並確信這些東西對電影票房的影響程度超過其他任何因素。同時，他們對主角是湯姆．克魯斯或湯姆．瓊斯完全不在意。」……「總是存在著某種模式，」他繼續說道：「某些故事總是一次又一次地被搬上銀幕，卻總能獲得成功……」⑯

注意，這就是關鍵所在！某些故事總是一次又一次地被搬上銀幕。故事情節中一些非常具體的東西，將會決定電影能否受歡迎。比較神話學及（尤其是）約瑟夫．坎伯的研究成果，為我們揭開了答案。好萊塢早已在精心遵循這些指導原則，但是他們可能還沒有完全意識到，故事本身才是最重要的因素。

我們如何把故事講好？

那麼，我們如何能把一個故事講得精彩呢？大部分教你如何寫劇本的書似乎都有一些共識，比如你必須有個開頭、中間和結局——也就是準備、衝突和消解——這些階段被稱為第一幕、第二幕和第三幕。就像我先前提到的，這些劃分方法可以追溯到古希臘哲學家亞里斯多德，他是首創這種劃分法的人。在過去的舞台劇中，每一幕之間都會暫停，當布幕拉上時，觀眾就可以去上個洗手間，後台的工作人員可以換上新布景，而演員則在後台休息。接著，當舞台的燈光重新亮起，每個觀眾再次坐好等待，這時布幕會被重新拉開，下一幕接著上演。當然，對現代的電影來說，這些東西已用不上了，不過每幕之間的分隔依然會清楚地出現在劇本中。

就像布萊克・史奈德（Blake Snyder）在他的編劇指導著作《搶救貓咪》（*Save the Cat!*）所概述的一樣，如果你想要寫一部能夠賣得出去的電影劇本，那麼基本上要將頁數控制在一二〇頁左右——現在有些電影公司希望能在不改變故事的情況下，將頁數減少到一一〇頁以內[17]。並且，每一頁所花的銀幕時間應該控制在一分鐘左右，通常還會更少。第一幕的頁數應該是三十頁，第二幕是六十頁，第三幕就是最後的三十頁。一些非常具體的故事點必須出現在每一幕中，而在我們從頭到尾觀看每一幕時，我們會看到背景和事件的推進速度會出現一些變化。

幾乎每一部商業電影都需要一個帶有明顯缺點的主角，而這個主角就是我們所說的英雄（不過還是有賣座的電影不在此例，但畢竟少數）。而整個故事的內容，就是關於主角克服缺點以實現目標的過程中所經歷的改變。在直覺上，我們都會與這個概念產生共鳴，而這似乎是我們自己對轉世前所設定目標的一個集體潛意識回憶。在潛意識深處，我們知道我們來到這裡是為了成長和進化，努力克服我們的缺點，以期在靈性程度上變得更成熟。

想要寫一部不只一個主角的電影劇本，要遵循這個故事結構就更困難了——除

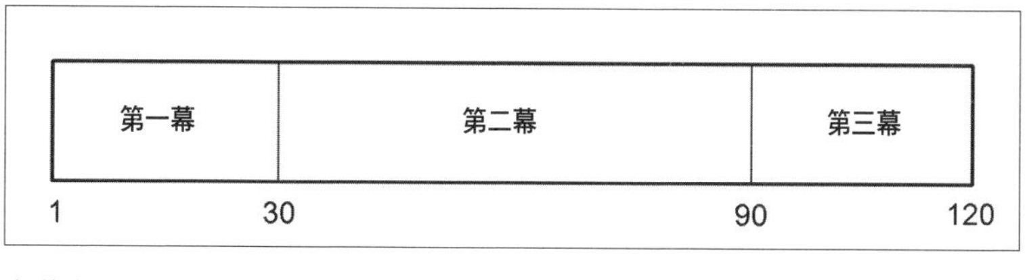

好萊塢電影劇本的三幕結構圖。

非你真的能夠匠心獨運，否則你的劇本將永遠賣不出去。如果是電視劇，你可以寫一個連續性的故事，而在這些故事中，讓多個主角的命運彼此交織，而各自的命運又會引導他們經歷各自的旅程。但是，你很難將這些故事壓縮到一部兩小時的電影中。其中一個最主要的挑戰就是人物的成長，而這也是業餘編劇和專業編劇功力不同之處。任何人都能夠學會這個故事模型的基本規則，並依樣畫葫蘆。但電影公司的高層想要看到的是，一個能讓整個故事變得動人且可信的人物角色。業餘編劇經常犯的典型錯誤就是，每個角色的對白都像是同一個人寫的。早幾年前，我也好幾次因為這個錯誤而深受其害。

我們看電影時，會立即想要找出誰是主角，通常來說，就是電影中第一個開口講或做出有意思言行的那個人。最初我們會下意識地挑出主角的缺點，而這會讓我們開始認同這個英雄角色——也就是說，在我們「入戲」的九十分鐘或更長的時間內，我們已經把自己的身分代入到那個角色身上了。如果我們沒能對那個英雄人物產生認同感，我們很快就會出戲。而對於電影公司來說，這就是電影會失敗的徵兆，因為魔力咒語被打破了。我們會開始意識到，我們僅僅是在看一部電影而已，我們會開始分析不喜歡這部電影的原因，甚至可能會在那些原本不期望觀眾笑的時刻大笑起來。有些觀眾可能會拿出他們的智慧型手機發簡訊，告訴朋友不要浪費錢來看這部電影。影評家也會口誅筆伐，這部電影將徹底失敗。

不是向上提升，就是向下沉淪

我們已經知道，電影中的英雄將會經歷一趟啟蒙之旅，在這個過程中，他將不得不面對他的缺點。在那些Happy end的電影中，英雄終會取得勝利；而在黑色電影中，獲勝的則是英雄的缺點。但無論如何，英雄都會經歷一次轉變。電影故事總是圍著人物角色的轉變歷程打轉，這是關於進化的歷程，有時這也意味著，我們在搞砸一個循環後，得從頭來過，再一次經歷這種循環。在我們的現實世界中，這相當再一次轉世，繼續重複學習相同的功課，而這些功課甚至還會變得比前世更困難。電影和電視劇中的人物，在兩個小時或幾十個小時內就經歷了一個完整的循環，即經歷了完整的一趟英雄之旅。而對我們來說，我們可能需要花很多世的時間才能完成一趟英雄之旅。

比對好萊塢電影的經典故事線，以及國家歷史大事起起落落的週期，我們會發現，這兩者其實非常相似。一開始，一個國家並不那麼完善，會有某些明顯的缺失，接著它可能會有個明確的敵人，而在與這個敵人奮戰的過程中，它所遇到的困難將會不斷增多，最後經常是被自己的缺失打敗而走向滅亡。典型的例子就是，一個繁榮的國家不知如何維續它的資源，而敵人們很可能正是一群一直對國家財富虎視眈眈的貪婪之徒。一旦這些資源被消耗殆盡，那麼這個國家的經濟將會崩潰。而這顯然是一個「陷落」（down）式結局的故事。反之，如果某個腐敗的政權被政變推翻，由另一個更正面的政府來接掌，那麼，這就能被看成是一種「提升」（up）式的結局。「第四密度」，或者說地球上的黃金時代，指的是全球性的「提升」結局，也就是說，我們在長久經歷這些循環之後終於開竅了，開始勇敢地做出改變，主動創造我們所渴望的結果。

譯注：

①括弧中的內容是本書作者的補充說明。

10 挺身當領頭羊

面對人生的重大抉擇時，我們都可能被人性弱點捉住。不想被異形吞沒，你只能勇敢關愛、接納和寬恕，才能扭轉局面。

在第一幕中，英雄起初生活在一個非常普通的世界，發生在英雄身上的每個事件、每次對話都是對那個普通世界的一種反映。重要的是，那個普通世界象徵著英雄的小我（ego）——有著各種缺點、未被啟發的心靈。我們將會很清楚地看到英雄的弱點，比如缺乏勇氣、缺乏智慧、幼稚、自私、貪婪等等。布萊克．史奈德特別建議編劇在劇本前五頁就要定調英雄身上六個需要克服的弱點❶。

另外，史奈德還建議插入一句「主題陳述」（theme statement），即電影中的某個角色無意中所說的某些話成了電影的一個論點，而電影的其餘部分都是為了證明此一論點而展開的。在現代電影中，關於這種隱藏主題最明顯的例子就是《駭客任務》的開頭，其中一個沉迷嗑藥的駭客流氓喬伊告訴我們的英雄尼奧：「哈利路亞，哥們你是我的救世主，你是我的耶穌。」表面上，喬伊似乎僅僅因為尼奧賣了一張電腦光碟給他而表示感謝，但實際上，電影的主題聲明已經在這裡被精心插入了——而觀眾在潛意識上是知道這一點的。圍繞這個主題聲明的場景和事件，將會進一步為電影所要傳達的思想定調。

接著，一個重大事件——通常被稱為「引發事件」（inciting incident）——會讓我們的英雄捲入一趟探求之旅。在動作片中，這種重大事件通常是一次傷害或摧毀了我們英雄一直珍愛的某人或某物的突然性悲劇。而在文藝片中，這種重大事件通常是我們的主角第一次遇到一個新的心儀對象。讓英雄踏上這趟探求之旅的動機可能是復仇、愛、謎團、正義或貪婪，而這往往是我們會輕易認同的東西。它是英雄目前在這個世界最渴望的東西。在一部商業片劇本中，引發事件通常會出現在第十二頁前後，緊接著我們設定好的電影主題及英雄一開始的平凡生活之後出現。

在地緣政治中，引發事件通常是一場戰爭的導火線，比如轟炸珍珠港或九一一事件。看到一部商業片的開頭，你就會知道有些大事要發生了，而這往往是一些驅使我們的主角踏上英雄之旅的引發事件。重要的一點是，這種探求的渴望必須非常原始——被深埋在英雄的意識深處，而且是英雄一直想要實現的最基本情感需求及渴望。但真正的關鍵在於，這種探求將會導致英雄去面對他最大的弱點並戰勝它，最後才能得到他想要的東西。

在我們將討論的那些環環相扣的歷史循環中，引發事件經常是那些引起戰爭的導火線，但也可能是一些正面事件。這一類事件會讓社會出現驚人的演進發展，比如電的發明；也可能是大規模的公眾活動，比如著名的伍德斯托克（Woodstock）搖滾音樂祭，或者出現一件振奮人心的藝術作品，或者一個受人尊敬的新領袖順利當選。這些歷史週期也可能互相重疊，使得某個週期的重大結局成為另一個週期的引發事件。

天行者路克變身為絕地武士

在引發事件之後，關於英雄決定是否要踏上探求之旅，會有一段自我掙扎的時間。在劇本中，大約會用八頁篇幅來描述英雄權衡這個決定的利弊，然後又被一些事情分心而不斷改變主意的過程。通常在這時，一個導師或智慧老人的角色就會上場，給我們的英雄提供有價值的建議。在潛意識層面，我們知道，那個導師就是在死後世界中一直陪伴、引導我們投生的主要嚮導。另外，我們還會從我們的導師那裡收到一份神奇的禮物或法寶，這份禮物在當時可能看不出重要性，但會在後來成為攸關生死存亡的關鍵之物。在《星際大戰》中，歐比王・肯諾比（Obi-Wan Kenobi）將路克父親的光劍交給路克，這就是我們所說的神奇禮物。在一些故事中，神奇禮物可能不是一件實實在在的物品，而是一種召喚——一種啟發我們英雄去開啟探求之旅的「關鍵話語或揭示」。這份神奇禮物也可能是深埋在英雄頭腦深處，但在後來變得非常重要的訊息。在《作家之路》中，克里斯多夫・佛格勒指出這份禮物可能是神奇武器、一些關鍵的訊息或線索、一些神奇藥物或食物，或者一次救命的建議。❷

在死後世界，這份神奇禮物可以被視為我們自己預設的、會在來世關鍵時刻用來開啟某段重要探求之旅的共時性事件及記憶觸發事件。歷史的大週期把一切組織得井然有序，這樣我們就能知道在特定時間將會發生哪些事件，因此，這也能讓我們非常精確地規畫我們來世的生命經歷。

為了遵循這個故事模式，我們的英雄必須主動選擇踏上探求之旅，而不是僅僅因為一些他／她無法掌控的境況而受迫啟程。在我們剛看電影時，我們就已經決定加入主角的探求之旅，讓故事的發展不斷引領我們前行。而導師的智慧和指導將會幫我們做出有益的決定——就像我們轉世前決定選擇何種人生及什麼身體一樣。如果我們不接受英雄之路帶給我們的挑戰，那我們將會再次回到小我那個普通世界：繼續留著缺點，繼續過乏味無聊的生活，不斷地重複承受相同的傷害和恐懼。

我們之中有很多人未能在我們的人生中踏上探求之旅，我們總是多疑、恐懼，對結局沒有信心。如果我們夠勇敢，將會實現更偉大的目標，但是我們經常退而求其次。而電影和電視劇允許我們去想像「如果……？」如果我們夠大膽，信心一躍，追求我們在這個世界上最渴望的東西，會發生什麼？然而，與現實生活不同的是，在電影中，設定的前提是英雄必將踏上自己的探求之旅。

迎接挑戰的第二幕

當我們的英雄最後決定踏上這趟探求之旅時，第二幕就正式開啟了。在商業片的劇本中，這個時刻大概會出現在三十頁前後。我們的英雄現在必須要踏入神奇國度——將會經歷一些激動人心又極具挑戰的全新事件。在現代的文藝愛情片中，第二幕的開始時刻通常是在兩個主角的互動變得有趣，並對彼此暗生情愫的時候。

而在遠古的神話中，有些神奇事情會發生在那個有別於我們熟知的傳統現實的神奇國度中。現代電影往往會把故事中的這些神祕因素抽離出來，但在有人類之前的那些遠古神話中，神奇事件是英雄之旅的重要一環。好的導演能夠改變整部電影的觀感——包括色調、質地、地點、人物角色、配樂和其他所有東西。一旦我們進入這個神奇世界，我們還會遇見新的朋友，建立關鍵的盟友關係，而他們將會在後面的旅程對我們伸出援手。根據我們之前對轉世的瞭解，這個神奇世界似乎象徵著死後世界——至少在某些關鍵形式上。在潛意識層面，我們所有人都記得死後世界的樣貌，因此，當故事的這一部分開始描述一些魔法時，就像我們在《阿凡達》中所看到的，我們很可能會直覺地像是回到了真正的家。

在一個國家的歷史週期中，第二幕可能就是人民最後欣然接受開戰決定的時候。這會把他們帶到一個充滿挑戰和恐懼的新奇世界中，那時，有新的盟友和朋友，而邪惡的敵人也可能潛伏在每個角落，對你虎視眈眈。你會祈求上蒼庇護，但是一些無法預料的災難可能會給先前身處的那個普通世界帶來威脅，摧毀和平與安全感。探求之旅的這個階段也可能以一種更正面的形式出現。如果引發事件和神奇禮物都以科技突破的形式出現，比如發明電燈泡，這些新的科技發明和突破可能會將我們帶到一個被這些美妙技術所轉變的全新世界中。在這種情況下，第二幕就是代表這些科技出現的初期階段。當然，在這些科技發展和普及的過程中，免不了有些困難的適應期，比如腐敗的工業遊說集團絕對不會對自身利益受損坐視不管。科技本身可以是我們的救世主，也可能變成我們最大的敵人。科技的發展確實能為我們創造出一個神奇世界，但是它仍然充滿了挑戰。

我們可以把美國鋪設鐵路的歷史，視為英雄之旅的故事借助科技進一步發展的一個例子。當時美國決定修建一條橫越大陸的東西向鐵路，但遭到美洲原住民的強烈抗爭。美國人的擴張行為導致了許多印第安原住民和這個民族的悲慘命運。這是一次勝利？還是一個悲劇？這要看你問的是誰，還有你在什麼歷史時期提出這個問題。

過關斬將，繼續上路

就像布萊克．史奈德所說的，在進入神奇世界的早期階段，我們所經歷的都是「輕鬆愉快的」，像遊戲一樣❸。這時，我們的注意力會被那些新奇事物所吸引，暫時忘了這趟探求之旅的艱難和挑戰，而完全沉浸在這些新奇感所帶來的興奮之中。在大部分電影中，最具娛樂性和最讓人難以忘記的場景通常會出現在這個階段，也經常剪成電影的宣傳預告片。這個階段似乎和業力之輪的頂端非常相似——我們感到一切是如此美好，而且事情只會越來越好。但是隨著旅程往前推進，我們會漸漸發現，一切都不對勁了。如果我們在第一幕中還沒有發現這一點，那麼我們這時就可能會意識到有個魔王正在前面等著我們，這是一個內心黑暗、十分危險的對手，他想要終止我們的探求旅程。

約瑟夫．坎伯將這個魔王稱為「守門人」（Guardian of the Threshold）。從根本上講，他代表著人格中某些阻礙我們實現目標的部分。在遠古神話中，守門人可能是一頭惡龍，而一旦我們通過這頭龍所鎮守的關卡，就會發現那個等待救援的處女（象徵進入到潛意識心智的這種全新狀態）；我們還會發現黃金（象徵當我們與更高自我重新連結時，將會發現的無數智慧和天賦）；接著，我們還會發現死後世界的祕密。另外，坎伯還指出，最重要的寶藏是「永生靈藥」（Elixir of Immortality）——可以轉變我們過去那個平凡世界的神奇夥伴、東西或知識❹。魔王通常也有各種盟友或手下，在我們尋找寶藏的過程中，會不斷遇到這些角色，而他們帶來的挑戰性會越來越大。

在我們自身之內，魔王或守門人其實代表的是我們的小我。我們那個自鳴得意、喋喋不休的小我一直拒絕傾聽靈魂的低語，靈魂一直在驅使著我們去探求更偉大的真理、愛和人生真諦。

若以全球層次來說，那個被稱為「光明會」的神祕陰謀集團，就是我們的終極大魔王。當我們在網路上翻開更多陰冷黑暗的石頭，就會更加頻繁地看到這頭不停蠕動的怪物一直隱藏在下面。這時，我們已經踏入到一個神奇的世界，已經踏上了探求之旅。我們會想知道這個世界背後的真相。而隨著我們探索之路不斷深入，這些真相也會越來越怪異。一旦我們決定去讀那些乍看令人生畏的揭露文字，去收聽和觀看那些旨在揭露世界真相的節目和視頻，不再讓自己陷入到羊群效應的束縛中，不放棄對真相的探索，我們就會意識到，我們一直生活在其中的這個世界——這個由主流媒體的謊言和欺騙所建構的世界，跟實相是截然不同的。在這個世界的表象之下，有一種無比宏大卻被深深埋藏的真相。光明會這條惡龍很可能一直在看守著我們的終極「永生靈藥」——包括自我療癒、無限的自由能源、反重力飛行、瞬間移動、時空旅行等技術，這些都是跟我們有淵源的外星種族傳授給我們的，這些驚人科技能帶給我們所有人一個繁榮富足的新世界。

面對這個隱藏的實相顯然會令我們害怕，但是我們也知道，如果能戰勝它，將有獲得一個遠超乎我們想像的、自由的、和平的、和諧的、科技高度發達的美妙新世界。然而，尋求真相的路途總是充滿危險。當我們和他人分享我們的發現時，並非每個人都會相信我們，我們的家人和朋友也可能會跟我們唱反調。我們可能會擔心，那股黑暗勢力可能會僅僅因為我們掌握了一些他們不想讓人知道的訊息，而破壞我們平靜的生活。但我們還沒有意識到的是，我們其實已經踏上了自己的英雄之旅，業力之輪已經開始轉動了。在這個過程中，我們所經受的挑戰和恐懼會燒除我們的業障，就像約書亞所說的欣嫩子谷之火的淨化一樣。若能藉由愛與自我寬恕來完全接納自己，我們就無需再受恐懼折磨，而業力之輪最後也將停留在對我們最有益的頂點。到了那時候，我們的終極魔王也將失去影響力，或者也跟我們一起轉化了。

就像夢境象徵，我們故事中的魔王所代表的一定是英雄的陰影，也就是我們內在那個一直否認靈性實相的那個小我。在遠古故事中，魔王就是英雄自己的小我在最黑暗時刻的映射或投射。而在一些劇本中，我們會將魔王和英雄併為同一個角色，那麼當魔王現身時，其實就是英雄自己的負面情緒開始浮現並霸占內心的時刻。在愛情喜劇片裡，英雄的心儀對象也可能是魔王，在整部電影中，這個人物會在不同的角色之間變換。在其他電影中，魔王就是那個典型的反派人物，一直躲在幕後，而他的真實身分會在電影結尾的峰迴路轉時刻才被揭露。

總之，想遵循這個原型結構來寫出一部成功的商業劇本，你所設置的魔王必須是英雄缺陷的誇大版，是英雄的另一種鏡像，藉此告訴我們，倘若英雄拒絕走上探求之旅並做出最自私的負面選擇，將會陷入何種境地。在靈魂層次，我們都知道這種自私的選擇正是我們想避免的；在累世生命中，我們一直在努力促使自己在關鍵時刻做出更有愛心的決定。無論是在個人層次或集體層次，如果我們讓魔王戰勝了自己，我們將會一次又一次地不停轉世，重複學習那些相同的功課。我們都清楚地覺知到，魔王就在我們之內，但是透過超越個人弱點並學習去接納及保護自己和他人，我們最終將會實現累世輪迴中一直想帶領我們去實現的偉大勝利。當英雄最終拿出勇氣面對魔王時，他將會在這種戰鬥過程中自我療癒。放大到全球層次，也同理可證。克服羊群效應的束縛，我們的星球將會從孩童時期跨入成年期，在靈性層面「長大成人」。

為了讓這種英雄與魔王的對峙，深入觀眾潛意識心靈的最底層，編劇需要對象徵主義有相當理解。這絕對會幫你理解夢的運作原理——夢中的每一個人物角色、每一種場景、每一個物件和每一個事件都是做夢者的一種映射。實際上，出色的劇本寫得就像個夢境，同時還要能讓觀眾不會意識到這一點。每個角色都隱喻了主角人格結構中的某些部分。這些角色包括主角的死黨，或者說「視窗角色」（window character），一個比我們更早瞭解主角的人物。這個好友角色會提供一些讓我們更瞭解英雄的有用資訊，比如英雄在過去所說或所做、但與當下境況有關的東西。死黨的角色也可能用來象徵英雄的缺點，這種缺點可能會阻礙英雄在探求之旅中的轉變。丹・德克爾（Dan Decker）的作品《劇本剖析》（*Anatomy of a Screenplay*）側重探討的是「英雄—死黨—魔王」這種三位一體的結構，認為這代表了英雄靈魂的三個面向。❺

異形，其實就是你內心自我的映射

關於魔王就是英雄自己的映射，最明顯的一個例子是雷利．史考特（Ridley Scott）導演的電影《異形》（*Alien*）。亞歷克斯．艾普斯丁（Alex Epstein）在《狡猾的編劇藝術》（*Crafty Screenwriting*）一書中精彩闡述了《異形》這部電影如何重述了那個偉大的遠古故事❻。雪歌妮．薇佛（Sigourney Weaver）在片中扮演的女英雄遭遇到一個非常嚴重的難題，一種章魚狀的噁心異形黏附在她一個手下的臉上。她所做的決定不是拯救這個手下，而是讓他和另外幾個當時和他一起待在飛船外的無辜者一起犧牲，希望借此來保護她自己及船員的生命。

一個激進的組員違背她的命令，讓那些在她看來本該犧牲的人進入飛船。在不斷蠕動中，章魚狀的異形從那個人的臉上脫落，緊接著一個異形就從體內撕開了他的胸膛，直接跳出來逃跑了，留下這個人的死屍。這個異形很快就成長為一個高大的成熟體，並對所有船員大開殺戒，幾乎殺光了所有人。

雪歌妮．薇佛扮演的角色，先前沒有尊重船外那些無辜者的生命，她不想冒任何風險去救他們。儘管幾乎能確定他們沒有受到感染，但她還是堅決要他們死，以確保萬無一失。至於異形代表的是，雪歌妮．薇佛那個角色的小我在負面狀態下的一種誇大版。它殺死了所有人，除了自己，不會在乎任何人的生命。最終，女英雄必須挑戰異形決一死戰。為了打敗這個魔王，她必須放下她最大的缺點——犧牲他人的生命來保全自己的心態。即便在自己能輕易脫身的情況下，她還是冒了極大風險去拯救一個受困的小女孩和一隻貓（這正是布萊克．史奈德那本書的書名由來）。我們的女英雄，甘冒著犧牲性命的風險，勇敢地拯救他人的生命。這種關鍵轉變及靈性覺悟，就是她這個角色在探求之旅的終極目標。這也說明了，在這個故事中，那個異形（她的陰影）現在可以被徹底擊敗了，因為她從對手身上學到了一課。整個探求之旅的最重要部分——勇於付出愛、真心接納和寬恕——現在已成了真實的行動。

業力之輪不停輪轉

當然，在我們個人的生命層次，我們會和身邊的人一起經歷這些情節。如果我們不關愛也不尊重自己，宇宙就不會將一群充滿愛心、恭敬有禮的人送到我們身邊，帶給我們溫暖。出現在我們生命中的人一開始可能會很友善，但不久後，也可能成為魔王角色和我們對抗。從統計上來看，所有在我們生命中出現的人中，可能有一％到三％的人具有反社會人格，而如果我們無意成長進化，我們將會招來一些特定的功課。如此一來，我們遇到反社會者的機率就可能更高。這些人會為難及傷害我們，而我們無法理解原因何在，並試圖要讓他們改變。相同的模式不斷上演，而我們也可能會一次又一次地重複故事中的某些情節。

在這些循環中，你在情感上所經歷的痛苦可能難以想像。在真正去面對你的恐懼，並拿出足夠的勇氣掃除你生命中的惡棍、利用者和操控者之前，你永遠無法真正完成你的探求之旅。你可能會害怕傷害他人感受，即使他們毫不在乎傷害你。有時解決方法非常簡單，你只需意識到，你能給予他們的最好禮物就是阻止他們再進一步操縱你，這樣他們可能就會懂得如何尊重他人。是的，他們很可能會埋怨你怨恨你，但這也是促使他們去學會自己今生功課的一個方法。要記得的是，在更高的靈魂層次，他們可能還會對你感激莫名，因為你可能讓他們不用在下一次轉世時再扮演反派角色。在死後世界中，他們的靈魂、他們的嚮導、他們的核心靈魂團隊，以及他們所屬的次級靈魂會一直為他們祈禱，希望他們能夠覺醒，不必一次又一次受苦。

11 一無所有，是人生最大的恐懼？

業力之輪會把我們帶到最低點，這時我們沒有任何選擇，只能勇敢地爬起來，克服那些難以言說的痛苦，最終再次返回頂點。

在潛意識心靈層面，看電影對我們來說是一件非常令人滿足的事情。每一部電影都會讓我們的英雄踏上一段精彩的探求之旅，經歷靈魂進化的循環。就像電影中的英雄一樣，我們也會和一群相同的人一起不斷轉世，經歷這種靈魂進化的循環。

在這個過程中，新魔王會不斷取代舊魔王，不斷帶給我們新的挑戰，直到我們真正學會他們要帶給我們的功課為止。對自己及他人的愛是我們的終極「永生靈藥」，而那些魔王角色則一直在阻礙我們持續感受及分享這份寶物，直到我們變得夠強大，敢於站起來面對他們為止。我們總是認為時間是以線性形式前進，但從靈性角度來看，時間其實是有週期循環性的。這些週期，就是那些被稱作業力之輪、生命之書或英雄之旅的偉大故事。在經歷這些循環的過程中，我們一直在累世的生命裡學習關於愛的功課。

最初，當我們處於業力之輪的頂點時，會自我感覺一切都很美好，很少或甚至完全沒有覺知到自己有哪些重大缺點。我們可能自私自利、自戀、缺乏勇氣、不想承擔責任、不成熟；我們可能在傷害他人之後，甚至還沒意識到自己做了什麼；我們可能還沒有學會如何真正地尊重和關愛他人……。這就是我們每天生活在其中的那個普通平凡的世界，在這裡，我們一再地犯下同樣的錯誤。

當業力之輪開始轉動，我們只能勇敢地往前走

然而，當業力之輪開始轉動時，我們平凡的世界很快就會被一些引發事件所擾亂。有東西把我們從渾渾噩噩的狀態中驚醒，驅使我們去開啟一段偉大的探求之旅。現在，我們會感覺到內心深處無比渴望著某些東西，而當我們開始主動追求這一新目標時，第二幕也正式開啟了——這時，我們正處於天人交戰之中。偉大的探求之旅已經展開了，我們需要奮力爭取才能得到我們所渴望的東西。接著，業力之輪會把我們帶到最低點，這時我們沒有任何選擇，只能勇敢地爬起來，克服那些難以言說的痛苦，最終再次返回頂點。

這就是所有偉大故事的基礎，這是深埋在這些故事之中的隱祕邏輯。電影劇本會將業力之輪劃分為三個部分（或者說三幕）——開始、中間和結局，或是準備、衝突和消解。在好萊塢的劇本中，描述主角從谷底爬起來的過程，所用的銀幕時間遠遠少於陷落的過程。第二幕的高潮是英雄最後拿出勇氣，選擇去對抗魔王以完成自己的探求之旅。對戰的過程絕不簡單。而在接近第二幕的結尾處，英雄將會掉落到業力之輪的底點，這一點也被稱為「靈魂的黑夜」。

在生活中，我們都經歷過這些艱難、令人恐懼絕望的時刻。這就是負面業力向我們全面襲來的時刻。我們可能會遭遇意外事故，可能會被他人背叛，可能失去工作、錢財、朋友、健康、一切所有，我們的世界崩塌了。我們會感到自己一無所有。

正如《一的法則》所言：「寬恕，讓業力之輪停歇。」一旦你能寬恕那些曾經傷害你、背

叛你和不尊重你的人，業力之輪將不會再把你捲入到相同的循環經歷中。持續和魔王進行艱苦對抗，再也不會是你生命的主題；你將不會再把魔王吸引過來，因為你的小我已經退出這些戲碼了。此時，你生命中最渴望的東西，將會毫不費力地顯現在你眼前。放大到全球層次，也同理可證。業力之輪將會轉到頂點並停留在那裡，這樣一來，我們就能實現自己最高的潛能。透過個人的親身經歷，很多真相探求者都知道這種踐行方法是真實有效的，而我就是其中一個。一旦能夠停留在業力之輪的頂點，你就為自己開啟了新的時間軸，為你帶來更高層次的快樂和靈性成就。這種邏輯不僅適用於國家和文化，也同樣適用於個人。

全球性事件的命運循環

讓我們再回到故事架構中。想從最低點往上爬，你必須要對自己有足夠的尊重和愛，從而才能面對那些埋藏最深且最嚴重的缺點和弱點。為了療癒自己，你必須要冒險將小我最珍愛的東西完全放下。如果你的主要缺點是不夠勇敢，那麼你就必須放下這種缺點，往你內在去找到勇氣核心來完成你的探求之旅。如果你的主要缺點是包藏著太多痛苦，以至於無法真正去愛某個人，為了跨過這道心坎並得到你一直尋求的幸福，你就必須敞開心扉。如果你的主要缺點是缺乏責任感，一直渴望停留在孩童狀態，那麼為了實現你最大的夢想和抱負，你就必須成為一個在精神上真正成熟的成年人。

你們中的很多實體，可能會發現自己在精神上一直停留在孩童狀態。❶

在時間大週期裡，這些一直重複出現在全球層次的模式，和英雄之旅的故事情節精確吻合。領導者的不成熟，通常反映了推舉他上台的人民也不夠成熟。在歷史中，我們可以找到數千個像這樣的例子：政治團體透過極端的宗教信念來鞏固權力，動輒把反對者斥為異端。而不同立場的團體，彼此常會爭得你死我活。視己方為英雄，把其他國家當作魔王，每個國家都在經歷自己的業力之輪，雙方都認為自己的行為模式有正當理由。但是從更高的層次來看，有誰是正確的呢？

在國際上，敵對國常會藉種族、宗教及一些陳腔濫調，來誇大對方的負面特質。透過這種做法，他們試圖將對手分類為「其他人」，這樣他們就無需在乎這些人的生死和利益。我還清楚記得，在一九七〇年代和一九八〇年代晚期，美國媒體一直將俄國人描述為一群沒有思想、極盡庸俗的人，透過媒體灌輸給美國民眾的俄國人形象是：軍人醜陋、嚴酷無情，還有衣服灰撲撲的肥胖婦女總是在拖地……媒體想要傳達的訊息一清二楚，這個敵對陣營的人民一直過著無色彩、無人性的軍事化生活，因此假若這個邪惡帝國的人死於核武，那也是可以接受的。當一個政府成功地將他的對手描繪為惡棍，那麼，這個國家的人民也就不會在乎他們的「敵人」是否會被傷害、虐待、折磨或殺死。但一報還一報，施暴的國家以後必將償還自己製造的業債，而且還需要重新學習關於如何尊重和關愛他人的課程。

二萬五千九百二十年的大週期及更小的等分週期，似乎一直在透過歷史重現這種形式，來確保這些沸動的遠古衝突將會被暴露、療癒和消解。關於這一點也有很多例子可以舉證，其中之一就是早期的美國拓荒者和美洲原住民之間的彼此仇視心結，現在已經透過尊重、欣賞而消解了。詹姆斯．卡麥隆的電影《阿凡達》精彩地演示了這種歷史久遠的衝突，而這無疑也是這部電影成功的一個重要原因。

我們所有人都知道，身為這個星球的一份子想要生存下來就必須團結成一個更大的整體。

黃金時代很可能就是象徵這樣的一種境況：我們最終放下對彼此的偏見，學會和平友善地共處與共榮。

起承轉合，一個好劇本要均分為四等份

在電影劇本的第二幕，不論是英雄和魔王的爭鬥或是「啟蒙經歷」，會變得越來越艱難。在一部一百二十頁的劇本中，你需要有一個高峰點或說劇本的中央點，讓英雄經歷一次假勝利或假失敗（我很快會解釋這一點）。透過這種方法將整個故事劃分為四個相等的部分，等份點就是第三十、六十和九十頁。

正如在第一章提到過（將在後面章節重點探討），安納托利・弗明科教授所發現的巨大歷史週期同樣也被分為四個等份。好萊塢會採用這種模式——架構原型——將電影故事等分為四個部分，原因或許是他們知道歷史事件也在遵循著這種相同的規律，當然，其週期跨度很可能遠超過個人的每一世時間。在潛意識層次，我們似乎知道這個故事，即便我們可能需要歷經多次轉世才能看到某個國家或某種政治氣候中的劃分點開始顯現。而這些劃分點出現的時間，則取決於整個週期的長度，有些循環週期可能超過二千年。

從頁數來看，故事的中點會出現在劇本的正中間，而這也將整個劇本劃分為四等份。劇情衝突到了中點似乎已經得到消解，這時，英雄可能不需要面對他的死敵，不戰而勝了（假勝利）。或者相反的，這趟探求之旅看起來是不可能完成了，英雄已注定失敗，因此是時候轉身離開了（假失敗）。

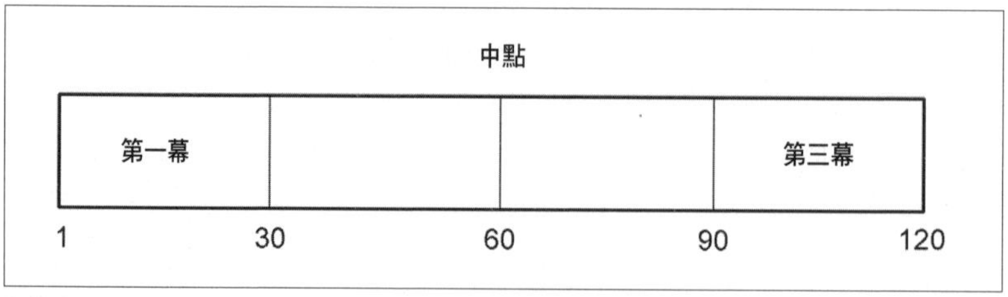

好萊塢電影劇本四等份結構圖示。

無論你在中點想要選擇哪種情節，基本的概念都是一樣的：英雄並不真的想去面對魔王，只是因為這是完成探求之旅的唯一途徑。瞭解了這種故事劃分規律再去看電影，你會訝然發現，你喜歡的電影幾乎都在精確地遵循此一結構模式。

舉個例子，假設你就是我們故事中的那個英雄。假設你的主要缺點就是你在開車時很不負責任，經常開快車。而引發事件可能就是員警叫你把車開到路邊，給你開了一張超速罰單。第二幕的開局可能就是你的內心不再交戰，決定提起上訴，而不是支付罰款了事。駁訴這張罰單現在成了你的探求之旅，你會忐忑不安地和各種人討論這件事，而有些人可能會覺得你的決定很可笑。

最後，你上了法庭，知道倘若開罰單的員警沒有出庭，你就不必支付罰款。而在這個中點的假勝利時刻，正當你認為員警不會出現時，那位員警剛好就在最後一秒現身了。現在，你知道自己不得不接受審問，直接面對魔王（也就是法官）。

若是以國家的歷史來說，假勝利點可能就是當這個國家以為他的敵國將要投降，結果發現他們反而發起更猛烈回擊的時刻。交通罰單的故事帶給你的功課很可能是，法官最終裁定你確實超速需要支付罰款，這讓你從此學會了遵守交通規則，不再超速駕駛。這個結果很可能拯救了你和其他人的性命。很多慘烈的交通悲劇一直在告訴你，敗訴可能反而救了你。

靈魂的黑夜，當你一無所有時

隨著英雄與對手魔王攤牌時刻逼近，我們的英雄將會遭遇到越來越困難的啟蒙經歷。這最終會導向整個故事的一個關鍵時刻，此一時刻會出現在第二幕結尾附近。它被稱為「靈魂的黑夜」，或是布萊克．史奈德所說的「一無所有」的時刻❷。在這個時刻，英雄似乎敗得很徹底，探求之旅也似乎完成不了，看似沒有任何希望了。這時，你也可能會聞到了史奈德所說的「死亡氣息」，我們的英雄要栽在這個時刻了。

並非每部電影都會讓我們的英雄在這時經歷真實的死亡威脅，但是所有電影都會出現一個場景，讓我們感覺英雄完全無望實現目標。史奈德建議編劇能在這時插入某種形式的死亡，甚至一種象徵意象，比如雲、一隻飛翔的鳥或一個坑洞，讓故事的這個部分能與觀眾產生更深的共鳴。

在愛情片中，這種一無所有的時刻，可能是突發事件讓英雄看似不可能和心儀的人在一起了。這時，我們完全不知道難題要如何解決，而這無疑也是每部電影中最催人淚下的時刻。我記得，當我還是小孩時，有天晚上我的父親回到家，告訴我們他剛剛看了一部很棒的電影《E．T外星人》，叫我們要趕快去看。看父親那麼激動，讓我迫不及待地想去看這部電影。

我一直認為自己夠堅強，不會輕易掉淚，特別是在看電影時。但是，當看到小外星人被類似燕麥糊的東西覆蓋在身上奄奄一息時，我的眼淚開始不停滴落。當片中的小外星人死掉後，我跟周圍的孩子一起放聲大哭了起來。

這個時刻似乎就是我們英雄的末路，也就是最黑暗的時刻，探求之旅似乎完全失敗了。但從象徵的角度來看，這時真正死掉的是英雄的小我。很多電影都會在故事的這個部分費盡心思，以期打動觀眾。編劇經常會用長達五頁的篇幅來描寫這個時刻，因此電影也會用不少時間來展現「英雄已死」的這個情節。

如果這個情節處理得夠出色，你可能會聽到觀眾的啜泣聲。偶爾，有些電影會真的讓英雄在這時候死去，讓我們猜測故事的後續劇情，但這種情況非常罕見。雖然，讓英雄在故事中死而復生會帶給觀眾大驚喜，但在很多電影中，這時死掉的經常會是英雄的導師——比如《星際大戰》的歐比王。這個事件會讓英雄感覺陷入谷底，無心再繼續旅程。

以國家來說，在歷史循環中，這種一無所有的時刻可能是在戰爭中遭受嚴重挫敗，或者經歷嚴重的經濟衰退，或者一個深受人民愛戴、極具影響力的領袖不幸逝世。總之，所有的末日預言者都確信這就是時間的盡頭，世界將會走向滅亡——不過這從沒有發生過。從這個角度來看，這段時期仍然能被視為我們集體的靈魂黑夜。我們已經為這個時刻，準備了數百年或甚至數千年了。在表層意識上，只有極少人能真正理解這個永恆的故事，意識到那些相似的事件總在歷史的循環週期中發生，因此我們才會認為，這種靈魂的黑夜時刻就是故事終局，我們至此已經一敗塗地了。但，其實不然。

放下小我，度過靈魂的黑夜

在故事一開始，英雄會緊抱著他的缺點不放，這些缺點可能是負面的習慣、自私的想法、荒謬的恐懼和不負責任的行為，這使得英雄能夠不去面對自己內心的魔鬼。在喜劇愛情片中，缺點可能是英雄因為曾被傷害而害怕愛上他人。然而，在這種靈魂的黑夜時刻，英雄會意識到自己如果不療癒對親密關係的恐懼，他可能就會失去心愛的人。而在動作片中，英雄可能一直是個懦夫，總是被內心的恐懼掌控，但現在他終於拿出勇氣面對魔王，即使知道自己幾乎沒有勝算。

這時英雄將會放下那個小我——一直在阻礙他前進的缺點，領悟打敗魔王才是完成探求之旅的方法。英雄的導師送給他的禮物，往往會在這時候發揮關鍵作用，這個法寶通常是英雄完成探求之旅所需要的神奇要素。在愛情片中，當英雄最後放下他的缺點時，他可能會從心愛之人身上得到一些關鍵訊息，而這些訊息將會讓他領悟到應該如何完成探求之旅。

此外，在一些愛情動作電影中，這些訊息可能會讓我們的英雄知道如何打敗對手，同時得到心愛之人。這些訊息可能只是愛人的一個吻，但這已經夠讓我們的英雄感受到愛意，有勇氣重新去面對壞蛋。

奮起迎戰魔王，電影中如是，你也該如此

在一部商業電影劇本中，你必須讓英雄去面對魔王，無論結局是完勝或落敗。如果你讓別人或別的事去打敗魔王，電影受歡迎的程度必會大打折扣。有些編劇會運用一些神祕難解、出人意表或類似魔法的力量，讓英雄在靈魂黑夜時刻得以脫險，而不是讓英雄靠自己的力量完成功課，這個手法稱為「天外救星」（Deus Ex Machina）①，通常被視為一種拙劣的編劇技巧。有些電影確實會設置這樣的情節，但是往往會讓觀眾反感，因為它沒有遵從這個遠古故事原型。

最後，我們的英雄必須鼓起勇氣面對魔王。因為歸根究柢，電影中每個角色都是英雄自身的一個主要面向，如同我們的夢境一樣。如果故事中，英雄最後沒有面對魔王，那就意味著這個故事沒有充分描寫出我們每晚都會接收到的那些「夢境象徵」（dream symbolism）。

如果某個國家的人民把一切寄託於一個被美化的領袖，這實際是反映出這個國家的人民意圖掩飾他們內在的缺點，因為他們想要的是找到一個可以帶給他們力量和領導力的人，而這正是他們自己不願往內探尋的東西。一旦失去領袖，無論這個領袖是死亡或被另一個政治團體推翻，對他們來說，就像一切希望都破滅了一樣。他們可能會恐懼得哭泣和顫抖，深信他們一直

對抗的魔王現在肯定不會放過他們。

然而，當人民逐漸放下哀傷重拾勇氣後，就會重整旗鼓，站起來面對難題，這些難題可能是一個真實存在的外部敵人，也可能是一些社會議題，比如文盲、飢餓、經濟崩潰等等。此時，可能會有新盟友突然現身，幫他們度過難關完成探求之旅。如果最後成功了，他們就不再需要借助領袖，而是以一個團體形式進行運作，同時，與他們的新盟友一起合作。

第三幕：攤牌、勝利和獲得靈藥

要等英雄成功通過靈魂黑夜的考驗，知道如何得到內心最渴望的東西後，第三幕才會開啟。一旦解決難題、實現目標的答案變得清晰，英雄也知道了他接下來要做的事，第三幕就開始了。我們不要忘了，傳統的舞台劇，通常會在這種重燃希望、答案開始浮現的時候放下布幕，而現代的電視劇則挑在最扣人心弦的時刻結束，吸引觀眾追看下一集。這種幕間休止策略，可以激起觀眾的好奇心和興奮感。在這時候，我們的英雄似乎有了答案，但他能做到嗎？他會成功嗎？喔，我簡直不敢相信英雄已經走到這一步了！接下來會發生什麼呢……這些懸念所帶來的興奮感會去敲打觀眾的心靈深處。在我們自己的人生，我們也喜歡這樣的時刻，這意味著所有努力和辛苦都將要得到回報了。現在，我們有機會去整合我們內在的那個魔王，並終止業力之輪帶來的痛苦了。以靈魂角度來看，我們知道，這是我們的終極目標；而在潛意識層面，我們也非常渴望。

在這個時候，英雄必須鼓足勇氣，盡一切可能去面對魔王（守門人），並爭取勝利。這個過程可能滿布危險，沒人能保證我們的英雄會成功。然而，遠古神話的架構原型會確保英雄之旅將會通往勝利終點，即使英雄為了實現目標而不幸死亡。一旦英雄能夠鼓起勇氣徹底放下自身的缺點，甘願為勝利放手一搏，這個偉大故事的另一個關鍵時刻就開始了。

現在，英雄開始擁抱榮耀與命運，而我們在第二幕中看到的那個導師往往也會在這時突然現身，似乎從天而降來幫助英雄戰勝魔王。這是故事中另一個催人淚下的關鍵點。當《阿凡達》演到這個情節時，我立刻就辨識出來了：「盟友來了！當然！」在此之前，人們會覺得英雄在探求之旅中非常孤獨，似乎只能獨力走完這趟旅程。不過，英雄之前對他人的仁心善舉，會在他最需要幫助的時候突然回贈給他，這可以被視為一種突發式的福報。

盟友象徵著英雄人格中的其他面向，這些面向會在英雄知道如何徹底消滅小我的自私需求時，突然現身為他提供幫助。在所有這些角色（面向）中，某個角色可能是力量的具體象徵，其他角色可能是幽默、機智、愛、勇敢等象徵。在一些劇本優秀、製作精良的電影中，看到出現在第二幕的所有朋友突然回歸，在英雄最需要幫助時聯手幫他時，我們可能會如釋重負地哭了起來。

在好萊塢，大團圓結局往往更有商業價值、更受歡迎，也比悲慘結局更符合遠古英雄故事的原型：即英雄歷經重重難關，最終取得了勝利，得到了一直被魔王覬覦並監管的珍寶（代表徹底的自我覺悟）。一旦能夠面對內在的魔王，拆卸自我的防衛機制（會一直阻礙你去真正關愛他人），這就意味著，你已經做好準備去跨過關卡，覺知你的真實自我（authentic self）。當你開始踏上探求之旅時，那些過去對你好的人，會以盟友身分重新出現在你身邊。你的真實自我，不是那個根植於憂慮、痛苦和恐懼之上的人格（小我）。從靈性角度來講，這個徹悟的過程就是所謂的揚升（ascension）——你的靈魂進化到一個更高的層次。你人生中所經歷的每一次勝利，都是一次袖珍版的揚升。

一旦徹底擊敗魔王、跨過關卡，英雄就必須去奪取「永生靈藥」，這是一種讓整趟旅程的價值得以顯現的魔力寶物。永生靈藥可能是指一個重要的人、一個神祕物件、一種威力強大的裝置、大寶藏，或一些能夠轉變世界的寶貴知識。有些電影在英雄奪取靈藥時就戛然而止，但古老的英雄故事並非如此。對於這種劇情設置方法，觀眾可能會有受騙的感覺，但是他們不清楚為何會有這種感覺。

謝幕時刻：回歸

在這個偉大的故事中，英雄在得到靈藥後將會脫胎換骨返回到原來的普通世界，並改善這個世界。一旦英雄帶著靈藥返回普通世界，我們就知道他已經完成了探求之旅，也使這個世界變得更好。在取得勝利之後，如果英雄對普通世界改善得越多，他就越充分地實現了這個被寫入銀河心智的古老故事所允諾的結果。

電影《魔戒》（*Lord of the Rings*）三部曲的最後一部精彩地展現了這個英雄故事的回歸階段。在將魔戒扔入熔岩、永遠摧毀魔王索倫的邪惡力量後，主角佛羅多回到了家鄉夏爾，將這片國土從恐懼和痛苦之中解救出來。

同樣的，喬治・盧卡斯也在他《星際大戰六部曲：絕地大反攻》（*Star Wars: Return of the Jedi*）的結尾，花了不少時間為天行者路克及盟友舉辦一個盛大慶典。在這個群情歡騰的場景中，每個人都在慶祝路克成功完成他的探求之旅，並獲得莉亞公主的尊重。此時，那些已揚升轉變為光之身形態的導師們也在欣慰地看著路克，整個銀河系是一片歡騰。

在戲劇中，這種最後的歡慶通常就是謝幕時刻。這時，所有演員會一個接一個站到台上，我們的英雄（最重要的角色）會最後現身。觀眾讚賞他們的表演，每個演員也會笑著向觀眾致意，一起向觀眾鞠躬。第四堵牆②終於倒下，演員和觀眾進行了眼神交流，觀眾也直接成為故事的一部分。在潛意識層面，這個時刻提醒我們這整個世界就是一個舞台，我們是自己生命故事的主要參與者。從始至終，我們都在努力參演自己在死後世界預先精心撰寫的生命劇本，而在這個故事之外，我們還有一個更大的存在。有一天，我們將會再次和我們的朋友重聚，慶祝生命中的所有歡樂與磨難。

回歸階段和謝幕是故事中令人動容的部分，但是很多現代電影都因為片長限制或電影本身的題材風格而忽視了這些部分。很多電影會在英雄擊敗魔王的那一刻戛然而止，讓觀眾自己在頭腦中構想結局，這種做法有時雖然不顯得突兀，但是如果沒有和英雄一起分享他的回歸時刻，會讓很多觀眾覺得若有所失。

這就是電影，也是你我的故事

這就是「故事」，這就是我們許多人在閒暇時間都喜歡投身其中的東西。每一次我們打開電視，每一次我們看電影，每一次我們打電話給朋友，告訴他們我們最近遇到的問題以及我們準備如何解決時，我們都處於故事之中。這，是一種靈性儀式。我們都深深被吸引，因為我們是靈性存在。

通常，我們總是沒有足夠的耐心去瞭解這個古老的英雄故事如何發展成形的過程，那可能長達數百年或甚至數千年時間慢慢醞釀。但我們可以看到，這個故事確實一直在歷史中不斷上演；而在地球上許多人還沒準備好接受這個謎題背後的偉大真相時，我們已經迫不及待。這時候，我們必須回到自己的生命故事中，努力去自我療癒。這樣一來，我們才能療癒這個世界，同時也能改變故事結局。

我們已經提到，故事的開始、中間和結局可以被稱為準備、衝突和消解，或者第一幕、第二幕和第三幕。不過，布萊克．史奈德將這三部分稱為「正—反—合」三階段❸；約瑟夫．坎伯則稱為分離、啟蒙和回歸。在分離階段，你會感到與世隔絕，非常孤獨，在內心深處覺得愛（或說造物主）③已經拋棄了你。因此，你可能會在自己敏感的內心搭建起防衛機制。在啟蒙階段，你將會面對自己的恐懼和陰影，最後放下最深層的缺點。借此你將會獲得勝利或覺悟，在靈性上揚升進入無垢識或真如識（pure knowledge）境界，而真正的愛就是「永生靈藥」，現在對你來說已唾手可得。在回歸階段，你將會帶著對世界的新理解、對生命的新領悟回歸到普通生活，並努力使其轉變。即使所愛之人最終死去，你也會意識到你還有自己，因此你永遠不會孤獨。一旦學會愛自己，你將會得到內心真正渴望的東西，而在這個過程中也幫助了其他人。

在每一天的生活中，我們都在經歷這些循環。我們會和父母、老師、朋友、老闆、愛人一年又一年經歷這些循環。最後，全世界的人都在歷經這些相同的循環模式。而實際上，這都是同一個本體④在一個全球共有的清明夢中走完同一個故事。在每一世生命結尾的謝幕時，我們再次覺知到，這趟生命經歷僅僅是一顆璀璨寶石的一個切面而已。我們會和我們的核心靈魂團隊重聚，他們一直在我們累世的生命中扮演不同角色。這時，我們會如釋重負地從先前的生命經歷抽離出來，感謝生命給予的所有艱難困苦——這些看似威脅我們存在的經歷，原來只是為了提點我們，是我們自己將這些明顯的障礙設置在人生道路上，以便幫我們覺悟到自己的核心身分是永生不滅的靈魂，那是一個慈愛造物者的完美全息投射。

具有高智慧及自我覺知的無數「共創者」（co-creators）一直在努力工作，早在人類出現之前，這些存在就已經在個人和集體層次上精通了這個故事。其中有些元老可能會出現在我們夢中，暗中幫助人類將地球上的事件導向一個更美好的結局。當我們看到這個故事出現在詩歌、書籍、戲劇、電視劇或電影時，都會觸動我們的心靈。在內心深處，我們知道這就是我們的故事，這就是生命之書；我們知道一個大團圓結局早已被設置在這本「書」中。現在，我們開始在夢中覺醒了。當我們完全醒過來後，會發生什麼呢？我們將會穿透那層遺忘帷幕，接觸到智慧無限嗎？

我們現在可能尚未發現，生命之書不僅存在於個人層次，同樣也存在於全球層次，也就是說，存在於我們人類歷史的演進歷程之中。同樣的，我們現在還沒能清醒地意識到，我們已經身處於全球性英雄之旅的第三幕了，隨時準備和我們人類的集體小我投射進行最後決戰。經歷過靈魂黑夜，發現了守門的魔王，我們已經知道如何擊敗這個對手了。不再受縛於羊群效應，現在我們要抬頭面對真相，而真相將會徹底解放我們。不久後，我們甚至可能會經歷一次全球性的謝幕。我們會發現，我們當下所認知的這個實相，只是一些更高的宇宙力量合力為我們所打造的幻象，以便讓我們在這個有意識的活宇宙中不斷進化。在這個盛大狂歡的全球性揚升時刻，那些一直在幫我們的天使可能會從幕後走出來，和我們一起鞠躬謝幕。本書提供的資料會讓我們更容易去預想，類似這樣的事情可能真的會發生。共時性，是幫我們在個人層次和集體層次覺醒的一個關鍵。

前面我們已經提過二〇一三年教皇辭職，及當晚梵蒂岡大教堂遭受雷擊等令全球震驚的事件。這是靈魂黑夜的一次完美象徵事件，而根據《一的法則》，這些事早已被寫入「心智之樹」了。

近期歷史中，還有一個有趣例子發生在二〇〇九年一月十五日（星期四），就在歐巴馬就職典禮的五天前。全美航空公司的機長切斯利・薩林伯格（Chesley Sullenberger）在客機失去動力的緊急情況下，成功迫降在紐約哈德遜河，使得機上一百五十多名乘客和機組人員全部平安獲救。就象徵意義來說，其結局正好與九一一事件完全相反。就像我在網站上所寫的，這似乎是我們所有人正在體驗一個全球清明夢的一個例證❹。那些看似偶發的世界性事件，實際上背後都有象徵性含意。

很多人都覺得哈德遜河迫降奇蹟確實不可思議，但是他們還無法理解其中的真正意義。此外我還發現，在那次事件中，所有倖存者拍下大合照的精確時間是下午三點三十三分，我已將相關的視頻證據發布到網上了。此一事件僅僅發生在歐巴馬宣布當選總統的幾個禮拜後，當時他獲得了三百三十三張選票。而在約翰・麥肯（John McCain）發表敗選演說的整個過程中，三三三這個數字一直出現在電視螢幕上❺。我必須承認，看到三三三這個數字在如此短的時間內，以兩種不同但非常明顯的方式出現在兩個世界性事件中，這個「巧合」真的嚇了我一跳。

我不相信地球上有任何人能夠策畫或安排這些事，我也不認為這就意味著歐巴馬將擔當救世主的角色。在這個全球性的故事中，我們每個人都必須要以自己的方法成為英雄。

「地緣共時性」（geo-synchronicities）現象，比如梵蒂岡教堂的雷擊事件和哈德遜河奇蹟迫降事件，都可能是靈界力量對我們的集體故事進行干預的結果，以便向我們所有人傳遞訊息——古老的英雄故事將會有一個積極美好的未來。以劇本來說，類似這樣的情節稱為伏筆或預兆，暗示無論路途多麼黑暗，英雄必定會在他的探求之旅中取得成功。

哈德遜河的奇蹟迫降事件似乎在告訴我們，小布希政權的帝國主義政策正在把很多事情快速推向一場徹底的災難，包括二〇〇八年的全球金融危機，而九一一事件就是這個災難的一個明顯徵兆。可喜的是，民眾已經開始覺醒，他們投票選擇了那個承諾將終結人們恐懼、讓所有人（無論膚色、民族或宗教信仰）都能在經濟危機中安全著陸的候選人。在神奇迫降的事件中，扮演英雄人物的機長完成了不可能的任務，他無懼死亡，完全掌控了一架可能奪走一百五十多條人命的失控飛機，成功取得了「永生靈藥」——拯救了大家❻。此一事件在潛意識層次向我們顯示，即使深陷最麻煩和最令人不安的全球困境，這個世界也可能會有一個大團圓結局。

無論你稱他們為光明會、新世界秩序、陰謀集團、黑暗菁英或大魔王，這個全球菁英團體確實象徵了我們集體小我的一個全球性投射，而且像照哈哈鏡一樣，這種投射已被極度扭曲。有越來越多的現象顯示，我們這個集體噩夢即將結束，一直以來，我也在持續追蹤證據並將新訊息更新到網站。這頭「惡龍」所看守的「永生靈藥」，比大家想像的要宏大奇妙得多，它將會為我們這個世界帶來巨大衝擊。這個「靈藥」會讓我們意識到我們在宇宙中並不孤單，讓我們得以在全球大謝幕中與那些失散已久的外星球親族重聚。

此外，地震、海嘯、颶風、火山爆發和氣候變化，這些不斷加劇的大自然問題，都是全球性靈魂黑夜在物質層面的具體顯現。根據世界各地的古老神話和預言，這些巨變似乎是一個偉大計畫中非常關鍵的部分，目的是促使我們盡快覺醒。在這些災難面前，不論膚色、宗教信仰、種族，我們所有人都需要團結一致，並意識到這些事件背後可能有某種能量性的因由，而我們能透過思想和行為來轉變這些因素，為我們創造一個更加正面的結局。《一的法則》就直接指出，這些全球問題都是為了促使人類覺醒。

> 在你們的幻象中，給你們帶來挑戰、困難和（貌似）不幸的地球變動事件，實際上是在提供你們一個更大的服務機會，很多人將會因此而探求及理解你們星球節律失調的

準備探索歷史的週期循環

現在，我們都已經知道有一個編寫好的人類靈性進化劇本，我們也該準備啟程去探索歷史的週期循環了。這些知識將會揭示，一個關於這個現實世界、令人震驚的革命性認知，最後我們終將會明白我們生活的這個幻象世界，其實是多麼宏大精妙。我們很快就會看到，發生在世界上的很多事件都不是偶然出現的。在時間之內存在著一種有智慧的結構，一直以來，我們都在這個結構中穿行，而所有重大的世界事件似乎都是這個智慧結構的一種顯現。古老的英雄故事一次又一次地複述，直到我們學會這個故事想要教給我們的功課為止。

倘若我們認為我們自己跟其他人是分離的個體，認為我們更為重要，或認為他們是我們的對手，那麼魔王（小我）就會占上風，我們也會一直受苦。因為如此一來，戰爭和災難不會停止，除非我們都能領悟：所有人都是一體的，每個人都有權利過自由和平的生活。除非我們相信暴力能解決問題，否則我們的領導人不能也無權將我們帶上戰場。

然而，那些有權勢的反社會者非常聰明，而且善於隱藏自己，讓我們相信他們跟我們的目標是一致的。幸運的是，劇情已在快速轉變，一旦真相被揭露，民意會像滾雪球一樣，無人能阻擋。

英雄之旅會發生在各個不同層次，包括個人、地區、國家及全球層次，每個人各就各位，在故事中扮演特定的原型角色。比如說，那些偉大的發明家就是導師，他們將寶物或說神奇禮物交到我們手上，這些寶物將會改善我們的社會，讓它變成一個神奇世界。

此外，我們的地球一直在慢慢穿越不同的太空區域，這些區域都是具有生命力和智慧的。地球以二萬五千九百二十年的緩慢腳步擺動一圈，而到目前為止，發生的所有歷史大事都吻合了這個週期性。正如我們將在本書第四部所要探討的，這個大年週期恰好是我們整個太陽系繞行一顆神祕「黑太陽」（Black Sun，棕矮星）伴星一週所花的時間。太陽伴星的能量場有著完美的幾何結構，無論就個人意識或集體意識來說，我們的自由意志一直都受到這些能量場的精確引導。

譯注：

①原意是從機關跑出來的天神，在古希臘戲劇中，當劇情陷入膠著難以解決時，會突然出現擁有強大力量的天神把難題解決。在現代戲劇中，則代表突然介入扭轉局面的人或事。

②戲劇概念，指在鏡框式舞台上，透過人們的想像而出現於舞台口的一道並不存在的「牆」。作用是試圖將演員與觀眾隔開，使演員忘記觀眾的存在。

③意指造物者的本質就是愛，如作者先前所暗示的。

④指創造宇宙萬物的合一意識。

| 第三部 |

勝利與失敗的循環

12 五三九年，一個深富意義的歷史週期

巴黎五月風暴的學生運動，發生在聖女貞德起義之後的五三九年，這場幾乎讓法國政府垮台的學運，猶如聖女貞德帶兵起義的重演，讓草根階層站起來反抗工會及政府的專斷領導。

在《一的法則》中有一些很有意思的段落，這些段落談到歷史的真實含意，也為我們探討的這個主題做了精彩鋪墊。《一的法則》提醒我們，實際上只存在一個故事，這個故事被一次又一次地複述。細節、發生的時間和地點並不重要，真正重要的是這些歷史週期想教給我們的靈性進化法則。

對我們來說，你們所理解的歷史實際上並不存在。如果你願意的話，想像一個存在的週期。對我們來說，α和ω是無限智能。週期循環不會終止。它是當下。❶

你們星球上的每個實體都有不同的週期時間表（就像你們所稱的）。這些週期的時間點是一種測量，等同於智慧能量的一部分。這種智慧能量按時間操課，讓週期的運作跟你們的時鐘一樣精確。❷

你們數千年的時空創造了一種虛假的利害關係……這個由我們負責的教導／學習過程

主要是哲學性而非歷史性的。❸

我們並非時間的一部分，因此，我們能夠在你們時間中的任意時刻和你們接觸。❹

在第三密度，有過去、現在和未來。對於一個脫離了時空連續體的實體來說，它可能會認為，在一個完整的週期中，唯一存在的只有當下。❺

藏在神話裡的一個大謎題

約瑟夫．坎伯在《千面英雄》❻中解釋，所有在世界各地一直流傳的神話都在跟我們述說一個相同的故事。他稱這個故事為「英雄之旅」。桑提拉納和戴程德發現世界各地的許多神話中，都有關於二萬五千九百二十年歲差週期（即大年）的隱喻，這種隱喻被精心編碼到這些神話中。我們知道，地軸會緩慢擺動，與地球自轉方向相反，擺動週期為二萬五千九百二十年。傳統科學一直無法解釋，為何許多不同的古老神話對這個週期都那麼重視。在這些神話中，英雄戰勝魔王似乎揭示了一個清晰的預言：一個黃金時代即將來臨，這和《一的法則》所說的人類將進化到「第四密度」是相同的意思。有一個關於英雄之旅的偉大故事，這個故事的跨度長達二萬五千九百二十年。在這個時間週期中，還存在很多次週期，而在這些次週期中，一些相同的故事一直以不同形式重複上演。這些歷史循環似乎在《傳道書》（*Book of Ecclesiastes*）第三章第一、二、十五節有所提及：

凡事都有定期，天下萬務都有定時。生有時，死有時。栽種有時，拔出所栽種的也有時。殺戮有時，醫治有時。拆毀有時，建造有時。哭有時，笑有時。哀慟有時，跳舞有時……現今的事早先就有了。將來的事早已也有了，並且神使已過的事重新再來。

印度經文反覆討論宇宙長達八十六億四千萬年的進化週期❼——包括一個完整的「梵天的晝與夜」，他們認為這是宇宙的完整循環週期。另外，經文還提到那個二萬五千九百二十年的週期及其十二個二一六〇年的等份週期——黃道十二宮時代。這些印度經文告訴我們，我們現在正在經歷最黑暗的時代——黑鐵時代（Kali Yuga）①——這時道德會衰敗，物質主義和暴力會加劇。經歷這一時代之後，人類接下來會轉變並進入「黃金時代」（Satya Yuga），這時天神將會再次化身降臨人間。克里希納（Krishna）②在《薄伽梵歌》（*Bhagavad Gita*）③中提到一個重複出現的英雄原型化身：

阿周那（*Arjuna*）④，往世您我皆歷多生。以往諸生我全都知曉，您卻盡數忘卻。儘管我不生不滅，儘管我是萬有的神主，然而我是以自己的超然之力生出。每當道德衰竭而非盛行之時，我就讓自己降生於世。為了保護良善，為了翦除邪惡，我每個世代都會降臨世上。

一九九三年夏天，我讀了彼得．勒曼蘇瑞（Peter Lemesurier）的作品《大金字塔解碼》（*The Great Pyramid Decoded*），首次看到歷史可能以週期方式前進的觀點。

正如我們之前所猜測以及馬雅人長久以來所相信的，歷史很可能是以週期循環的……我們可以用有關歲差的占星學觀念來表達這種歷史觀……用「螺旋演進」來描述時代的進程可能更為恰當。換句話說，進化和歷史的推進過程都展現了一種週期運動，但是每次進化都發生在不同的層次（層次可能越來越高），其特點就是完成不同的指令。古代的阿茲特克人（Aztecs）用海殼來象徵接下來的時代，這暗示了他們可能認同這樣的觀點。而這種觀點在現代世界同樣有著名的認同者：愛因斯坦……

以週期的循環觀點來看待世界歷史看似天方夜譚，然而事實上，阻礙這樣的觀點被更廣泛接受的唯一障礙是，明顯缺乏具體的考古學證據來支撐——不過這更有可能是學術界不知該如何尋找證據以及在哪裡尋找。是否像艾德格．凱西所稱，這些證據將會在正確的時間內被找到，那麼只有時間能告訴我們答案了。❽

謎題在六年之後被解開

在首次讀了勒曼蘇瑞那本複雜的學術專著後的六年中，我總是不時思考這個謎題。最後在一九九九年三月七日，我的朋友大衛．斯丁伯格（David Steinberg）幫我辦了一個生日會，並拿給我一本未出版、已經泛黃的手稿。有人請他將這本法文書翻譯為英文，他讓我讀完後要馬上還給他。不久，我就意識到，我在這次生日會上得到的這份神奇禮物完全是一種共時性現象，也可以說是我人生中的一個轉捩點。那時，我正準備在隔天將我的電子書《收斂二》（*Convergence II*）上傳，我馬上在這本書的末尾提了一下大衛借給我的書❾。一年半後，我告訴大衛，我們有必要把這本書發布到網上和大家分享。他同意了我的提議，二〇〇一年一月十日這本書出現在我的網站上，書名叫《我們世紀的終結》（*The End of Our Century*），作者是弗朗索瓦．馬森。書中最關鍵的章節是〈循環學：歷史背後的數學〉（Cyclology: The Mathematics of History）。[10]

馬森用確鑿的證據，證明勒曼蘇瑞著作中所暗示的理論。歷史似乎以非常精確的循環週期前進，馬森用令人驚訝的廣泛證據論證了這一點。二〇一三年三月，我在網路上發現丹寧出版社（Donning Company Publishers）在一九八三年出版了這本書的另一個英文譯本，書名是《我們紀元的終結》（*The End of Our Era*）[11]。這本書現在已經絕版了，不過我已將斯丁伯格的譯本免費發布在網站上。

美國國會圖書館的資料顯示，《我們紀元的終結》版權登記時間是一九八二年六月二十五日，並在一九八四年三月二十二日重新修訂[12]，這也證明了這本書確實在一九八二至一九八三年間上市。

馬森在這本書中強調了米契爾・赫爾默的發現。赫爾默在十六年間為《占星筆記》（*Les Cahiers Astrologiques*）雜誌寫了大量文章，並提出了很多具有說服力的新理論，例如他認為歷史事件會以非常精確的時間週期重複出現。馬森在一九八〇年寫了這段話：「在一九六〇年的《占星筆記》雜誌中，米契爾・赫爾默提出了他的觀點，他認為歷史事件會以一定的週期循環重現，其長度基本上都是二五九二〇年的等份。根據赫爾默的理論，我們能對未來的經濟和政治事件做出準確預測。」[13]

《占星筆記》雜誌的網站上有完整的檔案紀錄，可以查到赫爾默為《占星筆記》所寫的文章，比如《占星筆記》第七十五期（一九五八年）的〈太陽革命〉（Solar Revolution）、第一百期（一九六二年）的〈關於天堂與地球的加密檔案〉（Encrypted Documents of Heaven and Earth）、第一二六期（一九六七年）的〈黃金比例決定了世界的和諧，你覺得呢？〉（The Harmony of the World Is Based on the Golden Section, What Do You Think?）、第一三一期的〈探索天狼星週期的謎團〉（Discovering the Mystery of the Sothic Cycle）[14]。另外，赫爾默還在第一六八期（一九七四年）與其他十位作者共同發表了一篇名為《冥王星調查報告》（Pluto Survey Answers）的文章。[15]

如果這是真的，它將改變一切

如果赫爾默的核心假設是正確的，那麼背後的意義是令人震驚的。這意味著：我們不能信賴我們的自由意志，我們也不能相信世界大事的明顯偶然性；現在正在發生的事以前就曾發生過，而這些事件很可能一直在遵循著一部神祕的老劇本，而這個劇本早已被寫入到時空結構中。這為我們提供了一種非同尋常且更積極的觀察視角，讓我們對生命及我們身處的這個現實世界有全新的理解。很多事情其實沒有表面看起來那麼糟糕，我們一直在經歷的事件早已被精心安排，目的是促進我們集體在靈性上不斷進化。

葛瑞姆・漢卡克參考了科本海沃（Brian Copenhaver）[16]和史考特（Walter Scott）[17]對古埃及奧祕文本（Hermetic text）[5]的現代譯文，揭示其中關於黃金時代的預言。這些預言呼喚「宇宙的新生；那是所有好事物的重現，對大自然一次神聖且令人敬畏的恢復；在時間的進程之內，它將被造物主的永恆意志所鍛造。」[18]這些古老的奧祕文本所說的「時間進程」到底是指什麼？赫爾默和馬森似乎找到了答案。

赫爾默非常詳盡地證實了歷史重現的觀點，特別是，他發現一些歷史事件會以各種不同的時間週期重現。當然，事件並不會完全一模一樣重現，時間、地點和具體細節可能會有變化。但是那些重大事件，比如大型的戰爭，則會以極其精確的時間週期重現，對應時間有時只差短短幾天。赫爾默發現的這些週期幾乎都是大年的完美等份。二五九二〇年最被人熟知的一個等份時間，是二一六〇年的黃道十二宮時代。另外，赫爾默還發現，每一個黃道時代能再被劃分為四個相等的部分（每個部分長度為五四〇年），意味著這個五四〇年的次週期可能是歷史事件的其中一個循環週期。

五三九年的歷史週期

赫爾默總結道，我們需要將五四〇年這個週期減去一年才能真正看出其中奧妙。比如說，一個五三九年週期能同時被七和十一整除，意味著歷史事件也可能以七年和十一年這樣的次週期循環。進行簡單的數學運算，你會發現五三九年剛好可以被分為七個七十七年的週期，以及四十九個十一年的週期。我們知道，太陽黑子的活動週期大約是十一年，在這個十一年週期中，太陽的表面會從非常安靜穩定的狀態逐漸變得沸騰躁動。

赫爾默還進一步證明了俄國科學家亞歷山大・希策夫斯基的觀點是正確的，這個十一年週期確實對人類文明有直接的影響。希策夫斯基可能從未想到，這個十一年的太陽黑子活動週期或許只是一個更大週期的基礎。

另外，赫爾默還推測，《聖經》可能用「七乘以七十七」的說法來暗指這個五三九年的循環週期。我在新國際版《聖經》的《馬太福音》第十八章二十一至二十二節找到了符合此說的內容：「那時，彼得進前來對耶穌說：『主啊，我弟兄得罪我，我當饒恕他幾次呢？到七次可以嗎？』耶穌說：『我對你說，不是七次，而是七十七次。』」

在討論寬恕的爭議時，為什麼約書亞要提到七十七次這個數字呢？約書亞經常用一些模糊的謎語或比喻來傳達教導，這個數字是否也有隱含訊息呢？另外一些譯本，則將約書亞所說的需要原諒別人的次數譯為「七乘以七十次」⓳。赫爾默顯然有另外一個不同的《聖經》譯本，其中約書亞所說的是「七乘以七十七次」。我們必須要將數字七和七十七相乘才能破譯隱含的訊息。如果像《一的法則》所說的，約書亞確實「穿透了智慧無限」並成為英雄——我們銀河系的初始心智——的一個化身，那他就會直接知曉歷史以這個五三九年週期循環演進。約書亞可能要告訴我們的是，這個週期被編寫進銀河系的心智之中，做為我們必須歷經多世才能參透的一個關於寬恕的循環。

透過這些偉大的時間循環，我們將會清除我們的業力，並在集體層面療癒我們的社會。關於《聖經》的例子可能還有著點推測意味，但是馬森認為有可靠的科學證據支持這個週期理論：「存在很多循環週期，有些在規模上遠超過我們想像，而這個（五三九年）週期，在規模上無疑是我們尚能理解的那些週期中最重要的一個，這是一個文明基本循環的轉捩點。」⓴

透過這個週期，赫爾默在一九六〇年預言：有些重大事件將會在一九六三年之前發生於法國。按照馬森的說法，赫爾默在一九六四年公開發表了這些預言，馬森看到的可能是雜誌早期版本的重印版，因為網站紀錄顯示赫爾默在那一年沒有發表任何新文章。無論如何，這是一個非常大膽的預言，如果赫爾默這個預言被證明是錯的，那他的職業生涯和信譽可能會毀於一旦了。如今，我們可以在法國的現代歷史看到，這個預言成真了。馬森說道：「赫爾默將他的計算起始點設在一四二九年。這一年是百年戰爭中，法軍開始逆轉的重要時間點，而這顯然影響了整個歐洲歷史。」

聖女貞德歷史事件再現

在百年戰爭的這個關鍵轉捩點之後，英國基本上停止了對歐洲鄰國（包括法國）的攻擊，並專注於向海外擴張。讓法國取得這次關鍵勝利的人物是聖女貞德，一個似乎擁有神祕力量且能與靈界溝通的十九歲女孩。由於她的特殊天賦，聖女貞德被任命帶領法軍，我們可以說，聖女貞德就是我們集體英雄之旅中的一個完美英雄角色。

在聖女貞德的故事中，古老三幕劇早已被完美地預寫了出來，我們完全無需對這個事件進行增刪或重組。聖女貞德史詩般的故事是一個完美例子，向我們展現個人如何能在重要的歷史時刻變身為英雄之旅的主角。或許，我們每個人最終的命運就是要以自己特有的方式去踐行這個古老的故事。

從一四二九年四月二十九日到五月八日，聖女貞德帶領她的軍隊在奧爾良（Orleans）贏得關鍵勝利。赫爾默的預言至少沒讓他的讀者失望。馬森寫道：「在五三九年之後，一個英國青年也帶來了一次重大轉變，摧毀了老舊的思想狀態。」㉑

果然，在一九六八年五月三日，就在聖女貞德起義之後的五三九年又四天，年輕學子在法國掀起了一次新起義⑥。就在一年前的一九六七年，披頭四推出了新專輯《比伯軍曹寂寞芳心俱樂部》（*Sgt. Pepper's Lonely Hearts Club Band*），在《滾石》雜誌發起的評選活動中，這張專輯被評為史上最佳搖滾專輯。另外，在一九六七年六月二十五日，披頭四還史無前例地在一次全球直播節目中發布了他們的一首熱門單曲〈只要有愛〉（All You Need Is Love）。當時，大約有二十六個國家的四億人口收看了這個節目㉒。

那時，性革命正如火如荼，但是法國學生卻一直被關在男女隔離的宿舍中，並受到嚴密監管。沒有「用報紙折成的計程車」出現在沙灘上，而那些「眼睛像萬花筒一樣的女孩」⑦則被帶到受嚴密監管的女生宿舍中。那時，愛情顯然是法國大學生難以得到的東西，男生和女生不能在任何時間到彼此家中探訪，當局甚至對此發布了嚴格的軍事禁令。這種對自由的壓制，似乎是某種過時的宗教信條所遺留下來的陳腐思想。這些嚴酷的禁令對大學生的生活造成了極大影響，倘若異性之間不能進行某種友誼式的探訪，那麼他們將如何與異性朋友交往呢？據《獨立報》（*The Independent*）報導，到了一九六八年三月十五日，這種嚴苛的統治已在法國造成緊張的政治氣候：「文森—潘特（Pierre Viansson-Ponté）說，當時法國正瀰漫著一種危險的政治弊病：厭倦。他說從西班牙到美國，學生不是上街頭抗議戰爭，就是要求徹底解放，而當時的法國學生基本上只要求讓女孩能去看一看男孩宿舍而已，這是相當基本的人權。」㉓

一個新的英雄崛起了

孔本迪（Daniel Cohn-Bendit），一個紅髮、充滿激情的二十二歲學生帶領三百名學生發出了怒吼，成為五三九年週期的一個新英雄角色。這群憤怒的學生占領了學校的行政大樓，要求校方做出回應。他們的抗議行為可能讓他們被開除，可能讓他們家庭的所有教育投資化為烏有，但這並沒能阻礙他們挺身而出護衛他們的自由。《獨立報》報導，當時法國政府（魔王出現了）試圖鎮壓，就像五三九年前他們對待聖女貞德一樣：「包括孔本迪在內的幾名學生被指控帶頭做亂，學校威脅要開除他們。但五月三日，受人敬重的巴黎大學一場支持學生的示威活動爆發了。」㉔

不久後，示威活動演變成與全副武裝的鎮暴警察的一場大規模衝突，這些警察可以被視為英雄之旅中必須面對的魔王手下。此外，穿戴著老式制服和頭盔的員警，看起來也很像一九一四至一九一八年戰爭期間的法國士兵。這很可能是共時性事件自我顯露的一種象徵，向我們展示，這些員警代表的是法國搖搖欲墜的那股腐敗勢力的馬前卒。《獨立報》的報導是這樣寫的：

> 當局向示威者承諾，只要他們自行解散就不會受到懲罰，不過他們依然強行逮捕了四百名示威者。而更大的示威活動卻開始出現了。示威群眾向警察丟了第一顆石頭，而巴黎警察在臭名昭彰的鎮暴員警支援下，也不客氣地用亂棍襲擊並投擲催淚彈。他們攻擊學生、記者、路人、遊客、去看電影的人，還有一些坐在咖啡店裡看熱鬧的老夫婦。到了當天晚上，到處都設置了路障。[25]

聖女貞德的關鍵戰役在一四二九年五月八日結束，儘管她的軍隊失敗了，但是她的故事依舊令人動容，強力地開啟了每個人潛意識中有關英雄之旅的記憶。受到啟發、規模夠大的群眾開始站起來反對暴政，擊敗他們的魔王。

五月風暴的轉捩點，就發生在聖女貞德五月八日那場代表性戰役後的五三九年又兩天，一群手無寸鐵的學生直接卯上了全副武裝的鎮暴警察。《獨立報》寫道：「在五月三日之後的那一週，一大群學生試圖『解放』已被鎮暴警察重重包圍的巴黎大學。樹木被連根拔起，汽車被掀翻，連嵌在路上的鵝卵石都被撬了起來。」[26]

當然，這只會讓員警更無情回擊。這似乎到了英雄之旅那個一無所有的靈魂黑夜時刻。學生做了他們能做的一切，而政府則用軍隊強硬鎮壓。如同聖女貞德一樣，雖然這些學生沒有實現他們英雄之旅的最終目標，但是他們已經站起來與他們的魔王直接對抗。到了這時候，故事

第二幕中的盟友要準備登場了。回到五三九年前，聖女貞德的勇敢行為激發出更大規模的起義活動，最後解放了法國和其他歐洲國家。而在五月風暴中，當學生的抗爭行動被鎮壓粉碎後，超過八百萬人受到啟發而加入這場新的戰役。在孔本迪等學生為了「解放」巴黎大學而竭盡全力後只過了短短三天，盟友就現身提供援助了——工會要求罷工示威一天，政府開始撤退鎮暴警察，示威群眾塞滿了巴黎左岸地區。罷工行動沒有如期喊停，八百萬名工人仍然持續進行不定時罷工，這也是法國歷史上最大規模的罷工行動。㉗

一次改變歷史的重大事件

《獨立報》針對這場幾乎準確發生在聖女貞德起義之後五三九年的學生運動，所引發的影響說道：「在一九六八年五月前後，歐洲其他國家和美國也出現了學生暴動，但沒有一個國家像法國一樣——一場學生運動幾乎動搖了整個政權。沒有其他一個國家的學生運動會引發一場工人起義，啟發這些藍領草根階層站起來反抗工會和政府的專斷領導和統治。」㉘

這場改革所帶來的持續影響，已經遠遠超過了學生運動。「帶領年輕人在巴黎拉丁區設置路障、掀翻汽車的人，是那些資深的記者、作家、哲學家和政治人物，包括當時的外交部長貝爾納．庫什內（Bernard Kouchner）。」㉙

另外，馬森也做了說明：「一九六八年後，我們在全世界都看到了這種相同的年輕人運動，包括法國、捷克、美國、墨西哥、日本、西德等等。沒人能夠憑著貴族身分或任何頭銜來讓人服從，他必須證明自己確實有能力。」㉚

這些事件之間的關聯性確實不可思議，尤其是當我們想起赫爾默曾經預言繼聖女貞德之後的五三九年，會有相似大事在法國重現。赫爾默怎麼可能在至少四年前就做出如此準確的預測呢？關鍵轉捩點的出現時間，在前後兩個事件中只相差了兩天，這怎麼可能呢？

現在看來，二一六〇年黃道十二宮時代似乎不是個過時、無聊且對現代世界沒用的老東西了。最後我們可能會發現，這甚至是一種極其先進的科學，先進到我們必須借助最頂尖的電腦系統才能真正理解。

如果我們將黃道十二宮時代劃分為四等份並減去一年，來讓這個循環週期的年數變成一個更諧和的數字，更能看出歷史事件以令人驚訝的精確度重複發生。這挑戰了我們對一切事物的認知。如果歷史事件不是隨機發生的，那麼人類的自由意志又代表著什麼？

黃道十二宮時代在蘇美、埃及、古希臘、羅馬和印度都受到高度推崇，似乎也是「歷史重現」這個觀念的源頭。懷疑論者可能認為赫爾默能夠預言成真只是運氣好，但在人類有文字記載的歷史中，這僅僅是幾百個歷史重現的例子之一。

在很多例子中，有些週期事件甚至精準到一天不差，我們將會在後面章節中看到，赫爾默和馬森找到了許多具有相同循環規律的例子。正如我們看到的，我接手了他們的工作，證明這些事件從那時起仍在持續發生，而這正是我要尋找的證據。二〇一〇年，我發現九一一事件及其前後的一些關鍵事件，跟發生於五三九年前歐洲的一些戰爭及政治事件存在著精確的關聯性。前後兩個對應事件的發生時間恰好差了五三九年又六天，可以說就是黃道十二宮時代（二一六〇年）的四等份。

坦白說，我不知道還要過多久，我們的社會才會發現並正視這種真實存在的現象。我的猜測是，除非我們親眼目睹一次重大的歷史事件印證了這種現象，否則絕大部分的人還是會選擇持續忽視，就像我們對外星人存在與否的態度。毫無疑問的，很多驚人的科學發現一直被大家所忽略。雖然我樂於為真相奮鬥，但我必須承認，要讓大部分人接受這些不可思議的事確實不容易，而能讓他們確信的唯一方法就是提供大量證據，能夠有力地支持一個全新的宇宙觀。幸運的是，已有很多科學家發現並證明了這一點：宇宙確實是一個活生生的、有意識的存在，而且有大量堅實的證據讓我們建構一個理論模型，解釋其運作規律和原理（我們會在本書第四部繼續探討）。

下個循環時間點，事態會變得更好

我還注意到一個有趣的現象，在法國的五月風暴中沒有人喪命，無論是學生或警察。可以看出，整個循環週期是以一種更平和的方式進行。對抗的雙方——保守的政府勢力及追求自由的年輕人——都能因此成長，不再將彼此視為對手。這暗示了，當我們經歷這些偉大的循環時，實際上並不存在「這一方和那一方」的二元對立關係。對整個社會來說，不論是英雄或魔王，都是我們自身的一個映射部分。透過找到彼此寬恕的方法，共同以星球的一份子攜手共進，我們就能一起在世界層次與個人層次淨化及轉化我們的小我心智（ego mind）。

譯注：

①據印度教所稱，每個歷史循環由四個時代構成，分別是：薩提亞時代（亦稱黃金時代）、特瑞塔時代（銀器時代）、德瓦帕爾時代（銅器時代）及卡利時代（鐵器時代）。

②克里希納是印度教大神毗濕奴的第八個化身。

③《薄伽梵歌》是最古老的瑜伽典籍，印度重要聖典，也被稱為「絕對智慧者的不朽甘露」。這部在印度家喻戶曉的經典，是五千年前用梵文寫成的。

④印度史詩《摩訶婆羅多》中的王子。

⑤這份文本的年代至少不會晚於西元四〇〇年，以宙斯之子赫密士（Hermes）命名，赫密士是古埃及的智慧之神。

⑥一九六八年五月在法國巴黎爆發的社會運動，又有「五月風暴」之稱。整個過程，由學生運動開始，繼而演變成整個社會的危機，最後甚至導致政治危機。

⑦這句與上文「用報紙折成的計程車」都是披頭四的歌曲 Lucy in the Sky with Diamonds的歌詞。

13 美國是現代版的羅馬帝國？

羅馬帝國與美國的歷史大事出奇相似，古今對照，所有重大事件發生的日期竟然都相隔一個黃道十二宮週期——二一六〇年。

五三九年的這個時間週期有非常驚人的數學精確性——跨度超過五百年，而誤差只在四十八小時之內。米契爾．赫爾默至少提前四年就預言了法國將會出現一次重大的起義，而且最後有超過八百萬人受到啟發而加入法國學生的自由之戰中。如果赫爾默和馬森是對的，那麼每個黃道十二宮時代就能分為四個相等的循環週期。而在這些週期中，歷史事件將會以令人震驚的相似性不斷重現。

在我發布到網上的那部手稿譯本中，你會發現更多關於歷史轉捩點恰好相隔五三九年出現的例子❶。在此之前，除了英國出版商、大衛．斯丁伯格和他的家人之外，沒有其他人看過這部手稿。據我所知，雖然彼得．勒曼蘇瑞在他的書中曾提到類似的概念，但赫爾默和馬森應該是首次發現人類歷史中存在著重複性現象的人。赫爾默和馬森的研究獨一無二，如果這種歷史現象是真實存在的，在深入研究後，應該會找到更多關於五三九年週期的例子。

當我發現黃道十二宮二一六〇年的時間週期也在引導歷史事件的發展時，同樣感到很震驚。身為美國人，我發現的這些資料無疑更有親切感和個人意義：羅馬帝國時代的一些歷史事件和二十世紀的美國歷史事件，存在著直接關聯。一個二一六〇年的黃道十二宮時代似乎很漫長，如果我們回溯到二一六〇年之前，那就是比《新約全書》時期和約書亞生活在地球的時期還要早，也就是我們稱為「西元前」的時期。但是相較那些歷史大循環週期來看，這個二一六〇年的週期甚至比一眨眼的時間還短。從我得到的那份手稿來看，馬森的研究工作在一九八〇年後就沒有更新了。在我將三十多年來的研究成果寫成《源場》一書後，很快就發現，自己不由自主地被引導到一趟新的探索旅程，而我要知道的是：這個黃道十二宮週期至今是否仍在運作？不久後我就發現，羅馬帝國和美國之間出現了週期性關聯，這現象不僅存在於馬森寫書的一九七九至一九八〇年期間，甚至在一九八〇年代、一九九〇年代和二〇〇〇年之後也依然存在。

對我來說，看到這些真相後，一切都改變了。我不得不後退一步、深呼吸，重新思考我對地球上生靈萬物的固有認知。我們在幾乎所有古老神話和現代電影中所看到的那個偉大故事架構，一直在某種超過我們認知的層次上引導著我們的生命進化歷程。歷史上的一些重大事件等同於電影劇本的故事轉捩點，但幾乎沒人知道有一種隱祕的宇宙智慧一直在指揮著這一切。發生在一九六〇年代的一些政治事件，跟英雄之旅的故事線有很多有趣的關聯，一旦我們把這些事件跟發生於羅馬帝國的類似政治事件比對後，這種發現就更加重要了。

每個時代都需要英雄人物

甘迺迪兄弟和馬丁・路德・金恩的遇刺事件，顯然可以視為「英雄之旅」途中的靈魂黑夜時刻，或者說「一無所有」的時刻。對許許多多的人來說，這也可以被視為促使他們開啟各自探求之旅的引發事件。披頭四在一九六四年二月九日——距約翰・甘迺迪遇刺身亡（一九六三年十一月二十二日）不到三個月——出人意料地現身於《艾德・蘇利文秀》（*The Ed Sullivan Show*）電視節目，此後，他們在美國的知名度急劇上升。

美國需要一個新英雄，節目現場那些年輕女孩以前所未見、震耳欲聾的分貝為披頭四的情歌嘶吼、吶喊。在那個時代，這是收視人口最多的節目，大約有七千三百萬名觀眾。但是當時民眾對披頭四的歌還不熟悉，很多人根本不知道歌詞講什麼。這次的電視錄影也是個重要的歷史事件，因為音樂產業出現了爆炸性的發展，美國人還稱之為「英國入侵」。

甘迺迪的意外身亡，以及其他一些令人痛苦的事件（包括戰爭和其他政治暗殺事件），讓美國民眾集體陷入恐懼和悲痛之中。在某種程度上，那些年輕女孩的眼淚和「原始尖叫」，似乎幫人們發洩了這些傷痛。披頭四的每次活動，這種發洩式的嘶叫從未間斷，以至於在參加過《艾德・蘇利文秀》節目的兩年半後，披頭四就決定不再公開演出。一九六六年十一月下旬，他們開始創作經典專輯《比伯軍曹寂寞芳心俱樂部》❷。在約翰・藍儂（John Lennon）協助下，保羅・麥卡特尼（Paul McCartney）創作了這張專輯中的一首合唱曲〈一切會更好〉（It's getting better all the time），希望能撫慰及振奮民眾，對未來抱持希望。而主音吉他手喬治・哈里森（George Harrison）則寫了〈在你之內，在你之外〉（Within You, Without You）這首具有深刻靈性意味的歌曲，認為無論個人層次的愛或是集體層次的愛，都能拯救這個世界。他們用傳統的印度樂器和現代的管弦樂隊來演繹這首歌，這也進一步增加了這首歌的神祕感：

只有當你超越自己時，你才會發現，
靜謐之心早已等在那裡；
當那一刻來臨時，我們都將合為一體，

生命在你之內、在你之外流轉。❸

這些音樂啟發了人們的多種革命性改變，雖然在規模上很難與法國的五月風暴學生運動相提並論。然而，甘迺迪遇刺事件的幕後黑手還不打算叫停。一九六三年（時任總統是尼克森）越戰規模迅速擴大，這場戰爭變得更個人化。成千上萬的美國年輕男子應召入伍，去參加一場沒人理解或支持的意識形態戰爭。尼克森曾是甘迺迪的競選對手，而且是落敗的一方。而他成功當選總統後，便成為某些幕後勢力的傀儡，讓許多美國無辜的年輕男子在越戰中犧牲性命。

所有人都在懷疑是「政府」殺了甘迺迪，因為甘迺迪不夠聽話。媒體因為支持「一顆子彈擊穿甘迺迪（在車上）後多次反彈再次擊中他，造成兩處射線方向完全不同的槍傷」這一荒謬觀點，而受到輿論指責和羞辱。大眾對於媒體掩蓋真相的普遍質疑，可以被看成是英雄之旅的神奇禮物，而臉上無光的媒體，終於在水門事件中找回了尊嚴與榮譽。

在甘迺迪遇刺身亡的五年後，成千上萬的美國年輕人在尼克森政令下被送到越南，成為戰爭機器的犧牲者。很多人在戰爭結束後，留下了難以磨滅的精神創傷。那些在六〇年代末期到七〇年代早期，剛好介於十八到三十歲這個年齡段的年輕人顯然是不幸的，他們被迫在生與死之間掙扎。我的父親就是其中的一個不幸者，他自願加入陸軍後備部隊，希望躲過越戰，但結果還是被送到越南。而此時披頭四透過創作，扮演了心靈導師的角色。披頭四的歌曲就像法寶，啟發了一場以他們的歌名為口號的社會和精神革命，比如〈你只需要愛〉、〈變得更好〉（Getting Better）、〈齊聚一堂〉（All Together Now）、〈太陽出來了〉（Here Comes the Sun）、〈革命〉（Revolution）、〈給和平一次機會〉（Give Peace a Chance）和〈想像〉（Imagine）等等。

在水門事件中，記者成了故事中的英雄，揭露了對手魔王的一個關鍵弱點，那就是他們不斷地把美國年輕人載去戰場送死。尼克森所屬的共和黨，還偷偷地在民主黨辦公室安裝竊聽器，試圖竊聽民主黨的競選策略。這樣赤裸裸的選舉操縱行為，也顯示了政府當局為了達到目的，不惜做出撒謊、欺騙和盜竊等等惡行。水門事件把美國推向了故事的第三幕——在這個階段取得一次重大勝利。到這一點上，美國人已經成功通過了靈魂的黑夜時刻，找到了終止越戰的有效方法。披頭四的歌，為故事的此一關鍵時刻提供完美配樂。尼克森總統的真面目暴露了，面臨彈劾威脅，最後在不可避免的垮台來臨之前提前辭職。水門事件確鑿地證明了美國政府一直在撒謊，但從另一個角度來看，政府的這種行徑，也讓一場揭露真相的運動開始萌芽。躲在後面的陰謀集團，再也無法靠大眾的無知和自願當走狗的媒體來掩蓋其行動了。

不過到這個時候，第三幕的終極結局還沒有完全顯現出來，因為這些循環可能要經過很多年才會抵達故事的高潮點。

直到現在，我們極少人能意識到，發生在白羊座時代羅馬帝國時期的一些戰爭和政治事件，會跟發生在雙魚座時代美國史上的一些戰爭和政治事件（包括水門事件），實際上存在著精確關聯。如果我們在羅馬帝國的文藝領域也發現到類似披頭四的風潮，我一點都不會感到驚訝，但我目前手上還沒有蒐集到足夠的資料來進行分析。

正如我們將在本書第十五章看到的，羅馬帝國無疑是白羊座時代最強大的一個國家，而美國在雙魚座時代的二十世紀也成了超級大國。艾德格．凱西的解讀資料揭露，絕大部分的美國人都屬於以前轉生在羅馬帝國的「次級靈魂」團隊。顯然，這個曾轉世為羅馬人的靈魂團隊，後來又以一種新形式在二十世紀重新創建了他們的社會，而且再次經歷了性質極為類似的重大歷史事件，希望借此能創造一個更令人滿意的結局。

二一六〇年後，美國與羅馬歷史精確重疊

要看到羅馬帝國與美國歷史之間的相似性，我們必須先看不同國家如何變成故事中彼此對抗的角色，就像英雄及魔王的兩個陣營。在西元前二六四年之前，羅馬和迦太基（Carthage）是當時兩個在規模和實力都相當的共和政體，這也造成兩個國家之間的長期競爭和對抗。在西元前二六四年至二四一年期間的第一次布匿戰爭（Punic War）①中，羅馬大勝迦太基。這次戰爭的勝利也進一步鞏固了羅馬的霸主地位，使其成為當時的唯一超級強國。正如一位歷史學家所寫的：「始於西元前二六四年的布匿戰爭，代表了羅馬從一個共和國家開始轉變為羅馬帝國。」❹從這一時期往後推二一六〇年，我們來到了一八九六至一九一九年的美國，在《大英百科全書》中一篇標題為〈美國：帝國主義擴張時代和世界強權崛起〉的文章，也幾乎完全精確地談到這段時期，只差了一年。❺

第一次布匿戰爭是羅馬的首次權力擴張行動。在二一六〇年後的一八九六年，麥金利（William Mckinley）在當選美國總統之後也立即展開了擴張。麥金利當上總統後，美國立即成了一個帝國主義國家，就像羅馬在西元前二六四年侵犯迦太基後變成一個帝國主義國家一樣。

一八九八年二月十五日，緬因號戰艦（USS Maine）沉沒了，這是一個引發事件，成了美西戰爭（American-Spanish War）②的導火線。美國很快在這場戰爭中獲勝，進一步擴張了帝國權力。美西戰爭僅僅是美國與歐洲（尤其是德國）之間更廣泛對抗的序幕，美國希望能借此掌控全球經濟。聯準會體系在一九一三年鞏固了美國的經濟實力，將美國的貨幣發行權交到一個由銀行家（其中很多並非美國公民）組成的陰謀集團手中，這也使得美國為那個陰謀集團意圖控制全球經濟的戰爭中提供了實質力量。一九一七年捲進第一次世界大戰後，美國對德國的經濟

戰爭再次變成了一種軍事戰爭。美國在一次大戰中為同盟國提供的關鍵支援，導致了德國的徹底戰敗。

現在我們有確鑿證據可以證明，我所說的那個陰謀集團在一次大戰中資助戰爭雙方，讓自己能夠坐收漁翁之利。這種情況也可能發生在羅馬歷史中——在羅馬和迦太基的百年戰爭中。但是，要找到相關的文獻資料來證明兩千多年前的歷史事件存在著這種陰謀，確實非常困難。那個陰謀集團在不同國家的人民之間製造劍拔弩張的敵視狀態，目的是要激怒人們並讓他們相信自己國家所屬的聯盟是英雄，而對立國家所屬的聯盟是魔王。透過這種伎倆，人們再次被誘導去支持大規模的血腥衝突，而沒有看到外交談判可以成為雙方取得和平的有效途徑。

再次回顧一下，羅馬與迦太基之間的第一次布匿戰爭開始於西元前二六四年，而恰好在二一六〇年之後，麥金利讓美國成了一個咄咄逼人的帝國主義國家，並對歐洲（特別是德國）發起了經濟戰爭。羅馬的第一次布匿戰爭結束於西元前二四一年，而恰好在二一六〇年之後，德國簽署《凡爾賽條約》，在一九一九年六月二十八日正式結束第一次世界大戰。這份合約的第二三一條規定，德國需要為其他國家在戰爭中所遭受的財物損失負責。陰謀集團狡詐地剝削了德國人的財富，他們透過與德國人簽訂商業合同，幫助他們重建在戰爭中被毀的工業和基礎設施，以此來控制他們的資源，讓自己變得更為強大。這種經濟災難引起了德國民眾恐慌和憤怒，也為希特勒和納粹黨的崛起提供了有利條件。❻

這種搶劫策略只是陰謀集團控制全球經濟的眾多方法之一，就像詹姆斯．格拉特菲爾德博士在二〇一一年揭露的，主要由聯準會銀行家組成的陰謀集團已經悄悄控制了全球八〇％的財富。美國成了當今世界上的超級經濟體，正如羅馬在西元前二六一年戰勝迦太基，榨乾迦太基人的財富，並很快從一個共和國家轉變成帝國一樣。

第二次世界大戰注定會發生？

根據馬森的說法，對羅馬來說最重大也最危險的第二次布匿戰爭開始於西元前二一八年，終結於西元前二〇一年。這次戰爭讓羅馬一度處於生死存亡的危急時刻，這是很重要的一點，因為在任何一個循環週期中，這些侵略性的帝國主義行為並不一定總是會取得成功。在這些地緣政治的博弈遊戲中，整個國家和人民的命運都會面臨巨大風險。就像羅馬在先前的黃道十二宮時代勉強取勝一樣，處於雙魚座時代的美國也是歷經萬難才取得一場相似的勝利。

根據赫爾默和馬森的說法，第二次布匿戰爭開始於西元前二一八年，而在二一六〇年之後的一九四二年，美國加入了第二次世界大戰。日本在一九四一年十二月七日製造了一次引發事件，也就是轟炸珍珠港。

我們可以看到，美國加入二次大戰的時間，跟羅馬開始第二次布匿戰爭的時間，剛好相隔一個黃道十二宮週期加上數個月或數週。根據歷史週期的規律來看，白羊座時代的迦太基顯然就是雙魚座時代的德國，而且在二次大戰中，美國（羅馬）和德國（迦太基）也處於敵對關係。羅馬在第二次布匿戰爭中幾乎被迦太基人打敗，而美國也幾乎被希特勒和他的納粹軍隊擊敗。

希特勒是迦太基大將漢尼拔轉世？

希特勒，我們這個時代最無情、最具侵略野心的軍事戰略家，純粹邪惡的象徵，一個在雙魚座時代發起最致命軍事行動的強勢領袖。而二次大戰的前一個歷史版本（即白羊座時代的第二次布匿戰爭）中，是否有像希特勒這樣的人物呢？

答案是：有的，他被視為歷史上最出色的軍事戰略家，也是白羊座時代一個邪惡象徵。他名字的首字母是H，也跟希特勒的名字一樣，名字中都出現了字母I和L。他就是迦太基名將漢尼拔（Hannibal）。

在希伯來語中，《聖經》的「Ba'al」相當於撒旦或魔王。漢尼拔名字的意思是「Ba'al是我的主」❼，或「蒙受Ba'al的恩寵」❽。以色列赫茲利亞（Herzliya）跨學科研究中心（Interdisciplinary Cente）的馬修·巴恩斯（Matthew Barnes），比對了漢尼拔統治下的迦太基和希特勒統治下的德國，當時的他並沒有想到兩者之間存在著黃道十二宮的週期關係：

> 在二十三年的艱苦海陸戰爭之後，第一次布匿戰爭結束。身為勝利者的羅馬成為地中海的霸主，而迦太基則遭受了一次恥辱性的失利。迦太基人的擴張行動受阻，影響力受到挑戰，自尊心被嚴重傷害。在這種背景下，漢尼拔·巴卡（Hannibal Barca）開始嶄露頭角，他的父親哈米爾卡·巴卡（Hamilcar Barca）曾參與第一次布匿戰爭。
>
> 第一次布匿戰爭之後的迦太基與一次大戰後的德國很像，同樣是一個被擊敗、被貶低、被削弱及被迫接受次級地位的強權，同樣也在伺機復仇。可以說迦太基自從在埃加迪群島（Aegates Islands）③遭受失敗後，就一直隱忍準備發起下一次戰爭。❾

漢尼拔組建了一支大約由十萬人和三十多頭大象組成的大軍❿。他浩浩蕩蕩地從西班牙起征，跨過法國的羅納河，在冬天穿跨阿爾卑斯山，從北部襲擊義大利。這支強大的軍隊大破壞性十足，而使用大象是他們一種非常有效的作戰策略，這讓我們想起了使用坦克的希特勒，而他的軍隊同樣也跨過了阿爾卑斯山。正如馬修·巴恩斯在他關於第二次布匿戰爭的研究論文中所披露的，因為羅馬在當時掌控了地中海，所以漢尼拔選擇由陸路發起攻擊。

一位出色的年輕將領漢尼拔在西元前二一八年挑起了第二次布匿戰爭，他的名字和功績因此永留史冊，被認為是古代世界中最出色的將領之一。他的作戰計畫大膽且具侵略性，甚至試圖在敵人大本營發起大規模陸戰。他的行軍路線非常傳奇，不過也是必要的選擇。儘管從海路進攻明顯更好，但是第一次布匿戰爭之後的海上局勢讓他不得不放棄。漢尼拔必須在陸路與敵人交戰，而他雖然出生於一個海洋國家，但在陸地上也顯示出出色的作戰才能。⓫

另一處提到漢尼拔和希特勒關聯的，是《每日郵報》（*Daily Mail*）二〇一〇年的一篇文章。文章中所引述的那位歷史學家否認猶太人大屠殺，我想先在此聲明，我完全確信對猶太人的這種暴行是事實。我的重點是，《每日郵報》二〇一〇年的這篇文章，針對希特勒和漢尼拔做了比對。這兩個人都曾在各自的時代發起規模空前的可怕戰爭，都對其他國家進行長達六年的侵略。就像《每日郵報》文章所說的：「備受爭議的英國歷史學家大衛．歐文（David Irving）曾否認猶太人大屠殺而在奧地利服刑……他說應該把德國的獨裁者，和那個跟羅馬對抗並幾乎征服羅馬的迦太基領袖漢尼拔拿來比較一下。這位歷史學家說：『希特勒和漢尼拔一樣，都跟世界其他國家對戰長達六年。』」⓬

對漢尼拔來說，他完全沒有退路，不是勝利就是滅亡，希特勒的處境也是如此。正如安德魯亞斯．克魯特（Andreas Kluth）在其著作《漢尼拔與我》（*Hannibal and Me*）中所寫的：

征服或死亡，在生命中很少有如此嚴酷的抉擇。但是漢尼拔的戰略恰恰讓自己陷於這種處境。他決定不做一個防衛者，而選擇當個侵略者。從這時起，他的夢想、他的追求和他的生命就取決於一件事：勝利。對羅馬、羅馬的敵人，甚至還有羅馬在義大利的盟友保持戰而不敗，是他整個計畫的前提。哪怕只是一次落敗，他的侵略計畫都將失敗，而他的軍隊也將會由於沒有退路被徹底消滅。所以，他真的和那些被他關在阿爾卑斯山的囚犯一樣，自願走上了不是勝利就是死亡的不歸路。⓭

實際上，我直到快寫完這本書時，才因為機緣巧合發現了漢尼拔和希特勒之間的關聯。雖然兩者的相似性非常明顯，但是馬森在書中從來沒有提到這一點，而我直到現在也還沒找到赫爾默的原始研究文章。我以希特勒時代為基準點，研究二一六〇年的黃道十二宮週期，在這個過程中，才發現了希特勒和漢尼拔之間的關聯性。當我開始研究希特勒如何使用偽造恐怖行動——也被稱為「偽旗行動」（false flag）——的策略時，這兩人之間的關聯性才開始顯現出來。這種策略就是一個政府襲擊自己的國家，但將這些行動歸咎在其敵人身上，並以此作為侵犯敵國的正當理由。在希特勒戰敗後，他的高層將軍和戰略家在紐倫堡審判（Nuremberg Trials）中首次披露了他們的真實計畫，這是一次史無前例的真相大白時刻。

由於這次審判，我們發現了一個稱為希姆萊行動（Operation Himmler）、令人反胃的偽旗設局：納粹對自己國家發起多次由政府資助的假恐怖襲擊⓮，他們讓集中營的囚犯穿上波蘭軍服，注射致命藥物後將他們槍殺。然後在每次製造這種假攻擊事件時，再把這些穿波蘭軍服的屍體放在現場⓯，假裝是波蘭士兵前來挑釁而被德軍擊斃，以便名正言順地入侵波蘭。

希姆萊行動中最猛烈的一次襲擊是格萊維茨事件（Gleiwitz incident），希特勒密令襲擊他自己的廣播電台。這次行動和其他十三次同樣的襲擊行動發生在一九三九年八月三十一日，成為歐洲開始二次大戰的引發事件⓰。希特勒以格萊維茨事件為由，在第二天對波蘭宣戰。希特勒當時說道：「近來，在我們的邊界上，僅僅幾個晚上就出現了多達二十一次挑釁事件：昨晚是十四次，其中三次相當嚴重。因此，對波蘭人過去幾個月來的挑釁行為，我決定做出相同回應……無論敵人是誰，我將會奮戰到底，直到德意志帝國的安全和權益獲得保障為止。」⑰

在紐倫堡審判期間，我們發現，希特勒在一九三九年八月二十二日曾經坦白告訴手下他當時的行動計畫及目的：「我將會製造一個宣戰理由，這個理由是否可信並不重要，勝利者不會被質疑是否說了真話。」⑱

從一九三九年往前推二一六〇年，就得到了西元前二二一年這個對照年份。很快地我就發現，在漢尼拔的姐夫哈斯杜魯巴（Hasdrubal）被殘忍刺殺之後，漢尼拔在這一年成了迦太基的軍隊首領。漢尼拔是否私下讓人殺害了他的姐夫呢？歷史學家查克．斯法（Chuck M. Sphar）認為有可能，而且他還在尚未完稿的小說《對抗羅馬》（*Against Rome*）中寫到這一點：「漢尼拔是否暗殺了他那位英俊的姐夫哈斯杜魯巴——上一位駐西班牙的迦太基軍隊首領？沒有證據顯示他確實做了，但是羅馬歷史學家李維（Livy）和其他學者確實提到，一個西班牙本地人刺殺了哈斯杜魯巴。考慮到漢尼拔急於想接任哈斯杜魯巴的位置，說漢尼拔可能指使那個人去執行暗殺也不是不可能。無論如何，這可以成為一個好故事的材料，因此我就採用這個說法了。」⑲

漢尼拔的父親哈米爾卡個性殘暴，這對漢尼拔造成了非常嚴重的精神創傷，讓他在後來能面不改色地發動大規模暴行。有一次，漢尼拔求父親讓他一起去參加一場海外戰爭。哈米爾卡聽後把兒子拖到了獻祭室，吊在柴堆烈火之上，要他發誓永遠不要和羅馬人成為朋友。底下的烈火不斷往上竄，小漢尼拔說：「我發誓！只要時機合適……我一定會用炮火和戰車將羅馬的命運擒在手中！」⑳

這種創傷羈絆（trauma bonding）④可能會對受害者的心理造成嚴重影響，當父親後來死於戰場時，漢尼拔一定受到了極大的衝擊。之後，漢尼拔的姐夫，英俊的哈斯杜魯巴成了迦太基軍隊的首領，而漢尼拔只是一名小軍官。哈斯杜魯巴開始與鄰近部落建立外交關係，希望能借此鞏固迦太基的強權地位。對漢尼拔來說，導火線可能就是他發現哈斯杜魯巴與羅馬——漢尼拔父親的死敵——簽訂條約，達成互不侵犯協定。而這種做法，顯然違背了漢尼拔在烈火上的誓約。哈斯杜魯巴幾乎在剛到達義大利準備與羅馬進一步談判時，就被一個西班牙刺客殺害了，他的頭顱還被送到了漢尼拔手上。接著，漢尼拔就成了軍隊的首領。

一發現到希特勒和漢尼拔的掌權時間剛好相差一個二一六〇年的黃道十二宮週期，而且掌權手段也相似時，故事就開始變得清晰起來。於是，我馬上找來了漢尼拔的畫像，一看到他的面貌時，我嚇呆了——可以說，漢尼拔就是留了鬍子的希特勒。兩人的臉部特徵實在太相似了。

另外一個共時性現象可能暗示了，漢尼拔手下的軍人也跟著他一起轉世，而且潛意識裡還記得他們過去的歷史。

當蘇聯軍隊在庫爾蘭（Courland）、東普魯士（East Prussia）和波蘭走廊（Polish Corridor）等地區對德軍和平民步步進逼時，德國海軍元帥卡爾．鄧尼茨（Karl Dönitz）⑤指揮了一次最大規模的緊急撤離行動。雖然希特勒在自殺前一直執意要德軍堅持戰鬥，但是鄧尼茨做出了一個英勇的決定，因為他意識到已經時不我與了。這次大規模的撤離行動中，約有八十萬到百萬之譜的難民和三十五萬士兵跨過了波羅的海，進入德國和當時仍被德國占領的丹麥，也就是說有百萬條生命獲救了㉑。有趣的是，這次大規模撤離行動的代號就是「漢尼拔行動」。㉒

左圖是迦太基的將領漢尼拔。注意他跟希特勒兩人臉部特徵的驚人相似性。

韓戰的實質操縱者

第二次布匿戰爭持續到西元前二〇一年，對應到我們自己的雙魚座時代就是一九五九年，在這兩個時間點的過渡期間，似乎沒有看到黃道十二宮週期的蛛絲馬跡。一九四五年，在希特勒和日本戰敗之後，二次大戰看起來已經結束了。不過美國立即開始和另外一個受陰謀集團資助的超級國家——蘇聯——展開對抗，在二次大戰結束後，掀起一場威脅地球上所有生命的核武競賽。相對之前的時代，這樣的軍事對抗顯然賭注更高，因為無論羅馬發起的戰爭再如何激烈，也不至於攸關地球生命存續的問題。

一九五〇至一九五三年期間，美國和蘇聯之間的對抗開始白熱化。這時，美國對蘇聯的隱藏盟友朝鮮全面開戰了，韓戰爆發。蘇聯共產黨一直在支持朝鮮，而美國一直在支持親西方的南韓。以美國的角度，這是一場針對全球共產主義的戰爭，而與蘇聯或中國捲入一場更大規模戰爭的危險也不斷迫近。一場韓戰奪走了五百萬條生命，其中有軍人也有平民㉓。一九五三年韓戰結束後，冷戰仍在持續，直到發生了一件破天荒的大事。

一九五九年九月二十五日，蘇聯領導人赫魯雪夫造訪了美國，與當時的總統艾森豪會面。這次意義重大的會面，發生時間恰好是第二次布匿戰爭結束（西元前二〇一年）的一個黃道十二宮週期之後，這是在整個冷戰歷史上，第一次有蘇聯領袖踏上美國國土訪問。

正如「政客」網站（Politico.com）所揭露的，在這次史無前例的會晤中，「赫魯雪夫譴責了史達林主義的過激行為……在兩天後所發布的一份聯合聲明中，兩位領袖一致認為，普遍裁軍是當今世界最重大的一個問題。」㉔儘管雙方對話未能持續下去，但這次會面是個關鍵預兆，預示一種大家都樂見的未來——一個實現持久和平的真實機會。很少人知道，恰好在這個時間點的二一六〇年前，在第二次布匿戰爭結束時，也出現了一個非常相似的和平機會。

古巴人是馬其頓人轉世？

羅馬剛品嘗到和平滋味沒多久，在第二次布匿戰爭結束後的第二年，也就是西元前二〇〇年，馬其頓戰爭就爆發了。馬其頓是希臘北邊一個非常小的國家，而在我們現代的黃道十二宮週期中，對應國家很可能就是古巴。透過轉世研究，我們可能會發現，生活在一九六〇年代的很多古巴人或許曾經是西元前二〇〇年前後的馬其頓人。一九六〇年三月，也就是西元前二〇〇年羅馬攻打馬其頓之後的二一六〇年，美國制定了攻打古巴的計畫。實際上，美國和古巴之間的衝突是美蘇之間的另一次代理人戰爭。

由於蘇聯在一九六〇年二月與古巴領導人卡斯楚建立經貿協議，美國覺得有必要立即還以顏色㉕。古巴與佛羅里達州南端僅僅相距九十英里，這剛好為蘇聯提供了一個有利的戰略位置，他們可以從這裡對美國進攻，包括在這裡部署第一波核子武器，在美國發起有效反擊之前先發制人。

一九六〇年五月一日，美國挑釁地讓一架U-2偵察機飛到蘇聯上空。蘇聯將飛機擊落，並俘獲了飛行員加里・鮑爾斯（Gary Powers）㉖。於是冷戰又重新開啟了，恰好發生於羅馬和馬其頓開戰的二一六〇年後。

甘迺迪在一九六〇年當選總統，在一九六一年一月二十日宣誓就職。一九六一年二月，在就職典禮不久後，甘迺迪接受了他的冷戰資深顧問的意見，批准中情局入侵古巴的計畫。空襲行動開始於一九六一年四月十四日，美軍將B-26轟炸機偽裝成古巴飛機，但是這些飛機很快就被古巴人識破了。

甘迺迪感到非常尷尬，取消了下一波空襲行動。不過，一九六一年四月十七日，美國仍然按計畫在豬玀灣（Bay of Pigs）發起陸地進攻，二十萬名古巴軍人已經做好準備，等待一千多名流亡美國的古巴人所組成的祕密軍隊。戰爭很快就結束，一百四十四名流亡者被殺，近兩千人被俘。這讓美國極其難堪，也讓羽翼未豐的總統甘迺迪危機四起㉗。對照那個古老的英雄故事，以美國立場來說，豬玀灣入侵行動的失敗可以被視為一個一無所有的時刻，一個跟敵方蘇聯對抗失利所遭逢的靈魂黑夜時刻。

不難預料，蘇聯緊接著就開始提供武器（包括核子武器）支持古巴，這使得一九六二年的古巴導彈危機⑥期間，任何擦槍走火都可能引發核子大戰。一九六二年十月二十二日，甘迺迪在全國演說中，出示蘇聯已在古巴部署核武的確鑿證據。這是一個非常緊張的第三幕時刻：美國已經重整旗鼓，並從豬玀灣災難的靈魂黑夜時刻吸取教訓，準備藉由對古巴開戰來直接對抗其敵手蘇聯。美國空軍司令部命令轟炸機在空中待命，隨時準備空襲㉘，全美國則進入戒備狀態，隨時準備開戰。另外，還有二十三架攜帶核子武器的轟炸機，也已經進入蘇聯的射程範圍。㉙

經過一連串令人膽戰心驚的過招之後，赫魯雪夫坦承蘇聯確實在古巴部署了導彈，宣布將從十月二十八日起把導彈撤出古巴，而且支援古巴的所有攻擊性武器都會被解除並歸還給蘇聯㉚。對甘迺迪和全美國人民來說，這是古老英雄之旅故事中一個偉大的勝利時刻，也為不少電影、電視劇本提供了創作題材。

美軍在一九六三年四月二十四日從土耳其撤離最後一顆導彈，結束了和蘇聯之間的衝突㉛。而在羅馬時代，關鍵的庫諾斯克法萊戰役（Battle of Cynoscephalae）則結束於西元前一九七年——恰好是古巴導彈危機結束的二一六〇年前。庫諾斯克法萊戰役是一個決定性的轉捩點，這場戰役導致馬其頓最後輸掉了戰爭。

想要找到羅馬帝國的交戰國在現代歷史的對應者，不是簡單的事。馬其頓在雙魚座時代的對應國家似乎是古巴，而對美國來說，蘇聯才是那個一直潛伏在幕後的真正「魔王」。歷史週期似乎能概述出一部劇本，告訴我們什麼類型的事件可能在什麼時候發生。但是故事中的各個角色會如何變化，還是要取決於在每個週期中人們如何回應。另外，當然不是所有時間軸都能跟這些循環週期完美嵌合，數個週期循環可能會同時交織碰撞，製造出一種相互推拉的對抗性影響。我們必須掌握更大量的資料和使用更先進的電腦，才能摸清其中脈絡。儘管如此，看到那些重大的歷史事件似乎都精確地遵循著黃道十二宮週期，還是令人嘖嘖稱奇。

事實上，馬其頓戰爭並沒有在庫諾斯克法萊戰役後馬上停了下來，而是在這場戰役的一年後（西元前一九六年）㉜。甘迺迪在一九六三年十一月二十二日遇刺身亡，而赫魯雪夫的下台時間則是一九六四年十月十四日——恰好是在馬其頓戰爭結束的二一六〇年後。

在羅馬帝國時代，可能還有很多相關事件因為不夠重要而沒被詳細載入史冊，比如一些影響力足以與披頭四現象相提並論的音樂或戲劇活動。由於我們總是習慣於認為時間是線性的，所以對這所有可能性會感到難以理解。但如果我們轉念一想，把時間設想成是個按照特定間隔循環的週期，一直在宇宙能量場所創造的迴路中來回穿梭，就會更容易理解了。每一次當我們的地球移動到循環週期中的同一個位置時，以前發生的事件很可能就會滲入我們的現實世界，重新上演。

譯注：

①指的是古羅馬與迦太基兩個古代地中海世界強國為了爭奪地中海世界的霸權，而展開長達一百多年的爭霸戰爭，因羅馬人亦稱迦太基人為布匿人，這場戰爭被稱作布匿戰爭。

②美國為奪取西班牙屬地古巴、波多黎各和菲律賓而發動的戰爭，是列強重新瓜分殖民地的第一次帝國主義戰爭。

③埃加迪群島是地中海中的多山小島群，屬義大利。位於西西里島西岸近海十二公里處。行政上隸屬特拉帕尼（Trapani）省法維尼亞納自治村。

④有時也稱為斯德哥爾摩症候群，指一個人在遭受另一個人攻擊、恐嚇、虐待或威脅後，反而對這個人產生強烈的認同情結。

⑤第二次世界大戰期間德國的著名軍事將領，在希特勒死後接任德國國家元首，是二戰結束後受審的主要納粹戰犯之一。

⑥又稱加勒比海導彈危機，這是一九六二年冷戰時期在美國、蘇聯與古巴之間爆發的一場極其嚴重的政治、軍事危機。事件爆發的直接原因是蘇聯在古巴部署導彈。這個事件被視為冷戰的頂峰和轉捩點，在世界史中，人類從未如此近的從一場核武戰爭邊緣擦身而過。

14 人類歷史跟著黃道十二宮的週期走？

越戰、水門事件、阿富汗戰爭、九一一事件……戰爭與暴行的往復循環，都落在黃道十二宮的週期裡。人類要如何看穿這些循環帶來的啟示，擺脱命運的箝制？

西元前一九二年，羅馬與安條克三世（Antiochus III）交戰。安條克三世是統治大敘利亞和西亞的國王，曾經率領一萬軍隊入侵希臘，引發了從西元前一九二年持續到西元前一八八年的羅馬—敘利亞戰爭①。將這一時期往後推二一六〇年，我們就來到了一九六八至一九七二年，剛好出現了一個相對應的關鍵轉捩點——越戰，而且同樣也是一場發生在亞洲的戰爭。

一九六四年，美國開始在北越執行祕密行動，而在一九六四年八月二日，北越的三艘魚雷快艇對美軍的驅逐艦馬多克斯號（USS Maddox）開火，導致美國國會全數通過《東京灣決議案》（Gulf of Tonkin Resolution），批准詹森總統（Lyndon Baines Johnson，甘迺迪的前任副總統），對北越正式開戰❶。於是，美國開始在一九六五年轟炸北越，同時把駐軍人數增加到二十萬。一九六七年，國防部長麥克納馬拉（Robert McNamara）說轟炸力度仍不足以解決問題，需要繼續加大力度和規模。

接著，在一九六八年一月，也就是亞洲王安條克三世帶領一萬軍隊入侵希臘之後的二一六〇年，越共掌控了南越。美國的這個亞洲敵人攻占包括南越首都西貢在內的幾座城市，這和安條克三世在白羊座時代對希臘的進攻很相似。這個大膽果敢的軍事行動被稱為「春節攻勢」（Tet Offensive）②。儘管這次襲擊行動被擊退，但從政治和心理的角度來講，這仍然是北越的一次勝利，並使得美國重新考慮自己在這場戰爭中是否投入了足夠的力量。駐越美軍最高指揮官威斯特摩蘭（William Westmoreland）將軍在二月份要求將駐軍人數提高一倍，也就是說再增加二十萬六千人。眼見美國平民大量應召入伍，讓美國民眾頓時有了非常真實的可怕預感。

一九六八年三月十六日，美軍在美萊村（My Lai）屠殺了數百名無辜平民。一九六九年，美國民眾得知此事，造成極大的衝擊，要求政府立即停戰，但美國政府顯然意願不高。這三次事件——春節攻勢、加倍駐軍人數及美萊村大屠殺——加劇了戰爭帶給人們的情感衝擊。我們再次看到，這些時間全部都發生在一九六八年，剛好是羅馬在西元前一九二年與亞洲王安條克三世全面開戰之後的第二一六〇年。

五十二年，一個黃道小週期

此外，在二〇一三年三月十七日，有消息揭露當時身分仍是總統候選人的尼克森，在同一年（也就是一九六八年）蓄意阻撓美國和越南的和平對話。我當時正在尋找關於尼克森的其他資料，在機緣巧合下發現了這一篇文章。政治評論家蕾切兒．瑪多（Rachel Maddow）首先在有線電視新聞頻道MSNBC披露了這個令人難以置信的叛國故事，其他媒體也接續報導。這些資料，讓我們知道尼克森收買了越南人，向他們承諾如果越戰能持續到他當選總統，越南就會得到一個更好的和平協定。這樣的叛國行為讓越戰規模迅速擴大，也讓軍事工業複合體（military-industrial complex）③更有利可圖，也使得尼克森在擔任總統後獲得了更大的軍事權力。早在一九六一年一月十七日，美國總統艾森豪在卸任演說時就警告過美國，要注意日漸壯大的軍事工業複合體可能會對美國造成巨大威脅。我們可以說艾森豪成了這個故事的導師，在演說中給了美國一份可以用來擊敗魔王的神奇禮物。他當時是這樣講的：「在政府各部門，我們必須提防軍事工業複合體所產生的不可預知影響力，不論是正面或負面的。不當權力可能的破壞性正在提高，而且將會持續。」❷

當時的詹森總統雖然知道尼克森的這個叛國協議，卻一直保持沉默，讓尼克森得以下令再徵召幾十萬年輕男子入伍，將更多美國士兵送到戰場中送死——而這本來是可以避免的。詹森總統圖書館（LBJ Presidential Library）於二〇一三年解密的錄音帶，證實了尼克森確實做出這種叛國行為。公布時間恰好是在我和出版商在進行本書這一章最後修訂的前一天。❸

有趣的是，從艾森豪在一九六一年一月發表預言性警告，到二〇一三年尼克森的叛國行為被暴露，剛好相距五十二年。馬雅人堅信，歷史會以五十二年的循環週期演進，他們認為此一週期是由四個更小的十三年週期所組成的。中美洲人都將此一「神聖圓周」（Sacred Round）週期視為「年份的結合」（the Binding of the Years）慶祝，並借助此一週期來理解過去與未來的事件❹。比如一五一九年，西班牙殖民者荷南·科爾蒂斯（Hernán Cortés）首度和平造訪阿茲特克人不久後就大舉屠殺，讓阿茲特克人關於五十二年的「九層地獄」預言變成現實❺。而五個五十二年的「神聖圓周」，加起來剛好是一個二六〇年的卓爾金週期（Tzolkin cycle）。澳大利亞的羅伯特·佩登（Robert Peden）教授發現，二六〇年的卓爾金週期是所有內行星④軌道週期的一個完美「公分母」❻。

讓人震驚的是，中美洲的這些「原始」文明竟然能夠發現此一數字。此外，他們還用巨大的石塊建造了大約三百到五百座的金字塔，再次表明了他們很可能掌握了一些先進的技術。

羅馬—敘利亞的戰爭持續了五年，最後在西元前一八八年結束。如果從這一年往後推二一六〇年，我們就來到了一九七二年，這正好是季辛吉和越共領導人黎德壽（本名潘廷凱）進行停火談判的時間。

約翰．藍儂一九七一年九月發表的經典歌曲〈想像〉（Imagine），似乎是一個關於陰謀集團將會被打敗的奇妙預言。從原型觀點來看，這首歌是一種徵兆，預示著一旦陰謀集團這條惡龍被斬除，年輕男子就不用再上戰場了，而我們很快就會得到「永生靈藥」——也就是和平的到來：

> 我希望有一天你將會加入我們；而這個世界將會合而為一。❼

美國在一九七三年一月二十七日與越南簽訂最後的和平條約並即刻生效，正式宣告了美國最後一次從越南撤軍行動已經落幕。

羅馬帝國的西庇阿和美國總統尼克森的對照

西元前一八七年，也就是羅馬—敘利亞戰爭結束的一年後，一個關於羅馬執政官西庇阿（Scipio）的醜聞正在醞釀。此一醜聞開始於他的弟弟盧修斯（Lucius）被指控，說他接受羅馬的死敵安條克三世所饋贈的五百名能人，並暗中藏匿❽。後來西庇阿在審問中，默認自己因為答應停戰要求而收受賄賂。醜聞開始的西元前一八七年，到了雙魚座時代的對應年份，正好是一九七三年。

西庇阿和安條克三世之間的勾結，遠不止安條克賄賂他停戰這麼簡單。如果尼克森的行為是在重演先前黃道十二宮週期所發生的事件，那麼，安條三世帶領一萬大軍入侵希臘，也可能是他和西庇阿之間的祕密協定之一。在現代歷史中，這可以跟尼克森和越南人為了擴大戰爭規模、延長戰爭時間簽定的祕密協議相對應，而且，此一叛國行為恰好發生在羅馬—敘利亞戰爭開始後的第二一六〇年。

倘若在白羊座時代，也有一個類似的陰謀集團，一直在資助羅馬—敘利亞戰爭的交戰雙方，那麼他們應該很清楚，透過戰爭可以鞏固並擴張自己的財富、權力及對社會的控制。在這種大動亂中，尋常百姓的一生積蓄將會流入陰謀集團的手中，甚至會不惜犧牲生命來為他們所認為的崇高目標戰鬥。

對西庇阿的審問是一個重大時刻，可以視為第三幕衝突消解的階段。到這個階段，羅馬人民已經度過了靈魂的黑夜時刻，終結了戰爭，現在將要面對他們的敵手——也就是他們自己的領袖——並打敗他。盧修斯接受公開審問，法庭要求他拿出西庇阿的帳本，以證明西庇阿曾經接受安條克三世的賄賂而停戰。然而，這只是其中一項被揭露出來的賄賂交易而已。根據古希臘歷史學家波利比烏斯（Polybius）的記載，西庇阿在受審過程中，做了一件讓羅馬人民震驚的事，他在大家面前奪過帳本並將其撕毀❾。每個人都知道，此一行為無異承認他自己有罪。但是羅馬人沒想到的是，西庇阿的帳本中可能還有一些更驚人的證據。陷入醜聞三年後，西庇阿在西元前一八四年辭職並離開了羅馬。❿

如果對二十世紀末期的美國歷史夠瞭解，可能會覺得這個西元前的故事聽起來非常熟悉。就像馬森所寫的：「（在西庇阿醜聞發生的）二一六〇年後，也就是一九七三年，水門事件使得之前已經體面終止越戰的尼克森被迫下台——和西庇阿在二一六〇年前的結局一樣。」⓫

如果深入想想輪迴轉世等相關發現，西庇阿（的靈魂）完全有可能為了再次重現這些業力而轉世為尼克森。在第二次布匿戰爭期間，西庇阿一直是漢尼拔的主要敵人，而現在看來，他似乎透過轉世模式重演一次相似的命運。這一次，尼克森無法像他的「前世」西庇阿那樣輕鬆脫身，他需要在電視採訪中公開承認錯誤來完成自己的業力循環。在這次專訪中，主持人大衛．弗羅斯特（David Frost）步步緊逼當時已經下台的人民公敵，讓他承認自己曾經做過的事情。二〇〇八年，根據此一史詩級英雄之旅的故事，改編成了電影《請問總統先生》（*Frost/Nixon*）⓬，並在當年的奧斯卡中獲得最佳電影、最佳男主角、最佳改編劇本、最佳導演和最佳剪輯的提名。

如果尼克森就是西庇阿轉世，那麼此一業力循環就經過了二一六〇年才完結，只是這一次他必須詳盡地坦承自己做過的錯事。而更令人驚歎的轉世證據，可能是西庇阿和尼克森臉部特徵的顯著相似性。

許多被認為真實無誤的轉世案例中，前後世的臉部特徵都具有高度相似性。西庇阿和尼克森也存在著這個特性：鼻子、臉頰、下巴和眼袋的樣子，還有他們凝視東西時都會出現「死魚眼」。西庇阿的靈魂轉世，是為了清除自己在二一六〇年前（也就是上一個黃道十二宮週期）所製造的業障嗎？如果真是這樣，那就意味著西庇阿確實沒有學好功課，在白羊座時代還是重蹈覆轍了。

左為羅馬執政官西庇阿，右為前美國總統尼克森。

羅馬執政官加圖與美國總統卡特的比較

擔任羅馬執政官之後，加圖（Cato）在西元前一八四年被選舉為羅馬的新「監察官」⓭。在當時這是個重要職位，因為監察官的其中一項關鍵任務就是監督羅馬的公共道德和社會風氣。在二一六〇年後的一九七六年，吉米・卡特（Jimmy Carter）當選美國總統，你可能注意到了，加圖和卡特兩個人的名字有些相似，開頭的兩個字母都是CA，後面都有一個字母T。加圖出生農民之家，卡特也一樣。當加圖的父親去世後，加圖卸除軍務，返家耕田，卡特也一樣。根據赫爾默和馬森的研究指出，西元前一八七年初，加圖要求西庇阿交出帳本，並向大眾解釋。不過，在二一六〇年後，沒有任何直接證據顯示當時擔任喬治亞州州長的卡特與水門事件有任何牽扯。

不過，尼克森的錯誤行為顯然讓卡特受益了，他在三年後當上了美國總統。當時，民國民眾渴求一個在各個方面都與尼克森相反的、乾淨清白的總統，而卡特讓他們如願了。

加圖和卡特兩人的臉部特徵也存在著無法否認的相似性：鼻子與耳朵的形狀看起來幾乎一樣，而嘴唇、臉頰和下巴也非常相似。在擔任羅馬的監察官期間，加圖嚴厲監管社會風氣，力圖恢復羅馬人淳樸的生活方式，還頒布了一些法令，抑制當時羅馬社會的貪婪和奢侈之風⓮。二一六〇年後，卡特也採取了非常相似的做法，抑制美國過度消費能源的現象。一九七七年二月二日，也就是卡特上任兩週後，當時正值寒冬，但是美國總統仍然鼓勵民眾調降家中的暖氣溫度：「我們所有

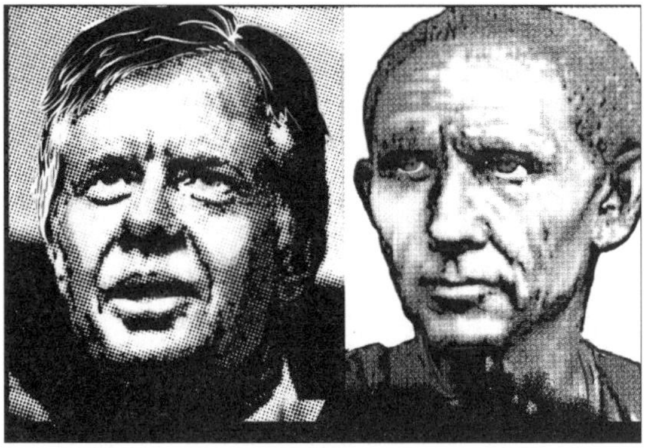

左為前美國總統卡特，右為古羅馬監察官加圖。

人必須學會節約能源，比如說，白天把溫度控制在六十五度，晚上調到五十五度，就能讓當前的天然氣缺口降低一半。」⑮不過，卡特在呼籲時，身上穿著一件厚厚的羊毛衣，讓他成了右翼媒體的嘲弄對象⑯。甚至在二〇〇九年，還被拿出來舊事重提，正如某位評論家寫的：「還有一個問題，當討論到節約能源的議題時，某些媒體和政客總是揪著吉米．卡特的羊毛衫事件不放。在一九七七年的能源危機期間，卡特穿著羊毛衫告訴大家美國正在遭遇一場『信心危機』，並呼籲民眾在冬天調降取暖設備的溫度，於是節約能源被莫名地貼上了『讓人不舒適』的永久標籤。」⑰同一次演說中，卡特也宣布，他將把總統行政辦公室的職員人數裁減到三分之一，並建議所有內閣成員也按這個比例縮編。下面是卡特在這次《向美國人民報告能源狀況》（*Report to the American People on Energy*）演說中所說的部分內容：

> 我們已經取消了一些昂貴、不必要的奢侈享受，比如為很多高層官員，包括總統辦公室的所有職員，提供豪華公務車接送服務。如果政府官員在華盛頓過著像皇室一樣的生活，那我們就難以體會到人民的困難。雖然我深深感激送禮物者所要傳達的美好祝願，但我還是希望大家不要再寄送禮物給我跟我的家人，或者我屬下的任何職員和官員。我要求所有擔任要職的官員都要嚴格遵守財產申報制度，並避免捲入任何利益衝突。⑱

再來看看加圖，他是羅馬最受尊崇的政治家之一，去世前一直積極管理政治事務。他逝於西元前一四九年，在雙魚座時代的對應時間是二〇一一年，而卡特在二〇一三年仍然活得好好的，一直積極參加各種政治活動。加圖生前寫了很多受人推崇的文學作品，包括用拉丁語編寫了羅馬歷史⑲。卡特在擔任總統期間，陸續出版了二十七本書⑳，他在一九八一年卸任，並於二〇〇二年獲得諾貝爾和平獎。下面是摘自諾貝爾獎官方網站對卡特的獲獎評論。

美國總統吉米・卡特在數十年間一直為國際衝突尋找和平解決方案，改善民主和人權狀況，推動經濟和社會發展……在世界各地的無數選舉活動中，他一直以觀察員身分做出貢獻。他在各方面努力幫助人類對抗熱帶疾病，並促進發展中國家不斷成長和前進……在國家和地區衝突頻仍的情況下，卡特立場堅定，呼籲各國務必在國際法、尊重人權和推動經濟發展的基礎上，透過調解及國際合作來解決衝突。㉑

戰爭的前車之鑑

加圖在當選監察官之後，羅馬歷史的下一個重大事件就是第一次凱爾特伊比利亞戰爭（Celtiberian War）——發生在屬地西班牙境內，是對羅馬統治的正式反抗。第一場戰爭開始於西元前一八一年㉒，在西元前一七九年結束；到了西元前一七四年，對抗規模更大，共有一萬五千個凱爾特伊比利亞人傷亡或被俘㉓。往後推二一六〇年，來到了一九七九至一九八六年這一時期。弗朗索瓦・馬森在一九七九年完成手稿，沒有對之後的歷史事件再做調查。當我在二〇〇〇年把馬森的手稿發布到網站上時，發現自己還需要做大量工作來確定這些循環到現在仍在發揮作用。不過當時還沒有足夠的相關資訊，無法讓我接續研究。一直到二〇一〇我開始寫書時，網路上已經出現了大量的相關資料，讓我的研究變得更為容易。

羅馬和凱爾特伊比利亞人的第一次衝突，在雙魚座時代的對應時間是一九七九至一九八六年。我們可以發現，美國恰好在這段時期與蘇聯在阿富汗進行了另外一次代理人戰爭。如此看來，白羊座時代的凱爾特伊比利亞人（也就是西班牙人）可能集體轉世為雙魚座時代的阿富汗人。美國和蘇聯的這次代理人戰爭開始於一九七九年，也符合了馬森的預言。

美蘇的代理人戰爭

儘管美蘇兩國在一九七九年六月限武談判中簽訂了核武條約，但是卡特在一九七九年七月三日另外簽署了一項命令，讓美軍祕密援助那些反抗親蘇聯政府的阿富汗人。卡特的國家安全顧問布里辛斯基（Zbigniew Brzezinski）曾說：「我們沒有逼迫俄國人插手，但我們有意提高這種可能性。」㉔在不到六個月內，俄國人確實做出了令人震驚的強力回應。俄國軍隊在一九七九年的耶誕節，長驅直入阿富汗首都喀布爾（Kabul），並在兩天後擊斃了阿富汗領導人哈菲左拉．阿明（Hafizullah Amin）㉕。這是蘇聯對自己的軍事實力一次明目張膽的炫耀，這種行為也加劇了一九七九年地緣政治的緊張局勢。一九七九年在白羊座時代的對應年份，恰好是凱爾特伊比利亞戰爭的開始之時。

羅馬的凱爾特伊比利亞戰爭在西元前一七四年結束，往後推二一六〇年，就是一九八六年，而這一年剛好是阿富汗戰爭的一個決定性轉捩點。蘇聯在這一年中失去了對阿富汗局勢的控制，被迫表示透過政治手段來解決阿富汗問題。美國在這場代理人戰爭中一直在祕密訓練及支援阿富汗的反抗組織，幫他們對付蘇聯與政府軍。一九八六年，蘇聯意識到自己落敗了，開始制定撤退策略，並開始訓練阿富汗的政府軍，組建了三百萬兵力，讓他們自己去跟國內的反抗軍對抗。㉖

蘇聯因為在這場代理人戰爭落敗，幫美蘇兩國徹底終結冷戰打開了一扇門。這也讓一九八六年，跟上個黃道十二宮週期的第一次凱爾特伊比利亞戰爭的結束年份（西元前一七四年）更為相符了。一九八六年九月十五日，戈巴契夫寫了一封信給雷根，希望兩人能夠「儘快在冰島或倫敦進行一次單獨會面」，討論完全廢除所有核武器的議題。最後，兩人於一九八六年十月十二日在冰島首都雷克雅未克碰面㉗。這是一次擊敗全球敵手、實現真正和平的大好機會，但是我們那時還沒有準備好。不久後爆發了伊朗軍售醜聞，雷根的國家安全顧問龐恩戴斯特（John Poindexter）被迫辭職㉘。在此之前，司法部長愛德恩・梅瑟三世（Edwin Meese III）披露，龐恩戴斯特知道中情局出售武器給伊朗，並將部分軍售收入祕密用於資助尼加拉瓜的反政府軍。㉙

不久後，美國軍方就提出，如果戈巴契夫和雷根協定要完全廢除核武器的話，那麼軍方就需要大幅增加額外的常規軍事預算㉚。另外一個表明陰謀集團不希望雷根和戈巴契夫達成協定的信號是，美國在一九八六年十月二十二日宣布驅逐五名外駐在美國的蘇聯外交官㉛，並讓他們必須在一九八六年十一月五日之前離開美國。㉜

一九八八年至一九九二年，在白羊座時代的對應時間是西元前一七二二年至一六八八年——羅馬再次與馬其頓交戰。由於美國在一九八八年至一九九二年看似無重大事件發生，一開始我以為羅馬和美國黃道十二宮週期對應的時間線失誤了，但是我錯了。我很快就意識到，美蘇兩國恰好在這個時期又進行了另外一次代理人戰爭。這一次的戰爭是以蘇聯的徹底垮台為結局，而蘇聯的落敗時間也和馬其頓的戰敗時間（西元前一六八八年）完全對應上了。

一九八八年二月十二日，美蘇兩國有過一次直接對抗。這一次，古巴已經不是戰場了，兩個主要對手將面對面迎戰。美國的間諜船卡倫號（USS Caron）直接開到了受蘇聯管轄的克里米亞半島水域，刻意挑釁。「歷史」網站（History. com）揭示，美國想借此挑起戰爭的意圖昭然天下：「從很多方面來看，這次事件是美國一次多餘的挑釁行為……所有人都知道卡倫號是一艘情報蒐集戰艦，最樂觀的情況是，蘇聯認為這只是美國一個啟人疑竇的行為而已。」㉝

蘇聯迅速做出強硬反應，他們派戰艦直奔卡倫號及附近的約克城號（Yorktown）攔截。

「歷史」網站認為，蘇聯的恐慌行動意味著蘇聯這頭「受傷的獅子」仍有能力對敵人發起猛擊：「對蘇聯而言，他們可能有些反應過度。可能蘇聯軍方認為有必要向美國傳達這樣的訊息：目前蘇聯雖然正在經歷嚴重的經濟和政治危機，但仍然是一個不容小覷的軍事強國。」[34]

一九八八年四月十四日，在占領阿富汗九年之後，蘇聯簽定了全面的撤軍協定。喬治城大學（Georgetown University）外交研究所一篇名為〈美國與蘇聯在阿富汗的代理人戰爭〉（US and Soviet Proxy War in Afghanistan）的文章揭露，美國和蘇聯一直各自在阿富汗進行軍事援助，一直持續到四年後的一九九二年——這個時間，又對應到白羊座時代第二次馬其頓戰爭的終結時間。自一九八五年起，美國中情局就一直資助及訓練阿富汗的反抗軍在阿富汗境內發動恐怖活動。這個由美國撐腰的反抗軍，是一個名為塔利班（Taliban）的強硬伊斯蘭主義組織。二〇一一年外洩的一些文件，證實了賓拉登和塔利班組織有密切聯繫，在意識形態上相當一致[35]。在九一一事件之後，美國的企業媒體⑤幾乎完全無視美國先前公然支持塔利班的行為。在這段時期，二一六〇年的黃道十二宮週期仍然持續在影響我們的歷史，正如喬治城大學的文章所揭示的，美國和蘇聯在阿富汗的代理人戰爭，其真正終結時間是在一九九二年——這一年，也與第二次馬其頓戰爭的結束年份（西元前一六八年）形成對應：

> 蘇聯從阿富汗撤軍，並不意味著美蘇在這個國家中的這場兩敗俱傷的權力爭奪戰已告結束。即使蘇聯在那段期間正在解體，但是這兩個超級強權直到一九九一年末，都還在繼續支援各自在阿富汗的代理人。當美蘇在一九九二年完全停止對阿富汗的軍事支援之後，那些已經受到美蘇兩國良好訓練且組織及戰備都相對完善的團體，很快就在阿富汗境內發起內戰。[36]

九一一事件，完美吻合五三九年週期

羅馬在西元前一六八年徹底戰勝了它的對手馬其頓，而這個年份在雙魚座時代的對應時間內，美國的敵人蘇聯也解體了。一九九一年八月十九日，蘇聯發生了一場針對戈巴契夫的政變，那時我高中畢業，正在選擇入讀的大學，在電視螢幕上，我看到坦克開向克里姆林宮的直播畫面㊲。由於計畫不夠周全，這個政變計畫沒多久就宣告失敗了。㊳

一九八九年，蘇聯的成員國開始宣布獨立，第一炮是亞塞拜然，剩下的其他國家也在一九九〇年相繼宣布獨立㊴。戈巴契夫於一九九一年十二月二十五日辭職下台㊵，時間與一九九二年一月一日只差了七天——馬其頓在西元前一六八年（即一九九二年的二一六〇年前）敗給了羅馬。儘管歷史跨越了兩千多年，但黃道十二宮週期仍然在有效率地運作著。

馬森在寫於一九八〇年的初稿中，清楚地預見了蘇聯解體，他當時寫下了這樣的預言：「第二次馬其頓戰爭的週期對應時間是一九八八至一九九二年，在這段期間內，美蘇兩國將會進行一次直接的對抗，就像一九六二年的古巴事件一樣。考慮到直接交戰可能會給雙方帶來致命的破壞，現代戰爭通常會透過緩衝國來進行，而且非常像一場博弈遊戲。」㊶馬森的預言完全準確。這一次，美蘇之間的「緩衝國」是阿富汗。

遺憾的是，美國在與蘇聯的對抗過程中，訓練、資助且武裝了他自己的下一個大敵人——賓拉登和塔利班組織。

現在，你一定會對二〇〇一年的九一一事件感到好奇，那麼在上一個循環週期裡，羅馬是否也發生過可以跟九一一事件相提並論的對應事件呢？顯然沒有。二〇〇一年在白羊座時代的對應年份是西元前一五九年，那一年，除了發明了第一個水鐘之外，並沒有出現與羅馬有關的戰爭或其他重大的歷史事件。

然而，當我回查馬森的原始資料時，卻發現到黃道十二宮週期的四等分週期（也就是五三九年的週期）內，有個事件與九一一驚人吻合。這一場史詩級的戰爭發生在歐洲（在第十六章會詳談），與一四六二年僅僅相差了幾天，而一四六二年加上五三九年正好是二〇〇一年。找出這個五三九的週期後，你會發現很多歷史大事都跟這個週期有關，比如一四二九年聖女貞德的歷史性戰役與一九六八的法國學生運動。

赫爾默和馬森是對的，我們必須重寫我們的整個宇宙觀，並開始認真考慮那些表明宇宙是一個生命體的證據。現在我們知道，衛星、行星、恆星和星系是一種更大規模的生命形態，對生活在其中的所有生命都有巨大影響。它們似乎一直有智慧地在引導著我們順利經歷英雄之旅，不管是在個人層次或人類集體層次。然而，如果我們一直沒能學會這些循環帶給我們的教訓，並學會寬恕及接納自己和他人，那麼戰爭和人類的暴行將不會有停止的一天。

譯注：

①也被稱為安條克戰爭或敘利亞戰爭，主要是羅馬和安條克三世在希臘、愛琴海和小亞細亞間的軍事衝突。

②一九六八年一月北越正規軍和越共遊擊隊聯手，針對南越發動的大規模攻勢，是造成美國主動自越南撤軍的關鍵事件。

③又名軍工鐵三角，是指由軍隊、軍工企業和部分國會議員組成的龐大利益集團。

④一般是指水星、金星、地球及火星。但也有人認為在地球到太陽之間運行的行星才是內行星，這指的是水星及金星。

⑤所謂的企業媒體（corporate media）就是指那些以資本主義運作的龐大新聞組織，其規則就是為其投資者、股東和廣告商謀取最大利益。

15 天沒有塌下來，而是我們開始看到了真相

一旦學會歷史週期教給我們的課題，我們可能會經歷一次驚人的全球謝幕，陰謀集團的真面目會被徹底揭開，而我們也將會目睹另一個真相：一直以來，都有高度進化的地外親族在幫助我們。

我們每個人似乎都會在生命中經歷一系列非常具體的事件，也會在其他世一直重複這些經歷，直到我們真正學會這些生命課題為止。我們當前經歷的一些事件，可能是以精確的週期循環一直反覆上演。這些週期現象不僅體現在宏觀的地緣政治事件中，同樣也會出現在個人層次。

二五九二〇年的分點歲差週期，剛好能等分成十二個黃道十二宮時代，而世界各地的神話都將歲差這個主要的循環週期，跟人類即將來臨的黃金時代相連結，這些神話都說天堂真的會來臨。二〇一一年六月六日，我在一個臉書帖子上看到了弗朗索瓦．馬森那本手稿的英文譯本，其中一段內容放在這裡十分貼切：

除了所有預言性的推測以外，有件事是確定的：由於歲差運動，我們即將進入寶瓶座時代。這是一種數學性的常規運動——而伴隨每一次黃道十二宮轉換所帶來的心靈轉變是不容否認的。無論在這段期間我們會遭遇到什麼事情，一場根本性的意識和宗教性轉變注定會出現。❶

充滿悲憫心的人類進化藍圖

現在，馬雅曆法的終結之日——二〇一二年十二月二十一日已經過去了。我們已經跨入了寶瓶座時代，就像我在《源場》一書所論證的。這種意圖推動我們進入一個黃金時代的大規模轉變已經開始了，而且隨著時間推移一定會變得越來越有趣。我們能夠清楚地看到，這個二五九二〇年的偉大週期，絕對不只意味著地球軸線一種緩慢無聊的擺動而已，而更像是代表著一種被編寫進我們銀河系心智的一種機制。這種巨大時間週期的運作原理，很像宇宙時鐘的主發條，按照既定的時間週期，推動著我們的進化之路和歷史事件，讓我們得以完整經歷集體的英雄之旅。

根據《一的法則》所說，這個偉大的故事是一個被預先精心安排好的進化藍圖，早在人類現身於地球之前就已經存在，一直在敦促著我們覺悟：人類需要放下種族、膚色、宗教、性別或國籍等差異，彼此關愛。一旦我們決定不再區分彼此，一旦我們決定為了一個更美好的世界而共同奮鬥，和平和自由終將會降臨，我們也會進入一個前所未有的黃金時代。

一旦理解那些令人痛苦的戰爭和政治事件並非偶然發生，我們就能更加確信，我們遇到的所有問題都能得到解決。一張悲憫的進化藍圖，正在透過歷史逐漸呈現在我們眼前，幫助我們為即將到來的全新思考及存在方式做好準備。另一方面，我們這個活生生的宇宙也在告訴我們，我們確實擁有自由意志，這意味著我們必須要承擔自己所創造的一切。

隨著我們不斷成長和進化，我們的歷史將會逐漸脫離負面的時間軸。到了那個時候，對於我們身處其中的大故事，我們將能一覽無遺地看清楚。

人類學乖了，不會一見到魚餌就咬

我發現美國與白羊座時代的羅馬帝國有太多牽連，因此當我察覺到美國似乎正逐漸從這種連結中脫離出來時，我感到如釋重負。當然，歷史的週期循環仍然照常運作，只是人類終於學乖了，不再吞下誘餌自願上鉤。馬森預測，一九八八至一九九二年這段時期，可能會發生跟古巴導彈危機同樣危險或者更甚的事件，幸運的是，美蘇兩國在阿富汗的那場代理人戰爭最終沒有演變成世界核子大戰。

另外，我們還看到，在一九八八至一九九二年這段關鍵的危險時期，出現了一場被稱為「沙漠風暴」的波灣戰爭。這場戰爭始於一九九〇年八月二日，因為海珊入侵科威特，以美國為首的多國部隊在一九九一年一月十七日對伊朗展開空襲，並於一九九一年二月二十四日發動地面作戰❷，僅僅一百個小時，伊拉克就宣布停火。儘管空襲行動死傷慘重，但沙漠風暴跟馬森所擔心的那種全球性災難簡直不能相提並論。馬森擔心的是，萬一黃道十二宮週期威力盡顯，使得發生在羅馬歷史上的戰爭對美國命運產生重大影響時，就有可能出現某種全球性的戰爭或災難。

一九九一年我高中畢業，那個時期網路還未普及，波灣戰爭期間，每次打開電視就會看到語不驚人死不休的名嘴，恐嚇中東將會爆發一場大規模的惡戰。每個人都很害怕第三次世界大戰將會發生，《聖經》中的末日預言將會成真。但是，其他中東國家沒有上鉤，他們破除了舊有的思維模式，意識到他們的對手一直在煽動他們做出暴力回應，以便讓惡毒勢力使用更先進的武器來製造更多傷害。

正如我們在先前章節中所瞭解到的，雙魚座時代的一九八八至一九九二年這段時期，在白羊座時代的對應時間是西元前一七二至一六八年——正值羅馬與馬其頓的第三次戰爭。接下來的重大事件是，羅馬在西元前一五四年開始與盧西塔尼亞（Lusitania）交戰。從這個年份往後推二一六〇年，就是二〇〇六年，在這一年，我們曾經與一場大災難擦身而過。二〇〇六年三月十六日，美國正式對伊朗宣戰，當天的國家安全戰略公告寫著：「當前伊朗帶給我們的挑戰可能比其他國家都大……考慮到大規模毀滅性武器可能造成的後果，我們不能坐以待斃。」❸

這清楚表明美國將可能使用核武器來應對這個衝突❹，這是非常嚴重的事，而陰謀集團一直都希望能真的來一次《聖經》審判式的大決戰。幸運的是，一些位居要津的人挺身阻止了白羊座時代在羅馬上演的暴力再度循環。國家安全局的主管約翰．內格羅蓬特（John Negroponte）就是其一，他在二〇〇六年四月告訴媒體，伊朗能得到足夠的核材料來組裝核武器可能是幾年或十年以後的事情。❺

美國情報局的一份評估報告同樣得出相同的結論，但是該報告被布希政府隱瞞超過一年。二〇〇七年十二月四日被釋出的這份報告寫道：「根據我們的判斷，德黑蘭在二〇〇三年秋停止了核武器計畫……到二〇〇七年中期為止，德黑蘭一直沒有重啟核武器計畫……我們非常有信心地得出結論，在二〇一五年之前，伊朗無法生產和加工製造核武器所需的鈽元素。」❻

在原始檔案中，「鈽」這個字還用斜體特別強調。到我寫這本書的二〇一三年，距離羅馬—盧西塔尼亞戰爭的對應時間（二〇〇六年）已經過去了七年，但是我們沒有看到有任何針對伊朗的入侵行為，同時也沒有其他大型的新戰爭。美國雖然仍在阿富汗駐軍，但是在伊拉克已經大規模撤軍了。當我發現黃道十二宮週期的連結似乎已被打破時，真的鬆了一口氣。如果寬恕是使業力之輪停止的關鍵，那麼，這似乎意味著我們終於學會了關愛和接納彼此。只有當我們沒有學會寬恕課程，並接受引誘而互相對抗時，隱身幕後的全球敵手才有可能繼續傷害我們。

我們能夠改寫結局

我們要記住的重要一點是，我們能夠改變這些循環週期的結局。我們並沒有受縛於這些循環週期，我們不需要一直重複經歷相同的戰爭和暴行。就像我們先前所學到的，我們現在已經有直接的科學證據證明，一小群人能夠對人類的整體行為造成顯著的影響，使整個地球迎接一個更積極正面的未來。更具體來說，一個由七千個平常人所組成的團體只是透過冥想，就能使全世界的恐怖活動數量減少七二％。這樣的心理（意識）活動，在阻止戰爭、暴力衝突及生命傷亡方面也有同樣強大的作用❼。五十個不同的科學研究已經證實了這種冥想效應，由此也可證明循環週期並非不能改變的。

戰爭不會依照一個固定的時間表不斷重現，我們能夠改寫事情的結局。而我們需要學習的那堂課是：倘若我們有夠多的人開始在日常中踐行和平的生活方式，那麼，英雄之旅最後終會引導我們去面對魔王。如此一來，我們就能整合自我，學會不再將自己的痛苦、恐懼和憤怒怪罪於他人。最終，我們將能夠精通這個原型模式一直在教我們的課程，停止將我們的陰影投射到他人身上，把他們變成了我們的敵人。

屆時，我們可能會經歷一次驚人的全球性謝幕，關於政府、媒體和金融等等的祕密將會大白於天下。根據多個內部高層人士提供給我的證詞，一旦陰謀集團的真面目被徹底揭開，將會接續引爆一些內幕，比如人類一些高度進化的地外親族一直在幫助地球上的我們，而且一直以來被地球上的各個古老文明奉若神明。這些人在過去一直生活在地球上，但似乎從伊斯蘭教在西元八世紀興起後就隱居幕後，讓人類自己成長為一個現代社會，擁有自由意志。在《一的法則》中，自由意志這個前提是非常重要的，但是當二萬五千年的循環週期結束、我們進入第四密度時，一切都會改變。顯然，一旦正式進入這種新實相，我們也會逐漸進入一個運作法則完全不同的新時間結構之中。

聯準會：一個世界級陰謀集團的心臟

直到一八九六年，米契爾．赫爾默才發現羅馬帝國和美國之間的循環關聯。這一年，有些商業銀行家開始看到，他們的計畫將會隨著帝國主義者麥金利當選美國總統而實現。果然，在麥金利任期內，陰謀集團很快就把美國當成新的集結地，開始擴張勢力。經過多年謀畫，一些大銀行家，比如美國的洛克菲勒—標準石油王朝、歐洲的羅斯柴爾德銀行王朝，把他們的資源統集起來，在一九一三年創立了聯準會。聯準會的建立，實際上違反了美國憲法的精神。一九九五年，哈利．馬丁（Harry V. Martin）在網上公布了他的研究結果，他在文章中寫道：「美國憲法的第一條第八款第五項規定，國會有權鑄造貨幣，調議其價值及訂定外幣價值。但是，實情不是如此，美國政府並沒有得到發行貨幣、控制貨幣流通及分配貨幣的權力。這種權力落在一家於德拉瓦州（Delaware）註冊的私人公司——美國聯邦準備銀行。」❽

國會議員榮恩．保羅在二〇〇二年的一場別具意義的國會演說中，發表了以下言論。保羅是我們「英雄之旅」故事中的那個智慧老人角色，他將一些非常重要的知識當作神奇禮物送給我們：

自從聯準會創立以來，美國的中產階級和工薪階層就成了繁榮與蕭條交替循環的貨幣政策的受害者。此外，由於聯準會的通貨膨脹政策，大部分美國人的購買力一直遭到侵蝕，這形同對美國民眾課稅。

從大蕭條到七〇年代的停滯性通膨，再到去年網路泡沫破滅，這個國家在過去八十年中所遭受的每一次經濟衰退，都能歸結到聯準會的政策。聯準會一直在遵循著一套不變的政策，讓整個經濟體系充斥著大量的低息貨幣，這導致了資源的錯誤分配，在一次人為的「經濟景氣」之後，一旦聯準會所鼓吹的泡沫破滅，隨之而來的就是經濟衰退或蕭條。

如果我們擁有穩定的貨幣，美國的出口商將不會再被一種動盪不定的貨幣政策所綁架。貨幣穩定化，同樣也會提高國人的儲蓄率，因為他們不會再擔心通貨膨脹會侵蝕他們的存款。❾

誰在背後扶植德國納粹？

二〇〇七年，英國廣播公司（ＢＢＣ）披露小布希的祖父普萊斯考特．布希（Prescott Bush）曾經直接參與一九三三年華爾街商人政變，企圖推翻羅斯福政府並建立法西斯政權。儘管ＢＢＣ呼籲人們關注這個事情，但是在我寫作這本書期間，那些企業媒體仍然迴避這個爆炸性的事實。普萊斯考特的目標不是建立一個推崇保守基督教價值的政府，但他的子孫輩卻公開提倡這種價值觀。當時普萊斯考特想循著希特勒模式建立一個法西斯政府，來對治經濟大蕭條。

我們不要忘記，在希特勒的整個統治時期，德國一直是一個基督教國家。另外，墨索里尼也是以一個法西斯獨裁者的身分在義大利掌權，而義大利一直是教廷梵蒂岡的中心和羅馬帝國的故址。

ＢＢＣ從來沒有針對這個故事發表過一篇完整的文章，但是我在網站中找到了ＢＢＣ當時的部分報導內容：

一些檔案揭露了一九三三年美國那場由右翼商人發起的未遂政變細節，在那場政變事件中，華爾街商人組織了超過五十萬退伍老兵，目的是推翻羅斯福政府。據稱，美國一些最出名的家族——包括食品集團Heinz、包裝產品公司Birds Eye、Goodtea及麥斯威爾公司的擁有者和小布希的祖父普萊斯考特——都牽涉其中，政變陰謀者認為美國需要採取希特勒和墨索里尼的政策來克服經濟大蕭條。然而，對於美國這場發生在和平時期的最大威脅，卻鮮少人知道。⑩

一九三三年，希特勒的邪惡本質尚未顯現出來。但我們必須知道，一場政變可不是什麼小吵小鬧，這些富有的陰謀銀行家和商人試圖製造一場血腥政變，推翻透過合法選舉誕生的立憲政府。他們政變計畫的一個關鍵部分就是，煽動五十萬名一戰的退伍老兵，促使他們公然反對政府，幫助這些商業大亨們達成政變計畫。

英國的另外一份主流報紙《衛報》（*The Guardian*），則披露了此一令人不安的故事並沒有在一九三三年結束。事實上，這個故事似乎越演越烈了：

在資助德國納粹並從中獲利的公司中，喬治．布希的祖父，已故的美國參議員普萊斯考特．布希是其中的股東及主管……引人注目的是，民眾對布希家族和德國納粹之間的往來幾乎毫不知情，部分原因在於相關檔案一直機密保存……約翰．洛夫特斯（John Loftus）……一名曾在七〇年代起訴德國納粹戰犯的美國律師說道：「我們不能因為喬治．布希的祖父做過的事而責怪喬治．布希，就像不能因為甘迺迪的父親曾經購買納粹股票而責怪甘迺迪一樣。問題的重點在於，隱瞞這些資料的無恥行為，為什麼這些資料能被成功隱瞞半個世紀？還有，這對我們又有何啟發意義呢？」⓫

約翰．洛夫特斯在接受《衛報》訪問時，還談到了美國企業的幫助對德國納粹有多麼重要：

就是透過此一途徑，希特勒才能掌權上台；就是透過此一途徑，第三帝國的國防工業才得以再次振興；就是透過此一途徑，納粹得到的收益最終回到美國那些企業主手上；就是透過此一途徑，對第三帝國金融洗錢的調查才會停滯不前……

現在，那些應該被起訴的人沒有一個在世，而他們過去確實成功逃脫了罪責……身為前聯邦檢察官，我會拿出充分的證據證明，普萊斯考特．布希及其岳父喬治．沃克爾（George Walker）和艾維瑞．哈里曼（Averill Harriman）曾經資助了美國的敵人。在當時，他們都是這些公司的董事會成員，也知道他們的公司一直為德國納粹提供金錢援助。⓬

看不到人類的光明前景？你錯了

當我們拒絕去面對我們的問題，問題只會變得更糟，無論在個人層次或人類集體層次都如此。就像我先前所說的，羊群效應對我們有非常強烈的影響，在你面對真相時，甚至會感到很不舒服。然而，一旦我們不再否認這些真相，我們往往又會走上另一個極端。

幾乎所有在網路上發表關於「陰謀論」看法的人，都對這一切抱有一種宿命的悲觀態度。在他們眼裡，陰謀集團恣意妄為，是不可預測及對抗的，而且他們也相信，這個陰謀集團很可能會完全實現其目標。

遺憾的是，直至目前為止，幾乎沒有人意識到，美國的時間軸和白羊座時代的羅馬帝國一直保持同步，你看到的歷史不是隨機發生的。這是一個大故事，當我們知道劇本的來龍去脈後，就能走完英雄之旅，擺脫一直重複經歷的困難和考驗。只要我們集體覺醒，開始運用內在的力量，就能改變故事結局。當我們更加專注於愛、和平及積極轉變的想法，就更有可能把我們的希望和夢想變成現實。而歷史會一直體現出我們真實的靈性進化水準，一旦我們提升靈性層次，那個一直隱身幕後、操縱世界的陰謀集團（魔王）就會被徹底揭露和清除，將無法再對我們製造任何傷害。

所有經歷的這些事件都在喚醒美國人，讓他們不要再以相同方式重演羅馬歷史中的所有悲劇事件。此時此刻，人們已經開始質疑媒體所宣傳的那些極具侵略性的帝國主義政策，無論是美國人或那些被引誘扮演美國敵人的國家都不再落入相同的圈套了。因此，雖然歷史的週期循環還在運作，在每一個黃道十二宮週期的對應時間點重現，但是嚴重程度已經大大降低了。

我想先在此澄清的一點是，我對任何遵循保守基督教觀點的人沒有偏見。就像我一直強調的，我們都擁有自由意志，對於我在本書所陳述的觀點，你可以選擇相信（但千萬不要視為一種宗教信仰或教條）或拒絕相信。這些僅僅是哲學性和科學性的觀點，如果你不認同，那麼你完全能夠自在地拒絕。

回過頭來說這個自始至終一直存在的陰謀集團，他們就像披著羊皮的狼，多年來一直特意操縱基督教徒的觀點，以便為自己搭建一個更便於操縱人類社會的基礎。有越來越明顯的跡象顯示，共和黨保守派一直將自己描繪成美國家庭價值觀的忠實支持者，但同時卻積極宣揚他們祖輩在二戰中祕密支持的法西斯主義，以及極具侵略性的帝國主義政策。

有些過分沉迷於陰謀論網站的網友，在某種程度上跟宗教狂熱份子很像，逐漸對一些充斥著受害者情結、憤怒和絕望情緒的陰謀論大餐上癮，以便為他們帶來短暫的憤慨快感。然而，這些宣揚恐懼情緒的陰謀論資訊，很可能會對接觸者造成強大、持續的心理衝擊，使他們陷入恐懼、沮喪、多疑和孤獨的陷阱之中，從而對他們的家庭生活造成可怕的影響。

一旦讀了太多這些強調陰謀集團將會徹底掌控世界、人類未來完全無望的資訊，並深信其觀點，那麼你可能就很難改變想法，去接受英雄隨時會出現在任何政府、軍隊或公司的可能性了。憎恨，有時會成為一個舒適、甚至讓人上癮的「避難所」。寬恕背叛及冒犯你的人從來都不是容易的事，但寬恕一直是且永遠是通往自我療癒的道路，甚至對於那些帶給他人嚴重傷害的反社會者來說也是如此。《一的法則》清楚地告訴我們，我們應該與那些試圖操縱我們的人保持適當距離，但是從業力之輪中解脫出來的關鍵，絕對不是心懷怨恨或恐懼等負面情緒。真正去愛他們、理解他們的本性，設身處地想像他們可能在家庭中遭受了多麼可怕的虐待，才導致他們發展出這種反社會人格，但同時也要阻止他們再製造進一步的傷害，這才是英雄之旅的最後勝利。

新聞的公正性及真實性經常被人置之腦後，因此讓一些別有用心的人經常將小報風格的蓄意宣傳資訊偽裝成來源獨立的報導，並在這些媒介上傳播。一些企業媒體總是處心積慮地散播恐懼和憂慮，但事實是，一切事情似乎正在往積極的方向發展。儘管地球上的生命可能經歷非常痛苦的進化過程，但是那種可能導致我們徹底毀滅的末日劇情並沒有上演（我也堅信永遠不會上演），因為我們一直受到各種宇宙力量的保護。我們並非生活在一個封閉的系統中，在外面，有很多進化程度遠超過我們的存在一直在幫我們。

此外要牢記的是，只有當我們不再將我們的集體陰影投射到外部世界，並且寬恕和擁抱我們內在的陰影時，才能真正終結暴行，迎來全球性的和平與自由。否則，我們將會一直在我們的全球清明夢中尋覓下一個魔王。

不要再讓陰謀集團為所欲為

有種力量一直在約束那個試圖操縱及控制人類的負面勢力，確保他們的行為不會超過某種範圍，而這就是週期循環的組織力量。這是《一的法則》中非常重要的一部分。我們的星球一直受到精心的引導和管理，因此雖然我們會透過自由意志去選擇體驗一些負面事件，但是其程度總是會受到嚴格限制，永遠不會超出我們在靈魂層面所設定的範圍。二〇〇九年，我在網站上發表了一本名為《大揭祕終局》（*Disclosure Endgame*）⓭的線上電子書，其中有一個知情者彼得・大衛・貝特（Peter David Beter）提供了我一些內部消息。他在一九七〇年代接觸到了一些可靠的機密資訊，在他提供的這些證詞中，你可以發現，陰謀集團一直試圖讓全世界的軍事和經濟都陷入混亂和毀滅⓮。他們悄悄建造地下城市，費盡心思想要在地球表面製造一場真正的末日核武決戰。一九七八年十一月三十日，貝特在給我的語音信件中描述了陰謀集團的這個計畫：

在過去兩年多，美蘇一直陷於可能導致第一次核武戰爭的敵對狀態之中。由於一場直到現在仍未曝光的水下導彈危機，在一九七六年夏天，局勢變得緊張起來。接著，蘇俄開始使用早已安放在數千個地點的武器，準備對美國發起大規模的破壞活動。那時，他們的大型氫彈已經對準了我們最大的防禦性反導彈系統、水庫和他們稱為「微核武器」（micronukes）的小型核武設備……這時說要阻止第一次核武戰爭已經是空談，因為戰爭已經開始了。⓯

由「好」外星人操縱的幽浮，顯然一直在監控及干涉地球上每個核武器的基地，他們不是要襲擊我們，而是要防止任何政治勢力動用核武器來毀滅地球。二〇一〇年九月二十七日，核武研究專家羅伯特·哈斯汀斯（Robert Hastings）與七名前美國空軍軍官在華盛頓的全國記者俱樂部，舉行了一場關於幽浮與核武器的新聞發布會。在這場發布會中，七位軍官分享了他們在冷戰時期（最早的目擊經歷可追溯到一九四八年）親眼目睹幽浮降臨美國的核武基地，並癱瘓其發射系統的經歷⑯。接著，在二十六天後，也就是二〇一〇年十月二十三日，一架雪茄形的幽浮出現在懷俄明州夏延市（Cheyenne）的沃倫空軍基地（F. E. Warren Air Force Base）上空，五十枚導彈的發射系統被關閉長達二十六小時，這是美國歷史上最大規模的導彈故障事件。

在俄羅斯、印度、中國和巴基斯坦，也都曾經發生過與幽浮有關的核武故障事件⑰。根據《印度日報》的報導，在印度政府於一九九八年首次完成核子測試之後，一個外星人種族和印度政府進行了直接接觸：

> 印度科學家瞭解到，外星文明有能力干擾甚至癱瘓世界上的任何一枚核子導彈……美蘇兩國在過去六十年間也數次經歷了相同事件。中國人也一樣，他們一度懷疑是美國或其他國家在搗亂。後來他們把操控室搬到了地底下，但是故障事件仍會發生。據印度科學家說，如果外星人得知某個國家正準備動用核子導彈，而且可能會對全世界造成災難性威脅時，他們就會立即癱瘓這些核子武器……

來自英國的報告提到，外星人對地球上每個核武器庫的精確位置都瞭若指掌。那些無人駕駛的外星飛行器之所以如此頻繁出現，主要是為了確定人類所有核武器的位置（包括恐怖份子製造和掌握的核武器）。據稱，所有具備核武能力的政府都知道，這些外星人能夠癱瘓他們的發射傳送系統，而這讓他們很擔心。⑲

二〇〇九年，我與卡米洛特工程（Project Camelot）⑳的創辦人凱瑞・卡西迪（Kerry Cassidy）和比爾・瑞恩（Bill Ryan）一起採訪了皮特・彼得森博士（Pete Peterson）㉑。經過多次訪談後，我確信彼得森博士是二十世紀後葉最重要的機密技術發明者之一，他一直在為那個陰謀集團工作，而這些機密技術顯然已被陰謀集團所掌控了。因為我們的錄影訪談，彼得森博士失去了每月六七〇〇美金的政府退休金。彼得森告訴我，他曾經跟彼得・大衛・貝特在同一棟樓工作。在我們的錄影訪談中，博士說按照計畫，美國經濟會在二〇〇一年陷入混亂，並導致文明社會的一次重創。他在九一一事件發生之前，就被告知了這個計畫；而在九一一事件之後，他的上級也沒有告訴他九一一事件是否就是他們所預期的。

另外，博士還被告知，二〇〇八年還會發生一次相似的災難（實際上，沒有出現類似九一一事件的災難，但發生了全球金融危機）㉒。從一九三三年的華爾街商人政變後，顯然，陰謀集團從未停止過製造一些重創社會的事件和災難。

深呼吸，放下你的內疚與恐懼

如果你發現自己正陷入並相信那些蓄意散播的恐懼和內疚情緒中，此時你可做一些事來幫這個世界，那就是清空你的內疚和恐懼，讓自己完全進入當下這一刻的平靜。你只需深深吸口氣，然後慢慢吐出來，放鬆、放下。想想我們活在這個世界的無比神奇和美妙之處，想想那些關於黃金時代即將降臨的古老預言，然後意識到真正的轉變其實開始於此時此刻，開始於你的內在，它不存在於你在網路上發現、在電視上看到，或在報紙中讀到的東西。當你放下那些經常占據你頭腦的喋喋不休之聲、你的防衛機制和疑慮時，改變就會發生在當下。當你閱讀這些文字，或者安靜坐著時，如果深思你的完美本來狀態，改變就會開始於此時此刻。

就像很多靈性導師所說的，內疚會把你拉回到過去，而恐懼則會把你拉向未來。無論哪種情況，你都在把自己從當下這一刻的純然和平靜之中抽離出來，如果你允許自己全然處於當下這一刻，你會感到一切皆已完足。這些在有文字記載以前，就被無數世代廣為吟唱的時間週期，似乎是一部被精心編排的劇本，目的是幫助我們在集體層面不斷進化。核子戰爭會擾亂時間週期的能量架構，而這些能量架構促使我們一世又一世地在靈性上不斷成長。

此外，時間週期也像是一份龐大的索引檔案，讓我們能夠借此來安排我們的轉世經歷，這樣我們就能夠知道我們在某一世中可能會經歷什麼事件。幸運的是，如果我們開始學習這些週期教給我們的功課，集體決定我們已經完全準備好迎接黃金時代，那麼所有痛苦和死亡最後都會終結。對於那些與你意見相左的人，你可以不把他們視為對手，你要存著這樣的心：「無論你是誰，無論你在哪裡，無論你相信什麼，在我心中你永遠有一席之地。我愛你；對不起；請原諒我；謝謝你。」

如果你能在當下進入靜默與平和狀態，你就是在療癒自己和這個世界，你就戰勝了那個關卡守衛，得到了「永生靈藥」。不過，無數世代以來關於背叛和憎恨的記憶，會一直殘留在我們的意識深處，所以要完全做到平和很不容易。現在，有一群人只是透過集中冥想人類的積極面，就能大幅改善整個世界的和平水準。所以，如果我們真的實現全球性的覺醒——僅僅是接納彼此的本然狀態——那麼，將會造成無比巨大的影響力，時間的循環轉動可能因此永遠瓦解。最後，我們可能會經歷一次全球性的謝幕，進入到黃金時代，正如外星人告知印度政府的：黃金時代將會在二〇一二年不久後降臨㉓。而這很可能，就是關於寶瓶座時代的遠古預言。

如果我們能夠學會真正地尊重、關愛及寬恕我們自己，那麼，我們就不再會輕易為他人動怒或認為被冒犯了。比如說，對同性戀婚姻深感憤怒的保守派，其實在他們的內心深處藏著被上帝遺棄的恐慌。他們覺得：如果他們信以為真的那個上帝真的在掌管世間萬物的話，那麼每個人應該都會想成為基督徒，也就不會有人想要墮胎。這種巨大的痛苦和疏離感，數千年來一直沒有變化，至少從白羊座時代以來就是如此。有些政黨會利用對這些偏見的認同來爭取選票，並制定相應的禁制法規，當選民歡呼慶祝以為「正義」伸張時，殊不知人民已被剝奪了一部分的自由。

政治遊戲，操縱人們的看法

政治遊戲一直都在操縱著人們的看法。政客會找出誰可能帶給自己最多的選票，就給他們想要的東西——或至少做出這樣的承諾。接著，當遊戲無法持續下去時，他們就會表示歉意，並改變遊戲規則。羅馬最偉大的演說家西塞羅（Marcus Cicero），在西元前六三年當上了羅馬的執政官。競選時，他的弟弟昆圖斯（Quintus Cicero）寫了封信給他，告訴他如何在選舉中獲勝。這封信現在以《如何贏得選舉》（*How to Win an Election: An Ancient Guide for Modern Politicians*）為名出版㉔。譯者菲力浦．弗里曼（Philip Freeman）為這本書寫了一篇引言，將昆圖斯的專業建議拆解為以下十個步驟：（一）確保你的家人和朋友支持你；（二）在你周圍安置正確的人；（三）召集所有的支持；（四）建立廣泛的支持基礎；（五）對每個人承諾一切；（六）溝通技巧是關鍵；（七）不要離開城鎮；（八）瞭解並利用你對手的弱點；（九）厚顏無恥地奉承選民；（十）給人們希望。㉕下文摘錄自弗里曼的引言：

（五）對每個人承諾一切。除非在最不得已的情況下，否則，當時選民想聽什麼，候選人就應該說什麼。告訴那些保守者，說你一直支持他們的價值觀。告訴那些進步派，說你跟他們是一國的。等到選舉結束後，你可以向所有人解釋，你非常希望能幫他們，但遺憾的是，形勢超出了你的掌控，你只能盡力而為。昆圖斯向哥哥西塞羅保證，寧願在選後食言，也不要在選前拒絕承諾，因為這會讓選民更為憤怒……

（八）瞭解並利用對手的弱點……聰明的候選人會使盡渾身解數，對選民強調其對手的缺點而讓他們忽略其優點。極盡抹黑對手是極好的辦法，如果是性醜聞則更棒了。

（九）厚顏無恥地奉承選民……要讓選民相信你真的在乎他們。

（十）給人們希望……你要給選民一種感覺：你能讓他們的生活變得更好，這樣一來，他們就會成為你最忠誠的追隨者——至少在選舉結束之前，因為選後你一定會讓他們失望。但是那時候已經不重要了，因為你已經贏得了選舉。㉖

小布希的前辦公室副主任暨資深顧問卡爾．羅夫（Karl Rove）把昆圖斯的競選策略奉為圭臬，他還幫該書推薦：「昆圖斯．西塞羅……是政治戰略大師……這個讀本為我們留下了不朽的選舉建議，也是最適合現代從政者的一本好書。」㉗

前美國參議員加里．哈特（Gary Hart）承認，這一封信證明了歷史如何自我複製：「僅僅在政治這方面，這本古老的羅馬選舉手冊就向我們說明了，從古至今很多事情幾乎沒什麼改變……（它是）如此深諳為政之道，以至於有人可能會視之為虛構的。」㉘

時間的齒輪一直在推動著我們前進。這些齒輪不停轉動，一次轉動一點。最後到了攤牌時間，我們放下遊戲、名相及「我比你更好」的態度，只是去容許。

發問者：為什麼（一個實體）必須投生，並在表層意識忘記他對這一世的所有計畫？

回答：……讓我們舉個例子，如果有個人能看到所有玩家手中的牌，知道了整個遊戲。那麼這場賭博就成了孩子的玩耍，因為沒有風險，也就沒有趣味。

在時空的實相（也就是死後世界）中，所有玩家手上的牌都是打開的。想法、感覺、困難，所有這些都可以被看見。這裡沒有欺騙，也沒有想欺騙的念頭。許多事情都在和諧中被完成，但心／身／靈無法在這種互動中獲得任何成長。

讓我們重新檢視這個隱喻，並把它擴大到你能想像的最長的一次撲克牌遊戲，也就是你的一生。這些牌代表了愛、厭惡、限制、不快樂、愉悅等等，你不斷丟牌出來。你在投生之初知道自己握了什麼牌。你開始發現你內在的愛，開始平衡你的愉快、你的限制等等。

你已不記得你手上有什麼牌、別人手上有什麼牌，甚至不記得這個遊戲的規則。而唯一的獲勝方式，就是在愛的融化下輸掉手上的牌；唯一獲勝的方法是放下愉快、限制，將所有牌攤開在牌桌上，並在心裡說：「所有人，所有的玩家，我的每一個自我，不管你手上的牌是什麼，我都愛你。」這個遊戲是：在愛之中去知曉去接受、去原諒去平衡，打開自我。缺少了遺忘過程，這些事就無法達成，這個生命過程也就沒有份量了。[29]

我們能夠讓愛存在於這一刻，讓和平存在於我們的生活中，讓這個宇宙是一個完美的地方，如其本然。我們也能讓自己意識到永遠不會真的死亡，我們會一直存在。我們必須敬重每個生命，因為無論生命出現在哪裡、形態如何，所有生命都是由那個存在於我們之內的同一個意識所創造出來的。

為更好的將來積極改變

當陰謀集團在二〇〇六年試圖透過散布伊朗會給美國帶來核武威脅，以便製造一個新對手時，多數美國民眾決定不再支持共和黨這種侵略性的兜售戰爭政策。民主黨在二〇〇六年的選舉中，贏得眾議院、參議院的控制權，在州長數目及州議會席位上也超越了共和黨。[30]

對於那些認同基督教價值觀的人來說，這並不是失敗。如果共和黨沒有落敗，美國極可能會在當前的時間軸中重現羅馬時代那些最致命的戰爭。但這並不是意味著，羅馬和美國歷史之間的週期性循環已經停止了。事實上，歷史大鐘的影子仍然逗留不去。

羅馬執政官加圖，於西元前一八四年被推舉為監察官，而在雙魚座時代的對應年份（一九七六年），卡特當選了美國總統。加圖死於西元前一四九年，生前一直很活躍，在他人生的最後階段，每場演說都不忘強調「迦太基必須被摧毀」[31]，也很關心羅馬奢華的社會風氣。有個歷史學家更詳細地描述了加圖的做法：

在羅馬人的財富和欲望不斷增加時，加圖仍要求政府和人民都要恪守簡樸節約的生活態度……（他調整）議員和騎士的職務……（首創）對奢侈品徵稅的方法，而他更熱中的是……在發現迦太基農業興盛後，他念念不忘要摧毀羅馬的這個宿敵。[32]

儘管不少歷史學家都認為加圖拿迦太基開刀是不合理且愚蠢的，但是加圖這樣做，很可能有一些不為人知的原因；或許，他掌握了一些表明西庇阿和安條克三世存在著某種祕密協定的證據。迦太基是否是陰謀集團的一個大本營，希望挑起雙方戰爭而坐收漁翁之利，就像我們常在現代歷史中看到的一樣？

推翻金融暴政之戰

西元前一四九年，加圖終於對迦太基發動了戰爭，這一年在雙魚座時代的對應年份是二〇一一年。我在二〇一〇年發現這一點後，就對二〇一一年會發生什麼事情開始留意。在《源場》出版後不久，尼爾・基南在二〇一一年十一月二十三日（甘迺迪遭暗殺的四十八週年紀念日），對陰謀集團提起了一份龐大的訴訟案（參見第四章）[33]。這可以說是對陰謀集團的宣戰，如果成功的話，將會是一次極其重大的歷史事件。此訴訟案背後，有一個強大的跨國聯盟組織支撐。雖然至今還沒有人證實，但我覺得前總統卡特可能是其中的支持者之一。不同於大部分的戰爭，這是一場沒有硝煙味的戰爭，透過法律手段以及對真相的逐步揭露來爭取勝利。在我寫這本書的時候，這場戰爭仍在繼續著。

在羅馬歷史中，第三次布匿戰爭持續到西元前一四六年。迦太基在此次戰爭中完全被摧毀，就像加圖所預見的。羅馬人以典型的羅馬風格執行了加圖的戰爭口號，迦太基的圍牆被推倒，城市也付之一炬，人民被轉賣為奴。羅馬的元老院還頒布法令，不准任何人居住在迦太基原來的國土上。[34]

我不支持戰爭和屠殺，卡特總統也一樣。白羊座時代的一些歷史事件在我們這個時代（特別是一九八〇年代以後）重現時，暴力程度已大大降低。一九一九年，德國在《凡爾賽合約》上簽字投降，而在二一六〇年前，這正是迦太基在第一次布匿戰爭中落敗的時間。

時間的週期循環不會受到任何社會或政治宣傳所影響，也不會對存在於我們之中的深層真相視而不見。如果迦太基的集體業力重現為現代德國的集體業力，那麼德國與陰謀集團之間可能還存在著一些我們尚未發現的關聯。

迴紋針行動：祕密引進納粹德國科學家到美國

我們已經看到，一個法西斯團體在一九三三年試圖發動政變推翻美國政府。而德國在二次大戰中一直受到陰謀集團的實業家——比如沃克（Walker）家族、哈里曼（Harriman）家族和布希家族——及其公司的資助。這還只是冰山一角。二〇〇五年，ＢＢＣ披露德國納粹和美國之間的聯繫在二次大戰後變得更緊密了：

在六十年前，納粹科學家幫美國做了許多開創性計畫，包括征服太空的競賽。這些人帶來了一些至今仍屬先進的科技，但美國也為此付出了代價……在迴紋針行動（Project Paperclip）中，美國在盟友的眼皮底下把沃納．布勞恩（Werner von Braun）等七百多名出色的納粹科學家帶進美國。該行動的目標很簡單：「讓德國科學家效勞於美國政府，不讓這些人才資源流入蘇聯手中。」[35]

令人驚訝的是，很多人從來沒聽過迴紋針行動，而這僅僅是陰謀集團不想讓大眾知道的許多祕密之一。杜魯門總統在一九四五年八月簽署了迴紋針行動，而第一批德國科學家在同年的十一月十八日來到美國，他們坐船來到了這個在數個月前曾碾碎他們祖國的國家。杜魯門還制定了一些嚴格規定，他不希望有任何納粹黨員或曾參與納粹行動的人進入美國。讓我們繼續看ＢＢＣ針對此事的相關報導：

在這種規定下，甚至布勞恩，那個登月計畫的策畫者，也不能為美國政府效勞。他是納粹成員，也在黨衛軍中擔任高職。他的情報檔案上一開始還寫著：他是「一名危險人物」……（儘管如此）這些科學家還是被送到了美國，他們所謂的罪行紀錄顯然被掩蓋了，把贏得冷戰視為首要目標的美國軍方，將他們的背景漂白了。[36]

這些納粹科學家抵達美國後，難道就將先前的政治信仰拋諸腦後，全心融入美國的生活方式和價值觀嗎？還是反過來，是他們在影響這個國家的走向呢？二〇〇七年，記者娜奥米・沃爾夫（Naomi Wolf）在《衛報》發表了一個令人信服的觀點，在「通往法西斯主義的十個步驟」中，她列出美國是如何一步步地循著那些反社會的特徵走向法西斯主義：

回顧歷史你就能看到，基本上存在著一張藍圖，意圖把開放社會變成獨裁國家。這張藍圖被一次一次地運用，血腥和可怕程度各有不同。要創造並維持一個民主國家的運作難能可貴，但是歷史也告訴我們，要毀掉一個民主國家要容易得多。如果你願意睜眼觀察的話，你可以清楚看到：在當今的美國，通往法西斯主義的這十個步驟，布希政府一個都沒落下。[37]

布希政府顯然已經對這些步驟認真嘗試過了。幸運的是，現在看來，陰謀集團是永遠無法完成這些步驟了。

改變美國政壇的十月驚奇

卡特的連任之路，很可能就是被老布希的卑鄙手段暗中破壞的。這些蓄意破壞，可以用所謂的「十月驚奇」來代表。一九七九年，伊朗激進份子闖入德黑蘭美國大使館，挾持多名美國人質。對當時尋求連任的民主黨候選人卡特來說，如果能救回人質將大利於選情，於是共和黨私下與伊朗談判確保人質不會在選前獲釋。此一祕密的叛國交易，顯然幫了雷根—布希陣營勝出。羅伯特．帕利（Robert Parry）在獨立新聞網站「揭露真相」（Truthout）上發表了關於十月驚奇的文章：

> 那些對卡特不滿的中情局官員，是否與他們的前上司老布希相互勾結，在一九八〇年利用伊朗人質危機來打敗總統吉米．卡特？中情局的那次祕密行動是否改變了美國的政局，為共和黨在接下來的四分之一個世紀掌權鋪路？
>
> 一九八〇年十一月四日，在為解救美國人質整整努力一年無果之後，卡特在大選中敗給了雷根和他的競選搭檔老布希。這些人質最後在雷根宣誓就職當天——一九八一年一月二十日獲釋。[38]

綁匪剛好在雷根和老布希宣誓就職這一天突然釋放人質，情況顯然啟人疑竇。以色列情報員阿里本．梅納什（Ari Ben-Menashe）在回憶錄《戰爭的利潤》（*Profits of War*）中揭露了以下內容：「卡特的人質談判失敗，原因是共和黨的對抗行為……共和黨想要伊朗在十一月四日的大選之後再釋放人質……由老布希帶領的共和黨代表團，以及由邁赫迪．卡魯比（Mehdi Karrubi）帶領的伊朗代表團在巴黎商定了最後細節。」[39]

關於這個事件，還有一本值得關注的書——《十月驚奇：伊朗人質事件與雷根的當選》（*October Surprise: America's Hostages in Iran and the Election of Ronald Reagan*），作者是在美國國家安全委員會負責伊朗和波斯灣事務的高級助理加里．西克（Gary Sick）[40]。加里．西克的證詞在一九九一年出現於《紐約時報》上，並被收入官方的國會議事錄中[41]。前雷根—布希競選陣營成員兼白宮職員芭芭拉・霍尼格（Barbara Honegger），也在她的書《十月驚奇》（*October Surprise*）中支持了上述說法[42]。

你可以想見，當卡特知道這些幕後真相後會有多生氣。陰謀集團操縱了美國大選，還逃脫了罪責，這五十二名人質甚至還可能被殺害。

推倒那道祕密圍牆

卡特於二〇〇二年獲得諾貝爾和平獎，用以表彰他幾十年如一日為尋求通過和平手段來解決國際爭端、推進民主和經濟社會發展所做的努力。當時他發表了以下的感言：「當我離開白宮時，我還算是個年輕人，覺得自己應該還能再忙個二十五年……身為這個世界上最偉大國家的一名前總統，我仍然擁有一些影響力，我會盡力填補空缺。」[43]卡特想要填補什麼樣的「空缺」呢？似乎他想要揭露和打敗那個曾經破壞他連任的陰謀集團。另外，他可能也想看到其他被隱藏的真相早日公開。一九六九年十月，卡特親身經歷了一次令人激動的幽浮目擊事件。在他一九七六年競選總統期間，曾經大膽聲明：「如果我成功當選，我會把這個國家關於幽浮目擊事件的資訊開放給大眾和科學家。」[44]根據ＢＢＣ的新聞報導，迴紋針行動的那些德國科學家可能把一些非常重要的機密資訊和科技帶到美國。

大部分仍處於保密狀態的迴紋針行動檔案，讓很多人猜測，美國可能發展了更先進的納粹科技，包括反重力設備——或許能夠用來製造大量的自由能。《詹氏防衛週刊》（*Jane's Defence Weekly*）的航空顧問尼克・庫克（Nick Cook）表示，這樣的科技「可能頗具毀滅性，會威脅到世界和平，而美國也決定對此長期保密。」[45]

卡特已經證明，他敢於公開指責那些他認為不公不義的事。二〇〇九年九月，他站出來批評了共和黨及其支持者透過助長種族仇恨來持續攻擊歐巴馬的行為，他說：「我個人認為，當下對歐巴馬總統的大部分仇視態度及行為，只是因為他是一名非裔美國人這個事實。」㊻顯然，卡特並不懼怕發表強硬聲明。

在下一章，我們要開始探討一個與二〇〇一年九月十一日相關的五三九年週期。這個重大歷史事件的元凶，真的就是那幾個通過安檢並在一次襲擊中就撞塌兩座摩天大樓的阿拉伯人？考慮到我們對於陰謀集團的瞭解，有沒有可能官方的說法又是謊言呢？在五三九年前，是否也發生了相似的事件，其中的挑釁者又是誰？

另外，我們還會看到，在帷幕另一邊的偉大存在，一直在觀察、影響及管理這些時間週期。一切並非都已注定，一些更高的力量曾經幫我們避開最負面的時間軸。我非常幸運，能夠與「另外一邊」的存在進行有意識的連結，並得到一些預言訊息——比如關於九一一事件的預言。在發生這個事件的兩年前，我就將相關預言發布到我的網站上，你現在還可在「網路檔案館」（The Internet Archive）網站找到這些帶有時間標記的紀錄，這些時間標記可以證明我確實早在九一一事件發生前就已預知了一些徵兆。

16 還原九一一事件的真相

官方的故事版本是九一一事件的真相，還是一個驚天大騙局？官方說法的無數漏洞、證人的揭露證詞、來自內部人士的消息等證據都表明，我們是被事件的表象蒙蔽了。

二〇一〇年，當我首次進行歷史週期的相關研究時，我馬上想到應該查查二〇〇一年九月十一日發生的大事。畢竟這是我們這個時代中一個明顯的「引發事件」，使得更多人開始覺知到陰謀集團的存在，也注定了它最終會被打敗。

馬森書中的邏輯簡單明白，只有幾個可供研究的時間週期。我首先查看了二一六〇年的黃道十二宮週期，但沒有發現在羅馬歷史中有任何跟九一一事件相對應的歷史大事。接著，我查看了黃道十二宮週期的四等份週期——五三九年週期，很快就發現，在九一一事件的五三九年前又六天，歐洲發生了一次相似的重大戰役。

如果從二〇〇一年九月十一日往回推五三九年，就來到了一四六二年九月十一日。六天後，也就是九月十七日，出現了十三年戰爭的最大轉捩點：斯維希諾戰役（Battle of Swiecino）①，這是當時讓全歐洲矚目的重大事件。對應於九一一事件的這個戰役並非單一獨立的「巧合」，我很快就發現，在十三年戰爭及九一一事件的前後，也有一些重大政治事件存在著四種直接的共時性關聯（對應時間相差不到一個月）：事件開端、建立盟友、對抗敵人、關鍵轉捩點與事件的結局。在斯維希諾戰役中，當然沒有飛機撞到摩天樓，但是在這次戰爭中，勝利一方曾經使用大規模的弩火攻擊，徹底摧毀了失敗的一方。

赫爾默和馬森都分析，發生在每個週期中的對應事件不會在各方面都一致，但是其中會存在著許多驚人的相似性。在英雄之旅中的那些關鍵原型時刻，似乎也會不斷重現。當我們分析九一一事件和斯維希諾戰役之間的週期聯繫時，首先看到的是，賓拉登、基地組織和美國是交戰雙方。然而，當我開始找出這些循環中的關鍵轉捩點並看到其中的交戰雙方時，誰是真正玩家的答案開始變得清晰起來。我們首先需要說明一些背景因素，才能正確理解十三年戰爭和九一一事件是如何串聯起來的，以及在這兩個事件中，到底誰才是魔王的角色。

一次新的珍珠港事件

根據官方的九一一事件版本，這次事件的幕後主謀是賓拉登及一個被稱為「基地組織」（Al-Qaeda）的恐怖主義組織。這個故事版本有一些明顯的真實性，而大部分美國人也接受了這個版本。這些恐怖份子牽涉其中，美國最終也將他們繩之以法。

但是，這些恐怖份子似乎也得到某種幫助，否則很難讓人相信世貿中心會在一天內就像自由落體般地轟然倒塌——其中的七號樓甚至僅僅是被一些飛落的碎塊撞到而已，而雙子星的設計是能夠承受超過一架飛機撞擊力道的。在此之前，我們從來沒有看過像這樣的倒塌狀況，除非是炸彈爆破場面。此外，飛機的燃油跟煤油極其相似，如果煤油能夠輕易地融化鋼鐵，那麼每一部燃油加熱器都成了火災隱患。

在這個官方版本的故事中，還有另外數十個像這樣的漏洞，這些資訊已經在網路上廣泛傳播，你甚至可以花費幾年時間來分析所有這些證據，並將有關真相的調查結果寫成幾本書。然而，想像一個敵人會做出如此大規模的反社會行為，確實會讓每個人不寒而慄。對於普通人來說，永遠無法在捲入一個如此巨大的謀殺謊言之後，還能在夜晚安然入睡。光是想像一個政府為了實行某種軍事獨裁而自導自演這樣的災難事件，也讓人感到毛骨悚然。

僅僅在九一一事件的十二個月之前，即二〇〇〇年九月，新保守派發布了一份標題為〈新美國世紀計畫：重建美國的防禦體系〉的文件。二〇一三年三月，你仍然可以從網站下載這份檔案的PDF檔，裡面公開提到他們需要一次「災難性和催化性的事件」，就像一次新的珍珠港事件，來加速推動「新美國世紀」❶。接著，在二〇〇一年五月二十五日，電影《珍珠港》就上映了。這是當時成本最貴的一部電影，總預算達到一・四億美元❷。電影上映後極受歡迎，美國國內的票房收入是二億美元，而全球票房則是四・五億美元。這部電影提醒大家，美國在過去曾經遭受一次恐怖襲擊，並觸發了第一次世界大戰及一次強制徵兵活動。在這部電影上映後的三個月又十七天，一次新版的珍珠港事件發生了。

像《珍珠港》這樣的大預算電影，可能是被蓄意設計來暗示國民：在遭遇如此大型的恐怖襲擊之後，這個國家需要實行軍事主義來以暴治暴。一名內部人士曾經告訴我：「大衛，幾乎沒人理解他們所說的『新美國世紀』是什麼意思。他們想要創造一個全新的時代，讓他們能夠完全獨裁控制整個地球，不用再對他們的真面目或他們正在做的事遮遮掩掩。」❸

我們不要忘了，小布希的祖父和其他陰謀集團份子曾在一九三三年試圖推翻美國政府，按照希特勒和墨索里尼的政治理念來創立一個法西斯政權。他們在整個二次大戰期間一直在祕密資助希特勒，並逃脫了罪責。在希特勒戰敗後，他們還立即將最好的納粹科學家轉移到美國，同樣也沒被追究。小布希在九一一期間是美國總統，在他就任期間，陰謀集團一直有系統地執行記者娜奧米・沃爾夫所說的「通往法西斯主義的十個步驟」。甚至在九一一事件後所成立的美國國土安全部（United States Department of Homeland Security），其稱謂也和希特勒把德國描述為「祖國」（Fatherland）的說法非常相似②。這些事實給了我們合理的理由，去考慮這樣一種可能性：陰謀集團可能試圖製造一次新的珍珠港事件，來讓政府和社會發生一次重大改變。

假愛國之名的美國愛國者法案

二〇〇一年九月二十四日，僅僅在九一一事件的十三天之後，《美國愛國者法案》就被提交給國會審議❹。這份法案的紙本近十三公分厚，沒有人能真正讀完，但是又有時間壓力，要求他們盡快簽署。這份形同剝奪美國憲法賦予美國人權利與自由的法案❺，據稱是應對九一一事件而寫成的，但不久之後就出現了一些證據，表明有人早已把法案寫好，僅僅在等待正確時機公布❻。二〇〇二年五月，記者珍妮佛・貝根（Jennifer Van Bergen）在「揭露真相」網站上發表了一篇文章，摘錄於下：

（與《愛國者法案》）相似的反恐法規早在一九九六年的《反恐怖主義與有效死刑法》（AEDPA）中通過，但這些法規在阻止九一一事件上幾乎沒發揮作用。而其中很多規定要嘛早已被宣布違反憲法，要嘛在九一一事件發生前正準備廢止……

《愛國者法案》允許當局對外國有嫌疑的（不是被證實的）恐怖份子進行無限期拘留——即使沒有找到明顯的犯案動機，無需經過審訊或者為嫌疑人提供辯護機會，不管是否已經證明他們會造成威脅，或是否已經得到合法居留權。《愛國者法案》擴大了國務卿權力，讓其能在不經任何法院或國會審查的情況下就指定哪個組織屬於恐怖主義組織，也賦予了美國政府在沒有合理根據的情況下先祕密搜查再告知的權力。❼

二〇〇一年十月九日，兩個理性且試圖讓這個法案不要太快通過的參議員——派翠克・萊希（Patrick Leahy）及湯姆・達施勒（Tom Daschle），都收到了帶有炭疽病毒的信件。這些信件可能就是陰謀集團對國會成員一次明目張膽的威脅，警告他們最好簽署《愛國者法案》，否則會遇到麻煩。該法案在二〇〇一年十月二十六日正式簽署生效。❽

到了二〇〇一年九月二十九日，已經有十三萬噸的鋼材殘骸從世貿中心被運走，不久後，另外的二十二萬噸殘骸也收拾乾淨了，現場幾乎沒留下任何東西，僅僅只有一百五十個碎塊供聯邦緊急事務管理總署進行進一步調查，而且一般民眾不能去動這些碎塊❾。每一輛運走這些鋼材的卡車都被裝上一個價值一千美金的ＧＰＳ設備，以確保這些「高度敏感」的證據沒有被運到其他地方，而是全部進入焚化爐。❿

據我所接觸的一些內部人士透露，美國軍方很快意識到九一一事件是內鬼所為。而他們的任務就是去面對惡狼而不是畏懼，但他們也意識到，自己無權知道這個事件的幕後真相。這時，他們已經知道了陰謀集團的危險性，如果他們公開揭露所知道的內幕，可能將無法活命，因此打敗陰謀集團的任務必須暗中進行，以確保最後的勝利。

來自更高意識的指導，我對九一一的正確預言

一九九六年十一月，在過去四年不斷經歷一些驚人的共時性事件之後，我開始養成了每

天早上記下前晚夢境的習慣，並開始能夠直覺解讀。同年的十二月六日，我得到了一個關於九一一事件的清晰預言，解讀內容一開始就表達了一種關於陰謀集團的擔憂。你可以在網站上找出這篇關於九一一的預言，發布日期是二〇〇〇年一月二十四日——約是九一一事件發生前的一年半。⓫

> 一九九六年十二月六日（星期五）上午七點三十五分。在行星轉換的庇護下，脫口秀主持人更換了。全是一些特技效果，製造出光影，而這是醫生推薦的；誰將會去問看看那個兒科醫生呢？誰將要去面對自我（Self）並取得效果呢？自我覺知是建造基礎的關鍵。如果有人病了，就需要持續的關注。萬一病入膏肓，他就需要瓦解。有時候，為了要擺脫習慣，你必須要遠離它。所有玩笑都已用盡了；已經沒有其他路徑可供能量流動了。那個族長必須被命名。
>
> 這是有史以來最大的科幻故事。有些人進來，營救九一一。ＣＢＳ（哥倫比亞廣播公司）和ＡＢＣ（美國廣播公司）進行適當的報導。一片鑄鐵圍欄被放置在受害者屍體的周圍。一塊無法穿透的圍牆，需要被正面能量加強。對於剩下的人來說，你所展示的材料是一份真正的神奇禮物，在永恆之愛的光芒下，願和平與你同在。

夢境前半的訊息被聰明地喬裝起來，一開始，我以為講的是車禍。但事後看來，其中有幾處線索強烈暗示這是關於九一一事件的一個預言，比如直接提到了「營救九一一」，接著是「ＣＢＳ和ＡＢＣ對此進行報導」。我們還看到訊息中提到了「特技效果」被用來製造這個災難的說法，並清楚聲明「這是有史以來最大的科幻故事」。

此外，我們也看到了有幾處提到疾病，這似乎指的是普遍存在的恐懼正在阻礙人們鼓起勇氣去面對陰謀集團。儘管有些更高的力量能夠透過各種我們無法察覺的方法來阻止九一一事件，但為了幫助我們經歷一次大規模的覺醒，他們還是讓它發生了。有趣的是，訊息中還提到「族長必須被命名」，用語相當有趣。當政客想競選總統時，必須先要被他的黨提名，而那個資訊源頭選擇了這個令人好奇的用語，言下之意是否在說該事件可能是一種政治事件呢？

「鑄鐵圍欄」，是另外一個與襲擊事件有關的主要線索。在雙子星倒塌後，只剩暴露在外的鋼筋豎立著，看起來確實像是一種鑄鐵圍欄。訊息結尾還傳遞了積極的信號，意味著陰謀集團似乎「無法穿透圍牆」，而且「正面能量」還能將之強化。八天後，我得到了另外一些線索，進一步表明那個資訊源頭已經預知了我們現在稱之為九一一的恐怖襲擊事件，以及那個需要為此負責、盤踞在白宮之內的邪惡勢力。

一九九六年十二月十四日（星期六）上午六點。有一個即將到來的新故事。恐懼是你們最大的敵人。與美元有關的某些東西將會增長，白宮也會增強，我們平靜看待此事；它只是一種事實。⓭

夢境解讀還曾巧妙地引導我去造訪艾德格・凱西創辦的「探索與領悟協會」（Association for Research and Enlightenment）。當我到達後，陸續有人開始認出我和艾德格・凱西年輕時的面貌很相似。幾週後，我鼓起了勇氣問了我的資訊源頭，我是否是艾德格・凱西在一九九七年十一月二十六日的轉世，而資訊源頭給出了肯定的答案。

對我來說，從那時起一切都改變了，也開始感到惶恐。在此之前，我得到的解讀訊息一直都是非常私人的，而現在我突然被賦予了巨大的重要性，同時也承擔了巨大的責任。更糟的是，我還被告知，如果我不把自己與凱西的關聯公布出來，這在靈界「會被視為是重罪」。雖然我與凱西有種種神奇的關聯，但我並不能百分百確定是真實的。於是，我去查了我們兩人的占星資料，結果嚇了我一跳：凱西出生時的行星（太陽、月亮、水星、金星和火星）位置，和我出生時的行星位置幾乎完全一樣。後來，我把自己的照片和星盤拿給「探索與領悟協會」，他們告訴我，每週都有自稱艾德格·凱西轉世的人找上門，當時我還遇見了艾德格·凱西的兒子，他向我坦承，儘管他不敢相信這是真的，但他認為我是他見過最可靠的「競爭者」。

一九九九年二月二十三日，我正在準備開通個人網站。當晚我做了一個關於紐約即將遭受大災難的預示夢，在凌晨兩點驚醒了過來。我當時覺得可能暗指地震，後來還寫了一篇相關文章上傳到「非凡夢境」網站（GreatDreams.com）。現在你仍可在網路檔案網站（Archive.org）上找到這篇文章，發布日期是一九九九年十月九日。

在該文中，我還講到自己在一九九八年十一月十日也做過另一個夢，在這個夢中，出現了「一些人……正在進入並停留在一間飯店中……（它）看起來很像是白宮……絕對是出現了某種政治事件……最後出現了一些非常嚴重的地球變動，飯店倒塌了。」後來，我的資訊源頭說了以下這段話（似乎指的是九一一事件）：

一九九八年十一月十日（星期二）上午七點二十三分。發生了一個惡毒、短暫的問題……我們能夠用這些材料來預測整個系統瓦解的時機，同時說明，為什麼那些新聞報導了好長一段時間……我們不能做的是讓暴力繼續存在……確實存在著使用這種力量的擔憂，還有它可能帶來的災難性結果……

並非所有人都會放下他們的職位和權力，在一些情況下，權力會一直被追逐。當我們讓房子倒下時，這是注定來確保覺醒的進程不會中斷……

那些僅僅接受本質的人已經取得了大幅進展，那些遵循基督模式的慈愛靈魂，現在將會向其他人說明當下需要發生的事。⓮

下面是那篇文章的另一段摘錄。我被清楚地警告，有大事將要在紐約市發生，而且我告訴讀者不要恐慌。我還記得當我用錄音機把夢境錄下來時，出現了一次顯著的共時性現象：我正對著錄音機說道，這個夢似乎在預示「一次即將到來的災難很可能會發生在紐約」，突然耳朵裡傳來了強烈的嗡鳴聲。

一九九九年二月二十三日（星期二）凌晨二點。我夢見自己遇到了一個住在紐約的客戶，而這個夢也似乎和紐約有關……

當我躺在床上並把這個夢錄下來時，曾試著理解其中的含意。顯然有一個關於地球母親將會「嘔吐」的隱喻，這可能是指火山爆發或其他地質活動，但即使會發生，程度也不會太嚴重。就在我說道：「我覺得這可能跟一次即將到來的災難有關，很可能會發生在紐約。」說完後，一種幾乎震耳欲聾的聲音傳進了我的耳朵。

我的兄弟最近也做了一個關於海嘯的夢，那天晚上他正好就住在紐約。在他的夢中，巨浪開始襲來，人們驚慌說道：「這可能是世界末日了。」他試著安慰別人，告訴他們這個災變其實有積極正面的本質。

讀者們，你們現在提前得知將會發生什麼事，以及這些事情的正面結局。因此當事情真的發生時，請務必讓周圍的人保持冷靜。⓯

美國中情局特工的真話

很多相信九一一事件是內鬼所為的人，認為這是陰謀集團的一次大勝利，但實際上這是他們的一次大失敗。彼得森博士和其他內部人士透露，陰謀集團本來希望這次事件會引發街頭暴動，讓美國社會徹底崩潰，為他們製造一次大好機會來實行軍事獨裁，以期發起一次死傷慘重的新世界戰爭。在九一一事件之後，我們確實看到了經濟大崩潰，但是整個社會並沒有像陰謀集團所希望的陷入混亂，而是堅強地恢復常態。

一些內部人士告訴我，那架墜毀在賓州的飛機原本要撞的是國會大廈，目標是造成參議員和眾議員的大量傷亡。如果陰謀得逞，將會製造一次徹底的憲法危機，而這就非常有利於一個臨時政府迅速上台，宣布戒嚴並建立軍事獨裁。

蘇珊．林道爾（Susan Lindauer）是美國中情局的一名高級特工，負責為布希政府與伊拉克進行談判。從一九九六年到第二次波灣戰爭開始，她一直在紐約的伊拉克大使館工作。由於聯合國的制裁對伊拉克非常不利，使得伊拉克出現饑荒和可怕的人道危機。伊拉克人努力向外界澄清他們沒有藏匿大規模毀滅性武器。蘇珊．林道爾是他們與布希政府之間的溝通橋樑，而她也在竭盡全力爭取讓美國和伊拉克達成和平協議。

正當伊拉克準備開放每一處設施、支付所有罰款、做出一切讓步來證明他們沒有大規模毀滅性武器時，蘇珊．林道爾卻接到命令要她去阻撓談判，這讓她感到十分震驚。於是蘇珊站了出來，在一些免費收看的視頻及文章中公開作證。而她也曾被提前警告，紐約將會發生一次重大的襲擊事件。在九一一事件後，蘇珊被告知，聯航九三號班機是被擊落的，飛行員早被劫機者注射了藥物陷入昏迷。在蘇珊的作品《極端的偏見》（*Extreme Prejudice*）中有完整的說明。

⑯蘇珊曾經準備在國會上作證，揭露關於布希政府破壞與伊拉克和平談判的所有證據。但可惜的是，在她上國會之前，布希政府就根據《愛國者法案》將她逮捕了。在沒有經過任何審訊或聽證的情況下，她被關押在德州的一處軍事基地，還被強制要求服用強力的精神鎮定藥物。一直到歐巴馬正式就任美國總統的五天前，美國司法部才駁回了對蘇珊的所有指控。⑰

關於聯航九三號班機被擊落的證據，還有來自伊莉莎白・尼爾遜（*Elizabeth Nelsone*）的證詞，一個卡米洛特工程揭祕者，我們一見如故。伊莉莎白（並非她的真名）一開始在二〇〇九年二月聯繫了比爾・瑞恩，透露在二〇〇一年九月十一日當天她正在緊急軍事指揮室中，而擊落聯航九三號班機的命令就是在這時下達的。下面摘錄自她的詳細證詞，你可以在卡米洛特工程的網站查閱完整內容⑱：

那是我退役前的最後六個月，軍階是一等兵。當時我被派駐在米德堡（Fort Meade）的金布羅門診中心醫院（Kimbrough Ambulatory Care Center Hospital）。國家安全局的總部就在米德堡……

我記得他們帶我們進去那個房間，告訴我們，我們的任務就是幫他們泡咖啡、送零食之類的……還有影印一些檔案。我們有房間的密碼，可以進入房間……他們讓我們坐在遠端，面對牆壁，不能正對著他們，不要聽他們的談話內容，這是我們收到的命令。

大概有六或七個人圍著一張非常大的桌子，就像在大辦公室看到的情形一樣。他們有一部奇怪的電話，看起來像是視訊電話……我沒有聽到他們談到劫機者，只是聽到這架飛機當時正好飛在一片禁飛區，他們無法聯繫上這架飛機之類的事。他們無法跟這架飛機通訊，按照規定應該馬上處理掉。接著，我聽到他們和電話中的人一起做了決定……把這架飛機擊落……

新聞報導說是因為恐怖份子劫持了飛機，而飛機上的乘客在忍無可忍下自己讓飛機墜毀。我至今還記得當時看到新聞時，心裡湧出的那種挫敗感。新聞報導中，甚至把飛機上的乘客描寫成英雄。當時，我在心裡說道：「那不是真相！那完全不是真相！是我們擊落了這架飛機。」我內心不安又難受，因為我知道整個世界都被騙了，都相信這個不是真實的故事。⑲

追尋真相，絕不妥協

一些位居高職的內部人士私下跟我透露，在九一一事件之後，美國軍方有些真正的愛國者更努力對抗陰謀集團了。但是，他們知道行動必須暗中進行，否則可能全都會因此喪命。他們也知道，可能要多年後才會有些成果。

九一一事件之後，我被告知，聯盟在陰謀集團的許多辦公室祕密安裝了監控設備，而且已收集到了大量罪證。這些資料讓聯盟能比陰謀集團搶先一步，盡一切可能阻撓其破壞計畫。這個跨國聯盟，努力要切斷陰謀集團的資金來源，以阻止他們試圖製造第三次世界大戰，並等著在他們無力反抗時公開揭露其所有罪行。為了有效切斷陰謀集團的金融生命線，首先必須破壞他們的最大收益來源。

就像我在《金融暴政》所透露的，製藥公司在二〇一〇年的利潤達到驚人的六十四億美元；在五十家最賺錢的公司中，就有九家是製藥公司。其他能夠在利潤上與醫療產業相匹敵的，就是石油／天然氣製造業，以及無需公開營收的國防承包業⓴。參議員約翰・凱瑞在二〇〇四年與小布希的首次總統辯論中，就曾就石油產業發表了一些有趣的看法：

當我們的軍隊進入巴格達時，我們唯一防守的建築就是石油部門，而不是核武設備。我們沒有防守可能會從中得到有關毀滅性武器資料的外交部，也沒有去防守邊界……我認為，我們在伊拉克取得勝利的一個關鍵要素是，我們說服了伊拉克人和阿拉伯世界，讓他們相信美國在伊拉克並沒有長期計畫。但是據我所知，我們現在已經在那裡設立了十四處軍事基地，而且不少人認為這些基地將會在伊拉克長期存在。當你選擇去防守石油部門而不是核武設備時，傳達給很多人的訊息就是……「噢，他們可能對我們的石油感興趣。」㉑

獨立的媒體監督組織「公正報導協會」（Fairness and Accuracy in Reporting）在二〇〇九年發布一份調查報告，指出醫療保險和製藥公司的擁有者，同時也是大媒體公司的董事成員。在九家頂尖的媒體集團中，包括迪士尼（及旗下的美國廣播公司）、通用電氣（及旗下的全國廣播公司）、哥倫比亞廣播公司、時代華納公司（及旗下的美國有線電視新聞網路與《時代週刊》）、新聞集團（及旗下的福斯公司）、紐約時報公司、華盛頓郵報公司及旗下的《新聞週刊》、論壇報業公司及旗下的《芝加哥論壇報》、《洛杉磯時報》和甘尼特報業（及旗下的《今日美國》），只有哥倫比亞廣播公司沒有來自保險業或製藥集團的董事會成員㉒。這些媒體巨頭擁有並控制著絕大部分的電影、電視、廣播、雜誌和報紙㉓，這聽起來讓人感到害怕，卻是可被查證的事實。

政治與製藥巨頭掛鉤

另外，醫療產業和共和黨的新保守派在財政上也存在著一種清晰可辨的關聯。在政治領域，替那些大醫療公司賣力謀取利益是一筆非常吸引人的生意。

從二〇〇九年一月到九月，醫療產業將六億美元花在遊說國會、電視廣告上面。他們最高能夠挹注三千八百萬的競選現金……醫療產業在二〇〇八年的收益高達八十四億美元……即使付給執行長一千四百萬年薪，他們仍然能為那些大股東們帶來可觀利潤，甚至還能遊說國會為他們牟利而犧牲美國民眾的利益。㉔

當歐巴馬總統的健保法案於二〇〇九年在參議院通過第一階段時，證據變得更明顯了。「人民黨每日報告」（*Populist Daily*）網站說：「自始至終，新保守派議員們一直在為醫療產業拚死奮戰，試圖幫那些製藥巨頭爭取每一絲利潤，同時利用所有民主黨議員的政治弱點施壓，他們從未間斷對醫療改革方案開炮。」㉕

這是否表示，這些新保守派實際上也可能是那些頂尖的製藥、保險及醫療產業的擁有者呢？當然有可能，而且極可能是他們的一個主要收入來源。前面提到，格拉特菲爾德博士運用超級電腦算出，一四七家公司獨占了全球八〇％的財富。在這些公司中，有七五％是金融機構，而聯準會背後的那些銀行巨頭就是這個祕密團體的最大玩家。為了獲得最大程度的控制權，這些金融機構需要在健康醫療產業投入巨資。因此，想要打敗陰謀集團，就需要對醫療產業的暴利直接開火。問題在於：這些醫療、保險及製藥產業在八家大媒體都擁有相當大的持股比率。因此，主流媒體幾乎不可能告知大眾這一場對抗製藥和醫療產業的戰爭真相，以及其中涉及的巨額金錢。

回溯五三九年之前，我們會發現，那時也有一場非常相似的戰爭，同樣也有一個一直在掠奪人民財富的魔王，而使用的手段則是對人民的日常物資徵收高稅賦。想像一下，當你把自家種的菜賣給鄰居時，還需要向一個外國政府繳稅，違反者可能會面臨巨額罰款、監禁、折磨甚至死刑。這就是十五世紀很多歐洲國家人民所面臨的困境，當時的大魔王是德國，確切來說是條頓騎士團（Teutonic Knights）。

譯注：

①十三年戰爭發生於一四五四至一四六六年，在斯維希諾戰役中，波蘭第一次擊敗條頓騎士團，直接導致了波蘭在一四六六年的全面勝利。

②此處是把Homeland（祖國）與希特勒對德國的稱呼「Fatherland」（祖國，一般特指德國）做對比。

| 第四部 |

消解外部衝突與內部衝突

17 預言與解讀

我們一直活在幻象中，如此深陷其中而忘記本質。蒙蔽的雙眼讓我們以為事情總是隨機發生的，但實際上有個更高的智慧早已安排好了這一切，這些計畫的規模之大、跨越時空之廣，超過人類的想像。

發生於一四五三年十二月五日的一次重大政治事件，很快成為了十三年戰爭的引發事件。在兩個月後，戰爭正式開打，這個時候，歐洲的政局已經變得異常緊張。普魯士的城鎮被條頓騎士團課以重稅，農民被迫要上繳大筆費用，以取得販賣自家所種作物的「專賣權」，否則就會受到監禁甚至被判死刑。這讓廣大的人民飽受經濟之苦，而且事情越來越糟，有無數孩童挨餓，人民在暴政下痛苦呻吟。

在一四五三年，教會就等於是政府。如果想要廢止賦稅，普魯士人民就要求助於腓特烈三世（Frederick III），也就是神聖羅馬帝國的皇帝。一直到一四五三年十二月五日以前，腓特烈三世一直拒絕給他們回覆，他不想告訴普魯士聯邦自己沒興趣幫他們調解與德國之間的衝突，怕會引來更大的衝突。但到了十二月五日，腓特烈三世被迫承認他無意幫忙，因而引發了普魯士聯邦與德國條頓騎士團的十三年戰爭。❶

老布希敗給柯林頓的時間「巧合」

條頓騎士團的命運在一四五三年十二月五日這天就注定了，只是他們當時並不知道。往後推五三九年，就是一九九二年十二月五日，在這一天的一個月之前，老布希在總統大選中敗給了民主黨候選人柯林頓。自一九八〇年以來，這是陰謀集團的共和黨新保守派首次在總統大選中輸給民主黨對手。

我這不是在說共和黨是壞人，而民主黨是好人。其實，陰謀集團已經滲透進了美國政府的兩大黨，不分共和黨或民主黨，都有好人和壞人，並在不同程度都對陰謀集團做了妥協。因此，看待這種黨派衝突的最好方式，就是把它們視為陰謀集團的內部權力鬥爭，當他們彼此對抗互鬥時，就能削弱陰謀集團的整體勢力。

比對這兩個相隔五三九年週期的歷史大事，我們可以說，普魯士聯邦似乎與柯林頓政府相對應，而條頓騎士團則與老布希的新保守派相對應。

普魯士聯邦知道，想要打敗強大的條頓騎士團，阻止繼續受到掠奪及迫害，他們需要向外界求援。在當時的歐洲，絕大部分國家都被這種嚴苛稅賦和暴力威脅所害，但是以往留下的敵意卻使這些國家無法看到他們有一個共同的敵人。而當時波蘭的實力也非常強大，如果能得到波蘭幫助，普魯士聯邦才有勝算。我們以週期五三九年來推算，波蘭對應的似乎就是美國國會——一個由來自五十州的參議員和代表所組成的更大立法聯盟。如果沒有美國國會的幫助，柯林頓的醫療改革無法過關；而如果沒有波蘭王國的幫助，普魯士聯邦也無法贏得他們的稅賦戰爭。

一四五四年一月，普魯士聯邦派人會晤了波蘭國王卡西米爾四世（Casimir IV），請求將整個普魯士聯邦併入波蘭王國之下。透過資源整合，就有機會切斷德國的主要收入來源，也就是強加於人們身上的重稅。波蘭國王有意願，但希望能夠進行一次更正式的會面商討，以完善細節。

一四五四年一月，推進到我們的週期，對應時間是一九九三年一月。柯林頓在一九九三年一月二十日宣誓就職，首要工作就是處理醫療產業哄抬價格和腐敗的問題。哈佛大學的前校長德里克．博克（Derek Bok）說明柯林頓推動醫療改革的困難：「柯林頓把醫療改革當成他競選綱領的主菜……當選後，他沒有食言，很快就著手處理這個問題。一九九三年初，他宣布將組建一個專家特別小組調查這個問題，並制定一個改革方案讓他提交給國會。」❷

一九九三年一月二十五日，柯林頓的妻子希拉蕊被任命帶領這個醫療改革小組❸；而普魯士首次會晤波蘭國王商討這個史無前例的結盟，則發生在五三九年前的相同月份。

一九九三年二月十七日，柯林頓親自與國會成員進行首次會談，尋求他們對醫療改革的支持。一四五四年二月二十日（僅僅差了三天），普魯士聯邦與波蘭國王卡西米爾四世進行了第一次結盟會談，並於三月六日正式宣布效忠波蘭國王。不過，在現在這個週期裡，柯林頓顯然沒這麼幸運，至少就醫療改革來說。儘管柯林頓與國會在其他方面建立了某種盟友關係，但其醫療改革方案在一九九〇年代一直都沒有進展。但由希拉蕊擔任國務卿的歐巴馬政府，則在二〇一〇年三月二十二日通過了《患者保護與平價醫療法案》（PPACA）。那些受新保守派掌控的媒體強烈抨擊歐巴馬的這個醫改計畫，並描述它是美國政府所採行的最惡毒法案之一。迄至二〇一三年三月二十一日，國會的共和黨員已經三十七次要求廢除這個醫療法案。❹

一場沒有勝利的持久戰

一四五四年，普魯士聯邦與波蘭結盟之後，開始了一場持久而艱苦的戰爭。在接下來八年中，他們奮力對抗德國，卻徒勞無功。而在我們自己的週期中，柯林頓在兩個任期內，對於摧毀製藥產業的暴利也一直沒有任何成果。柯林頓在八年任期結束後，由副總統高爾（Al Gore）接棒參加美國第四十三屆總統大選，希望能夠繼續執政。經過一系列的離奇事件後，小布希和高爾勢均力敵、難分結果。二〇〇〇年十一月五日至十二月十三日期間，全美國都在緊張地等待法院判決結果。

最後，最高法院判定布希贏得總統大選。但在不久後，來自佛羅里達州的最後投票結果顯示，按照普選得票率來看，勝出者應該是高爾，但為時已晚了。

二〇〇〇年十一月二十四日，也就是這個競選危機解決前的十九天，我才驚覺到我早就在我的網站發布了一個關於選舉結果的準確預言，時間是一九九九年六月二十三日❺，那篇文章中還包括我自己做的一次直覺解讀的內容。我從一九九六年十一月就開始進行這些準確性很高的解讀活動，但這是第一次在事件結果出來之前就被我明確發布到網站的一次重大預言。不過在解讀當時，我完全不理解自己所說的話。

在「網路檔案」網站還保留了原始文本。二〇〇〇年十一月二十四日，我重新發現了這個預言：「副總統認為這有部分是他自己的著作權，但他沒有意識到自己完全裸露。過渡時期將決定接下來的勝者。」❻在競選危機期間讀到我上傳的這個預言時，我十分震驚。我不希望小布希勝選，但是這個預言清楚指出高爾「完全裸露」，還指出在總統競選結果宣布之前還有一段「過渡時期」。而我在一九九九年四月二十二日凌晨四點十三分進行的一次深度解讀，則為這一觀點提供了進一步支援，文中甚至還直接提到了「布希的軍隊」（那時總統還是柯林頓），也提到了「羅馬時代的帆船」——暗示羅馬帝國跟美國在歷史週期上有所關聯。

是否對金融危機感到納悶？世界上最頂尖的三位電腦專家，沒有意識到這會對他們造成何種影響。大部分人似乎都想要一個快速簡單的解決方案，整個事情其實已經偏離了正軌。我們試圖削弱布希的軍隊，還有他們對於全球政局的影響，但是我們恐怕會失望……

請在那些已超越之人的墳上多放幾朵玫瑰。你們已經看到萬物合一，這些毫無意義的殺戮和暴力必須停止。人們有必要知道金融勢力永遠不會成為統治世界的霸權，這背後是有真實因由的……浮出檯面的另一個問題是，你們會突然發現以前被埋在海床中、但至今保存完好的羅馬帆船，我們希望你們能理解這個事件背後深遠的象徵意義。因為大衛一直在研究時間的週期現象，他能看到羅馬歷史與美國歷史之間的很多關聯性。正如那些研究指出的，有些事件會在對應的週期時間點用十分相似的形式重現。

羅馬政權與美國政權的關聯已被確立，因此就像羅馬那個曾經被認為是世界上最強大的國家一樣，美國政權也一定會瓦解。在羅馬文明崩潰之前，出現了一些顯著的警報信號。同樣的，無休止的貪婪和欲望，也正在推動股市上升。這將會崩潰，很多對股市過度信任的人會因此失去所有財產，只留下那些一無價值的股票。❼

這個關於股災的預言後來成真了：包括二〇〇〇年的網路泡沫、二〇〇一年九一一事件後的全球經濟危機，以及二〇〇八年雷曼兄弟的倒閉事件。

我在一九九九年所做的驚人解讀

很明顯，我的資訊源頭似乎能毫不費力地看到未來。然而，我發布的這些解讀無法把意思說得很明白，這是令人沮喪的事實。因此，也有可能在解讀時產生錯誤。但隨著多年來的經驗積累，我現在已經能夠輕易辨別哪些是可信的解讀訊息，比如美國總統競選危機的預言、九一一事件預言，以及二〇一一年日本福島的震災等等。❽

一九九九年六月九日（星期三）上午八點三十七分。巴西出現了地震，無數汽車、卡車和摩托車被掀翻，這個國家遭受了嚴重的經濟損失……海水溢到了日本的土地上，而我們在之前就看過所有這些景象。返回正軌的歷程可能會非常艱辛。

噴氣式飛機似乎有兩架在聽從命令，有另一架在帶領它們……當災難到來時，旅館的大門敞開，旅館主人輕視這些衝突，但是他知道他不能屈服於那些終極考驗。白旗將會升起，但這不具任何意義。

更好的選擇是，努力地運用你們在這一世所學到的東西，一步一步去終結一直存在的暴力統治。最重要的是，要有意願去終結針對自己和他人的暴力，這是非常重要的一點。由於徹底的失敗，參議院將會就槍枝管制問題制定更嚴苛的法律……

你們中那些畫地自限的分離者，無法意識到他們自己的俱樂部其實也無法避開來自外界力量的影響，這些力量包括一直致力於矯正這種情況的我們。所以，你們不必為在地球上看到的政治亂象而煩躁和憤怒，應該一直關注你們自己的靈性成長、覺悟和揚升。

一九九九年六月十七日（星期四）上午九點二十一分。我們已經和那些光與愛的最高力量聯手，確保沒人會受到不必要的傷害……當從更高的維度來看待這一切，你會看到當下存在於地球上的負面能量也具有一定的價值。當我們越接近春分點，或者我們所說的太陽活動週期的結合點，那時，一切都將會變得更穩定。

戰車會在天空中越飛越高，會被所有人看見。一些建築物將會冒煙，人們將會哭喊，而到那個時候，一切就結束了。當然，將會有另外的階段，但這是一個關鍵點……

當我們想到你們周圍的一切只是幻象，而你們卻如此深陷其中以至於忘記本質時，我們就感到十分滑稽。你們認為隨機發生的事，其實是更高的智慧所精心安排，而且你們會一直受到引導，你們幾乎很難想像這些計畫的規模和過程……❾

下面這篇解讀的時間是一九九九年九月三十日，描述的是人類內心和靈魂之間持續不斷的靈性爭鬥。它們必須聯手抵制恐懼，同時引導我們順利通過社會和金融大變動的考驗：

當下有一個管理者成功掌握了反重力技術，製造出了靜電懸浮機器，這是現代社會前所未見的。這些東西真的需要被公開，造福整個社會，解決地球上的無數問題。它們會大幅提升我們目前的技術水準，讓芝加哥大學和其他研究機構的領導人如釋重負……

無論你是否喜歡，有些能量持續在衝擊第三維度，同時讓每個人提升到第四維度的靈性水準……

我們的戰鬥可以被看作是一種靈性鬥爭，而你們心智中的燈泡已被點亮。那些負面資訊正居主導地位，我們知道我們必須要插手糾正……

整個國家還有全世界，即將經歷一次大規模的社會和金融調整，這種調整所涉及的層面不僅是物質身體……

我們接下來的任務是提供盡可能多的機會，讓你們在那個量子覺醒時刻——也就是當量子本身的頻率超過了進化臨界點——之前走完個人的轉化之路。❿

一九九九年九月四日的解讀提到了一個預言：我們未來將會與地外文明進行全方位的接觸。我確信絕大部分造訪地球的地外人類都是善良的，我曾在《源場》一書提到，這樣的大規模接觸將會在二〇一二年以後的某個時間點到來。

當飛碟在白天變得清晰可見時，所有人都會知道對於此一現象的隱瞞和掩蓋行為，也將知道這些空中訪客到底是誰——顯然不是雁群、沼氣之類。即使在最不利和最困難的情況下也要確信，一些前所未見的奇蹟仍然可能發生。我們將會乘坐在晨曦中閃耀的飛船而來，準備為你們提供必要的幫助，幫你們擺脫目前的任何困境……

你很清楚，你可以透過祈禱來召喚你自己的更高靈性力量。因為我們是你們的監護者，因此我們的責任是：在你們的自由意志默許下，我們會公然拜訪你們。你們要知道，這樣的事在過去已經發生很多次了，過去人類已經有跟外星存在接觸交流的經驗。我們已經再次做好了準備，對此你們應該不會感到太驚訝，只是有些人仍然在恐懼和擔憂將會出現一些被杜撰的「外星人入侵事件」……

當你們開始把自己視為一個靈性存在時，將會發覺，階級歧視、性別歧視、種族歧視諸如此類，完全沒有意義……

我們給你們的忠告是，蔓藤植物的果子能夠釀出最醇美的酒，也能製造出最酸澀的醋。你們決定如何運用自己的聖靈果子完全取決於你們自己。如果你們能夠做出合適的選擇，那隻羔羊①可能會再次到來，選擇躺在你們的牧場中，放射出祥和的光芒，讓人們相信合一性的存在。⓫

下面的預言摘錄自一九九九年十月一日的解讀，在「網路檔案」網站可以找到這篇內容

⓬。此一解讀清楚告訴我們，最終地球將會迎來這樣的一個時刻：我們對於實相的認識將會在「幾分鐘的時間內」完全轉變，而且我們將不會懼怕這種轉變。然而，因為這種「頻率轉變」在其他方面會顯得很緩慢，以至於很多人甚至不會意識到有任何異常。很多人會懷著恐懼面對這些事，特別是在陰謀集團的真面目被逐漸揭露的這個過程中：

這顯然是一種最深層的轉變，主要是跟靈性有關……因此，不要恐懼，而是去接受這種系統上的積極轉變。這是發生在你們星球上一個無比積極正面的時刻，這個時刻將會在幾分鐘的時間內徹底改變你們的固有認知。

我們無法更清楚地告訴你們，一切已經達到臨界點。你們需要盡可能在最根本的層面意識到這一點……

儘管這些解讀內容似乎顯得空泛不實際，令人難以置信，但卻是事實……

接下來將會是你們從未見過的最緊繃時期，不要為此恐懼……你們已經不是一群玩火柴的孩童，而是一群開始覺知到自己潛能和力量、處於萌芽狀態的神——我（God-Selves）。

我們不知道你們星球上的人，是否會更加清楚地覺知到這種頻率改變。但是你的自我已經瞭解到這些訊息，因此，你能夠滿懷信心且冷靜地面對一切，即使你周圍的所有人都陷入恐慌，你自己也已經清楚一切都在按部就班進行，沒有偏離正軌。而這種認識，最終將會為你帶來保護和安全。

我們再次提醒你們，你們接收到的愛遠遠超乎你們的想像。⓭

譯注：

①在《聖經》中，有時會用羔羊來指代耶穌、救世主。

18 重新改寫人類的生命之書

一旦我們能更清晰地理解同步鍵的作用，上緊宇宙時鐘的發條，揭開歷史循環週期的奧祕，人類就能化被動為主動，主導並完成進化之旅。

我們已經看到了十三年戰爭和美國的醫療改革之間的關聯性，但真正上演的，似乎是一場意在切斷新保守派資金來源的祕密戰爭。我們已經蒐集了一些證據，表明新保守派可能是九一一事件的幕後策畫者。新保守派似乎在重複德國條頓騎士團在上個歷史週期製造的業障，當我們開始探索斯維希諾戰役和九一一事件之間的關聯時，這個背景資訊就顯得極其重要。

打敗陰謀集團的一張藍圖

一四六二年九月十七日，斯維希諾戰役爆發了，並被認為是十三年戰爭中最重要的一個轉捩點，最後使得波蘭—普魯士聯盟在一四六六年取得勝利❶。該戰役中，率先發起攻擊的是波蘭—普魯士聯盟，德國在遭受這種大規模的突襲之後，並沒有時間制定有效的反擊戰略。波蘭步兵團的密集火弩攻勢讓德國損傷慘重，很多德國士兵開始四散逃跑。德國指揮官羅維內克（Raveneck）命令士兵做最後一搏，但弩劍像雨一樣密集，就像是諸神的雷電武器一般，德國士兵不是戰死，就是投降或逃跑，羅維內克自己也因為被弩箭射中而身亡。德國在這次戰役中的死傷人數超過一千人，是波蘭—普魯士聯盟的十倍。這次戰役大大鼓舞了波蘭—普魯士軍團的士氣，而條頓騎士團的士氣則一夕被削弱。

斯維希諾戰役讓波蘭—普魯士聯盟奪回關鍵的領地，能夠切斷條頓騎士團從西歐到普魯士的「資金供應鏈」，讓其在財政上大受損傷。令人驚訝的是，此一戰役與九一一事件恰好隔了五三九年又六天。不過，這次戰役並非十三年戰爭的最後一役，僅僅是預示著勝利的天平正倒向波蘭—普魯士聯盟的一個關鍵點而已。那麼，十五世紀的這個戰爭結局，又如何跟我們的近期歷史聯繫起來呢？

儘管條頓騎士團在斯維希諾戰役中受到重創，但是直到十年後，他們的控制體系才開始搖搖欲墜。最致命的一擊是，本來一直為條頓騎士團堅守陣線的瓦爾米亞（Warmia，波蘭東北部地區）最後決定加入波蘭—普魯士聯盟，向條頓騎士團宣戰。

使得條頓騎士團兵力和士氣盡失的最後一次戰役，發生在一四六六年九月二十八日。往後推一個五三九年的週期，就是二〇〇五年九月二十八日。在這個日期的二十六天前，卡崔娜颶風讓布希總統盡失民心，摧毀了共和黨的支持基礎。從毀滅程度來講，卡崔娜颶風遠超過九一一事件，它摧毀的是一整個美國城市；但從政治角度來講，這也是一次與九一一事件同樣重大的災難。布希政府對這次危機的反應糟糕得可笑，似乎在昭示天下，他們希望看到新奧爾良市陷入徹底的無政府狀態。據我所接觸的一些內部人士透露，這正是他們所想要見到的結果。

新奧爾良的防洪堤在二〇〇五年八月二十九日潰堤，導致整座城市淹沒在洪水中。當局告訴市民迅速逃到超級巨蛋（Superdome）體育場避難，宣稱在那裡可以受到良好的照顧。等到所有人都跑到體育場時，當局卻用大鎖鎖住所有出口，讓這些市民在整整四天中無法出入體育

場。一直到九月二號國家警衛隊抵達後，體育場的人才脫困。❷

巨蛋體育場可能是二十一世紀的集中營？

為什麼美國政府對於這次風災的反應會如此緩慢，在市民進到體育場的同時，為何不能立即調用戰鬥機、直升機和物資供應車輛？糟糕的救援行動至少證明了布希政府在處理這類事件上極度無能，而諷刺的是，他們在九一一事件後大肆宣稱要更好地保證國家安全。

在風災前，好幾個有權接觸高度機密資料的內部人士告訴我，陰謀集團在每一個大型城市建造大體育場是為了一個目的——建造大型的拘留營，這個計畫至少可以追溯到一九六〇年代。陰謀集團計畫在大災難期間把人們關在體育場裡，希望借此來減少人口及宣布戒嚴。儘管我們無法相信有人或團體會做出如此可怕的行為，但這聽起來確實像是納粹集中營的大型加強版，以一個普通的體育場來做掩飾。他們還告訴我，陰謀集團有一個存在已久的計畫，想要在美國製造大規模的混亂和饑荒，把人們趕到體育場中鎖起來，不用兩週，所有人就會因飢餓或脫水而死。遺憾的是，我一直沒有把這些訊息發布到網站上。

卡崔娜颶風發生後不久，當時我仍住在密爾頓，正跟我投保的那家汽車保險公司的銷售代表講電話。當時她不小心告訴我，公司派遣了兩輛裝滿應急物資的卡車前往新奧爾良，但兩輛卡車還沒抵達重災區就被聯邦緊急事務管理署（FEMA）攔下來，更糟糕的是，管理署的官員清空並沒收了卡車所載的所有物資。那位銷售代表告訴我，他們公司還被命令不能洩露任何消息，現在公司正打算控告FEMA及布希政府盜取物資，以獲得補償，同時揭露當局這種徹底背離人道主義精神的犯罪行為。這件訴訟案最後沒有發生，但不久後主流媒體有一些類似報導證實了這個故事。下面是《紐約時報》二〇〇五年九月五日一篇文章的摘錄內容：

憤怒的本地官員強調，問題出在聯邦緊急事務管理署切爾托夫（Chertoff）先生部門的一個機構，因為令人費解的繁瑣程序無法及時提供援助，甚至還阻撓其他人進行救援。

「我們想要士兵、直升機、食物和水。」路易斯安那州州長的公關祕書伯切爾（Denise Bottcher）說。「但是他們想跟我談的是組織結構的事。」

「為什麼會發生這種事？誰需要負起責任？」傑佛遜郡的郡長布魯薩爾（Aaron Broussard）問道。聯邦緊急事務管理署沒有聽從州官員的意見，而是自作主張讓事情變得更糟，布魯薩爾在媒體見面會上抱怨管理署的傲慢及愚蠢。他還說，當沃爾瑪公司派遣裝滿飲用水的卡車前往災區時，管理署的官員攔截卡車讓其返回；代理職工阻止海岸警衛隊向災區輸送一千加侖柴油，並切斷災區的應急通訊線路……

一家大型救護公司的首席醫療官羅斯．裘蒂斯（Ross Judice）說，他在星期二一直沒有等到直升機到巨蛋體育場來營救那些情況危急的病人，結果他走到外面，發現兩架由某家石油服務公司捐贈的直升機一直停在停車場裡。❸

美國新保守派遭受重創

希拉蕊不久後就呼籲對這些令人震驚的犯罪行為進行獨立調查，她提議在規模和力度上，都要與九一一事件後的獨立調查相當❹。另外，在卡崔娜颶風之後，汽油價格也出現了大幅上漲，每加侖約四美元，之後也沒有回跌到原來的價格水準——每加侖低於二美元，上漲的表面原因是墨西哥灣的煉油廠受損。汽油價格大幅上漲，讓新保守派從中撈得大量現金，這是他們急需的，因為他們希望借此得以在財政上苟延殘喘。果然，自二〇〇〇年八月起，所有大型的民意調查都顯示，多數美國群眾已經不再支持小布希和他的政策了。❺

卡崔娜颶風是一個關鍵的轉捩點，從政治上來說，它讓新保守派遭受了一次大挫敗。而在上一個相對應的歷史週期——一四六六年九月二十八日（只差二十六天），就是條頓騎士團吃敗戰的日子。

一四六六年，瓦爾米亞的人民決定倒戈，從而導致了條頓騎士團的戰敗。或許，不想再忍受條頓騎士團的瓦爾米亞人，在我們這個時代所對應的是，那些本來一直支持布希政府、但最終無法再認同其政策的共和黨人。在風災之後，新保守派的盟友關係搖搖欲墜，開始出現了爭吵、暗鬥和背叛。

希拉蕊獨立調查風災真相的提議後來被否決了，但這顯然激怒了多數美國民眾。調查顯示，高達六七%的美國人希望對聯邦政府在這次災難中的表現進行獨立調查❻。新保守派的徹底失利，在二〇〇六年的期中選舉完全顯現：共和黨失去六個參議院席位，失去二十七個眾議院席位，以及少了六席州長❼。這使得小布希在任期的最後兩年成了「跛腳總統」。甚至，在二〇〇九年的蓋洛普民意調查顯示，共和黨在保守主義者及老年之外的所有族群中支持率嚴重下挫，這份民意調查報告說：「共和黨支持率大規模下滑，其實開始於二〇〇五年，也就是卡崔娜颶風之後……此一事件讓當局名望直線下挫。」❽

黃道十二宮週期與五三九年週期的重疊

我們不要忘記，從能量上來說，五三九年週期並非美國政治的唯一影響因素。二一六〇年的黃道十二宮週期，仍然在驅使著那些發生在羅馬歷史中的事件重現於二一六〇年後的美國。盧西塔尼亞戰爭（Lusitanian War）開始於西元前一五五年，當時盧西塔尼亞人率先對遠西班牙①發起攻擊❾，這也激起了近西班牙凱爾特伊比利亞部落（Celtiberian tribes）的反抗行動，在接下來的一年（西元前一五四年），他們與鄰近城鎮結成聯盟，開始建造抵抗羅馬的防禦圍牆❿。因此，西元前一五四年，羅馬就在兩個不同的西班牙領地進行兩場危險的戰爭，而這一時間對應現在年份就是二〇〇六年。此時，新保守派既沒能對伊朗開戰，也沒能在卡崔娜颶風時獲得任何政治上的好處。雖然布希繼續掌權到任期結束（二〇〇八年），但是盟友卻在二〇〇六年期中大選時失利而讓他們實力大損，在任期末尾徹底跛腳。

《一的法則》、凱西的解讀、我自己的直覺解讀，以及大量的遠古預言，都暗示當我們進入寶瓶座時代，地球上的生命將會提升到一種更和平更和諧也更為進化的狀態。歷史學家桑提拉納及戴程德也公開表明，世界各地的古老文明早已將這些資訊悄悄編碼到神話裡，並透過這些神話驅使著我們去研究二五九二〇年的大年歲差週期。而正如我們所見，這個大年週期就像是宇宙時鐘的主發條，一直在驅動著那些精確引導我們命運的小週期，並揭示未來人類將擁有一個充滿希望的黃金時代。

譯注：

①在羅馬共和國時期，西班牙被分為兩個省，一個為「近西班牙」（Hispania Citerior），一個為「遠西班牙」（Hispania Ulterior）。

19 歷史為什麼會重演？

我們總是習慣性地認為時間是線性的，相信當下所發生的事件不會受到過去的影響。但其實時間本身的結構很可能像是一個螺旋圈，每個反覆的螺旋都會彼此重疊。

對我們來說，最大的循環就是地軸的擺動週期——二五九二〇年的歲差週期。二〇一二年八月，在沃爾特．克魯特頓的史詩級著作《神話與時間的失落之星》中，我找到了我們的太陽一直在繞行鄰近一顆恆星的迷人證據。在我們隨著地球穿過不同的太空區域時，這顆鄰近恆星的能量場會對我們產生不同的影響。

黃道十二宮的每一宮都可以劃分為四個相同的空間，形成了黃道十二宮週期的四等份週期——五三九年週期。我們可以把這種循環週期想像成一個圓，每當到達這個圓的相同位置時，就會經歷舊事件所帶來的能量影響。黃道十二宮的四等份週期是五三九年，也就是說，沿著這個圓移動一周需要五三九年的時間。

然而，因為我們的太陽系同時也在銀河系中不斷移動，因此這些週期一定會延展為螺旋形。但我們不要忘了，它們是在三維空間中形成的，因此一些螺旋可能會在規整的幾何間隔中從一個單點擴展開來，或者收縮到一個單點。約書亞在《馬太福音》第十八章第二十一至二十二節關於「七次」的說法，可能代表這些螺旋擴展或收縮的一種速率。

這正是米契爾·赫爾默所發現的：並非所有的週期循環都是完美的圓，其中一些會以非常精確的幾何比例——比如以七作為一種基本比率——擴展或收縮。如果拿一七八九年的法國大革命與一九一七年的俄國十月革命對照，我們就可以看到這種現象的一個最驚人例子：你只要將法國歷史的一年擴展為俄國歷史的七年，就能看到這種令人震驚的對應性。弗朗索瓦·馬森在他的書中揭露了很多這樣的驚人關聯，我已將他這本書的譯本上傳到我的網站上。

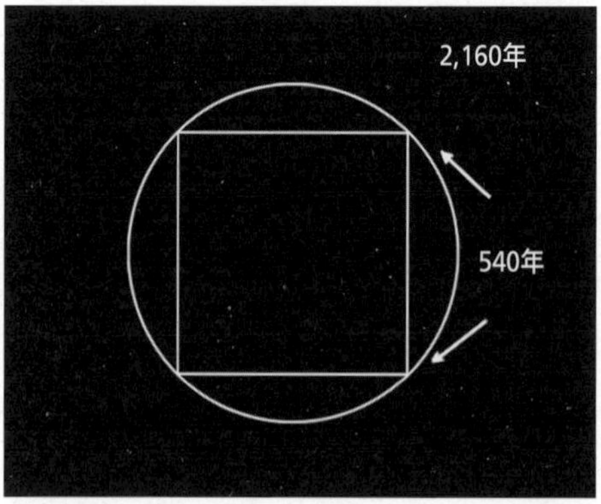

540/539年的週期，可將一個周長為2160年的球體劃分為一個四面立方體的形狀。

法國大革命，光明會主導的一次大規模暴行

法國大革命的殘酷是一個政府對自己國人最令人髮指的暴行之一，不論是規模或嚴重程度，都不是卡崔娜颶風事件可以相提並論的。羅伯斯庇爾（Maximilien de Robespierre）當時是法國律師及政客，也是法國大革命期間最具影響力的人物。威廉·斯蒂爾（William T. Still）在《新世界秩序：祕密社團的古老計畫》（*New World Order: The Ancient Plan of Secret Societies*）一書中出示了大量的文獻資料。這些資料證明，法國大革命是光明會蓄意製造的大規模歷史暴行之一，透過切斷人民的食物、水、醫藥和其他生活必需品的供應鏈，讓經濟體系崩潰，使得人們手中的錢徹底變成廢紙。羅伯斯庇爾一直為革命政府歌功頌德，辯稱政府對那些正在挨餓的批評者所採行的恐怖統治是一種道德高尚且必要的現實選擇：

在和平時期，人民政府的力量是美德；在革命時期，這種力量既是美德又是恐怖。沒有美德，恐怖是有害的；而沒有恐怖，美德是無能的。❶

羅伯斯庇爾煽動人心的演說，迫使法國政府在一七九三年九月五日正式對人民實行恐怖統治。在此期間，很多無辜、挨餓的民眾飽受折磨或處決。羅伯斯庇爾還試圖說服民眾去信仰一種他稱之為「至上崇拜」（Cult of the Supreme Being）①的光明會式宗教。一七九四年六月八日的五旬節（Pentecost），他舉行了一次公共慶祝活動，讓人在活動現場搭建了一座象徵性的小山，接著他從山上走下來，顯然是想讓人聯想到摩西帶著十誡碑石下山的情景。現場有人說道：「看看那個混蛋，對他來說大師的身分還不夠，讓他當上帝吧。」❷

業力很快就顯現了威力。僅僅在一個月又五天之後，羅伯斯庇爾等人被指控合謀恐怖活動，被判死刑。羅伯斯庇爾試圖自殺，對著自己的頭部開槍，但是只擊碎了下顎，他躺在桌上，血流如注，直到醫生進來幫他包紮止血。第二天，也就是一七九四年七月二十八號，羅伯斯庇爾沒經過審訊就直接被送上斷頭台。劊子手扯掉他下顎的綁帶時，讓他一直痛苦地尖叫，直到頭斷命絕。❸

羅伯斯庇爾與史達林之間的循環關聯

現在，我們要談的是另一個殘暴的獨裁者——史達林（Joseph Stalin），他需要為數百萬人的死亡和古拉格（Gulags）勞改營的暴行負責。一九五三年二月二十八日，史達林和內政部長貝利亞（Lavrentiy Beria）等人一起外出共進晚餐及看電影。那天晚上，這些人一直陪著史達林，直到他返回住處，但天亮後史達林遲遲沒有現身，而警衛也不敢貿然進入房間察看。直到當天晚上十點才被人發現他仰躺在床上，被自己的尿液浸透，同時還一直發出令人費解的奇怪聲音。史達林開始臥病不起，病情迅速惡化，在一九五三年三月五日過世。二〇〇三年，一個由俄羅斯和美國的歷史學家組成的研究小組得出結論，認為史達林是被人用一種稱為可邁丁（Warfarin）的抗凝血劑（無色無味，一開始做為老鼠藥使用）所毒殺。史達林的屍檢報告顯示，他的心臟、胃腸道和腎臟都嚴重出血，這不是普通中風會出現的現象，卻和服用可邁丁的症狀相符❹。史達林的親信莫洛托夫（Vyacheslav Molotov）在一九九三年出版的政治回憶錄中聲稱，貝利亞曾經得意地告訴他，自己在那天晚上暗殺了史達林❺。接著是一場繼承者的權力鬥爭，從一九五三持續到一九五八年，最後赫魯雪夫戰勝了所有對手。

赫爾默發現，如果將法國歷史的一年換算成俄國歷史的七年，法國大革命與布爾什維克革命（十月革命）出現令人震驚的聯繫。法國大革命開始於一七八九年七月十四日，而布爾什維克份子則在一九一七年十一月十四日贏得俄國革命的首次勝利。以這兩個日期當起始點，可以任意再選取法國大革命期間的任何一天，按照赫爾默的推算方法，找出二十世紀俄國歷史中相對應的一個日期。

運用這種推算後，赫爾默發現法國大革命的許多事件，都能完美對應到俄國革命的一些事件，相差時間只有幾天。弗朗索瓦·馬森認為，最驚人的例子是羅伯斯庇爾和史達林的死亡時間，這兩個人都是恐怖政權的領袖代表❻。我們就來做做這種換算：如果以近代俄國的週期為準，羅伯斯庇爾被處決的日期可以精確換算成一九五三年二月二十二日，而僅僅相差六天，也就是一九五三年二月二十八日，史達林就被貝利亞毒死了。

最讓我感到驚訝的是，馬森用這種方法預測出來蘇聯將會在他寫完書（一九八〇年）的十一年後解體：「這種（一：七）換算比例告訴我，蘇聯政權將會在一九九〇年末或一九九一年初終結。這些日期出現在歲差週期的圖表中，代表大規模運動的開始和結束。」❼蘇聯在一九九一年八月解體，與馬森的預測時間只差了幾個月。

該認真對待這些驚人發現了

我手裡拿著這本在一九八〇年用打字機列印、已經發黃的手稿，對馬森能夠成功做出如此驚人的預言感到十分驚訝。在蘇聯解體之前，美國媒體沒有報導任何關於蘇聯瀕臨解體的消息。陰謀集團需要這個敵人存在，好讓美國民眾活在核武戰爭的恐懼中。而當我們看到法國大革命與俄國革命可以互相對應後，就知道蘇聯解體似乎不可避免。

我還發現另外一個科學家也獨立發現了這些相同的歷史週期，而且顯然比赫爾默或馬森的發現更為詳盡。二〇〇〇年，我在加拿大《週六夜》（*Saturday Night*）雜誌上發現了一篇關鍵文章❽，作者提摩西・泰勒（Timothy Taylor）在〈時間隧道〉（Time Warp）一文中介紹了俄國一個名為安納托利・弗明科的傑出數學家及其同事的研究工作。文章提到，弗明科並非第一個發現歷史存在著這種重複模式的俄國人：「在俄國，最先開始研究時間週期的科學家是尼古萊・莫洛佐夫（1854-1946），他是一個叛逆的貴族……刻苦研讀了大量的年代學文獻資料，並擬定了一些函數，揭示舊約的猶太國王和超過一千年後的羅馬皇帝之間，存在著近乎精確的對應關係。」❾

莫洛佐夫將他的研究寫成七本厚厚的作品❿，弗明科說莫洛佐夫結合了「數學、天文學、語言學、哲學和地質學的最新發現」，對這個領域進行深入研究。一九七〇年代，弗明科和莫斯科國立大學的其他年輕數學家開始被莫洛佐夫的研究發現所吸引，他們查證並進一步發展莫洛佐夫的理論模型。弗明科在一九九四年首次發表了他的相關學術論文，大幅擴展了這方面的研究⓫。他從人類書寫歷史的開端——西元前四千年的蘇美泥板文獻開始研究起。

弗明科用莫洛佐夫的理論模型比對了一些時間跨度極大的歷史王朝。他首先編寫出一張完整的王朝列表……從西元前四千年到西元一八〇〇年，涵蓋西歐和東歐所有國家和帝國，往前回溯到羅馬時代、希臘時代、《聖經》時期和古埃及時期的歷史。他以任何可能的方式逐一對照，包括同一個朝代的不同歷史版本，最後透過數學方式驗證了莫洛佐夫的發現……。⓬

這是弗明科用來分析歷史的其中一種方法，另一種方法則牽涉到不同文明留下來的原始歷史紀錄的數字特徵。具體來說，弗明科會分析這些文明的描述字數有多少，還有書寫記錄有多少頁等等。這些資料讓他創造出一種數學函數，用來檢驗這些不同的歷史書寫紀錄之間存在的關聯有多緊密。他在一些例子中發現，當兩個國家存在著相似的歷史事件模式時，其歷史記載同樣也非常相似：「弗明科宣稱已經發現並確認古羅馬和中世紀羅馬之間的重複模式，並在一些例子中，發現舊約時期似乎與中世紀羅馬—德國歷史（從十到十四世紀）存在著統計學上的一致性。」⓭

羅馬拜占庭與英國的歷史週期關聯

現在已經有一個科學團隊正在進行這項研究，而弗明科是他們其中的一員。你可以在「新傳統」網站（New-Tradition. org）讀到他們發表的一些論文。我看過弗明科在二〇〇二年所寫的一篇論文，提到他發現羅馬拜占庭時代的某些事件，以一種非常相似的形式重現於大英帝國的歷史中⓮。他的說法是：羅馬拜占庭時代與英國歷史中有三個時期存在著非常顯著的週期關聯。

第一個週期是西元三七八至五五三年的羅馬拜占庭，對應的是西元六四〇至八三〇年的英國歷史。弗明科說，週期時間大約是二七五年。

第二個週期是西元五五三年至八八〇年的羅馬拜占庭，對應的是八〇〇至一〇四〇年的英國歷史，可以發現這段期間羅馬拜占庭的一些歷史事件，重現於週期對應的英國歷史中，兩者關聯非常顯著。週期時間也相隔了二七五年。

在討論第三個歷史週期之前，我們先來說說前面這兩個週期。弗明科承認這個二七五年的循環週期並不是很精確，僅僅是個「大概」。但如果把週期長度減掉五年半（也就是二六九．五年），正好是我們熟悉的黃道十二宮週期的四等份週期（五三九年的一半）。這個五三九年的週期，曾完美地將法國歷史的聖女貞德起義和五月風暴的學生運動聯繫起來，誤差僅僅在數天之內。這個週期同樣也揭示了九一一事件和最後導致德國戰敗的斯維希諾戰役存在著相同的循環關聯，誤差仍然在數天之內。此外，老布希的敗選、柯林頓的醫療改革、九一一事件，以及共和黨新保守派在卡崔娜颶風後的期中選舉慘敗，也都與五三九週期有關。

弗明科發現的第三個歷史週期是一〇四〇至一三二七年的英國，對應的是西元一一四三至一四五三年的羅馬拜占庭歷史事件，兩者之間有「一百二十年的精確間隔」。這個數字立即引起了我的注意，一個圓有三六〇度，如果你在圓中畫一個等邊三角形，那麼每一邊所對應的弧度就是一二〇度。我們不要忘了，在赫爾默的模型中，每個歷史週期都是二五九二〇年分點歲差週期的完美等份。一二〇這個數字，首先就符合了赫爾默的理論模型：在二五九二〇年中恰好有二一六個一百二十年的週期。此外，在每一個二一六〇年的黃道十二宮週期中也包含了八個一百二十年的週期。如果將黃道十二宮的週期折半（即一〇八〇年），剛好包括九個一百二十年的週期。

因此我們可以看出，弗明科透過科學分析所得到的這個新週期，跟赫爾默的原始模型完美相符。這可能令人難以接受，但對我來說，這兩個不同的研究者會發現相似的循環週期，原因正是：這就是宇宙真正的運作規律。

一個重複四次的單一大模式

弗明科最讓人感到不可思議的成就，是在西元前一六〇〇年到西元一六〇〇年這段跨度長達三千二百年的歷史中，發現了「一個重複四次的單一大模式」。正如泰勒在文章中所說的：「在發現數十個歷史重現的例子之後，弗明科做出了最令人吃驚的斷言……具體來說，對西元前一六〇〇年到西元一六〇〇年這段時間進行數學解構，可以得出一個重複四次的單一大模式。」⓯

我們很快就會探討這個與赫爾默和馬森理論模型完美相符的循環週期。不過，我們現在先來看看俄羅斯一個腦袋堪稱大師級的棋手，如何給予弗明科研究工作的高度肯定。

弗明科的研究資料庫十分龐大，就像是一盤極其複雜的棋賽。你必須研究數量難以估計的不同資料點，分析它們可能會如何彼此交織影響。要閱讀和理解弗明科及其同事的研究發現，你可能需要一顆不亞於大師級棋手的頭腦。加里・卡斯帕羅夫（Gary Kasparov）二十三次登上世界象棋官方聯合會棋手排名榜的榜首，被譽為「有史以來最強的西洋棋棋手」⓰。卡斯帕羅夫不僅知道弗明科的研究工作，他還是弗明科的熱情支持者，也是「新傳統」網站的重要贊助人之一。

雖然卡斯帕羅夫並不認同弗明科的所有結論，但是他確實認為，這些發現對我們目前所知

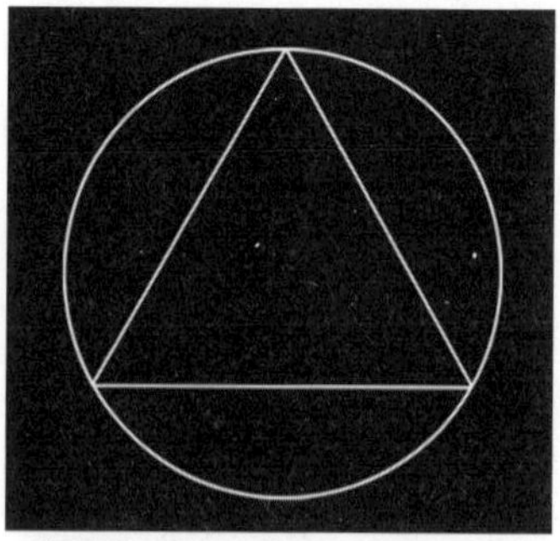

一個等邊三角形剛好將一個圓分割為三個120度的弧線。

的科學有著「極其深遠的意義」，創造了「一個全新的科學研究領域」。

如果古代歷史事件的日期不準確，可能會對我們根植於過去的一些信念造成深遠影響，而對科學來說同樣如此……我相信，年輕一代將會無所畏懼地去探索那些「不可觸碰」的歷史教條，用當代知識去挑戰那些可疑的理論。毫無疑問，這是一個令人興奮的機會，讓我們能夠借此逆轉科學在歷史研究中一直扮演的從屬角色，創造出一個全新的科學研究領域。⓱

弗明科的工作顯然比赫爾默和馬森的研究更複雜，同時也是根據現有資料進行研究所能做到的極限。然而，即使得到如此多關於歷史事件會重現的可靠證據，弗明科仍然認同莫洛佐夫的初始結論：認為這是歷史學家偽造資料，一次又一次地重複使用相同的資訊，只是更動了歷史事件的人名、地點和其他一些細節。「新傳統」網站上有篇論文說道：「這些對應關係暗示，古代的歷史紀錄中包含了一些相同事件的多次重述版本，並在不同時期散落於許多不同地方。」⓲弗明科認為，這些事件只發生過一次，但被曲解為出現於多個時期。

早期歷史學家偽造了歷史？

羅伯特・格里森（Robert Grishin）在「新傳統」網站上，公開指責我們的歷史編撰者是「偽造犯」，而且還是被當場逮個正著的「現行犯」：

由於擁有科學──數學的知識背景，（弗明科和他的同事）令人信服地向我們指出，現代歷史的根基（也就是整個年代學）是錯誤的。他們已經用無可辯駁的證據證明了一個事實：同一個歷史事件會被改頭換面，安插到「古代」歷史的各個不同時期。這些歷史偽造者被逮個正著，罪行已經被曝光在全世界面前。⑲

在二〇〇〇年《週六夜》雜誌登出那篇文章之前，弗明科已經得出以下的結論：我們當前的真實年份只有西元九三六年。他相信，我們的大部分歷史都被「偽造」了。歷史學家嘲諷弗明科的這種觀點，認為這完全是無稽之談。這些歷史學家使用許多不同方法來辯護他們的立場，比如被普遍認為相當可靠的碳年代測定法，以及對不同國家的歷史文獻進行交叉判定。然而，弗明科在他的論文中也對這兩種紀年法提出質疑。《週六夜》雜誌的那篇文章則提出了一個盲點：

那些不認同弗明科結論的人也承認，弗明科提出了一些有效的數學問題。「不去處理這些問題是極不負責任的行為。如果我們認為這些觀點是錯誤的，我們就應該去證明；如果我們認為其中有些重要的東西，就應該把它找出來。」數學家傑克．麥克吉（Jack Macki）說道。雅克．卡里爾（Jacques Carrière）總結：「要找到確切答案，我們就需要讓其他的研究小組來查看這個問題。」

當然，其他的研究小組（也就是赫爾默和馬森）已經對這個主題進行研究，並將之聯繫到「遠古諸神」傳授給人類的時間週期知識。很多人都以為這些只是神話故事。但現在的科技水準終於跟上腳步，讓我們能夠對這個時間週期循環的問題進行檢驗了。

譯注：

①法國大革命時期，羅伯斯庇爾企圖建立的一套自然神論，還曾試著將之確立為法國國教以取代天主教。

20 從黑鐵時代到黃金時代

全人類的英雄之旅早已默默展開，我們早已上路，只是渾然未覺。所有願意去探求一個更美好、更安穩和更仁愛的世界且勇於面對真相的人，實際上都在幫助療癒我們的星球，而這正是我們目前急需去做的事。

儘管弗明科認為很多歷史事件是偽造的，但是他也得出一個結論：歷史有一種「纖維結構」（fiber structure）。這是一個和時間軸或重複循環週期很相似的概念。弗明科將這種重複的循環比喻成是一本課本，而這本課本能被劃分成四個長度相等的章節。

赫爾默和馬森的研究發現，戰爭和政治事件的時間間隔會按照極其精確的時間長度自我重複；反觀弗明科發現的循環週期，似乎沒有循著這樣精確、規整的形式。一開始，弗明科沒有注意到羅馬拜占庭歷史與英國歷史之間有「大約二七五年」的精確週期，以及另外一個一百二十年的週期；另外，他似乎也完全不知道在法國已經有人對這個相同現象進行研究了。弗明科的許多關鍵論文到目前為止都沒有英譯本，不過在「新傳統」網站上可以找到一些重要的數位資料。❶

在下頁圖中，可以看出西元前一六〇〇年到西元一六〇〇年之間有四個重複出現的週期。根據圖表上面的時間軸來看，每個週期的時間長度基本都在一千三百年左右。我們還可以看到，每個週期中都有四個次週期——弗明科稱之為「課本」（textbook），這些次週期的時間長度幾乎都完全相同。在圖表中，這種規律性一直十分穩定。赫爾默和馬森還發現了更小的週期循環，而歷史上一些關鍵事件就在這些週期中重複發生。

一二九六年週期，被四等份的英雄之旅

現在，我們有了一個由四部分組成且完整長度大約為一千三百年的故事大綱，這個故事可以被分解為好萊塢電影都遵循的英雄之旅的三幕結構。不要忘了，如果把劇本的中點算進去，我們可以把它分成四等份：第一頁到第三十頁、第三十頁到第六十頁、第六十頁到第九十頁，以及第九十頁到第一二〇頁。將一千三百年減去四年，就得到了一二九六年，這個時間長度正好是二五九二〇年分點歲差週期的另一個完美等份。一個大年有二十個一二九六年的週期，而在弗明科的圖表中，每一個一二九六年的週期都能被整齊再劃分為四個相等部分，每個部分是三二四年。在二五九二〇年的歲差週期中，剛好有八十個三二四年這樣的週期。

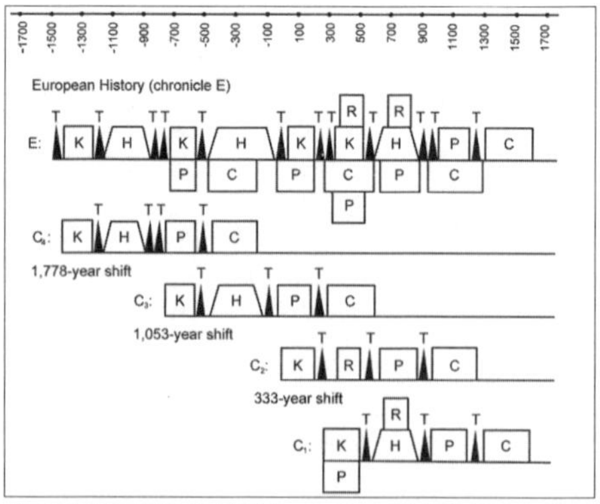

弗明科教授所謂的「課本」圖解，歷史事件會在這四個次週期中重複出現。

七二〇年週期：黃道十二宮週期的三分之一

弗明科認為歷史之所以如此相似，是因為古代歷史是根據近代史改頭換面偽造的，只有最近的那個週期發生的事才是「真有其事」。在他的圖表中，弗明科為我們提供了這些週期的每一個確切起始時間：第一個週期開始於最近一個循環的一七七八年前；第二個週期開始於最近

一個週期的一〇五三年前；第三個週期開始於上一個週期的三三三三年前。

我們注意到，弗明科並沒有指出每個週期到底走了多少時間。我們找出圖表記算一下，得出以下數字：一七七八年到一〇五三年共七二五年，一〇五三年至三三三三年之間共七二〇年。這意味著，在前三個週期的所有關鍵歷史事件，彼此相距大約為七二〇年（前兩個週期精確隔了七二〇年，而第二和第三個週期則相隔七二五年，多出了五年。這可能是因為在測定年代上難免出現誤差）。得出這些數字，讓我大感意外，因為七二〇年恰好是一個黃道十二宮週期的三分之一。我想起馬森在書中也提到了這個七二〇年的週期，並說這個週期與宗教發展有密切關聯。

此外，在弗明科的圖表中，第三和第四個週期還出現了一個三三三三年的空隙，這馬上吸引了我的注意，因為在多年來的共時性經歷中，我經常看到三三三三這個數字。三三三三這個數字與三二四相差九年，後者是弗明科四個次週期的相隔時間，而在二五九二〇年的分點歲差週期中，也有八十個三二四年這樣的週期。或許弗明科誤解了週期中發生的某些事件才出現了三三三三年的這個數字，我想後面兩個週期的正確起始時間應該是三二四年。

馬森把七二〇年週期與世界主要宗教的發展階段對照比較，並說這個週期最初是由普賽爾（Poucel）神父發現的。但到目前為止，我找不到普賽爾的研究著作，可能是因為這些著作是用法文寫的，而且早已絕版的關係。當然，認為七二〇年這個週期只跟宗教有關顯然過於狹隘，但至少我們能夠在一些例子看到，一些世界性的主要宗教確實遵循著這種週期模式：

普賽爾神父指出，二一六〇年除以三就是七二〇……第一個七二〇年階段是每個宗教的先知時期，第二個則是「牧師」階段，到了第三個階段，則是俗世（物質）力量凌駕於

精神力量。❷

倘若我們把七二〇年週期的起始年定於耶穌出生日，那麼我們要找的第一個關鍵年份就是西元七二〇年。西元七二六年前後，拜占庭皇帝利奧三世（Leo III）宣布反對供奉聖像的詔令，史稱「聖像破壞運動」（iconoclasm）❸。此外，利奧三世還下令移走君士坦丁堡皇宮入口上方的一副耶穌像。

時間上，聖像破壞運動跟七二〇年的週期非常吻合。根據馬森的說法，此一運動時期是「天主教會的首次重大危機」。在這之後，教會統治集團逐漸加強對政府和人民的控制力度。再往後推七二〇年，即西元一四四〇年。這一年恰好是文藝復興運動的開端，也就是我們現在所知的現代科學的黎明時刻。文藝復興運動挑戰了教會不受質疑的權威，也引發了宗教改革運動，迫使教會首次釋出《聖經》的控制權。保羅・羅伯特・沃克（Paul Robert Walker）在二〇〇三年的著作《點燃文藝復興的積怨》（*The Feud That Sparked the Renaissance*）指出，這個社會藝術和科學革命的精確開始時間可以推算為西元一四四一年。這一年，吉伯第（Ghiberti）和布魯涅內斯基（Brunelleschi）兩人參加佛羅倫斯洗禮堂青銅大門的雕塑競賽。❹

一二九〇年週期

在調查過程中，我還發現了另一個線索：一個非常相似的週期——一二九〇年。《但以理書》第十二章第十一節講到，但以理在幻覺中遇到一個發光的、身穿細麻布的男人。很多《聖經》讀者相信但以理看到的人是約書亞，這個身穿細麻布的男人告訴但以理，在每個時代的末尾會有最後一個一二九〇「天」的週期。（《聖經》很多文段都指出一「天」（day）可以象徵一年❺）。很多《聖經》愛好者都覺得這是一個隱含時間的預言，但是不確定起始日期應該從哪裡算起。這個預言出現在但以理書中的第十二章第十一節：「從除掉常獻的燔祭，並設立那行毀壞可憎之物的時候，必有一千二百九十日。」❻

「常獻的燔祭」，指的是教會在宗教儀式上使用的香。在這裡，「常獻的燔祭」可能是一種象徵，代表早期基督教的一些神祕面，而根據普賽爾神父及馬森的說法，早期基督教是指第一個七二〇年週期。那意味著，我們或許可以將「毀壞可憎之物」的開端定在西元七二〇年，根據馬森的說法，這正是「教會統治集團開始控制人民與政府的時代」。西元七二〇年政教合一後，導致了很多可怕的事情，包括宗教法庭的出現。

從西元七二〇年往後推一二九〇年，就是二〇一〇年。看到這個數字讓我感到很驚訝，因為我正是在二〇一〇年開始做這些分析運算。這是否冥冥中已經注定了，那些偉大的週期會在什麼時候被發現呢？但或許你會說：「二〇一〇年又沒發生什麼事。」然而，在但以理經歷幻覺的那個時候，在我們得到我們的「獎品」之前，一個四十五年的轉變期已經開始了。我們很快就會探討這一點。

歷史從一個時代到另一個時代不斷前進

我知道有人會認為，試圖在《聖經》中尋找支撐時間週期理論模型的證據是荒謬可笑的行為。如果這只是一些隨機沒有規律的《聖經》文段，我完全同意你的看法，這也是為什麼我們有必要對前後語境進行研究的原因。我們來看看《但以理書》第十二章第十一節之前到底有什麼內容，在第二章第二十至二十二節，可以清楚看到，這裡提到歷史從一個時代到另一個時代不斷前進，還有這些偉大的循環驅使著我們穿過時間與四季，並在這個過程中設立和廢黜國王。這些訊息絕對符合我們的理論模型：「神的名是應當稱頌的。從亙古直到永遠，因為智慧能力都屬於他。他改變時候、日期、廢王、立王，將智慧賜與智慧人，將知識賜與聰明人。他顯明深奧隱祕的事。」❼

實際上我認為，這些關於時間循環的知識正是「智慧」一個深奧隱祕的面向，而那些「聰明人」將會找到這些知識。因為我們處於現代社會，我們在世界各地都能及時獲取資訊，最終理解這些循環週期的運作規律。

先知但以理曾應巴比倫的尼布甲尼撒王（King Nebuchadnezzar）所託為他解讀夢境，但以理給出如下的解釋，這些內容顯示，他熟知歷史會重複循環，不斷前進：

> 王啊，你夢見一個大像，這像甚高，極其光耀，站在你面前，形狀甚是可怕。這像的頭是精金的，胸膛和膀臂是銀的，肚腹和腰是銅的，腿是鐵的，腳是半鐵半泥的。你觀看，見有一塊非人手鑿出來的石頭，打在這像半鐵半泥的腳上，把腳砸碎。於是金，銀，銅，鐵，泥都一同砸得粉碎，誠如夏天禾場上的糠秕，被風吹散，無處可尋。打碎這像的石頭變成一座大山，充滿天下。❽

我們可以清楚看到，這段文字提到一個由金、銀、銅和鐵建造而成的巨大人像雕塑，以及這些材質建成的各個部分都一個接一個的摔成碎片。請注意，文中說到，地上的碎片看起來「誠如夏天禾場上的糠秕」。糠秕是穀物碾磨時掉落的碎殼，而碾磨機（石磨）則是世界各地許多不同神話中最常見的象徵符號之一，根據桑提拉納和戴程德的觀點，它象徵的是二五九二〇年的分點歲差週期。在兩人的理論模型中，石磨的中軸象徵的是二五九二〇年中擺動一周的地球自轉軸。這個雕像的每個部分都對應著一個時代，頭部代表黃金時代，即每一個新循環的開端。在最後一個時代，來自先前循環的所有東西都會被尼布甲尼撒夢中的石頭砸碎，迎來一個非常突然的結局。

但以理清楚地將這個雕塑的四種主要材質，分別與人類歷史的一個主要週期或時代相對應。首先開始的是黃金時代，而在下面這段引文中，但以理用國王來指代黃金時代。這個夢境似乎與尼布甲尼撒個人沒有多大關係，儘管他當時可能不這麼認為：

王啊，你是諸王之王。天上的神已將國度、權柄、能力、尊榮都賜給你。凡世人所住之地的走獸，併天空的飛鳥，他都交付你手，使你掌管這一切。你就是那金頭。在你以後必另興一國，不及於你；又有第三國，就是銅的，必掌管天下；第四國，必堅壯如鐵，鐵能打碎克制百物，又能壓碎一切，那國也必打碎壓制列國。❾

我們現在所處的，顯然是黑鐵時代。由於機器和技術的引進，很多傳統文化因此被摧毀了，這些機器基本上都是由金屬製成，尤其是鐵。繼續閱讀此一預言，我們會發現，這個時代的人因為過於疏離，整體力量已被弱化了。然而，核心力量仍然存在：「你既見像的腳和腳趾頭，一半是窯匠的泥，一半是鐵，那國將來也必分開。你既見鐵與泥攙雜，那國也必有鐵的力量……那國也必半強半弱。」❿

跳到第七章第二十三節，我們更清楚看到，黑鐵時代是對我們這個時代的預言：「世上必有的第四國，與一切國大不相同，必吞吃全地，並且踐踏嚼碎。」⓫

一旦這個黑鐵時代結束，我們又會返回到黃金時代。下面這段引文用象徵性的模糊措辭表述了這一點：「當那（黑鐵時代）列王在位的時候，天上的神必另立一國，永不敗壞，也不歸別國的人，卻要打碎滅絕那一切國，這國必存到永遠。」⓬

跳到第十二章第一節，我們會再次看到一個關於我們目前所處這個艱辛時代的清晰預言，不過也讓我們得以一瞥黃金時代最終來臨時可能會發生的事：「會有一段極其艱苦的時期，從有國以來直到此時，沒有這樣的。你本國的民中，凡名錄在冊（book）上的，必得拯救。」⓭

有人或許會認為那些名字被記在「冊」上的人才是「天選者」，不過他們可能也不清楚這些人到底是誰。讓我們考慮這種可能性：這本「冊」（或者說「書」），實際上可能就是英雄之旅本身的故事。如果這就是但以理所用的象徵，那麼我們應該如何把自己寫到「書」中呢？我們應該如何參與這個偉大的故事呢？或許，每一個開始探求之旅、尋找古老「永生靈藥」的人都會發現，自己已經出現在這本「書」中了。所有願意去探求一個更美好、更安穩和更仁愛的世界，且勇於面對魔王的人，其實都在幫助療癒我們的星球，而這就是我們目前急需去做的事。一旦在集體層面打敗魔王，我們就能夠得到那些一直被看守的寶藏，並能夠很快進入到黃金時代。但以理在第十二章第二至三節中對黃金時代的描述非常有趣：「睡在塵埃中的，必有多人復醒；其中有得永生的，有受羞辱永遠被憎惡的。智慧人必發光如同天上的光，那使多人歸義的，必發光如星，直到永永遠遠。」⓮

顯然，這與《一的法則》關於「轉變到第四密度」的描述非常符合。當我們從生死轉世的循環中解脫出來，進入下一個人類進化階段，似乎就會轉變為一種被稱為「光之身」的存在狀態——很像約書亞復活後重現的狀態。在第二十一章中，我們會發現僅僅在西藏和中國，就有超過十六萬個關於人轉變為「虹光身」的事例被記錄在冊。上面引文提到的「睡在塵埃中的人，必有多人復醒」，顯然是一種隱喻而非字面意思。這句話很可能是指那些仍然沒覺知到宇宙萬物有一種靈性法則的人，而不是指死去的人復活。

最後，讓我們回到那些隱祕數字出現的關鍵文段。首先是《但以理書》第十二章第六節：

一個問那站在河水以上、穿細麻衣的人說：「這奇異的事到幾時才應驗呢？」那站在河水以上、穿細麻衣的，向天舉起左右手，指著活到永遠的主起誓說：「要到一載（time）、二載、半載，打破聖民權力的時候，這一切事就都應驗了。」⓯

一九九六年十一月九日，在我跟同事喬伊·梅森通電話時，我首次發現了「一載、二載和半載」的含意。當時他向我描述導致他去調查這類謎團的驚人事件。我聽得很入神，失心瘋似的要把他所說的寫下來。不久後，我就在《英雄之旅》的作者約瑟夫·坎伯的著作中發現，「三個半」的象徵說法出現在世界各地許多不同的神話中。坎伯在《外太空的內在縱深》（*The Inner Reaches of Outer Space*）一書指出，「三個半」代表了第三和第四脈輪（人體內的能量中心）之間的轉捩點。

因此，「三個半」這個象徵也代表了自我的低層心智及新的高層意識之間的轉捩點。兩年半後，也就是一九九九年四月，喬伊·梅森在網站「非凡夢境」發表了以下內容：

一九九二年，在我過去兩年來不斷經歷一些與夢境和／或麥田圈相關的「巧合」事件之後，由這許多巧合組成的鏈條開始顯現出來。我讀了約瑟夫·坎伯的《外太空的內在縱深》一書，書中關於以各種形態出現在各種不同神話中的「脈輪中點」給我留下深刻印象，這些神話經常用三個半來表達人體七個脈輪的中點。那段時間我正在讀《聖經》，也可以說是首次閱讀，因為我以前只讀過其中的少量章節。在讀到上述這些概念後，我直接翻到了《啟示錄》第十一章第九節和第十一章第十一節。其中內容提到兩棵橄欖樹／燈檯倒在地上達「三天半」的時間，在上帝的氣息流入它們時，它們就完全站立起來……這個章節詳細描述了那些用不同形式來表達「七的中點」這個含意的各種神話，以及那些引領我對《啟示錄》的含意有了新理解的夢境巧合。⓰

顯然，梅森認為這個「三個半」不僅代表自我和心靈之間的轉捩點，也代表了第三和第四維度（即《一的法則》所說的「密度」）之間的轉變。這種轉變，將會推動我們進入到一個被預言已久且即將到來的黃金時代。梅森也在文章中解釋了這一點：「很明顯，一載、二載和半載似乎是三個半的另一種象徵形式……這裡沒有提到固定的日期或年份，或許這意味著改變將會在人類達到必須的意識進化水準後才會到來，而且無論經過多久終究會到來。」⓱

梅森認為，在「三個半」象徵中沒有提到「固定的日期或年份」。回顧《但以理書》，當但以理聽到「三個半」的象徵說法時，他請求解釋：「『我聽見這話，卻不明白，就說：『我主啊，這些事的結局是怎樣呢？』他說：『但以理啊，你只管去。因為這話已經隱藏封閉，直到末時。』」⓲

這非常有趣，「隱藏封閉，直到末時」是否就是指那個藏在英雄之旅中的知識呢？「英雄之旅」的故事架構出現在好萊塢的片子中，但早在電影時代之前，這些神話就已被搬到了舞台。其中謝幕可能是整個演出中最重要的部分，這是演員打破第四堵牆首次與觀眾直接聯繫的時刻。在這個最重要的時刻，我們被提醒，那個我們所熟知的普通世界其實只是一個舞台，實際上還存在著一個我們將會再次進入的神奇世界。

然而，我們並不需要經歷死亡才能探知這個神奇世界。最後，我們都將喚醒我們自己的神祕潛能，直接探知宇宙知識。我在一九九六年十一月十日就首次做了這種練習，而且很快就得到了一些預言，這些預言訊息完全打破了我的固有看法——以為時間是線性的。

古老的故事告訴我們，只有徹底戰勝魔王，我們才能得到「永生靈藥」——高我（the higher self）的珍寶。再次重申，這個魔王代表的是我們的小我（the ego）——也就是我們所有的懷疑、恐懼、妒忌、猜疑和沮喪。

英雄之旅的故事出現在神話、戲劇、小說、電視劇和電影中。事實上，這些相同的情節一直在按照固定時間點循環，以相同次序出現在人類的整個歷史中。撰寫《但以理書》的人似乎理解這一點，顯然他們沒有受縛於線性時間的觀念。繼續往下讀，我們會發現出現了一個關於一二九〇年週期的描述：「必有許多人使自己清淨潔白，且被熬煉。但惡人仍必行惡，一切惡人都不明白，惟獨智慧人能明白。從除掉常獻的燔祭，並設立那行毀壞可憎之物的時候，必有一千二百九十日。」[19]

現在，這一切更加說得通了。來自世界各地的其他預言清楚指明，黃金時代將在二〇一二年前後來臨。「除掉常獻的燔祭，並設立那行毀壞可憎之物的時候」，很可能是指西元七二〇年的聖像破壞運動，那時教會開始加強對人民和政府的控制。根據弗朗索瓦·馬森和神父普賽爾的觀點，這也是基督教的「神祕」階段終結之時。

最後的四十五年轉變期

馬雅曆法的終結日期是二〇一二年十二月。有趣的是，《但以理書》的第十二章第十二節告訴我們，一個四十五年的轉變期將在這個時間前後開始。我們可以看出，四十五這個數字是一二九〇「天」和另外一個新數字——一三三五之間的差。這個章節說道：「等到一千三百三十五日的，那人便為有福。你且去等候結局，因為你必安歇。到了末期，你必起來，享受你的福分。」[20]

《一的法則》告訴我們，轉變到第四密度的旅程大約在一九八一年的三十年後開始，也就是二〇一一年前後。顯而易見的，二〇一一年甚至與《但以理書》中這個預言時間更加接近。然而，《一的法則》還指出，在完全轉變進入第四密度之前，我們還需要經歷一段「一〇〇年至七〇〇年」的轉變時期。在進入第四密度之前，我們仍然有機會在當下的第三密度身體中開始體驗屬於第四密度的潛能（我們會在下一章繼續討論）。

我們總是認為，這個世界已經沒有神祕和魔法可言——因為科學已經解決了所有大謎團。我們只是出生、死去，永遠不會知道存在的美妙之處。但是在我看來，在我做的所有研究中，沒有其他東西會像這些週期一樣讓科學變得如此鮮活。突然，我發現自己正在踱步思索：在另一個時間循環中，無論是在過去或在未來，是否有其他一些版本的我正在複製我當下踏出的每一個步伐？我做過的決定，是否會迴蕩在這些循環之中？而其他循環發生的事，是否也會左右我目前的決定？是否有一些特定的故事點，被設定在某些循環中，無論我是否意識到，都將引領我的自由意志？

一旦你知道這些循環週期確實存在，生命會變得有趣多了。你可以強有力地質疑典型的無神論觀點：一旦死去，一切就結束了，發生在我們生命中或世界中的一切，都不存在著任何更深遠的目的。

這些週期循環是如何形成的？我們是否一直在某種能量結構中移動，而這種能量結構很可能與各個行星位置，甚至與我們的太陽繞行一顆鄰近恆星的軌道位置緊密相關呢？我們能否建立一個理論模型，破解這些謎團？當我苦苦尋找答案時，才發現在《一的法則》中早已清楚地闡明過這些答案了，只是以往我不理解其中含意罷了。

同樣的，古印度經文及其他古老文獻也向我們暗示，這個即將到來的黃金時代並非第一個。早在有歷史記載以前，另外一個黃金時代顯然已經出現過了。那時，在一些關鍵領域，處於這個黃金時代的人是否擁有遠超前於我們的科學知識，比如現在被我們重新發現的歷史週期？我們先人對那個黃金時代的記載，是否意味著他們相信會有下一個黃金時代，並預言了這個黃金時代會在什麼時候到來？我們是否能夠透過研究他們留下來的訊息（比如被編碼進大金字塔的預言），而揭開他們掌握的高級知識的神祕面紗呢？最後，我們能夠找到共時性之鑰，打開那個藏有黃金時代藍圖的神奇寶盒嗎？

21 進化、變身，邁向第四密度

在這個宇宙大聯邦之中，目前大約包含了五百個星球意識體。身為其中一員的人類目前的進化層級停在了第三密度，正往第四密度邁進。許多古老的文獻都預言了這個即將到來的變身躍進，不久後，我們將經歷一場全球性的偉大覺醒和轉變。

僅僅在西藏和中國，就有超過十六萬個「虹光身」的例子❶。在人類的整個現代歷史中，都能找到關於這種現象的記載❷。正如我在《源場》一書所講的，天主教提叟神父（Father Tiso）及中國軍方的一些人士曾經目擊並調查了此一現象❸。在這些例子中，一個有血有肉的人變身進入了一種「虹光身」狀態，能夠在這個物質世界和死後世界之間往返。有些例子，是幾個人一起同時經歷這種轉變；有些例子則是被包裹的屍身，會逐漸轉變成純粹的彩虹光❹。這些人無一例外，都是長期進行高級靈性修煉的人。對他們來說，發生在他們身上的事情不是偶發事件，他們一直在冥想、省察，竭盡全力去關愛、寬恕及接納自己和他人，意識到宇宙和他們自己的更高身分，其實都是唯一的造物者。❺

這種「光之身」的狀態，跟我們身體死亡後的存在狀態並不一樣。毫不誇張的說，這是人類進化中的一種量子

藏傳佛教的「虹光身」畫像。

跳躍。提叟神父希望這種現象能得到更嚴謹的研究，他覺得這種知識能夠幫西方世界的人轉化他們的靈性狀態。

收割：一場世界性轉變的代名詞

整部《一的法則》，實際上都是圍繞一種中心觀點所展開的，這種觀點就是：我們不久後將會經歷一些非常美妙的事情，在《一的法則》中稱之為「收割」。

就跟很多研究這份資料的人一樣，我先前對馬雅曆法終結日可能會帶來一種突然性的積極轉變抱著很高的期望，但到目前為止，我們顯然還沒有看到任何突然性的大事件發生。在《一的法則》中，「收割」似乎意味著一種全球性的事件，並在此一事件發生後，我們很多人都能夠轉變為虹光身狀態，這個過程通常被稱為「揚升」。我在《源場》一書中出示了大量的相關證據，清楚指出很多古老預言都預告著這件事必定會發生。

女預言家西比拉（sibulla）的神祕文本也提到類似的預言，美國國璽的「Novus Ordo Seclorum」（時代新秩序）這句話就是出自這份文本。

這份文本由庫麥（Cumae）的西比拉所傳，她是羅馬建城初期一位預言準確度極高的靈媒，約生活在西元前五三九年前後。預言文本的驚人準確性，讓羅馬政府視之為最寶貴的財富而對外完全保密。「羅馬文物」（Antiquities of Rome）網站這樣描述：「西比拉是指那些有天賦的預言家……那位來自庫麥的西比拉將三本預言書賣給了羅馬最後一位國王——高傲者塔克文王（Tarquin

1782年美國國璽的最後定稿版本。

the Proud）。羅馬人非常推崇這些預言書，在國家遭遇重大危機（比如嚴重天災、疾病和貧困等）會拿出來當作參考。」❻

預言書中列出了一個時間表，描述將會發生在羅馬的各種事件——包括確切的時間及對發生事件的隱晦描述。但反過來，這對羅馬來說也是一種巨大的安全威脅，因為任何想侵略羅馬的人都可利用這些資訊伺機發起致命攻擊。因此，這些預言書被羅馬政府視為高度機密資料，收藏在宙斯神殿的地底密室中，由十五個祭司負責看管❼，可以說這個地方就是羅馬帝國版的五十一區。這份文本的一些預言訊息，後來出現在羅馬詩人維吉爾（Virgil）的《牧歌集》（*Eclogue*）第四首詩中。下面是這份文本與那個古老預言密切相關的部分：

庫麥的西比拉唱響的最後時代，
如今來了又去，
綿延數世紀的宏偉書卷展開了新篇章：

「綿延數世紀的宏偉書卷展開了新篇章」，被簡化為美元上的「Novus Ordo Seclorum」。這清楚地指向了二五九二〇年週期。我們接著來看一下美國開國元勳引用的這句之後，原詩又說了什麼。我們將會看到，事情變得更有趣了，這些訊息似乎在預言外星人或天使存在將會正式公開地出現在地球上：

正義回歸，恢復舊農神（Saturn）的統治
伴隨著一個新人種從天國送下。
只有你，在孩子誕生之時，

那鐵將停止，而黃金種族於焉崛起。

我在《源場》中已闡釋過「黃金種族」（golden race）和「黃金時代」（Golden Age）這兩個詞實際可以互換。我們可以清楚看到，這似乎是指一種「光之身」式的全球性轉變。我們再跳到後面的句子，看看接下來會發生什麼：

這個光榮的時代，噢，波利奧（Pollio）①，必將開始，
未來的月份以其強大的行軍姿態進入。
在你的指導下，不論我們的舊邪惡
留下何種軌跡，一旦除去，
必叫地球擺脫永無止境的恐懼。
他將得到諸神的生命，並看到
英雄與諸神相伴，而他自己
也是其中之一，以他父親之名，
統御和平的世界。

這是關於一個正面事件的預言。地球將從永無止境的恐懼中獲得解放，眾神和人類相會相融，然後我們「獲得諸神的生命」，而我們自己被視為他們其中的一員。此外，我們也從中得知了一個時間點，指出這事將會在何時發生——大約在二五九二〇年週期結束之時，在我寫本書時，我們就已經處於這段時間了。維吉爾《牧歌集》第四首詩末尾直接引用羅馬的最珍貴財富——西比拉文本的內容，這裡再次指向二五九二〇年週期。更具體來說，我們還看到詩中提

到了「世界球形力量」的搖晃。這似乎是指在我們通過這個週期的過程中，地軸的緩慢擺動。

> 承擔起你的偉大，因為時間近了，
> 親愛的諸神之子，偉大的朱庇特子嗣！
> 看看它如何搖晃——世界的球形力量，
> 大地，和廣闊的海洋，以及深邃的蒼穹，
> 所有人，看哪，狂喜於將臨的時刻！

在整部《一的法則》中，從頭至尾都在討論這個即將發生的事件。顯而易見，這些高度進化的地外存在，傳遞這些訊息給我們的主要原因，就是要盡可能幫更多的人在這個無比重大的事件中成功「畢業」。曾經造訪人類祖先，為他們帶來文明，還將這個預言隱含到神話之中的遠古諸神，實際上全都是一個正面的星際聯盟的成員，《一的法則》稱之為「為無限造物者服務的星際聯邦」（The Confederation of Planets in Service of the One Infinite Creator）。因此，被隱含在庫麥西比拉文本且被美國國璽引用的這個預言，很可能是源自星際聯邦傳遞給我們的一種積極訊息。

有趣的是，儘管這些文本準確地預言了許多事件，但是羅馬人始終無法利用這些預言訊息為自己帶來好處。在我看來，星際聯邦很可能在這些文本中安插了很多「雜訊」，以此來分散羅馬人的注意力，特意讓這個預言最後能傳到現代的我們手中。《一的法則》的資訊源頭在透過卡拉·魯科特傳訊的第一段話，就聲明這個星際聯邦的核心宗旨：

> 服務無限造物主的星際聯邦只有唯一的一個重要聲明。那個聲明，我的朋友，如你們

所知，是所有事物、所有生命、所有造化都是太一本源思想的一部分。❽

在《一的法則》第六場討論中，資訊源頭提到了這個星際聯邦的會員數目：

我是「為無限造物者服務的星際聯邦」的一個成員。在這個聯邦之中，目前有大約五十三個文明社團，大致包含五百個星球意識複合體。這個聯邦也包含來自你們自己行星的人，他們已經超越了你們現在的第三密度。同時也包含了你們太陽系內的行星實體，以及來自其他星系的行星實體。從成員彼此不同來看，這是一個真正的聯邦，因為要按照《一的法則》去服務而結盟在一起。❾

我花了很多年時間，才明白資訊源頭所說的「其他星系」到底是指什麼。請注意，它並非指銀河系之外的東西。這是一九九六年我在首次讀完這份傳訊資料後，最讓我感到不解的其中一點。我們很快就會討論到這一點。然而，更重要的是，出於多種原因，《一的法則》的資訊源頭雖然沒有指出確切時間，但是他特別說到：大約在一九八一年一月的三十年後，將會有一場量子躍遷式的轉變事件，而此一事件將會改變我們目前所認知的基本物理法則：

發問者：以主要週期的進程而言，目前地球在哪個位置？

回答：……這個星球此時處於第四密度的振動。由於社會記憶複合體嵌入它的意識中，因此它的物質相當混亂。它要過渡到向它招手的振動，過程並不容易。因此要取得成功，多少會有些許不便。

發問者：這些不便是不是幾年之後就會發生？

回答：……這些不便，或者稱為不和諧的振動複合體，已經在幾年前就開始了。它會繼續有增無減，按你們的紀年法，會持續約三，呃，三十年。

發問者：在這三十年之後，我假設地球將會是一顆第四維度或第四密度的星球。這說法正確嗎？

回答：……確實如此。

發問者：以目前人口為基準，是否能夠估計未來有多大比例的人將會居住在第四密度的地球？

回答：收割還沒發生，因此估計是沒有意義的。❿

《一的法則》沒有對此做出更具體的闡釋，從來沒提到馬雅曆法，也沒提到二〇一二年。在一九八一年，幾乎也沒人——包括傳訊記錄這份資料的「光與愛研究中心」的成員——意識到馬雅曆法關於二〇一二年的預言。這種關於一場維度轉變的說法，跟庫麥西比拉的預言完全相符。這也解釋了葛瑞姆·漢卡克在一九九五年告訴大家的發現：一個關於黃金時代的預言，被隱含到三十多個古老文明的神話之中。知道這個訊息後，難道我們就只是坐等著「魔法顯現」嗎？我絕對不會這麼做。《一的法則》為我們提供了足以進行一次全方位科學調查的線索。我早期發現的其中一條引人注目的線索是，在馬雅曆法中有一個大約五一二五年的週期，幾乎等於二五九二〇年分點歲差週期的五分之一。

在寫作《源場》期間，我發現馬雅曆法中的每一個次週期——二六〇天、三六〇＋五天、七二〇〇天（一九．七年）及一四四〇〇〇天（三九七．四年）——都與我們太陽系中的行星軌道週期直接對應。二六〇天的卓爾金曆，是美索不達米亞地區這些古老週期中最常見的曆法。澳大利亞的大學教授羅伯特・沛登（Robert Peden）發現，二六〇天是一個終極週期，能用一個公分母連接起所有四顆內行星的軌道週期[11]。而二六〇天又可以分為一個二十天週期及一個十三天週期，透過同時追蹤二十天週期和十三天週期，馬雅人建立了一整套占卜系統。對於他們來說，這些週期中的每一天都有獨特含意，這和占星學的說法類似。

整個二六〇天週期中，在這兩個次週期發生交叉的時刻，我們所接收到的行星能量影響會出現變化。傳統的天文學家可能不會相信，像這樣的一個週期可能存在。通常來說，天文學家認為行星的軌道週期不會像一個巨大宇宙時鐘的發條那樣精準地彼此關聯。那些複雜的行星軌道週期，怎麼可能只有一個如此簡單的公分母？沛登在一九八一年發現了這個現象，但直到二〇〇四年五月二十四日才將這些資訊發布到網路上供大家自由查閱。[12]

最後我得出結論，我們的太陽系中沒有什麼是隨機偶然的。我們現在看到的一切，都是一個幾乎精確到秒的高度複雜系統所產生的結果，而我們目前僅僅開始瞭解這一切。如果馬雅曆法一直在追蹤這些與行星軌道相對應的週期，那麼馬雅人一開始是怎麼知道有這些時間週期的？為什麼在一個二五九二〇年的分點歲差中，幾乎恰好有五個馬雅曆法週期？直到去年夏天，我還在尋找某種可能驅動這些行星軌道及其互聯性的能量架構。可以說，我們的太陽並非盲目地在太空中穿行，而是一直在遵循著某種不可見的能量矩陣，而這種能量矩陣實際上一直在驅動這些週期，包括二五九二〇年的分點歲差。

地球在繞行一顆幾乎不可見的棕矮星

去年，就在啟程去紐西蘭和澳洲之前，我意識到我們的太陽很可能在繞行著一顆棕矮星——正如有些學者所說的。這顆棕矮星所釋出的自然力量創造出了一些能量結構，而這些能量結構一直在驅動這些行星軌道，使其保持同步。

我們可以把我們的太陽繞行另一顆恆星的巨大軌道，看成是一個時鐘的主發條和中軸。假設我們的太陽確實在繞行另一顆恆星，而這顆恆星的亮度不夠，無法讓我們輕易看見它。那麼我們可以透過電腦程式，將這個軌道校正為一個完美的圓，呈現其「理想化」形態。事實上，如果不是太空中的氣體、星塵的影響，以及繞行銀河中心時受到推壓，太陽繞行這顆伴星的軌道可能就是一個完美的圓。如果我們將這個軌道調正為一個圓，那麼馬雅曆法的週期長度就剛好在其中形成一個完美的五邊形。這個幾何結構可能就是馬雅曆法會如此運作的隱祕原因。我們可以說，這就是我們在多年研究後才得到的一塊失落的重要拼圖。在自然科學中，我們已經看到，幾何結構出現在各種不同的存在層面。我們在原子核的結構中找得到幾何結構，也在由大量原子組成、被稱為「微簇」（microclusters）的原子團中找到這些結構，在被稱為「全球網格」（the global grid）②的能量網中也看到其蹤跡。此外，這些幾何結構還出現在行星軌道的精確位置關係中。我先前簡直是錯過壓軸大戲，並未發覺我們的太陽在太空中穿行時所經歷的東西。當解開這個謎團時，我無比興奮，對我來

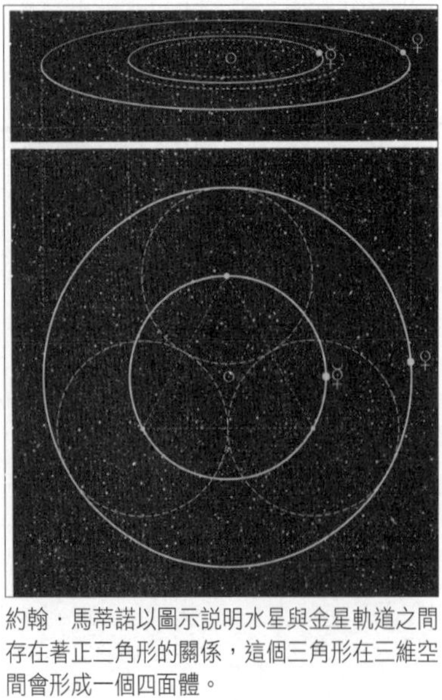

約翰．馬蒂諾以圖示說明水星與金星軌道之間存在著正三角形的關係，這個三角形在三維空間會形成一個四面體。

說，一切突然變得可以解釋了。

儘管這不是一個流行的科學概念，但是我們已經可以證明，我們的太陽一直在生成幾何能量波，而這種能量波一直在構建並驅動著在我們太陽系中的行星軌道。近來，約翰・馬蒂諾（John Martineau）在其著作《太陽系的華爾滋》（*A Little Book of Coincidence in the Solar System*）中證明行星軌道之間的幾何關係。而我也在《源場》中對此有詳盡的闡釋。馬蒂諾運用現代電腦技術把太陽繞行伴星的軌道調正為完美的圓形，然後比較它們之間的關係。重要的是，如果你將其擴展成三維形態，一個完美的圓形也是一個完美球體的赤道。

五大完美立體——柏拉圖多面體

柏拉圖多面體（Platonic Solids）就是我們常見的一些幾何體——四面體、六面體、八面體、十二面體及二十面體，出現在原子核、微簇、全球網格及行星的軌道關係之中。

為什麼這些結構會如此頻繁地出現在自然界中？我花了多年時間尋找答案。其中一條線索是，這些形狀具有高度對稱性，超過其他任何我們能夠生成的三維幾何結構。當你振動流體時，最基本的諧波模型就是這些柏拉圖立體結構。這是由瑞士科學家漢斯・傑尼

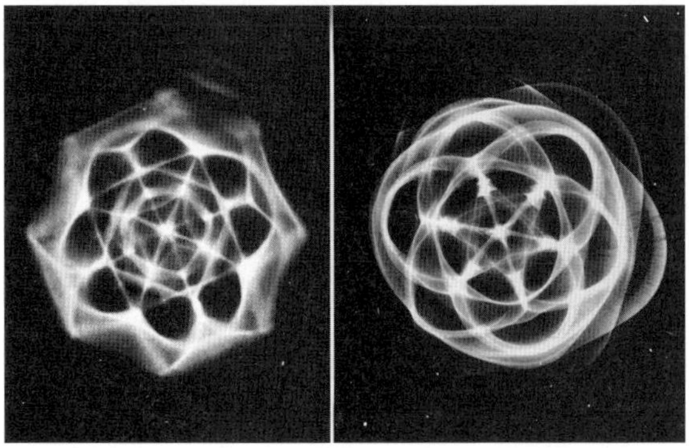

漢斯・傑尼博士發現，漂浮在液體中的粒子會隨著振動頻率，自然排列成不同的立體圖案。當頻率改變時，細砂堆出的複雜幾何形狀也會跟著改變。

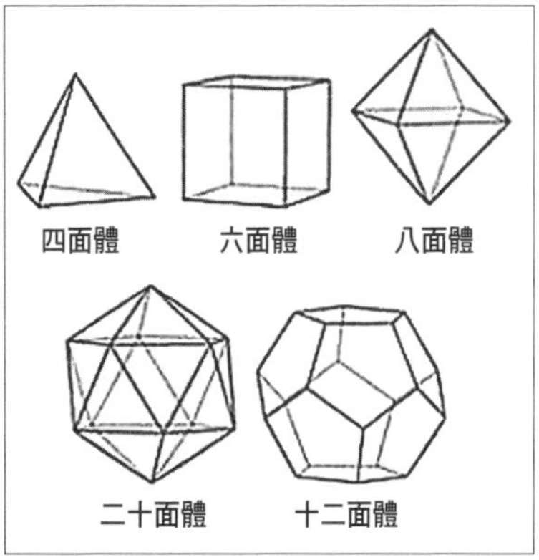

柏拉圖多面體：這些形狀會自然出現在振動的流體中。

（Hans Jenny）博士所發現的，他在振動泥漿水時看到了這些相似的形狀⓭。水中渾濁的泥漿是由許許多多細小的砂粒形成，通常這些微小的砂粒會散布各處，使水變得混濁。然而，當傑尼博士用純粹的聲音頻率振動水時，砂粒全都神奇地形成了非常精確的幾何形狀，而在幾何形狀空隙的水則變得很清澈。

只要傑尼博士不斷將相同的振動頻率傳送到水中，這些形狀就會一直非常穩定地保持著。但是，一改變振動頻率，就會出現不同形狀。比如說，當你調到特定的聲波頻率時，上頁圖左邊的幾何體圖案就會變成右邊的幾何體圖案。在右邊的幾何體形狀中，可以看到兩個類似金字塔的四面體，形成一個六點的大衛之星圖案。

量子力學的大祕密

這個大祕密是：暗物質、暗能量和量子泡沫等，現在被多數科學家認為是創造物質的能量，都具有類似流體的特性。我把這種能量稱為「源場」，也充分證明它是有思想的。我們可以說，源場就是宇宙心智的能量顯化。這「宇宙流體」的振動創造了幾何模式。宇宙流體的任何振動（基本狀態的任何變化），就是我們稱之為「思想」的東西。還記得《一的法則》的資訊源頭，在第一場討論說星際聯邦的「唯一一個重要的聲明」是什麼嗎？

服務無限造物主的星際聯邦只有唯一的一個重要聲明。那個聲明，我的朋友，如你們所知，是所有事物、所有生命及所有造化都是太一本源思想的一部分。⓮

在量子層次，宇宙心智（即源場）的這些幾何振動變成了原子和分子。一九八七年，羅伯特・穆恩（Robert Moon）博士在原子核中發現了這種幾何圖形，他是曼哈頓工程一個負責開發原子彈的小組成員⑮。穆恩博士進一步發展這個模型，並借此解決了量子物理學上的很多難題⑯。在穆恩博士的模型中，原子中不存在著粒子。原子核中的每個質子只是幾何圖形的一個頂點，以有八個質子的氧原子來說，其原子核是有八個頂點的正六面體。

在穆恩的這個新物理模型中，原子核也有「殼層」。一旦你建成一個幾何結構，而同時仍有更多能量不斷流入，那麼另一個幾何結構就會開始在第一個幾何結構的周圍形成。這個新模型，也解釋了原子如何能同時表現為「波」和「粒子」：它們是由一種不停振動的類流體能量構成，所以能夠同時表現為兩種形態。如果你像探測波一樣地來探測這種能量，你會看到波；如果你尋找的是粒子，你就會看到這些幾何體的一個頂點，並發現一個質子。歸根結柢，這意味著我們在宇宙中看到的一切都是一種能量振動，沒有東西是真正以固體形式存在著。一旦我們瞭解到，可以用思想在我稱之為「源場」的類流體能量中創造你自己的幾何振動，你就可利用這一點來把某些事物「吸引」到你身上，就像「吸引力法則」所說的。如果靈性進化到一定的層次，光靠意念就能讓物體懸浮，甚至能夠憑空顯化物體。耶穌等偉大導師能夠做到這些，是因為他們理解了這個大祕密：他們本身就是源場。意念即為實物，或者如《駭客任務》電影中先知的年輕學生對男主角尼奧所說的：

先知的學生：不要試圖彎曲湯匙。那是不可能的。相反的，只需試著去認識真相。

尼奧：什麼真相？

學生：實際上並沒有湯匙。

尼奧：沒有湯匙？

學生：然後你會明白彎曲的並不是湯匙，而是你自己。

太陽中的內部振動產生了軌道外殼

拿我們的太陽系來說，和表面一樣，太陽的內部也存在著各種各樣的能量振動，這被稱為「日震學」（Solar Seismology）。加拿大聖瑪麗大學天文及物理學研究院的教授大衛・古恩瑟（David Guenther）博士，繪製出太陽表面以規則週期不斷升降浮沉的模型[17]。萊頓（Leighton）、諾伊斯（Noyes）和西蒙（Simon）在一九六二年得到的原始觀測資料導致了此一發現，他們將這種獨特的研究成果寫成〈太陽大氣中的速度場〉（Velocity Fields in the Solar Atmosphere）一文，發表於《天文物理期刊》（*Astrophysical Journal*）[18]。他們發現，太陽表面似乎一直在以長約五分鐘的週期不斷上升下降。每五分鐘內，太陽表面的升降幅度只有幾公尺。不過，這就足以在遍布我們整個太陽系的類流體源場中製造出波動。

太陽內部的這些能量振動會製造出一種能量漣漪，這種能量漣漪會穿過我們太陽系的類流體能量。接著，波動會抵達我們太陽系的外引力邊界並反彈回來，再次反射回太陽。一路上，這些漣漪會相互碰撞並形成干涉模式，進而產生一種不可見的幾何力場，而正是這種力場使得所有行星都各安其位。事實上，這種幾何力場就是重力（引力）。它不僅把行星拉向太陽，同時也在將其推離太陽，這很像是一種持續不斷的、內外雙向的推拉舞。一九九六年，我在《一的法則》讀到的一些訊息點醒了我，讓我知道太陽系必定存在著此一現象。在下面這段引文裡，資訊源頭說到這種節律運動是宇宙第一顆恆星（即「中央太陽」）內部一直在進行的活動：

> 那個智能無限有種律動或流動，好比一顆不斷跳動的巨大心臟，這種律動先從中央太陽開始出現。這流動的存在無可避免地形成存有的浪潮，沒有極性，也沒有限度；那廣袤和寂靜全都不斷向外跳動，向外和向內聚集，直到焦點完成。焦點的智慧或意識已經達

到一種狀態，在這種狀態下，我們會說，它們的精神本質或品質召喚它們向內、向內、向內，直到一切結合。這就是你所說的，實相的律動……智慧無限的基本律動完全沒有任何扭曲失真。這律動被籠罩在神祕之中，因為它們就是那個智慧無限本身。⑲

重力就是祕密所在

從根本來看，重力是由這種類流體能量流入行星所造成的。重力就是源場。這種持續不斷的新能量流是使行星一直得以存在的東西。正如我在《源場》一書所論證的，這種能量流會給每個原子提供新的能量。我的朋友及同事納西姆．哈拉美茵（Nassim Haramein）博士證明，原子核周圍的物理現象其實和黑洞周圍的物理現象非常一致⑳。《一的法則》也贊同工程師杜威．拉森（Dewey Larson）的研究，他在一九五〇年代提出一個理論：在我們這個現實世界之外，還存在著一個平行世界，而其中的時間具有三維結構㉑。拉森用了大量可以驗證的證據來支持他的理論。在這面這段《一的法則》引文中，資訊源頭高度贊同拉森的研究工作。不過，資訊源頭還說到，為了解決所有謎團，需要建立一個將重力和振動包含在內的完整理論：

發問者：我要問一個附帶問題：杜威．拉森的物理理論正確嗎？

回答：……聲音振動複合體，就其所能達到的程度而言，杜威的物理理論是個正確的系統。有些東西沒有被包含在這個系統中，然而，那些追隨這個特別實體的研究工作，並使用振動的基本概念及關於振動失真的研究成果的人，將會開始理解你們稱之為重力和n維的東西。這些東西需要被囊括到一個更具普遍性的物理理論中。㉒

我在一九九六年讀到這些內容，花了好幾年時間尋找科學證據，以便證明宇宙是由這種類似流體、一直振動、活生生且有意識的能量所構成。從微觀的量子層次至宏觀的星系層次，這些振動形成了我們剛剛探討過的幾何結構。在《一的法則》提出的科學模型中，這都是非常重要的概念。

二五九二〇年的大年週期

《一的法則》廣泛討論了資訊源頭所稱的「二萬五千年週期」。資訊源頭說，這是一種掌管我們銀河系所有行星第三密度生命進化過程的基本模式。

發問者：以我們的紀年法來算，目前一個這樣的週期長度是多少？

回答：一個主要週期大約是你們的兩萬五千年。有三個這種性質的週期，在這段期間，那些已經取得進展的生命在三個主要週期的盡頭可能會被收割。那大約是在你們的七萬五千到七萬六千年之間。所有生命都會被收割，不管他們的進展如何，因為在那段時間內，地球本身已經透過維度的有用部分移動，並開始停止為那個（第三）密度較低層次的振動提供服務。[23]

根據《一的法則》理論模型，僅僅在我們的銀河系內，就有數百萬顆行星上住著跟人類相似的智慧生命。那些生活在更高密度的存在，一直在精心地照看及引導每個智慧生命。在這些星球上的人不會永遠保持在第三密度、血肉之軀的生命形態。這個宇宙被設計來驅動我們按照長約二萬五千年的固定週期，進化到虹光身狀態。根據《一的法則》所說，當這些週期中有一個走到盡頭時，這個過程就被稱為「收割」——正如我們前面提過的。我們星系中的每顆第三密度的行星，必須經過三個二萬五千年的週期才能完全移出第三密度，完成轉變後進入第四密度。

在西方占星學中，大概在二〇一二年底前後，地球就已從雙魚座時代步入寶瓶座時代了。浪漫的想法是，可能有些重要且壯觀的事會在那一天發生，但事實是，我們沒見到發生什麼了不起的大事——至少到目前為止。那麼，這是否意味著我們應該將這一切都拋諸腦後，認為這些都是鬼扯淡，然後重新回到對新世界秩序、戒嚴令和拘留營／集中營的恐懼生活中？難道我們就能因此得出結論，說外星人並不存在，所有這些「關於二〇一二的東西」一點都沒有用，加上未來的不確定性，地球上的生命只會一直維持這種普通平凡的存在狀態？不，我不認為事情會這麼簡單。

多數科學家都認為，這個二五九二〇年的分點歲差週期是由地軸擺動造成的。我先前也被這種觀念蒙蔽了，花了很多年試著根據這種觀念去理解它的運作原理，並努力在《一的法則》模型中找到解釋。

為什麼地球會以這樣的方式擺動？地軸這種表面化的運動，何以能夠造成《一的法則》所說的那麼重大的轉變？事實上，我們的地球是不是一直在按照某種幾何模式在太空中穿行，而這種幾何模式正是牽引地軸擺動的力量呢？那又是什麼幾何結構，能夠造成地球如此緩慢擺動？《一的法則》說，我們星系中的每一顆第三密度行星都會做這種運動，原因何在？更重要的是，我們如何把這個二五九二〇年的擺動週期，跟《一的法則》所說的人類進化結合起來？

「分點歲差」週期為25,920年，被認為是地球自轉軸擺動一圈的時間。

在寫作《源場》時，我還沒有解開謎底，但我已經看到答案似乎近在眼前了。

去年就在我準備啟程去紐西蘭和澳洲旅行的數天前，我突然靈光一閃，意識到答案其實非常簡單，那就是我們生活在一個由兩個太陽形成的雙星系統中。我們一直在繞行一顆伴星，而週期就是二五九二〇年。我們太陽的伴星並沒有發出足夠的可見光，因此我們不容易觀察到，像這樣的恆星被稱為「棕矮星」。蘇美人稱這顆伴星是「尼比魯」，如西琴（Zecharia Sitchin）博士在其研究著作《第十二行星》（*Twelfth Planet*）所論述的㉔。各種祕密社團（包括共濟會）的高層都知道這顆伴星的存在，並稱之為「黑太陽」（Black Sun）。

你能找到的幾乎每一張共濟會的圖都有三個天體——太陽、月亮和黑太陽。

有時黑太陽也被描繪成「荷魯斯之眼」（Eye of Horus）③，眼睛周圍也可能畫有一個三角形。有很多研究者支持西琴博士的結論，相信尼比魯星可能會在二〇〇三至二〇一二年間接近太陽系，掠過地球，並引發極移④。然而，我從不相信這會發生，因為我們剛剛查驗過的強大幾何力場會排斥任何像這樣的大型「流氓」天體。至於小行星碰撞是另外一回事，對於像行星或恆星那樣大體積的天體，彼此的重力就會自然地相互排斥。

不同於學校裡所教授的，重力是一種推拉式的力。這種形式的力可以解釋為何行星不會耗盡角動量並撞向太陽。仔細想想，太陽比行星的質量更大，重力吸引力當然更強。難道行星最終不會「耗盡燃料」，失去速度並撞向太陽嗎？為什麼它們一直沿著正確的軌道運行？正如馬蒂諾所闡述的，它們被一些幾何能量場推到適當的位置並一直各安其位。在太陽繞行這顆伴星的過程中，我們同樣也在各種幾何排列能

這張共濟會的圖上出現了太陽、月亮和一顆伴星。

這是另外一張共濟會的圖，同樣也有太陽、月亮和一顆伴星。

量場中穿行。

二〇一一年，沃爾特．克魯特頓把他的書《神話與時間的失落之星》寄給我，內容主要是在論證雙星系統模型。但是我當時正忙著寫《源場》，一直沒時間去讀。後來我在研究過程中意識到他的觀點是對的，馬上衝向書架拿起他的書開始閱讀。那時，我已經在收拾行李準備出發旅行了。

我很高興看到，數種令人信服的科學證據顯示，地球的二五九二〇年分點歲差是我們太陽繞行一顆伴星所導致的直接結果。

恐怕這也是共濟會成員誓死守護的一個祕密，如此我們也能理解，美國太空總署一直以來可能都在掩蓋與此事有關的證據，不讓大眾知道。一旦你開始分析這些證據，我所說的這些事會變得非常明顯。事實上，看到克魯特頓的論證之後，在二五九二〇年週期一說上，你會發現主流科學家提出用來支持「地球擺動」模型的理由非常可笑。《泰晤士報》官網上有一篇標題為〈太陽是否屬於一個雙星系統？相關的六個理由〉（Is the Sun Part of a Binary Star System? Six Reasons to Consider）的精彩文章㉕，建議有興趣的讀者不妨看看。恆星在夜空中每七十二年會偏移一度的原因，是我們整個太陽系都在以這樣的方式運動，每顆行星都會受到這個週期的影響。這也解釋了為什麼我們在太陽系中看到的幾種關鍵現象，並未受到這個二五九二〇年週期的影響。如果地軸是獨力擺動，那麼像流星雨這樣的天文現象就不會幾個世紀以來每年都在同一天重現，而是早就開始漂移了——但是這從來沒有發生過。

此外，克魯特頓還提出證據給美國太空總署，證明銀河系中多達八〇%的恆星都是雙星系統。恆星在繞行另外的恆星，我們可以透過望遠鏡中看到這個現象。還有很多其他沒有發出可見光的恆星，已經被科學家一一確認。根據《一的法則》的理論模型，所有恆星都是簇擁成星群的，而這些星群至少包含兩顆恆星。同樣的，在《一的法則》模型中，只要某個太陽系的行星居住著第三密度的生命，這個太陽系統就一定會以二五九二〇年的週期繞行一顆伴星。

二〇一二年秋天，我正在加拿大休長假，再次把全套的《一的法則》翻閱了一遍，並找到跟上述看法有關的部分。在《一的法則》中，我們的太陽系被描述成一個「星系」。顯然，我們的太陽系和銀河系都在受相同的法則所支配，只不過規模層次不同而已。單獨一顆恆星可以被視為一個「星系」嗎？不能，除非是一個「恆星系統」。這讓當時參與討論的提問者丹．埃爾金博士感到費解。我們看一下這些引文：

有很多個星際聯邦，而這個聯邦的工作範圍是你們七個星系中的行星天體，並負責這些星系各個密度的呼喚。

發問者：你能否定義一下你剛剛所用的「星系」一詞？

回答：我們使用的這個詞和你們所說的「恆星系統」是一樣的意思。

發問者：我不太懂，你們的星際聯邦總共在服務多少個星球？

回答：……我知道你會困惑，因為我們還沒能完全適應你們的語言。星系一詞需要分開來講，我們所稱的星系，指的是區域性的振動複合體。因此，對於你們的太陽，我們會稱它是星系的中心。我們知道你們對這個

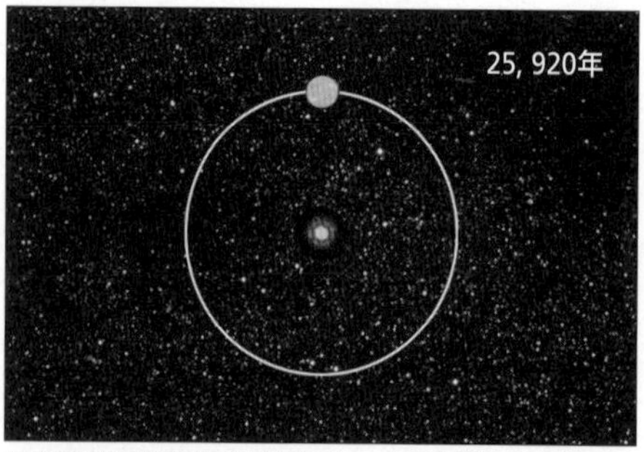

將太陽繞行伴星的軌道調正為一個完美的圓，這個圓也是一個完美球體的赤道。

詞另有含意。㉖

發問者：那麼對於我們系統中的九大行星和太陽，你會稱之為一個太陽星系嗎？

回答：我們不會。㉗

資訊源頭說得很清楚，我們的太陽系是一個「星系」；而一個星系是指一個「恆星系統」，不是單獨一顆恆星。這也解釋了，為什麼資訊源頭在討論中拒絕單獨將「九大行星和我們的太陽」稱為一個星系，而更正說「太陽是一個星系的中心」。為了讓我們能生活在一個恆星系統中，一顆恆星顯然不夠。來自星際聯邦的人，包括資訊源頭（他自稱是Ra）在內，無疑曾將這樣的知識傳授給我們的先人，也出現在共濟會的圖示中。根據《一的法則》所說，這些共濟會圖示是星際聯邦在跟古代人類接觸時所留下來的，他們原本是為了教導地球人如何更加慈愛地對待彼此——好為他們自己的「畢業」做準備。但在那之後，相關知識大部分都被負面勢力據為己有，並列為機密嚴禁外洩。

現在，我得到了一個合理的模型，可以用來解釋太陽伴星的幾何能量場如何驅動馬雅曆法和黃道十二宮時代。首先，我們先學馬蒂諾把太陽繞行伴星的自然軌道調正為一個完美的圓形，再用馬雅曆法五一二五年的大週期把這個圓切分成五個均等部分。當我們連接各點時，就得到了一個五邊形。

這時，我們所看到的似乎是一個正十二面體的能量結構圖，而這種能量結構又是太陽伴星所形成的。正十二面體的每個頂部及其延伸的邊，都形成了一個五邊形結構。

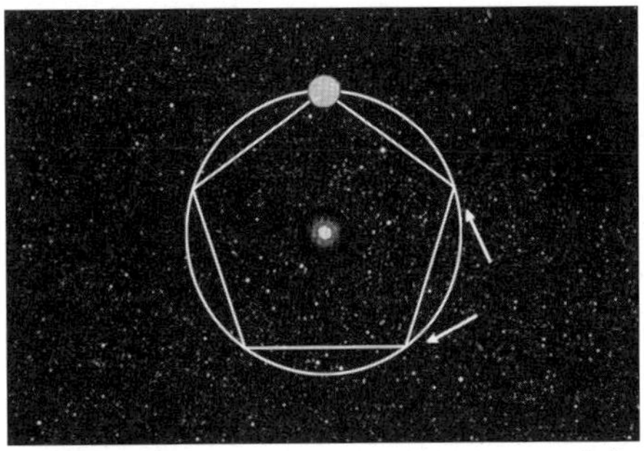
馬雅曆法將我們太陽（可能存在的）的25,920年軌道，劃分為5個相等部分，形成了一個五邊形，或者說一個正十二面體。

這也意味著，馬雅曆法的終結時刻，正是我們跟這個巨大的正十二面體結構形成幾何對齊之時。一些有力的科學證據表明，每當經過這個正十二面體上的一個節點時，我們的太陽便會有一次大型的能量轉變。這樣一來，地球也會獲得巨大的能量，而這種能量激增會直接影響到我們的氣候。冰河學家羅尼．湯普森（Lonnie Thompson）博士發現了一個五千二百年的週期⑤，他從未提過他發現的週期長度與馬雅曆法五一二五年的大週期有多麼接近。俄亥俄州立大學的艾爾．霍蘭德（Earle Holland）教授所寫的這篇文章介紹了湯普森博士的重要發現，標題是「發生在五二〇〇年前的重大氣候變化：證據表明歷史可能重演」：

> 冰河學家羅尼．湯普森覺得他可能已經找到了顯示歷史重演的線索，如果他是對的，這個結果可能對現代社會意義重大。湯普森長途跋涉到全世界的遙遠角落尋找偏僻的冰原，然後帶回所鑽取的冰核。冰核中，包含著全球各地遠古氣候的珍貴資訊……
>
> 湯普森是俄亥俄州立大學教授暨伯德極地研究中心（Byrd Polar Research Center）的研究員。他指著標示資料的眾多檔案（這些資料顯示大約五二〇〇年前氣候突然改變，造成嚴重的影響）說：「有些事情在這個時候發生了，而且影響深遠。但是這些事對當時的人類來說似乎稱不上重大，因為那時地球上只有大約二億五千萬人，而我們現在則有六十四億人。這些證據清楚指出，歷史上的這個期間發生了一些事件，同樣也顯示，當今氣候中也出現了類似的變化……」

湯普森相信，抵達地球的太陽能量如果發生戲劇性的波動，可能就會引發五二〇〇年

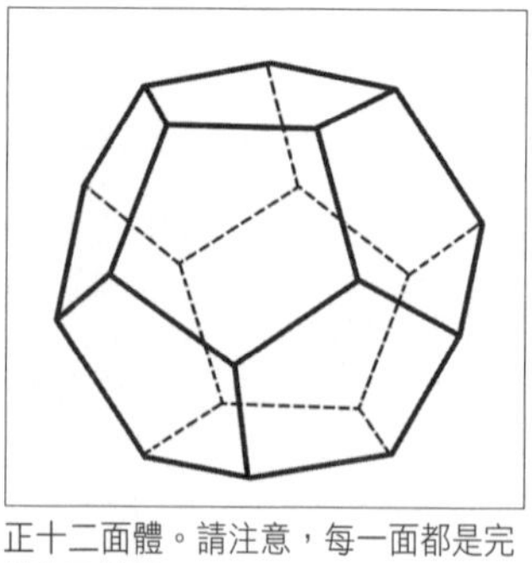

正十二面體。請注意，每一面都是完美的五邊形。

前歷史重演……有證據顯示，在大約五二〇〇年前，太陽能量輸出首次急劇下降，然後又在短期內猛增。湯普森認為，可能就是太陽能量的這種急劇振盪，觸發了他在所有紀錄中所看到的全球氣候變化現象。㉘

馬雅曆法五一二五年的大週期，很可能就是在追蹤太陽經過這個正十二面體結構的過程。每次當我們經過其中一個頂點時，地球上的所有生命都會受到戲劇性的影響。

此外，羅尼．湯普森博士也觀察到，我們在整個二五九二〇年週期結束時將看到的變化，應該比五二〇〇年前要更為強烈。因為，這時代的我們同時也跟其他的幾何能量結構形成一直線關係。

黃道十二宮時代

太陽正在繞行、像大衛之星式的這個幾何結構，可以被規整地劃分為十二等份，而黃道十二宮時代可能也是由此形成的。

下圖是關於這個幾何形狀如何把軌道圓劃分成十二個等分的圖解，其中每一部分的長度都是二一六〇年，並各自形成一個十二宮時代。

這解釋了為什麼遠古諸神會將這個二五九二〇年的週期稱為「大年」，它實際上是太陽環繞伴星運轉的一「年」。十二宮的每個時代都是大年的一個「月」。二〇一二年十一月十一日，我從加拿大回來不到一個月，就在亞

我們在圓（或球體）中畫出兩個三角形（或四面體），就形成一個大衛之星。這可以當作「黃道十二宮時代」的初步模型。

接著，再將圓（或球體）劃分為12等份。

利桑那州鳳凰城舉辦了《收斂》紀錄片的研討會，我在會中就製作了這個發現的圖解。在查看共濟會的舊圖檔時，同一個圖案直接跳到我面前。在本頁圖中，我們看到有一條S形的蛇被一枝箭射穿，旁邊有七顆星環繞。這似乎代表我們的伴星。再仔細看，你會發現太陽和月亮被放置在大衛之星幾何圖形的兩旁。

二五九二〇年週期終結可能造成強烈影響，其部分原因是我們將會同時與至少兩個不同的幾何結構形成對齊關係。正如你所看到的，這是在整個二五九二〇年週期中唯一（至少）有兩個幾何結構直接重疊的時刻。這會創造出一個能量非常強的區域，強度遠超過我們在其他週期所經過的區域。就如我們所知，這種能量是有智慧的，一直在創造我們所知道的生命體和DNA，因此一旦能量強化後，自然對我們人類會產生強大的影響。一意識到伴星存在的事實後，我終於理解了《一的法則》讓我多年一直參不透的地方：

發問者：能否這樣說，是不是有一個時鐘般的面，和整個主星系相聯繫。當它轉動時，會帶著所有這些恆星和行星系統從一個密度轉變到另一個密度？這是否就是它的運作方式？

回答：我是Ra。你很有洞察力，你可以把它看作是「邏各斯」（即星系心智）為了這個目的而設計的一個三維鐘面或無窮螺旋。㉙

發問者：就我對星球人類進化過程的理解，人類有一段特定的演進時間，並通常被劃分為三個二五〇〇〇年的週期。到了七五〇〇〇年的終點，地球本身就能進化到下一階段。究竟是什麼造成

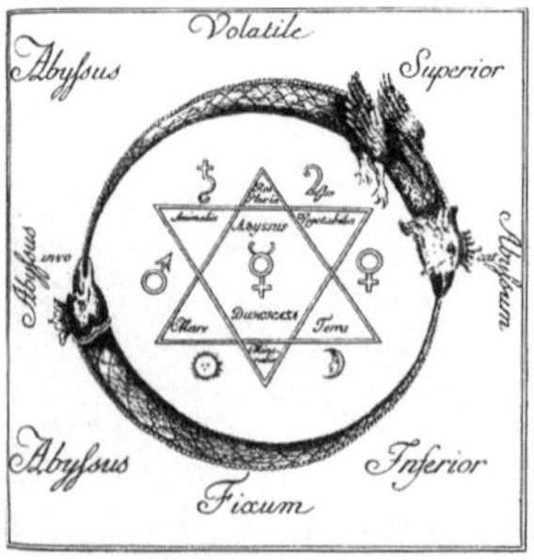

儘管原始含意不可考，但在這張共濟會的圖中也可看到太陽、月亮和大衛之星的結構模式。

在這張代表共濟會或密教泰勒瑪（Thelemic）的圖片中，可以清楚看到太陽、月亮及大衛之星，構圖暗喻伴星的存在。

了這種情況……精確到年，比如二五〇〇〇年，這一開始是誰或「什麼」設定的？

回答：……你可以試著觀想向外流動和向內凝結的特別能量，形成造物的小小領域，由你們的土星議會（Council of Saturn，即你們的太陽系）所管理。繼續觀看這個過程的律動，這活生生的流動創造出如同你們鐘錶那樣必然的節奏。當能量連結能夠在那種環境下支持這樣的心身體驗時，你們每一個行星實體便開始了第一個週期。因此可以這樣說，你們每一個行星實體都在一個不同的週期日程上。這股智慧能量就像一個時鐘，而週期運行的精確度就如同你們時鐘的報時。因此不管情況如何，從智慧能量到智慧無限的大門都會準時開啟。㉚

根據《一的法則》的說法，當我們通過這個轉變點時，便穿過了「通向智慧無限的大門」。在那一刻，不管從物質層面來講是如何短暫，我們都會回到那個在物質出現之前就創造出宇宙太一心智的原始本質之中。

發問者：（五萬年前地球上）沒有發生收割嗎？二萬五千年前呢？那時有沒有呢？

回答：……用你們度量時間／空間的方式，在第二個週期後半有一場收割開始發生，有些個體找到了通往智慧無限的大門。㉛

在這裡，資訊源頭說「在第二個週期後半有一場收割開始發生」，這清楚暗示了，有些事情不是在一夕之間發生的。它還說「有些個體找到了通往智能無限的大門」，也意味著不是每個人都能同時找到大門。現在我們已經過了二〇一二年十二月二十一日，如果你曾下過功夫，終將會得到成果，而顯然，成果會和十六萬個發生在西藏和中國的「虹光身」個案一樣。

轉變是個漸進的過程

《一的法則》非常複雜，要完全理解可能需要花多年時間研讀。在即將寫完這本書的二〇一三年三月，我才發現到以前一直沒有留意的一段內容，這段內容對預計將會發生的情況和時間進行了重要的闡釋，為我們帶來了新的理解，暗示了我們將會經歷一次顯著的漸進式轉變過程，而非我最初設想的近乎突變的方式：

發問者：我先做個陳述，再請你更正。當我們的星球隨著整個主銀河以及太陽系螺旋動作一同旋轉時，會進入一個新位置，第四密度振動會變得越來越顯著。這些原子核心振動開始創造越來越完整的綠色核心振動，也就是越來越完整的第四密度星球及第四密度的身體複合體。這樣說正確嗎？

回答：……部分正確。要更正的部分是創造綠色光芒密度複合體的概念，這個創造將是漸進式的，並且從你們第三密度形態的肉體載具開始，透過兩性生殖方式，一如演化過程，產生第四密度身體複合體。[32]

還有一段內容清楚指出，我們將會在適當時間自然死去，接著轉世到第四密度。然而，真正的神奇之處在於以下的事實：如果你能夠擁有「雙重身體」（double body），即使肉身還停留在物質身體，卻能擁有第四密度非凡的能力。

發問者：從其他星球來到這裡，準備體驗第四密度的可收割實體，他們的數目究竟有多少？

回答……就目前來說，數目尚未超過三萬五千個。

發問者：現在這些實體降生在第三密度的振動體內（即存在於第三密度的身體中），他還是會老去、在第三密度的身體死去，然後再重生於第四密度的身體，以完成這個過渡時期？

回答……你可以稱呼這些降生的實體擁有雙重身體。值得注意的是分娩這些第四密度實體的（母親）實體，在懷孕過程中必定會經驗到一種巨大的連結感，以及靈性能量的使用，這是顯化雙重身體的必要條件。當這股內流（能量）逐漸增強，這個過渡期身體既可以辨識並相容於第四密度振動，又不會導致第三密度身體的瓦解。倘若一個第三密度實體在電性上覺知到第四密度，但由於不相容之故，第三密度的電力場將會失效。回應你關於死亡的詢問，這些實體將會依照第三密度的不可避免性而死去。㉝

量子大躍遷，擁有雙重身體的可能性

下面的內容首次提到了一種預計將會出現的量子躍遷，這將會創造出一次足以讓我們從第三密度進入到第四密度的轉變過程，而在這之後，可能有數量更多的地球人開始擁有啟動「雙重身體」的能力。

發問者：我假設這個振動提升（到第四密度），大約在（一九八一年一月的）二十到三十年前開始的，是否正確？

回答：……這一波先驅者大約在四十五年前（一九三六年）來到地球。我們可以這樣說，在振動物質透過量子躍遷完成最後進展之前的四十年期間，能量將會持續增加，讓振動更強烈。㉞

發問者：我們舉第二密度過渡到第三密度為例，當過渡發生時，形成光子（該密度所有粒子的核心）的振動頻率，是否會從橙色或第二密度的對應頻率上升到黃色？我要問的是：形成密度的所有振動、光子的基本振動，是否在相當短的時間內以量子方式增加？

回答：……這是正確的。㉟

根據《一的法則》所說，從我們存在的本質層面來講，「第四密度」的存在狀態跟我們當前的存在狀態，兩者之間有關鍵的量子差異。在《一的法則》第十六場討論中提到了這一點：

發問者：你能否簡短地描述第四密度的狀態？

回答：……沒有言語可以形容第四密度，我們只能解釋它不是什麼，然後以接近的言語來描述它是什麼。在第四密度之外，我們的能力會受到局限，我們無法心傳，只能靠言語進行溝通。第四密度不需要言語，除非是出自你的選擇；不需要沉重的化學載具，用以進行活動。它在自我之內無不和諧，在人群之中無不和諧。不管以任何方式，都不可能造成不和諧。㊱

「不需要言語，除非是出自你的選擇」，意味著在第四密度，我們將會獲得心靈感應的能力，這種能力非常強大，傳遞訊息十分迅捷，使得用嘴說話顯得緩慢而過時。「沒有沉重的化學載具，用以進行活動」，意味著在第四密度，我們會實現虹光身狀態，擺脫肉身牽絆。一旦我們完全轉世進入第四密度，將不再擁有血肉之軀。「不管以任何方式都不可能造成不和諧」，這到底有什麼含意？這句話是說，在第四密度，你或其他人都不可能創造出憤怒、壓力、壓迫、沮喪、失望或恥辱等負面情緒，也沒有人能做出說謊、欺騙、偷盜、無禮、煩擾、欺淩、騷擾和玷辱等行為。因為每個人在任何時刻，都能知道你的所思所想。

《一的法則》的第二十場討論告訴我們，生活在第四密度比在第三密度愉快得多。資訊源頭確切告訴我們，第四密度比我們當前狀態「和諧一百倍以上」：

第三密度心／身／靈複合體，透過排除失真及學習／教導等催化活動課程，可能獲得的強度有一百倍的效果。37

「催化活動」指的是那些促使我們獲得靈性成長的事件。用《一的法則》的話來說，催化活動經常顯化為我們生活中那些異常艱難的經歷；而大部分靈修者會將這個過程稱為「燃燒業債」。這意味著在第四密度中生活，要比第三密度的生活還要快樂、輕鬆、愉悅充實，且強度在百倍以上。

我們仍然處在這場「量子跳躍」可能發生的時間之中，不過現在還沒有具體的日期可讓我們追蹤。我們得知的最近一個時間，就是前面內容提到的——大約在一九八一年的三十年後。然而，《一的法則》的資訊源頭並沒有指明是「三十二年或三十五年」，而是說「三十年後」。雖然從一九八一年到現在，這種密度轉變還沒有發生，但在某種程度上，我很欣慰我們已經跨過了一個被廣泛傳播的時間點⑥，現在已沒有一個絕對的日期可以讓我們爭論了。但我個人確實相信，這種轉變最後一定會發生，而在發生之前，一些已被設定的重大且美妙的事件將會出現。

《一的法則》資訊源頭曾經提到，要精確劃定一些事件的發生時間是很困難的事。有些因素會影響事件的結果，而且這些因素在某種程度上會受自由意志的隨機行為所掌控。下面是部分相關內容：

我們經驗的空間／時間過程，跟你們第三密度所經驗的時間／空間方式相當不一樣。㊳

我們還不能完全處理你們的空間／時間連續體的衡量系統。㊴

你必須理解，預言的價值只是在表達可能性。以我們謙卑的意見，任何時間／空間的眺望，不管是來自你們的時間／空間或我們從外部的一個次元觀看，在表達時間測量值上都會相當困難。因此對特定預言來說，其預測的內容，會比預測發生的空間／時間鏈結更為有趣。㊵

發問者：收割將會發生在二〇一一年，或是會漸進式地持續一段時間？

回答：……這是個大約數值，我們曾經聲明我們無法正確掌握你們的時間／空間。這個數字是個收割的可能時間／空間鏈結點。此刻並未具有肉身的那些存在，也將被涵蓋在這次的收割裡。㊶

等待收割時刻

《一的法則》明確指出，這個非同尋常的密度轉變被稱為「收割」。直到最近，我才發現

《馬太福音》中也直接提到了這種說法。從靈性角度來看，生活在地球上的人類，就像是等待被種植的田地，而耶穌和其他偉大導師傳授給我們的靈性教導就是種子。

那些來自正面之路的靈性教導，總是告訴我們要更慈愛，要接納他人、寬恕他人，並意識到我們所有人都是合一的整體。謙遜、耐心、仁慈、樂善好施、做一個好的傾聽者、信任和支持他人的天生善性（無論他是什麼樣的人），這都是這些教導所提倡的重要品行。在現代社會，似乎很少人意識到，如果我們不斷地踐行上述教導，就更有可能走上揚升之路，真正轉變到人類進化的下一個階段。

然而，我們同樣也有要面對的「魔王」，他們會種植雜草來干擾麥子生長。因此，自然也會有另外的一些負面教導，宣揚追求金錢、權力、名聲和威望，製造、培育及鼓勵自我迷戀、追權逐利、粗魯無禮、控制他人和自我擴張等等行為。在我們的內心深處都知道，世界上存在著一些極其腐敗邪惡的勢力，我們還被告知：這些勢力是不可能被摧毀的，我們最好明哲保身、視而不見。

在《一的法則》中，把收割與「基督復臨」的說法連結在一起：

發問者：在我們的文化中有種盛行的說法是耶穌將會再臨，你能否告訴我這件事已經計畫好了嗎？

回答：……這個實體覺察到他不僅屬於自己，而是做為太一造物者的使者，這個實體將造物者視為愛，他覺察這個週期處於最後的尾聲，因此對那些可能在收割時節回家的意識說話。這個特別的心／身／靈複合體，你們稱之為「耶穌」的實體不會回來，不過他會以星際聯邦一員的身分偶爾透過某個管道說話。然而，其他具有一致性意識的存有，將迎接那些來到第四密度的實體們。這就是再臨的意義。42

這清楚暗示了，在我們以目前的肉身形態進入「雙重身體」狀態的過程中，確實牽涉到關於地外文明的大揭露，那時我們將會完全清楚，我們在宇宙中並不孤獨。儘管陰謀集團一直向大眾灌輸地外生命的危險，但一旦我們意識到這些存在其實一直在幫我們推展靈性進化，這個巨大的認知轉變可能就會觸發一場更加壯觀的覺醒。歷史將會發生巨大的改變，在真正到達那一時刻之前，我們幾乎不可能預測這種變化會是什麼樣子。

在這種轉變過程中，我們的最終目的似乎就是重生於一種全新的存在層次。有些高度進化的靈魂無需經歷肉身死亡與轉世，就能自發地轉變進入這種狀態。我經常用「揚升」一詞來描述這個過程，但是不帶有任何宗教意味。除了先前提到的西藏和中國，關於「虹光身」的現象，實際出現在很多傳統文化中，比如威廉·亨利（William Henry）及馬克·蓋瑞（Mark Gray）博士所揭露的：

在蘇菲教（Sufism）裡，這被稱為「最神聖的身體」，是「超越天國的身體」（supracelestial body），道教把這稱為「丹身」，達到這個境界的人可以「駕雲成仙」。瑜伽學派和譚崔派（Tantrics）稱之為「神身」，而在行動瑜伽（Kriya yoga）裡，這稱為「至喜之身」。在吠陀哲學裡，這稱為「超導體身」；古代埃及人稱為「發光之身或存在」（akh）或埃及文的「基督」（karast）。這個概念後來演化成諾斯替教派（Gnosticism），該教將之稱為「光芒身」。在波斯拜日教的儀式中，稱之為「完美的身體」……《奧祕文本》稱之為「永生之身」。在煉金術的傳統中，「翠玉錄」（Emerald Tablet）則稱之為「黃金身」。43

拔掉吸血鬼的牙齒

對統治操控伎倆的熟練程度，往往決定一個政府在位時間的長短，其中非常關鍵的伎倆是：操控人們內心深處的一種恐懼感——害怕上帝拋棄了我們；以及欺騙我們去相信我們有個非常可怕的敵人。他們甚至可能也掌控著敵人，以確保萬無一失。

我們往往會害怕所支持的一「邊」敗退，而沒有意識到，實際上並不存在所謂的這一邊或那一邊。我們全都是無限智慧的孩子，祂創造出宇宙萬物並一直深愛著我們。我自己的靈性旅程讓我直接領悟到，這是真實不虛的……而且，當你清楚看到這一點時，就可以在自己之內找到一處平靜祥和之地。

當周圍一切在受苦時，我們也在受苦；當周圍一切處於一種慈愛安寧狀態時，我們也會感受到慈愛與安寧。當七千個人一起冥想愛，以降低世界的恐怖活動時，他們所創造出來的正能量並沒有說：「等一下，那個人是民主黨，那個人是穆斯林，那個人是同性戀者，那個人是黑人……所以不要往那裡去，趕緊繞過去！」完全不是這樣的。事實是，這些能量能讓每一個人都變得更好。

在西方媒體的宣傳下，伊斯蘭教的宗教經典《可蘭經》似乎成了一本邪惡手冊，是恐怖主義的孳生溫床。雖然我並不認同《可蘭經》中的所有內容，正如我對其他宗教經文一樣，但我發現，其中有些非常有趣的段落能夠拿來佐證我們一直在談論的內容。下面引文摘錄自伊斯蘭教研究者萊克斯．希克松（Lex Hixon）的《可蘭經》英譯本《可蘭經之心》（*The Heart of the Qur'an*）。該書編輯在書上所加的一段話，強調這些教導的積極面經常被西方世界所誤解：「《可蘭經》一直在強調，在一生之中，我們都應該保持謙遜、感恩、誠實、正義、同情和慈愛。《可蘭經》並不看重那些表面的虔誠，而是將這些品行視為判斷一個人是否臣服於那個合一實相的標準……」

《可蘭經之心》雖然沒有嚴格地逐字對照翻譯，但是作者希克松竭盡所能地傳達了這些教誨的核心意義。當我發現書中有一些與《一的法則》內容一致的段落時，我感到非常吃驚。《可蘭經》也暗示，在我們經歷這種轉變的過程中，某種全球性的能量事件將會出現。這為我們的旅程增加了更多的探險樂趣，也提醒我們，在這一切真正發生之前，我們可能永遠無法確切地知道會發生什麼。

只存在一個至高源頭，一種無窮無盡的力量……那個超然存在的一，那個超越時間永不減損的生命體。這個「一」實相永不眠休，沒有一刻會放下其無所不包的覺知。任何星球上的生靈萬物，還有七種更高層次的存在，都只屬於那個合一體，正如散射的陽光屬於一個太陽一樣。沒有任何人能透過祈禱或沉思來走向那個一直存在的源頭，只有透過流自源頭本身的力量和愛才能實現這一點。由於這個終極源頭完全超越時間，因此它對每一事件的前因後果都早已了然於胸。44

當時間突然消失，在啟明的永恆時刻，天上球體的光芒將會放射開來，並溶為透明之光……那些認為此一神奇之日不會來臨，僅僅把這種教導看成是神話故事或臆想的人，在最後審判之日最終到來，而自己卻沒有在靈性上做好準備的時候，將會感到極其失望。45

在神奇之日來臨，時間終結之時，神聖共振（Divine Resonance）的首次巨大衝擊將會使這個世界完全停止，一切有形存在將會為此而顫抖……當每一個靈魂意識到其靈性之身完好無損、不受限制並且非常神聖時，這種片刻的驚駭將會消逝。[46]

當開悟之日降臨，靈魂顯現為一種發光之身，臉上洋溢著平靜的愉悅，在神聖存在（Divine Presence）的璀璨花園中醒來，為最終理解了自己靈性承諾的全部含意而感到無比震撼。[47]

在那個沒有時間的超然之日，人類將會在充滿光的身體中經歷重生，而他們往世的一切思想和行為將會清晰地展現在他們面前。[48]

理解那個快速臨近的澄清之日（Day of Clarification）的強度及其影響規模的人太少了。那些沒有真正理解這最後審判之日本質的人會焦躁不安，希望這一天加快來臨；而那些知道真理強大力量的人，將會在這個無限之日來臨前敬畏得顫抖。[49]

如果每一個有靈性傳統的民族，能夠虔誠地踐行他們自己的神聖先知所揭示的道路，那麼所有人類將會一起返回到愛之源頭。[50]

展望未來

對我來說，重新發現這種古老科學是巨大的榮幸，而最終能將這一切整合到這本書也讓我如釋重負。我知道，要徹底且不停更新有關歷史週期的資訊，肯定需要做大量功課，而事實也如此。我花了約三年半的時間進行研究、冥想、演講及寫作，最後才有了這些成果。這項研究顯然有爭議性，很多人曾經攻擊和批判過我的研究。然而，我仍然不放棄地全心全意工作，因為我早就明白：批評者無所不在。

我感嘆的是，我們對於歷史週期的研究仍在初期階段，還有很多未知之路等待我們去探索。當然，我也知道這不是一本適合所有人的書，有些人在閱讀時可能會產生嚴重的心理牴觸而中途放棄。但就如我所強調的，只有當我們願意去看去聽時，科學證據對我們來說才能發揮作用。在我寫這本書時，很多相關資訊仍被視為是「邊緣研究」或「偽科學」。畢竟，所謂的「共時性」純粹是個人經驗，而對於那些拒絕相信這種現象的人來說，它可能也顯得非常難以捉摸。

我要提醒讀者的是，一些有趣的個人和全球性事件不要輕易視為「巧合」，而有時羞恥感可能會阻礙我們去探尋更深層的真相。現在有很多工具，比如回溯催眠，就能幫你去覺知到我在本書所說的那個更偉大的實相。但是，首要之務是你要有探求這些真相的初始意願，否則你永遠不會拿起這把打開真相之門的鑰匙。

譯注：

①羅馬一位著名建築師、工程師和作家，他總結了當時的建築經驗後寫成現存最古老且最有影響的建築學專著《建築十書》。

②作者的上一本書《源場：超自然關鍵報告》對此有詳細論述。

③荷魯斯之眼是古埃及符號，指的是鷹頭神荷魯斯的眼睛，為神聖的驅邪標誌及護身符。

④由於地球暫態自轉軸在地球本體內部做週期性擺動，而引起的地球自轉極在地球表面上移動的現象。

⑤美國冰川學家羅尼·湯普森研究地球前五二〇〇年左右的氣候轉變，認為可能起因是太陽能源降低。

⑥作者指的是馬雅曆的「末日」，即二〇一二年十二月二十一日。

誌謝

首先，我要感謝這個活生生的宇宙及其無數信使，贈予我們生命和意識這兩個無比珍貴的禮物，並一直引導和幫助我們記起我們的真實身分。

我要感謝我的母親瑪爾塔．華特曼（Marta Waterman）、我父親丹．威爾科克（Don Wilcock），以及我的兄弟邁克爾，他們為我營造一個安穩和充滿關愛的家庭環境，一直在支持著我。我還要感謝很多朋友、老師、工作夥伴，還有與我共事多年的同事。我想要向那些為我提供無數珍貴資訊，讓我得以寫成這本書的先驅研究者和科學家致敬，包括帶給我們《一的法則》系列的丹．埃爾金、卡拉．魯科特，以及吉姆．麥卡迪、皮特．彼得森和其他我有幸共事的人士。我也要向布萊恩．塔特、斯蒂芬妮．凱利（Stephanie Kelly）和企鵝出版公司的工作人員致謝，他們幫我讓這本書能順利出版。有聲書出版商Brilliance Audio公司的夥計們幫我製作了這本書的有聲版，湯姆．丹尼（Tom Denney）在緊迫的截稿限期內出色完成了本書插圖，我在此一併向他們表達謝謝意。

我要感謝吉姆．哈特和艾曼達．威利斯（Amanda Welles），在我寫作《源場》和《同步鍵》這兩本書期間，一直跟我合力創作紀錄片《收斂》的劇本，而且一直支持我。接著，我要感謝我的網站管理員兼同事拉利．塞耶爾（Larry Seyer），他為這份工作貢獻良多；他的音樂才能也在我們共同創作的音樂作品〈和平的科學與流浪者的覺醒〉（The Science of Peace and Wanderer Awakening）中得以展示，這張專輯是我們的得意之作。

蓋亞電視（Gaiam TV）幫我將《一的法則》的哲學教導製作成不斷更新的演講視頻；電影

製作商Prometheus Entertainment讓我得以在多集《遠古外星人》（*Ancient Aliens*）的紀錄片中擔任講解者；俄羅斯的知名網路電台REN—TV根據我線上電子書《金融暴政》製作了長達六小時的紀錄片，並邀請我在片中擔任要角。以上三個組織的相關工作人員都讓我時時感念在心。

另外，我也要向我的女友表達謝意，在為本書做研究及寫作的三年半期間，我經歷了難以言說的憂慮和壓力，是她一直陪著我忍受這一切。

最後，我想要謝謝你們——這本書的忠誠讀者。寫這本書無疑是我至今最艱難的一次工作經驗，如果沒有你們的支持，我可能永遠無法完成。對我來說，將書中所有這些訊息公諸於眾就是最好的自保方法，而你們對這些訊息的持續興趣，也是讓我得以安全的一個重要因素。因為有你們，我才能繼續這趟偉大的探求之旅。

archive.org/web/20011216021826/www.sciam.com/1096issue/1096onstott.html.

11. Lynne McTaggart, *The Field: The Quest for the Secret Force of the Universe* (New York: HarperCollins, 2002), p. 44.

12. P. P. Gariaev, M. J. Friedman, and E. A. Leonova-Gariaeva, "Crisis in Life Sciences: The Wave Genetics Response," EmergentMind.org, 2007, http://www.emergentmind.org/gariaev06.htm.

13. 同上.

14. Grazyna Fosar and Franz Bludorf, "The Living Internet (Part 2)," April 2002, accessed May 2010,

http://web.archive.org/web/20030701194920/http://www.baerbelmohr.de/english/magazin/beitraege/hyper2.htm.

15. 同上

16. Leonardo Vintiñi, "The Strange Inventions of Pier L. Ighina," *Epoch Times*, September 25–October 1, 2008, p. B6, accessed June 2010, http://epoch-archive.com/a1/en/us/bos/2008/09-Sep/25/B6.pdf.

17. Yu V. Dzang Kangeng "Bioelectromagnetic Fields as a Material Carrier of Biogenetic Information, *Aura-Z*, 1993, no. 3, pp.42–54.

18. Baerbel-Mohr, DNA, summary of the book *Vernetzte Intelligenz* by Grazyna Fosar and Franz Bludorf (Aachen, Germany: Omega-Verlag, 2001), http://web.archive.org/web/20030407171420/http://home.planet.nl/~holtj019/GB/DNA.html.

19. William Braud," 學院簡介, Sofia University, accessed December 2010, http://www.sofia.edu/academics/faculty/braud.php; "Curriculum Vitae, William G. Braud, Ph.D.," Sofia University, accessed April 2013,

http://www.sofia.edu/academics/faculty/cv/WBraud_cv.pdf.

20. M. Schlitz and S. LaBerge, "Autonomic Detection of Remote Observation: Two Conceptual Replications," in *Proceedings of the Parapsychological Association 37th Annual Convention*, ed. D. J. Bierman (Fairhaven, MA: Parapsychological Association, 1994), pp. 465–478.

21. Malcolm Gladwell, "In the Air: Who Says Big Ideas Are Rare?" *The New Yorker*, May 12, 2008, accessed December 2010,

http://www.newyorker.com/reporting/2008/05/12/080512fa_fact_gladwell?currentPage=all.

22. Gary Lynch and Richard Granger, "What Happened to the Hominids Who May Have Been Smarter Than Us?" *Discover*, December 28, 2009, http://discovermagazine.com/2009/the-brain-2/28-what-happened-to-hominids-

原書分章注釋

01 追尋之旅，真相無處不在

1. Don Elkins, Carla Rueckert, and Jim McCarty, *The Law of One*(West Chester, PA: Whitford Press, 1984), session 17, question 33, http://lawofone.info/results.php?s=17#33.

2. 同上, session 19, question 18, http://lawofone.info/results.php?s=19#18.

3. François Masson, "Cyclology: The Mathematics of History," chapter 6 in *The End of Our Century*, 1979,

http://divinecosmos.com/index.php/start-here/books-free-online/26-the-end-of-our-century/145-chapter-06-cyclology-themathematics-of-history.

4. *The Free Dictionary by Farlex*, "Morozov, Nikolai Aleksandrovich," 初版書名為 *The Great Soviet Encyclopedia*, 3rd ed. (1970–1979) Farmington Hills, MI: Gale Group, 2010), http://encyclopedia2.thefreedictionary.com/Nikolai+Morozov.

5. Charles Q. Choi, "DNA Molecules Display Telepathy-Like Quality," LiveScience, January 24, 2008, accessed May 2010,

http://www.livescience.com/9546-dna-molecules-display-telepathyquality.html.

6. John E. Dunn, "DNA Molecules Can 'Teleport,' Nobel Prize Winner Claims," Techworld.com, January 13, 2011, accessed January 2011, http://news.techworld.com/personal-tech/3256631/dna-molecules-can-teleport-nobel-prize-winner-claims/.

7. F. Hoyle, "Is the Universe Fundamentally Biological?" in *New Ideas in Astronomy*, ed. F. Bertola et al. (New York: Cambridge University Press, 1988), pp. 5–8; Suburban Emergency Management Project, Interstellar Dust Grains as Freeze-Dried Bacterial Cells: Hoyle and Wickramasinghe's Fantastic Journey, Biot Report #455, August 22, 2007, accessed May 2010, http://web.archive.org/web/20091112134144/http://www.semp.us/publications/biot_reader.php?BiotID=455.

8. 同上

9. Brandon Keim, "Howard Hughes' Nightmare: Space May Be Filled with Germs," *Wired*, August 6, 2008,

http://www.wired.com/science/space/news/2008/08/galactic_panspermia.

10. James K. Fredrickson and Tullis C. Onstott, "Microbes Deep Inside the Earth," *Scientific American*, October 1996, accessed May 2010, http://web.

5. S. J. P. Spottiswoode, "Apparent Association Between Anomalous Cognition Experiments and Local Sidereal Time," *Journal of Scientific Exploration* 11 (2), summer (1997): 109–122.

6. Elkins, Rueckert, and McCarty, *The Law of One*, session 19, question 9, http://lawofone.info/results.php?s=19#9.

7. 同上, session 19, question 10, http://lawofone.info/results.php?s=19#10.

8. Robert H. Van Gent, "Isaac Newton and Astrology: Witness for the Defence or for the Prosecution?" Utrecht University website, August 3, 2007, http://www.staff.science.uu.nl/~gent0113/astrology/newton.htm.

9. John D. McGervey, *Probabilities in Everyday* Life (New York: Random House, 1989).

10. Julia Parker and Derek Parker, *The Parkers' History of Astrology*, vol. 11, Into the Twentieth Century (1983).

http://web.archive.org/web/20020804232049/http://www.astrology.com/inttwe.htm

11. 同上.

12. Carl G. Jung, "Richard Wilhelm: In Memoriam," in *The Spirit in Man, Art, and Literature, Collected Works*, vol. 15, trans. R. F. C. Hull (London: Routledge and Kegan Paul, 1971), p. 56.

13. Arnold Lieber, "Human Aggression and the Lunar Synodic Cycle," abstract, *Journal of Clinical Psychiatry* 39, no. 5 (1978): 385–392, http://www.ncbi.nlm.nih.gov/pubmed/641019.

14. Joe Mahr, "Analysis Shines Light on Full Moon, Crime: Offenses Increase by 5 Percent in Toledo," *Toledo Blade*, August 25, 2002, http://web.archive.org/web/20110104072606/http://www.toledoblade.com/apps/pbcs.dll/article?Date=20020825&Category=NEWS03&ArtNo=108250070&Ref=AR

15. 同上

16. Fred Attewill, "Police Link Full Moon to Aggression," *Guardian* (London), June 5, 2007, http://www.guardian.co.uk/uk/2007/jun/05/ukcrime.

17. Bette Denlinger, "Michel Gauquelin: 1928–1991," Solstice Point, http://www.solsticepoint.com/astrologersmemorial/gauquelin.html.

18. Ken Irving, "Misunderstandings, Misrepresentations, Frequently Asked Questions & Frequently Voiced Objections About the Gauquelin Planetary Effects," *Planetos* online journal, http://www.planetos.info/mmf.html.

19. 同上

20. 同上

who-were-smarter-than-us.

23. David M. Raup and J. John Sepkoski Jr., "Periodicity of Extinctions in the Geologic Past," *Proceedings of the National Academy of Sciences of the United States of America* 81 (February 1984): 801–805,

http://www.pnas.org/content/81/3/801.full.pdf.

24. Robert A. Rohde and Richard A. Muller, "Cycles in Fossil Diversity," *Nature* 434, March 10, 2005,

http://muller.lbl.gov/papers/Rohde-Muller-Nature.pdf.

25. Casey Kazan, "Is There a Milky Way Galaxy/Earth Biodiversity Link? Experts Say 'Yes,' " *Daily Galaxy*, May 15, 2009, accessed May 2010, http://www.dailygalaxy.com/my_weblog/2009/05/hubbles-secret.html.

26. Dava Sobel, "Man Stops Universe, Maybe," *Discover*, April 1993, http://discovermagazine.com/1993/apr/manstopsuniverse206; W. Godlowski, K. Bajan, and P. Flin, "Weak Redshift Discretization in the Local Group of Galaxies?" abstract, *Astronomische Nachrichten* 327, no. 1, January 2006, pp. 103–113, http://www3.interscience.wiley.com/journal/112234726/abstract?CRETRY=1&SRETRY=0; M. B. Bell and S. P. Comeau, "Further Evidence for Quantized Intrinsic Redshifts in Galaxies: Is the Great Attractor a Myth?" abstract, May 7, 2003, http://arxiv.org/abs/astro-ph/0305112; W. M. Napier and B. N. G. Guthrie,"Quantized Redshifts: A Status Report," abstract, *Journal of Astrophysics and Astronomy* 18, no. 4 (December 1997), http://www.springerlink.com/content/qk27v4wx16412245/.

27. Harold Aspden, "Tutorial Note 10: Tifft's Discovery," EnergyScience.org.uk, 1997,http://web.archive.org/web/20041126005134/http://www.energyscience.org.uk/tu/tu10.htm.

02 大揭祕，兔子洞裡藏著什麼？

1. Don Elkins, Carla Rueckert, and Jim McCarty, *The Law of One* (West Chester, PA: Whitford Press, 1984), http://lawofone.info/.

2. Richard N. Ostling, "Researcher Tabulates World's Believers," *Salt Lake Tribune*, May 19, 2001, http://www.adherents.com/misc/WCE.html.

3. Elkins, Rueckert, and McCarty, *The Law of One*, session 1, question 6, http://lawofone.info/results.php?s=1#6.

4. *Journal of Offender Rehabilitation* 36, nos. 1–4 (2003): 283–302, http://www.tandfonline.com/toc/wjor20/36/1-4#.UYbiUoKfLbs.

version, http://www.ronpaul.com/misc/congress/legislation/111thcongress-200910/audit-the-federal-reserve-hr-1207/.

35. 同上

36. Melvin Sickler, "Abraham Lincoln and John F. Kennedy: Two Great Presidents of the United States, Assassinated for the Cause of Justice," Michael Journal, October–December 2003, http://www.michaeljournal.org/lincolnkennedy.htm.

37. H.R. Rep. No. 380, 50th Cong., 1st sess. (1888), in *Congressional Serial Set*, vol. 2, no. 2599 (Washington, DC: US GPO,1888). http://books.google.com/books?id=x5wZAAAAYAAJ&printsec=frontcover&source=gbs_ge_summary_r&cad=0#v=onepage&q=E.%20D.%20Taylor&f=false.

38. Sickler, "Abraham Lincoln and John F. Kennedy."

39. Associated Press, "New Kennedy Silver Policy," *Southeast Missourian*, November 28, 1961, p. 8,

http://news.google.com/newspapers?id=q8fAAAAIBAJ&sjid=LdcEAAAAIBAJ&pg=2964,4612588; Richard E. Mooney, "Silver Sale by Treasury Ended; President Seeks Support Repeal, Kennedy Cuts Off US Silver Sales," *New York Times*, November 29, 1961, p. 1, http://select.nytimes.com/gst/abstract.html?res=F70F1FFA3F5E147A93CBAB178AD95F458685F9.

40. "Silver Act Repeal Plan Wins House Approval," *New York Times*, April 11, 1963, http://select.nytimes.com/gst/abstract.html?res=FB0D16FE3B58137A93C3A8178FD85F478685F9; Associated Press, "House Passes Silver Bill by 251-122," *St. Petersburg Times*, April 11, 1963, p. 2A, http://news.google.com/newspapers?nid=feST4K8J0scC&dat=19630411&printsec=frontpage&hl=en.

41. "Senate Votes End to Silver Backing; Plan to Free Bullion Behind Dollar Goes to Kennedy," New York Times, May 24, 1963,

http://select.nytimes.com/gst/abstract.html?res=F40F17F93E58137A93C6AB178ED85F478685F9; United Press International, "Senate Okays Replacement of Silver Notes," *Deseret News and Telegram*, May 23, 1963, p. 2A,

http://news.google.com/newspapers?id=Z8NNAAAAIBAJ&sjid=ikkDAAAAIBAJ&pg=7119,5656491.

42. Exec. Order No. 11,110 at the American Presidency Project, http://www.presidency.ucsb.edu/ws/index.php?pid=59049.

43. Sickler, "Abraham Lincoln and John F. Kennedy."

44. Adam Jortner, The Gods of Prophetstown: *The Battle of Tippecanoe and the Holy War for the American Frontier*

21. 同上

22. 同上

23. Suitbert Ertel and Kenneth Irving, *The Tenacious Mars Effect* (London: Urania Trust, 1996); Robert Currey, "Empirical Astrology: Why It Is No Longer Acceptable to Say Astrology Is Rubbish on a Scientific Basis," Astrologer.com, 2010, http://www.astrologer.com/tests/basisofastrology.htm.

24. Carol Moore, "Sunspot Cycles and Activist Strategy," CarolMoore.net, February 2010, http://www.carolmoore.net/articles/sunspot-cycle.html.

25. Giorgio De Santillana and Hertha von Dechend, *Hamlet's Mill: An Essay Investigating the Origins of Human Knowledge and Its Transmission Through Myth*, 8th ed. (Boston: David R. Godine, 2007).

26. Graham Hancock, *Fingerprints of the Gods* (New York: Three Rivers Press, 1996).

27. Simon Jenkins, "New Evidence on the Role of Climate in Neanderthal Extinction," EurekAlert!, September 12, 2007, http://www.eurekalert.org/pub_releases/2007-09/uol-neo091107.php.

28. LiveScience Staff, "Humans Ate Fish 40,000 Years Ago," LiveScience, July 7, 2009, http://www.livescience.com/history/090707-fish-human-diet.html.

29. Robert Roy Britt, "Oldest Human Skulls Suggest Low-Brow Culture," LiveScience, February 16, 2005,

http://www.livescience.com/health/050216_oldest_humans.html; James Lewis, "On Religion, Hitchens Is Not So Great," American Thinker, July 15, 2007, http://www.americanthinker.com/2007/07/on_religion_hitchens_is_not_so_1.html.

30. Peter Ward, "The Father of All Mass Extinctions," *Conservation* 5, no. 3 (2004), http://www.conservationmagazine.org/articles/v5n3/the-father-of-all-mass-extinctions/.

31. Abraham Lincoln, "Emancipation Proclamation," January 1, 1863, U.S. National Park Service, http://www.nps.gov/ncro/anti/emancipation.html.

32. John F. Kennedy Presidential Library and Museum, "Report to the American People on Civil Rights, 11 June 1963,"

http://www.jfklibrary.org/Asset-Viewer/LH8F_0Mzv0e6Ro1yEm74Ng.aspx.

33. Martin Luther King Jr., "I Have a Dream," August 28, 1963, ABC News, http://abcnews.go.com/Politics/martin-luther-kingsspeech-dream-full-text/story?id=14358231.

34. RonPaul.com, "Audit the Federal Reserve," 2009/2010

Roads Publishing, 2003).

13. David Wilcock, "Access Your Higher Self," Divine Cosmos, 2010,

http://www.divinecosmos.com/index.php/appearances/online-convergence.

14. Don Elkins, Carla Rueckert, and Jim McCarty, *The Law of One* (West Chester, PA: Whitford Press, 1984), session 17,question 2, http://lawofone.info/results.php?s=17#2.

04 誰在陰影裡興風作浪？一個幕後的菁英陰謀集團

1. Public Policy Polling. "Conspiracy Theory Poll Results." Raleigh, North Carolina, April 2, 2013,

http://www.publicpolicypolling.com/main/2013/04/conspiracy-theory-poll-results-.html

2. David Wilcock and Benjamin Fulford, "Disclosure Imminent? Two Underground NWO Bases Destroyed," Divine Cosmos, September 14, 2011, http://divinecosmos.com/start-here/davids-blog/975-undergroundbases; David Wilcock and Benjamin Fulford, "New Fulford Interview Transcript: Old World Order Nearing Defeat," Divine Cosmos, October 31, 2011,

http://divinecosmos.com/start-here/davids-blog/988-fulford-owo-defeat.

3. Matt Taibbi, "Everything Is Rigged: The Biggest Price-Fixing Scandal Ever." *Rolling Stone*, April 25, 2013,

http://www.rollingstone.com/politics/news/everything-is-rigged-the-biggest-financial-scandal-yet-20130425.

4. David Wilcock, "Financial Tyranny: Defeating the Greatest Cover-Up of All Time. Section Four: The Occult Economy," Divine Cosmos, January 13, 2012, http://www.divinecosmos.com/start-here/davids-blog/1023-financial-tyranny?start=3.

5. Don Elkins, Carla Rueckert, and Jim McCarty, *The Law of One* (West Chester, PA: Whitford Press, 1984), session 17, question 20, http://lawofone.info/results.php?s=17#20.

6. 同上, session 18, question 12, http://lawofone.info/results.php?s=18#12.

7. 同上, session 1, question 9, http://lawofone.info/results.php?s=1#9.

8. Patrick G. Bailey and Toby Grotz, "A Critical Review of the Available Information Regarding Claims of Zero-Point Energy, Free-Energy, and Over-Unity Experiments and Devices," Institute for New Energy, *Proceedings of the 28th IECEC*, April 3, 1997, accessed December 2010, (New York: Oxford University Press, 2011).

45. John Brown Dillon, "Letters of William Henry Harrison," in *A History of Indiana* (Indianapolis: Bingham and Doughty, 1859).

46. *Ripley's Believe It or Not*, 2nd series (New York: Simon and Schuster, 1931); an updated reference is on page 140 of the Pocket Books paperback edition of 1948.

47. Randi Henderson and Tom Nugent, "The Zero Curse: More Than Just a Coincidence?" *Syracuse Herald-American*, November 2, 1980, p. C3 (reprinted from the Baltimore Sun).

03 巧合透露的天機，同步鍵的共時性現象

1. Richard Tarnas, *Cosmos and Psyche* (New York: Penguin, 2006), p. 50.

2. "Synchronicity," Dictionary.com, http://dictionary.reference.com/browse/synchronicity?s=t.

3. Ann Casement, "Who Owns Jung?" (London: Karnac Books, 2007), cf. p. 25, http://books.google.com/books?id=0g8chpSOI3AC&printsec=frontcover.

4. Carl G. Jung, "Synchronicity: An Acausal Connecting Principle," *Collected Works of C. G. Jung, vol. 8: Structure and Dynamics of the Psyche*, (1952; repr., Princeton, NJ: Princeton University Press, 1970).

5. Wolfgang Pauli, "The Influence of Archetypal Ideas on the Scientific Theories of Kepler," in C. G. Jung and Wolfgang Pauli, *The Interpretation of Nature and the Psyche* (New York: Pantheon, 1955).

6. Carl G. Jung, "Synchronicity: An Acausal Connecting Principle," 同上, para. 843.

7. George Gamow, *Thirty Years That Shook Physics—The Story of Quantum Theory* (New York: Doubleday, 1966), p. 64.

8. Charles P. Enz, *No Time to Be Brief: A Scientific Biography of Wolfgang Pauli* (New York: Oxford University Press, 2002), p. 152.

9. Pauli, "The Influence of Archetypal Ideas."

10. Kevin Williams, "Scientific Evidence Suggestive of Astrology," Near-Death.com,2009, http://www.neardeath.com/experiences/articles012.html.

11. 同上

12. Montague Ullman, Stanley Krippner, and Alan Vaughan. *Dream Telepathy: Experiments in Nocturnal Extrasensory Perception*. (1973: repr., Newburyport, MA: Hampton

http://www.trutv.com/library/crime/criminal_mind/psychology/psychopath/2.html.

24. Scott O. Lilienfeld, Irwin D. Waldman, Kristin Landfield, Ashley L. Watts, Steven Rubenzer, and Thomas R. Faschingbauer, "Fearless Dominance and the U.S. Presidency: Implications of Psychopathic Personality Traits for Successful and Unsuccessful Political Leadership," *Journal of Personality and Social Psychology* 103, no. 3 (September 2012): 489–505, doi: 10.1037/a0029392.

25. Lilienfeld et al., "Fearless Dominance."

26. Barry Miles, *Paul McCartney: Many Years from Now* (New York: Henry Holt, 1997), p. 161.

27. Jen Doll, "A Treasury of Terribly Sad Stories of Lotto Winners," *Atlantic Wire*, March 30, 2012,

http://www.theatlanticwire.com/national/2012/03/terribly-sad-true-stories-lotto-winners/50555/; Hannah Maundrell, "How the Lives of 10 Lottery Millionaires Went Disastrously Wrong," Money.co.uk, 2009, http://www.money.co.uk/article/1002156-howthe-lives-of-10-lottery-millionaires-went-disasterously-wrong.htm; Melissa Dahl, "$550 Million Will Buy You a Lot of… Misery," NBC News Vitals, November 28, 2012, http://vitals.nbcnews.com/_news/2012/11/28/15463411-550-million-will-buy-you-a-lot-ofmisery?lite.

28. Alan Scherzagier, "Big Winners Share Lessons, Risks of Powerball Win," *USA Today*, November 28, 2012,

http://www.usatoday.com/story/news/nation/2012/11/28/winner-lottery-bankrupt/1731367/.

29. Kathleen O' Toole, "The Stanford Prison Experiment: Still Powerful After All These Years," Stanford News Service, January 8, 1997, http://news.stanford.edu/pr/97/970108prisonexp.html.

30. 同上

31. 同上

32. 同上

33. R. Manning, M. Levine, and A. Collins, "The Kitty Genovese Murder and the Social Psychology of Helping: The Parable of the 38 Witnesses," *American Psychologist* 62, no. 6 (2007): 555–562, http://www.grignoux.be/dossiers/288/pdf/manning_et_alii.pdf.

34. J. M. Darley and B. Latané, "Bystander Intervention in Emergencies: Diffusion of Responsibility," *Journal of Personality and Social Psychology* 8 (1968): 377–383,

http://www.wadsworth.com/psychology_d/templates/student_resources/0155060678_rathus/ps/ps19.html.

35. David G. Meyers, *Social Psychology*, 10th ed. (New York:

http://padrak.com/ine/INE21.html.

9. Steven Aftergood, "Invention Secrecy Still Going Strong," Federation of American Scientists, October 21, 2010, accessed January 2011, http://www.fas.org/blog/secrecy/2010/10/invention_secrecy_2010.html.

10. David Wilcock, "Confirmed: The Trillion-Dollar Lawsuit That Could End Financial Tyranny," Divine Cosmos, December 12, 2011, http://divinecosmos.com/index.php/start-here/davids-blog/995-lawsuit-end-tyranny.

11. Clive R. Boddy, "The Corporate Psychopaths Theory of the Global Financial Crisis," abstract, *Journal of Business Ethics* 102, no. 2 (August 2011): 255–259, http://link.springer.com/article/10.1007%2Fs10551-011-0810-4; Mitchell Anderson, "Weeding Out Corporate Psychopaths," *Toronto Star*, November 23, 2011, Editorial Opinion section,

http://www.thestar.com/opinion/editorialopinion/2011/11/23/weeding_out_corporate_psychopaths.html.

12. Elkins, Rueckert, and McCarty, *The Law of One*, session 36, question 14, http://lawofone.info/results.php?s=36#14.

13. 同上, session 19, question 17, http://lawofone.info/results.php?s=19#17.

14. 同上, session 80, question 15, http://lawofone.info/results.php?s=80#15.

15. 同上, session 36, question 15, http://lawofone.info/results.php?s=36#15.

16. 同上, session 36, question 12, http://lawofone.info/results.php?s=36#12.

17. 同上, session 47, question 5, http://lawofone.info/results.php?s=47#5.

18. Kevin Williams, "Scientific Evidence Suggestive of Astrology," Near-Death.com, 2009, http://www.neardeath.com/experiences/articles012.html.

19. Sandra Harrison Young and Edna Rowland, *Destined for Murder: Profiles of Six Serial Killers with Astrological Commentary* (Woodbury, MN: Llewellyn Publications, 1995).

20. Dale Carnegie, *How to Win Friends and Influence People* (1937; repr., New York: Pocket Books, 1998).

21. Maxwell C. Bridges, "Sociopaths," Vatic Project, December 23, 2011, http://vaticproject.blogspot.com/2011/12/sociopaths.html.

22. 同上

23. Katherine Ramsland, "The Childhood Psychopath: Bad Seed or Bad Parents?" Crime Library, September 2011,

php?s=1#6.

54. People's Republic of China, Chinese Academy of Sciences, High Energy Institute, Special Physics Research Team, "Exceptional Human Body Radiation," *PSI Research* 1, no. 2 (June 1982): 16–25; Zhao Yonjie and Xu Hongzhang, "EHBF Radiation: Special Features of the Time Response," Institute of High Energy Physics, Beijing, People's Republic of China, *PSI Research* (December 1982); G. Scott Hubbard, E. C. May, and H. E. Puthoff, "Possible Production of Photons During a Remote Viewing Task: Preliminary Results," in *Research in Parapsychology*, ed. D. H. Weiner and D. I. Radin (Metuchen, NJ: Scarecrow Press, 1985), pp. 66–70.

05 拿槍的手改拿鈔票，我們正處在一個金權時代

1. Clive R. Boddy, "The Corporate Psychopaths Theory of the Global Financial Crisis," *Journal of Business Ethics* 102, no. 2 (August 2011): 255–259. http://link.springer.com/article/10.1007%2Fs10551-011-0810-4.

2. Mitchell Anderson, "Weeding Out Corporate Psychopaths, *Toronto Star*, November 23, 2011,

   http://www.thestar.com/opinion/editorialopinion/2011/11/23/weeding_out_corporate_psychopaths.html.

3. David Wilcock, "Financial Tyranny: Defeating the Greatest Cover-Up of All Time," Divine Cosmos, January 13, 2012,

   http://divinecosmos.com/start-here/davids-blog/1023-financial-tyranny.

4. Andy Coghlan and Debora MacKenzie, "Revealed—the Capitalist Network That Runs the World," *New Scientist*, October 2011, http://www.newscientist.com/article/mg21228354.500-revealed—the-capitalist-network-that-runs-the-world.html.

5. David Wilcock, "The Great Revealing: U.S. Marshals Expose the Biggest Scandal in History," Divine Cosmos, July 20, 2012,

   http://divinecosmos.com/start-here/davids-blog/1066-great-revealing.

6. John Hively, "Breakdown of the $26 Trillion the Federal Reserve Handed Out to Save Incompetent, but Rich Investors," December 5, 2011, http://johnhively.wordpress.com/2011/12/05/breakdown-of-the-26-trillion-the-federal-reserve-handed-out-tosave-rich-incompetent-investors-but-who-purchase-political-power/.

McGraw-Hill, 2010).

36. P. P. Gariaev, M. J. Friedman, and E. A. Leonova-Gariaeva, "Crisis in Life Sciences: The Wave Genetics Response," Emergent Mind, 2007, http://www.emergentmind.org/gariaev06.htm.

37. 同上, p. 44.

38. Glen Rein, "Effect of Conscious Intention on Human DNA," in *Proceeds of the International Forum on New Science* (Denver, 1996), accessed June 2010, http://www.item-bioenergy.com/infocenter/ConsciousIntentiononDNA.pdf.

39. Elkins, Rueckert, and McCarty, *The Law of One*, session 41, question 9, http://lawofone.info/results.php?s=41#9.

40. 同上, session 92, question 20, http://lawofone.info/results.php?s=92#20.

41. 同上, session 67, question 28, http://lawofone.info/results.php?s=67#28.

42. Wolfgang Lillge, "Vernadsky's Method: Biophysics and the Life Processes," *21st Century Science & Technology*, summer 2001, http://www.21stcenturysciencetech.com/articles/summ01/Biophysics/Biophysics.html.

43. 同上

44. Daniel Benor, "Spiritual Healing: A Unifying Influence in Complementary/Alternative Therapies," Wholistic Healing Research, January 4, 2005. http://www.wholistichealingresearch.com/spiritualhealingaunifyinginfluence.html.

45. Elkins, Rueckert, and McCarty, *The Law of One*, session 66, question 10. http://lawofone.info/results.php?s=66#10.

46. 同上, session 4, question 14, http://lawofone.info/results.php?s=4#14.

47. 同上, session 13, question 9, http://lawofone.info/results.php?s=13#9.

48. 同上, session 2, question 4, http://lawofone.info/results.php?s=2#4.

49. 同上, session 64, question 6, http://lawofone.info/results.php?s=64#6.

50. 同上, session 28, question 5, http://lawofone.info/results.php?s=28#5.

51. 同上, session 27, question 13, http://lawofone.info/results.php?s=27#13.

52. 同上, session 6, question 4, http://lawofone.info/results.php?s=6#4.

53. 同上, session 1, question 6, http://lawofone.info/results.

26. 同上
27. Elkins, Rueckert, and McCarty, *The Law of One*, session 11, question 18, http://lawofone.info/results.php?s=11#18.
28. 同上, session 50, question 6, http://lawofone.info/results.php?s=50#6.
29. Adam Smith, *An Inquiry into the Nature and Causes of the Wealth of Nations* (1776), http://www2.hn.psu.edu/faculty/jmanis/adam-smith/Wealth-Nations.pdf.
30. Sterling Seagrave and Peggy Seagrave, *Gold Warriors: America's Secret Recovery of Yamashita's Gold*, rev. ed. (Brooklyn, NY: Verso Books, 2005).
31. Sean McMeekin, "Introduction to Bolshevik Gold: The Nature of a Forgotten Problem," in *History's Greatest Heist: The Looting of Russia by the Bolsheviks* (New Haven, CT: Yale University Press, 2008),

http://yalepress.yale.edu/yupbooks/excerpts/mcmeekin_historys.pdf; James Von Geldern, "1921: Confiscating Church Gold," Seventeen Moments in Soviet History, 2013, http://www.soviethistory.org/index.php?page=subject&SubjectID=1921church&Year=1921.
32. David Guyatt, "The Secret Gold Treaty," Deep Black Lies, http://www.deepblacklies.co.uk/secret_gold_treaty.htm.
33. Exec. Order No. 6102 at the American Presidency Project, http://www.presidency.ucsb.edu/ws/index.php?pid=14611&st=&st1.
34. Edward Marshall, "Police: Fire Victims Had Been Shot," *The Journal* (West Virginia), February 7, 2012, http://www.journalnews.net/page/content.detail/id/574757/Police—Fire-victims-had-been-shot.html?nav=5006.
35. Wilcock, "Financial Tyranny."
36. David Wilcock, "Major Event: Liens Filed Against All 12 Federal Reserve Banks," Divine Cosmos, April 13, 2012,

http://divinecosmos.com/start-here/davids-blog/1047-liens.
37. David Wilcock, "The 'Green Light' —Wouldn' t It Be Nice?" Divine Cosmos, June 29, 2012, http://divinecosmos.com/starthere/davids-blog/1062-green-light.
38. Victor Vernon Woolf, "V. Vernon Woolf, Ph.D.," Holodynamics, http://www.holodynamics.com/vita.html.
39. Agustino Fontevecchia, "Germany Repatriating Gold from NY, Paris 'In Case of a Currency Crisis,' " *Forbes*, January 16, 2013, http://www.forbes.com/sites/afontevecchia/2013/01/16/germany-repatriating-gold-from-ny-paris-in-case-of-a-currencycrisis/.
40. Eric King, "Nigel Farage on the Queen's Tour of Britain's

7. David Wilcock, "Disclosure Now: NEW 3-HR Russian Documentary Blasts Financial Tyranny!" Divine Cosmos, January 30, 2013, http://divinecosmos.com/start-here/davids-blog/1107-new-russian-doc.
8. G. Edward Griffin, *The Creature from Jekyll Island: A Second Look at the Federal Reserve*, 4th ed. (New York: American Media, 2002), http://www.wildboar.net/multilingual/easterneuropean/russian/literature/articles/whofinanced/whofinancedleninandtrotsky.html.
9. Antony C. Sutton, *Wall Street and the Bolshevik Revolution* (New Rochelle, NY: Arlington House, 1974), p. 25.
10. Cleve Backster. *Primary Perception: Biocommunication with Plants, Living Foods and Human Cells.* (Anza, CA: White Rose Millennium Press, 2003), p. 19, http://www.primaryperception.com.
11. 同上, pp. 78-79.
12. 同上, 第六章, "Tuning In to Live Bacteria," pp. 84–103.
13. 同上, pp. 52–53.
14. 同上, pp. 79–81.
15. 同上, pp. 117–118.
16. M. Schlitz and S. LaBerge, "Autonomic Detection of Remote Observation: Two Conceptual Replications," in *Proceedings of the Parapsychological Association 37th Annual Convention*, ed. D. J. Bierman (Fairhaven, MA: Parapsychological Association, 1994), pp. 465–478.
17. Don Elkins, Carla Rueckert, and Jim McCarty, *The Law of One* (West Chester, PA: Whitford Press, 1984), session 93, question 3, http://lawofone.info/results.php?s=93#3.
18. 同上, session 97, question 16, http://lawofone.info/results.php?s=97#16.
19. 同上, session 55, question 3, http://lawofone.info/results.php?s=55#3.
20. 同上, session 52, question 7, http://lawofone.info/results.php?s=52#7.
21. 同上, session 97, question 16, http://lawofone.info/results.php?s=97#16.
22. Wilcock, "Disclosure Now."
23. Elkins, Rueckert, and McCarty, *The Law of One,* session 19, questions 19–21, http://lawofone.info/results.php?s=19#19.
24. Wilcock, "Financial Tyranny."
25. Michael Chossudovsky, "Central Banking with "Other People's Gold" : A $368Bn Treasure Trove in Lower Manhattan (Op-Ed)." Russia Today, January 23, 2013, http://rt.com/news/gold-manhattan-new-york-594/.

10. "Gehenna," in *Collins English Dictionary*, complete and unabridged 10th ed., Dictionary.com, http://dictionary.reference.com/browse/Gehenna.
11. "Sin," Dictionary.com, http://dictionary.reference.com/browse/sin?s=t.
12. Ernest Scott, *The People of the Secret* (London: Octagon Press, 1991).
13. Elkins, Rueckert, and McCarty, *The Law of One*, session 17, questions 11, 19, 20, and 22, http://lawofone.info/results.php?s=17#11.
14. 同上, session 11, question 8, http://lawofone.info/results.php?s=11#8.

07 無始也無終，關於輪迴轉世

1. Ian Stevenson, *Twenty Cases Suggestive of Reincarnation*, 2nd ed. (Charlottesville: University of Virginia Press, 1980).
2. Danny Penman, " 'I Died in Jerusalem in 1276,' Says Doctor Who Underwent Hypnosis to Reveal a Former Life," *Daily Mail*, April 25, 2008, http://www.dailymail.co.uk/pages/live/articles/news/news.html?in_article_id=562154&in_page_id=1770; Jim Tucker, *Life Before Life: Children's Memories of Previous Lives* (New York: St. Martin's Griffin, 2008).
3. 同上
4. Carol Bowman, *Children's Past Lives: How Past Life Memories Affect Your Child* (New York: Bantam, 1998).
5. Carol Bowman. *Return from Heaven: Beloved Relatives Reincarnated Within Your Family* (New York: HarperTorch, 2003).
6. "Reincarnation and the Bible," Near-Death.com, http://www.near-death.com/experiences/origen03.html.
7. Origen, *The Writings of Origen* (De Principiis), trans Rev. Frederick Crombie, vol.1(Edinburgh: T. & T. Clark, 1869),

   http://books.google.com/books?id=vMcIAQAAIAAJ.
8. "Chuck's List: Edgar Cayce Thursdays," Society for Spiritual and Paranormal Research, June 21, 2012,

   https://docs.google.com/document/d/1USEm_wzQTW6Rp3CduyZX11t8yl2LYf7hLCQCqZIzscc/edit.
9. Association for Research and Enlightenment, ed. Hugh Lynn Cayce, *The Edgar Cayce Reader* (New York: Warner Books, 1967), p. 7.
10. Paul K. Johnson, *Edgar Cayce in Context* (New York: State

Gold Vault," King World News, December 14, 2012,

http://kingworldnews.com/kingworldnews/KWN_DailyWeb/Entries/2012/12/14_Nigel_Farage_On_The_Queens_Tour_of_Britains_Gold_Vault.html.

41. Violet Blue, "Anonymous Posts Over 4000 Bank Executive Credentials," Zero Day, February 4, 2013,

   http://www.zdnet.com/anonymous-posts-over-4000-u-s-bank-executive-credentials-7000010740/.
42. PericlesMortimer, comment 1 on Anonymous on Reddit.com, "Anonymous Releases Banker Info from Federal Reserve Computers. Banker Contact Information and Cell Phone Numbers," Reddit.com, February 4, 2013,

   http://www.reddit.com/r/anonymous/comments/17uk52/anonymous_releases_banker_info_from_federal/c8901ts.
43. David Wilcock, "Lightning Strikes Vatican: A Geo-Synchronicity?" Divine Cosmos, February 28, 2013,

   http://www.divinecosmos.com/index.php/start-here/davids-blog/1111-alliswell.

06 業報，埋在潛意識裡的罪惡感

1. Mary Ann Woodward, *Edgar Cayce's Story of Karma* (New York: Berkley Publishing Group, 1971), p. 15.
2. David Wilcock, "Dream: Prophecy of House Burning Down," Divine Cosmos, January 25, 2000,

   http://www.divinecosmos.com/index.php/start-here/readings-in-text-form/444-12500-dream-prophecy-of-house-burning-down.
3. 同上
4. 同上
5. Jose Stevens and Lena Stevens, *Secrets of Shamanism: Tapping the Spirit Power Within You* (New York: Avon Books, 1988), http://www.josestevens.com/.
6. W. L. Graham, "The Problem with 'God,' " Bible Reality Check, 2007, http://www.biblerealitycheck.com/ProbwGod.htm.
7. Don Elkins, Carla Rueckert, and Jim McCarty, *The Law of One* (West Chester, PA: Whitford Press, 1984), session 33, question 11, http://lawofone.info/results.php?s=33#11.
8. M. Aiken, "A Case Against Hell," ed. W. L. Graham, Bible Reality Check.

   http://www.biblerealitycheck.com/caseagainsthell.htm.
9. 同上

33. 同上, p. 50.
34. 同上, p. 57.
35. 同上, p. 58.
36. 同上, pp. 58–59.
37. 同上, p. 107.
38. 同上, p. 51.
39. 同上, p. 52.
40. 同上, p. 80.
41. 同上, p. 87.
42. 同上, p. 119.
43. Don Elkins, Carla Rueckert, and Jim McCarty, T*he Law of One* (West Chester, PA: Whitford Press, 1984), session 21, question 9, http://lawofone.info/results.php?s=21#9.
44. 同上, session 77, question 14, http://lawofone.info/results.php?s=77#14.
45. 同上, session 81, question 32, http://lawofone.info/results.php?s=81#32.
46. 同上, session 82, question 29, http://lawofone.info/results.php?s=82#29.
47. 同上, session 83, question 18, http://lawofone.info/results.php?s=83#18.
48. Cerminara, *Many Mansions*, p. 123.
49. Mark Lehner, *The Egyptian Heritage: Based on the Edgar Cayce Readings* (Virginia Beach, VA: ARE Press, 1974).
50. W. H. Church, The Lives of Edgar Cayce, (Virginia Beach, VA: A.R.E. Press, 1995).
51. 同上

08 死亡之後的旅程

1. University of Southampton, "World's Largest-Ever Study of Near-Death Experiences," *Science Daily,* September 10, 2008, accessed December 13, 2010, http://www.sciencedaily.com/releases/2008/09/080910090829.htm.
2. Pim van Lommel, "About the Continuity of Our Consciousness," in *Brain Death and Disorders of Consciousness*, ed. C. Machado and D. A. Shewmon (New York: Kluwer Academic/Plenum Publishers, 2004); *Advances in Experimental Medicine and Biology* (2004) 550: 115–132, accessed April 2013, http://iands.org/research/important-research-articles/43-dr-pim-vanlommel-md-continuity-of-consciousness.html?start=2.
3. "Scientific Evidence for Survival of Consciousness After Death," Near-Death.com, 2010, accessed December University of New York Press, 1998), p. 2.
11. Thomas Sugrue, *There Is a River: The Story of Edgar Cayce* (New York: Henry Holt and Company, 1943; Virginia Beach: A.R.E. Press, 1997), http://books.google.com/books?id=Uo_WpADB9_gC.
12. Harmon Hartzell Bro, *A Seer Out of Season: The Life of Edgar Cayce* (New York: St. Martin's Paperbacks, 1996).
13. Sugrue, *There Is a River*, p. 25, http://books.google.com/books?id=Uo_WpADB9_gC&pg=PA25&lpg=PA25&dq=edgar+cayce+oil+of+smoke.
14. Baar Products, "Oil of Smoke," Cayce Care, http://www.baar.com/oilsmoke.htm.
15. U.S. Department of Health and Human Services, Agency for Toxic Substances and Disease Registry, "Health Effects of Creosote," *The Encyclopedia of Earth*, March 31, 2008, http://www.eoearth.org/article/Health_effects_of_creosote.
16. John Van Auken, "A Brief Story About Edgar Cayce," Association for Research and Enlightenment, 2002, http://www.edgarcayce.org/ps2/edgar_cayce_story.html.
17. 同上
18. Bob Leaman, *Armageddon: Doomsday in Our Lifetime?* chapter 4 (Richmond, Victoria, Australia: Greenhouse Publications,1986), http://www.dreamscape.com/morgana/phoebe.htm.
19. Anne Hunt, "Edgar Cayce's Wart Remedy," Ezine Articles, 2006, http://ezinearticles.com/?Edgar-Cayces-Wart-Remedy&id=895289.
20. Gina Cerminara, Many Mansions: The Edgar Cayce Story on Reincarnation (New york: signet, 1998), P.26.
21. Sidney Kirkpatrick, *Edgar Cayce: An American Prophet*, (New York: Riverhead Books, 2000), p. 97.
22. Cerminara, *Many Mansions.*
23. 同上, pp. 93–94.
24. 同上, p. 37.
25. 同上, p. 38.
26. 同上, p. 38.
27. 同上, pp. 41–42.
28. 同上, p. 112.
29. 同上, p. 47.
30. 同上, p. 48.
31. 同上, pp. 48–49.
32. 同上, p. 49.

22. Newton, *Journey of Souls*, pp. 50–51; http://www.spiritualregression.org/.
23. Newton, *Journey of Souls*, p. 75; http://www.spiritualregression.org/.
24. Newton, *Journey of Souls*, p. 88; http://www.spiritualregression.org/.
25. Newton, *Journey of Souls*, p. 123; http://www.spiritualregression.org/.
26. Newton, *Journey of Souls*, p. 170; http://www.spiritualregression.org/.
27. Elkins, Rueckert, and McCarty, *The Law of One*, session 12, questions 26–30, http://lawofone.info/results.php?s=12#26.
28. Newton, Journey of Souls, pp. 161–166; http://www.spiritualregression.org/.
29. Newton, *Journey of Souls*, p. 192; http://www.spiritualregression.org/.
30. Newton, *Journey of Souls*, p. 168; http://www.spiritualregression.org/.
31. Newton, *Journey of Souls*, p. 202; http://www.spiritualregression.org/.
32. Newton, *Journey of Souls*, p. 204; http://www.spiritualregression.org/.
33. Newton, *Journey of Souls*, p. 218; http://www.spiritualregression.org/.
34. Newton, *Journey of Souls*, p. 219; http://www.spiritualregression.org/.
35. Newton, *Journey of Souls*, p. 220; http://www.spiritualregression.org/.
36. Newton, *Journey of Souls*, p. 222; http://www.spiritualregression.org/.
37. Newton, *Journey of Souls*, p. 229; http://www.spiritualregression.org/.
38. Newton, *Journey of Souls*, p. 256; http://www.spiritualregression.org/.
39. Newton, *Journey of Souls*, p. 261; http://www.spiritualregression.org/.
40. Newton, *Journey of Souls*, p. 271; http://www.spiritualregression.org/.
41. Elkins, Rueckert, and McCarty, *The Law of One*, session

2010, http://www.near-death.com/evidence.html.
4. 同上
5. Michael Newton, *Journey of Souls: Case Studies of Life Between Lives*, 1st ed. (Woodbury, MN: Llewellyn Publications, 1994), p. 2; http://www.spiritualregression.org/.
6. Newton, *Journey of Souls*, p. 4; http://www.spiritualregression.org/.
7. Michael Newton, *Destiny of Souls: New Case Studies of Life Between Lives* (Woodbury, MN: Llewellyn Publications, 2000), pp. xi–xii; http://www.spiritualregression.org/, accessed December 2010.
8. Newton, *Journey of Souls*, p. 5; http://www.spiritualregression.org/.
9. Newton, *Journey of Souls*, p. 6; http://www.spiritualregression.org/.
10. Newton, Journey of Souls; http://www.spiritualregression.org/.
11. Newton, *Journey of Souls*, p. 9; http://www.spiritualregression.org/.
12. Newton, *Journey of Souls*, p. 13; http://www.spiritualregression.org/.
13. Newton, *Journey of Souls*, p. 9; http://www.spiritualregression.org/.
14. Newton, *Journey of Souls*, pp. 22–24; http://www.spiritualregression.org/.
15. Newton, *Journey of Souls*, p. 24; http://www.spiritualregression.org/.
16. Newton, *Journey of Souls*, p. 24; http://www.spiritualregression.org/.
17. Newton, *Destiny of Souls*, p. 117; http://www.spiritualregression.org/.
18. Newton, *Journey of Souls*, pp. 31–32; http://www.spiritualregression.org/.
19. Newton, *Journey of Souls*, pp. 45–52; http://www.spiritualregression.org/.
20. Newton, *Journey of Souls*, p. 49; http://www.spiritualregression.org/.
21. Don Elkins, Carla Rueckert, and Jim McCarty, *The Law of One* (West Chester, PA: Whitford Press, 1984), session 69, question 6, http://lawofone.info/results.php?s=69#6.

13. David Poland, Hot Button, October 18, 2006,

http://web.archive.org/web/20120328071529/http://www.thehotbutton.com/today/hot.button/2006_thb/061018_wed.html.

14. Malcolm Gladwell, "The Formula: What If You Built a Machine to Predict Hit Movies?" *The New Yorker*, October 16, 2006, http://www.newyorker.com/archive/2006/10/16/061016fa_fact6?currentPage=all.

15. 同上

16. 同上

17. Blake Snyder, *Save the Cat! The Last Book on Screenwriting You'll Ever Need* (Studio City, CA: Michael Wiese Productions, 2005); http://www.blakesnyder.com.

10 挺身當領頭羊

1. Blake Snyder, Save the Cat! The Last Book on *Screenwriting You'll Ever Need.* (Studio City, CA: Michael Wiese Productions, 2005); http://www.blakesnyder.com.

2. Christopher Vogler, *The Writers Journey: Mythic Structure for Writers*, 3rd ed. (Studio City, CA: Michael Wiese Productions, 2007), p. 52.

3. Snyder, *Save the Cat!*; http://www.blakesnyder.com.

4. Vogler, *The Writers Journey*, pp. 207–208.

5. Dan Decker, *Anatomy of a Screenplay: Writing the American Screenplay from Character Structure to Convergence* (Chicago: Screenwriters Group, 1998).

6. Alex Epstein, *Crafty Screenwriting: Writing Movies That Get Made* (New York: Holt Paperbacks, 2002); http://www.craftyscreenwriting.com.

11 一無所有，是人生最大的恐懼？

1. Don Elkins, Carla Rueckert, and Jim McCarty, *The Law of One.* (West Chester, PA: Whitford Press, 1984), session 20, question 25, http://lawofone.info/results.php?s=20#25.

2. Blake Snyder, *Save the Cat! The Last Book on Screenwriting You'll Ever Need* (Studio City, CA: Michael Wiese Productions, 2005); http://www.blakesnyder.com.

3. Snyder, *Save the Cat!*; http://www.blakesnyder.com.

4. David Wilcock, "US Airways '333' Miracle Bigger Than We Think," Divine Cosmos, January 17, 2009,

http://divinecosmos.com/index.php/start-here/davids-blog/424-us-airways-333-miracle-bigger-than-we-think.

90, questions 14 and 16, http://lawofone.info/results.php?s=90#14.

09 出發吧！發現自我之旅

1. Don Elkins, Carla Rueckert, and Jim McCarty, *The Law of One.* (West Chester, PA: Whitford Press, 1984), session 43, question 31, http://lawofone.info/results.php?s=43#31.

2. Christopher Vogler, *The Writers Journey: Mythic Structure for Writers*, 3rd ed. (Studio City, CA: Michael Wiese Productions, 2007).

3. Carl Jung, *The Archetypes and the Collective Unconscious*, 2nd ed., in Collected Works of C.G. Jung, vol. 9, part 1. (Princeton, NJ: Princeton University Press, 1981).

4. Miles@riverside, January 19, 2004, review of Jung, *The Archetypes and the Collective Unconscious*,

http://www.amazon.com/Archetypes-Collective-Unconscious-Collected-Works/productreviews/0691018332/ref=dp_top_cm_cr_acr_txt?ie=UTF8&showViewpoints=1.

5. Elkins, Rueckert, and McCarty, *The Law of One*, session 77, question 12, http://lawofone.info/results.php?s=77#12.

6. 同上, session 91, question 18, http://lawofone.info/results.php?s=91#18.

7. George Lucas, review of Joseph Campbell, *The Hero with a Thousand Faces* (Novato, CA: New World Library, 2008), Joseph Campbell Foundation website, http://www.jcf.org/new/index.php?categoryid=83&p9999_action=details&p9999_wid=692.

8. Fredric L. Rice, *A Practical Guide* to The Hero With a Thousand Faces by Joseph Campbell, Skeptic Tank, 2003,

http://web.archive.org/web/20090219134358/http://skepticfiles.org/atheist2/hero.htm.

9. "Arthur Clarke's 2001 Diary," extracted from Arthur C. Clarke, *Lost Worlds of 2001* (New York: New American Library, 1972), http://www.visual-memory.co.uk/amk/doc/0073.html.

10. Kristen Brennan, "Joseph Campbell," Star Wars Origins, 2006, http://www.moongadget.com/origins/myth.html.

11. Epagogix, http://www.epagogix.com.

12. Tom Whipple. "Slaves to the Algorithm." *The Economist: Intelligent Life Magazine*, May/June 2013,

http://moreintelligentlife.com/content/features/anonymous/slaves-algorithm?page=full.

ascension2000.com/fm-ch00.htm.

11. François Masson, *The End of Our Era* (Virginia Beach, VA: Donning Company Publishers, 1983).

12. Library of Congress Name Authority File for François Masson, *Notre fin de siècle*, http://id.loc.gov/authorities/names/n82086698.html.

13. Masson, "Cyclology."

14. Christine Grollin, Cahiers Astrologiques, *Under the Direction of A. Volguine*, 2nd webpage, translated into English via Google Translate, http://www.aureas.org/faes/francais/cahiersastrologiques02fr.htm.

15. Christine Grollin, *Cahiers Astrologiques, Under the Direction of A. Volguine*, 3rd webpage, translated into English via Google Translate, http://www.aureas.org/faes/francais/cahiersastrologiques03fr.htm.

16. Brian P Copenhhaver. *Hermetica: The Greek Corpus Hermeticum and the Latin Asclepius in a New English Translation, with Notes and Introduction* (New York: Cambridge University Press, November 24, 1995), pp. 81–83.

17. Walter Scott. *Hermetica, Vol. 1: The Ancient Greek and Latin Writings Which Contain Religious or Philosophic Teachings Ascribed to Hermes Trismestigus* (Boston: Shambhala, May 1, 2001).

18. Prophecies of the Future. *Future Prophecies Revealed: A Remarkable Collection of Obscure Millennial Prophecies. Hermes Trismestigus* (circa 1st century CE).

http://web.archive.org/web/20110203100118/http://futurerevealed.com/future/T.htm.

19. Matthew 18:21–23 (New International Version), "The Parable of the Unmercival Servant," Bible Gateway,

http://www.biblegateway.com/passage/?search=Matthew+18%3A21-23&version=NIV.

20. Masson, "Cyclology."

21. 同上

22. "The Our World TV Show," The Beatles Official Website, 2009,

http://www.thebeatles.com/#/article/The_Our_World_TV_Show.

23. John Lichfield, "Egalité! Liberté! Sexualité!: Paris, May 1968," The Independent, February 23, 2008,

http://www.independent.co.uk/news/world/europe/egalit-libert-sexualit-paris-may-1968-784703.html.

24. 同上

25. 同上

5. 同上

6. David Gardner, "Miracle in New York: 155 escape after pilot ditches stricken Airbus in freezing Hudson River." *Daily Mail*, January 16, 2009, http://www.dailymail.co.uk/news/article-1118502/Miracle-New-York-155-escape-pilot-ditches-stricken-Airbus-freezing-Hudson-River.html.

7. Elkins, Rueckert, and McCarty, The Law of One, session 65, question 6, http://lawofone.info/results.php?s=65#6.

12 五三九年，一個深富意義的歷史週期

1. Don Elkins, Carla Rueckert, and Jim McCarty, *The Law of One*. (West Chester, PA: Whitford Press, 1984), session 16, question 21, http://lawofone.info/results.php?s=16#21.

2. 同上, session 9, question 4, http://lawofone.info/results.php?s=9#4.

3. 同上, session 2, question 2, http://lawofone.info/results.php?s=2#2.

4. 同上, session 1, question 1, http://lawofone.info/results.php?s=1#1.

5. 同上, session 16, question 22, http://lawofone.info/results.php?s=16#22.

6. Joseph Campbell, *The Hero with a Thousand Faces*, 2nd ed. (Princeton, NJ: Princeton University Press, 1972).

7. Peter Lemesurier, *The Great Pyramid Decoded* (1977; repr., Rockport, MA: Element Books, 1993), p. 216.

8. 同上, pp. 284, 287.

9. David Wilcock, "Great Pyramid—Prophecy in Stone," chapter 20 in *The Shift of the Ages*, Divine Cosmos, December 6, 2000,

http://divinecosmos.com/index.php/start-here/books-free-online/18-the-shift-of-the-ages/76-the-shift-of-the-ages-chapter-20-prophetic-time-cycles; Archive.org snapshot from March 4, 2001,

http://web.archive.org/web/20010304032206/http://ascension2000.com/Shift-of-the-Ages/shift20.htm.

10. François Masson, "Cyclology: The Mathematics of History," chapter 6 in *The End of Our Century*, 1979,

http://divinecosmos.com/index.php/start-here/books-free-online/26-the-end-of-our-century/145-chapter-06-cyclology-themathematics-of-history; Archive.org snapshot from February 19, 2001,

http://web.archive.org/web/20010219145152/http://

12. "Hitler Was a Great Man and the Gestapo Were Fabulous Police": Holocaust Denier David Irving on his Nazi Death Camp Tour," *Daily Mail*, September 27, 2010, http://www.dailymail.co.uk/news/article-1315591/David-Irving-claims-Hitler-great-manleads-Nazi-death-camp-tours.html.

13. Andreas Kluth, *Hannibal and Me* (New York: Riverhead, 2013), pp. 93–94; Patrick Hunt, *"Hannibal and Me: A Review,"* *Electrum*, January 31, 2012, http://www.electrummagazine.com/2012/01/hannibal-and-me-a-review/.

14. Roger Manvell and Heinrich Fraenkel, *Heinrich Himmler: The SS, Gestapo, His Life and Career* (New York: Skyhorse Publishing, 2007), http://books.google.com/books?id=fO6Ow6jJA28C&pg=PA76&dq="Operation+Himmler"&ei=fyDOR5L2MJXGyASA6MmNBQ&sig=FWfl2Tk8btX7m9FZTJ8xTFz6pto.

15. 同上

16. 同上

17. Adolf Hitler, "Address by Adolf Hitler, Chancellor of the Reich, Before the Reichstag, September 1, 1939," Yale Law School Avalon Project, 1997, http://avalon.law.yale.edu/wwii/gp2.asp.

18. James J. Wirtz and Roy Godson, *Strategic Denial and Deception: The Twenty-First Century Challenge* (Piscataway, NJ: Transaction Publishers, 2002), http://books.google.com/books?id=PzfQSlTJTXkC&pg=PA100&ots=ouNc9JPz4y&dq=Gleiwitz+incident&as_brr=3&sig=WZF91Hk_0WybC1nqbS8Ghw7nTzw.

19. Chuck M. Sphar, "Notes: Chapter 1," *Against Rome*, http://chucksp1.tripod.com/Notes/Chapter%20Notes/Notes%20-%20Ch%201%20Hannibal.htm.

20. Theodore Ayrault Dodge, *Hannibal: A History of the Art of War Among the Carthaginians and Romans Down to the Battle of Pydna*, 168 B.C. (Boston: Da Capo Press, 1995).

21. Andreas Kossert, Damals in Ostpreussen (Munich: Deutsche Verlags-Anstalt, 2008), p. 160.

22. "Operation Hannibal: January–May 1945," Computrain, http://compunews.com/s13/hannibal.htm.

23. "Korean War," History.com, http://www.history.com/topics/korean-war.

24. Andrew Glass, "On Sept. 25, 1959 Khrushchev Capped a Visit to the U.S.," Politico.com, September 25, 2007,

http://www.politico.com/news/stories/0907/5980.html.

25. "JFK in History: The Bay of Pigs," John F. Kennedy Presidential Library and Museum,

26. 同上

27. 同上

28. 同上

29. 同上

30. Masson, "Cyclology."

13 美國是現代版的羅馬帝國？

1. François Masson, "Cyclology: The Mathematics of History," chapter 6 in *The End of Our Century*, (1979),

http://divinecosmos.com/index.php/start-here/books-free-online/26-the-end-of-our-century/145-chapter-06-cyclology-themathematics-of-history.

2. Mark Lewisohn, *The Complete Beatles Recording Sessions* (New York: Harmony, 1988), p. 232.

3. George Harrison, "Within You, Without You," recorded on the Beatles, Sgt. *Pepper's Lonely Hearts* Club Band (London: EMI Studios, 1967).

4. John Traveler, "A Look at How the Punic Wars Between Rome and Carthage Began," Helium: Arts and Humanities: History,

http://www.helium.com/items/1530950-a-look-at-how-the-punic-wars-between-rome-and-carthage-began.

5. "United States: Imperialism, the Progressive Era, and the Rise to World Power—1896 to 1920," *Encyclopedia Britannica*,

http://www.britannica.com/EBchecked/topic/616563/United-States/77833/Economic-recovery#toc77834.

6. "Treaty of Versailles, 1919," United States Holocaust Memorial Museum, http://www.ushmm.org/wlc/article.php?lang=en&ModuleId=10005425.

7. John Pairman Brown, *Israel and Hellas: Sacred Institutions with Roman Counterparts* (Boston: De Gruyter, 2000), pp. 126–128.

8. Franz L. Benz, *Personal Names in the Phoenician and Punic Inscriptions* (Rome: Pontificio Istituto Biblico, 1982), pp. 313–314.

9. Matthew Barnes, *The Second Punic War: The Tactical Successes and Strategic Failures of Hannibal Barca*, PiCA: A Global Research Organization, 2009, http://www.thepicaproject.org/?page_id=517.

10. John Noble Wilford. "The Mystery of Hannibal's Elephants," *New York Times*, September 18, 1984,

http://www.nytimes.com/1984/09/18/science/the-mystery-of-hannibal-s-elephants.html.

11. Barnes, *The Second Punic War*.

4. Kathie Garcia, "Uncovering the Secrets of the Mayan Calendar," *Atlantis Rising*, no. 9, 1996,

http://www.bibliotecapleyades.net/tzolkinmaya/esp_tzolkinmaya05.htm.

5. 同上

6. Robert Peden, "The Mayan Calendar: Why 260 Days?" Robert Peden website, 1981, updated May 24 and June 15, 2004, accessed June 2010, http://www.spiderorchid.com/mesoamerica/mesoamerica.htm.

7. John Lennon, "Imagine," Apple Records, October 11, 1971.

8. "Scipio Africanus the Elder," *Encyclopaedia Brittanica*, http://www.britannica.com/EBchecked/topic/529046/Scipio-Africanus-the-Elder/6515/Late-years.

9. Polybius Histories, book 23, chapter 14, 1–8, pp. 426–427,

http://penelope.uchicago.edu/Thayer/E/Roman/Texts/Polybius/23*.xhtml#14

10. "Scipio Africanus the Elder," *Encyclopaedia Brittanica*.

11. François Masson, "Cyclology: The Mathematics of History," chapter 6 in *The End of Our Century* (1979),

http://divinecosmos.com/index.php/start-here/books-free-online/26-the-end-of-our-century/145-chapter-06-cyclology-themathematics-of-history.

12. Jonathan Aitken, "Nixon v Frost: The True Story of What Really Happened When a British Journalist Bullied a TV Confession out of a Disgraced Ex-President," *Daily Mail*, January 23, 2009, http://www.dailymail.co.uk/tvshowbiz/article-1127039/Nixon-v-Frost-The-true-story-really-happened-British-journalist-bullied-TV-confession-disgraced-ex-President.html.

13. "Marcus Porcius Cato," *Encyclopaedia Brittanica*, http://www.britannica.com/EBchecked/topic/99975/Marcus-Porcius-Cato.

14. 同上

15. President Jimmy Carter, "Report to the American People on Energy," February 2, 1977, University of Virginia Miller Center,

http://millercenter.org/president/speeches/detail/3396.

16. Uri Friedman, "The South Korean President's Underwear: Lee Myung-Bak Channels Jimmy Carter," *Foreign Policy*, November 28, 2011,

http://blog.foreignpolicy.com/posts/2011/11/28/the_south_korean_presidents_underwear_lee_myung_bak_channels_jimmy_carter_

http://www.jfklibrary.org/Historical+Resources/JFK+in+History/JFK+and+the+Bay+of+Pigs.htm.

26. Glass, "On Sept. 25, 1959 Khrushchev Capped a Visit to the U.S."

27. "Cold War I: Bay of Pigs—Timeline—1961," Oregon Public Broadcasting, 2001,

http://web.archive.org/web/20100818012911/http://www.opb.org/education/coldwar/bayofpigs/timeline/1961.html.

28. Charles Tustin Kamps. "The Cuban Missile Crisis." *Air & Space Power Journal*, AU Press, Air University, Maxwell Air Force Base, Alabama, Fall 2007, vol. XXI, no. 3, p. 88.

29. Vista Boyland and Klyne D. Nowlin, "WWIII, A Close Call." *The Intercom*, 35 (1): 10–11, January 2012,

http://www.moaacc.org/document\Newsletters/Jan2012.pdf.

30. "Cold War I: Bay of Pigs—Timeline—1961," Oregon Public Broadcasting, 2001,

http://web.archive.org/web/20100818012911/http://www.opb.org/education/coldwar/bayofpigs/timeline/1961.html.

31. Arthur Schlesinger, *Robert Kennedy and His Times* (Boston: Houghton Mifflin Harcourt, 2002), p. 1008.

32. "October 14, 1964: Khrushchev Ousted as Premier of Soviet Union,". History.com, http://www.history.com/this-day-inhistory/khrushchev-ousted-as-premier-of-soviet-union.

14 人類歷史跟著黃道十二宮的週期走？

1. "A Vietnam War Timeline," Illinois State University, http://www.english.illinois.edu/MAPS/vietnam/timeline.htm.

2. NPR staff, "Ike's Warning of Military Expansion, 50 Years Later," NPR, January 17, 2011,

http://www.npr.org/2011/01/17/132942244/ikes-warning-of-military-expansion-50-years-later.

3. Eric Brown, "LBJ Tapes Show Richard Nixon May Have Committed Treason by Sabotaging Vietnam Peace Talks," *International Business Times*, March 17, 2013, http://www.ibtimes.com/lbj-tapes-show-richard-nixon-may-have-committedtreason-sabotaging-vietnam-peace-talks-1131819.

17. Wayne Greene, "Saving Energy Is a Matter of Pocketbook, Patriotism," *Tulsa World*, February 22, 2009,

http://www.tulsaworld.com/article.aspx/Saving_energy_is_a_matter_of_pocketbook_patriotism/20090222_261_g6_coalma783384.

18. President Jimmy Carter, "Report to the American People on Energy," February 2, 1977, University of Virginia Miller Center,

http://millercenter.org/president/speeches/detail/3396.

19. "Cato the Elder," UNRV History, http://www.unrv.com/culture/cato-the-elder.php.

20. "Jimmy Carter-39th President of the United States and Founder of the Carter Center." The Carter Center, February 1, 2013,

http://www.cartercenter.org/news/experts/jimmy_carter.html.

21. "The Nobel Peace Prize 2002," Nobelprize.org, October 11, 2002,

http://nobelprize.org/nobel_prizes/peace/laureates/2002/press.html.

22. Appian of Alexandria, "The First Celtiberian War," *History of Rome*, §42, http://www.livius.org/apark/appian/appian_spain_09.html.

23. Titus Livius, *The History of Rome*, vol. 6, book 41, paragraph 26, http://mcadams.posc.mu.edu/txt/ah/livy/livy41.html.

24. "Soviet Invasion of Afghanistan," GuidetoRussia.com, 2004, http://www.guidetorussia.com/russia-afghanistan.asp.

25. 同上

26. "Soviet War in Afghanistan," Wikipedia, 2010, http://en.wikipedia.org/wiki/Soviet_war_in_Afghanistan.

27. Svetlana Savranskaya and Thomas Blanton, "The Reykjavík File: Previously Secret Documents from U.S. and Soviet Archives on the 1986 Reagan-Gorbachev Summit," National Security Archive Electronic Briefing Book No. 203, October 13, 2006,

http://www.gwu.edu/~nsarchiv/NSAEBB/NSAEBB203/index.htm.

28. "White House Shake-Up: A Task Is Handed to State Dept.; Poindexter and North Have Limited Options," *New York Times*, November 26, 1986, section A, p. 12, http://www.nytimes.com/1986/11/26/world/white-house-shake-up-task-handed-state-deptpoindexter-north-have-limited.html.

29. Brown University, "John Poindexter—National Security Advisor," *Understanding the Iran-Contra Affairs*, 2010,

http://www.brown.edu/Research/Understanding_the_Iran_Contra_Affair/profile-poindexter.php.

30. Savranskaya and Blanton, "The Reykjavík File."

31. Michael Wines and Norman Kempster. "U.S. Orders Expulsion of 55 Soviet Diplomats: Largest Single Ouster Affects Capital, S.F." *Los Angeles Times*, October 22, 1986, http://articles.latimes.com/1986-10-22/news/mn-6805_1_soviet-union.

32. "Week of October 19, 1986," Mr. Pop History, http://www.mrpopculture.com/files/October%2019,%201986.pdf.

33. "Feb. 12, 1988: Russian Ships Bump U.S. Destroyer and Cruiser," History.com, http://www.history.com/this-day-inhistory/russian-ships-bump-us-destroyer-and-cruiser.

34. 同上

35. Jason Burke, "Bin Laden Files Show Al-Qaida and Taliban Leaders in Close Contact," *The Guardian*, April 29, 2012,

http://www.guardian.co.uk/world/2012/apr/29/bin-laden-al-qaida-taliban-contact.

36. "The U.S. and Soviet Proxy War in Afghanistan, 1989–1992: Prisoners of Our Preconceptions?" Working Group Report no. IV, November 15, 2005, Georgetown University Institute for the Study of Diplomacy, pp. 1–2,

http://isd.georgetown.edu/files/Afghan_2_WR_report.pdf.

37. Ria Novosti, "Tanks and Barricades on Moscow's Streets: August 19, 1991," 2013, http://rianovosti.com/photolents/20110819/160262752_2.html.

38. "1991: Hardliners Stage Coup Against Gorbachev," BBC News,

http://news.bbc.co.uk/onthisday/hi/dates/stories/august/19/newsid_2499000/2499453.stm.

39. "Collapse of the Soviet Union—1989-1991," GlobalSecurity.org, October 1, 2012,

http://www.globalsecurity.org/military/world/russia/soviet-collapse.htm.

40. "1991: Gorbachev Resigns as Soviet Union Breaks Up," BBC News,

http://news.bbc.co.uk/onthisday/hi/dates/stories/december/25/newsid_2542000/2542749.stm.

41. Masson, "Cyclology."

14. Peter David Beter, audio letters and audio books, http://www.peterdavidbeter.com.
15. Peter David Beter, Audio Letter No. 40, November 30, 1978, http://peterdavidbeter.com/docs/all/dbal40.html.
16. David Wilcock, "1950s Human ETs Prepare Us for Golden Age—Videos, Documents!" Divine Cosmos, July 22, 2011,

http://divinecosmos.com/start-here/davids-blog/956-1950s-ets.
17. David Wilcock, "Disclosure War at Critical Mass: Birds, Fish and Political Deaths." Divine Cosmos, January 15, 2011,

http://divinecosmos.com/start-here/davids-blog/909-disclosurecriticalmass.
18. "A New Finding in India: Extraterrestrial UFOs Have the Capabilities to Disable All Nuke Missiles in the World Including That of India's, Pakistan's and China's," *India Daily*, February 20, 2005, http://www.indiadaily.com/editorial/1656.asp.
19. 同上
20. Kerry Cassidy and Bill Ryan, Project Camelot, http://www.projectcamelot.org.
21. Project Camelot and David Wilcock, interview with Dr. Pete Peterson, 2009, http://projectcamelot.org/pete_peterson.html.
22. 同上
23. Wilcock, "1950s Human ETs."
24. Quintus Tullius Cicero, *How to Win an Election: An Ancient Guide for Modern Politicians*, trans. Philip Freeman (Princeton, NJ: Princeton University Press, 2012).
25. 同上, pp. xvi–xxi.
26. 同上, pp. xvii–xxi.
27. 同上
28. Don Elkins, Carla Rueckert, and Jim McCarty, *The Law of One* (West Chester, PA: Whitford Press, 1984), session 57, question 7, http://lawofone.info/results.php?s=57#7.
29. "United States Elections, 2006," Wikipedia, http://en.wikipedia.org/wiki/United_States_elections,_2006.
30. "Cato the Elder (234–149 B.C.)," Roman Empire.net, http://www.roman-empire.net/republic/cato-e.html.
31. Alicia VerHage, "Cato the Elder: 234–149 B.C.," Web Chronology Project, September 19, 1999,

http://www.thenagain.info/WebChron/Mediterranean/CatoElder.html.

15 天沒有塌下來，而是我們開始看到了真相

1. François Masson, *The End of Our Era* (Virginia Beach, VA: Donning Company Publishers, 1983),

https://www.facebook.com/theWave1111/posts/160972590635214.
2. "Gulf War," Wikipedia, http://en.wikipedia.org/wiki/Gulf_War.
3. Jorge Hirsch, "War Against Iran, April 2006: Biological Threat and Executive Order 13292," April 1, 2006, Antiwar.com,

http://www.antiwar.com/hirsch/?articleid=8788.
4. 同上
5. Gareth Porter, "Cheney Tried to Stifle Dissent in Iran NIE," Inter Press Service, November 8, 2007,

http://ipsnews.net/news.asp?idnews=39978.
6. Ray McGovern, "A Miracle: Honest Intel on Iran Nukes," Antiwar.com, December 4, 2007, http://www.antiwar.com/mcgovern/?articleid=12001.
7. *Journal of Offender Rehabilitation* 36, nos. 1–4 (2003): 283–302, http://www.tandfonline.com/toc/wjor20/36/1-4#.UYcPUoKfLbt.
8. Harry V. Martin, "The Federal Reserve Bunk," FreeAmerica and Harry V. Martin, 1995,

http://dmc.members.sonic.net/sentinel/naij2.html.
9. Ron Paul, "Abolish the Federal Reserve," Ron Paul's Speeches and Statements, House.gov, September 10, 2002,

http://web.archive.org/web/20080202084948/http://www.house.gov/paul/congrec/congrec2002/cr091002b.htm.
10. "The Whitehouse Coup," BBC Radio 4: History, *Document*, July 23, 2007,

http://www.bbc.co.uk/radio4/history/document/document_20070723.shtml.
11. Ben Aris and Duncan Campbell, "How Bush's Grandfather Helped Hitler Rise to Power," *The Guardian*, September 25, 2004,

http://www.guardian.co.uk/world/2004/sep/25/usa.secondworldwar.
12. 同上
13. David Wilcock, "Disclosure Endgame," Divine Cosmos, December 25, 2009, http://divinecosmos.com/index.php/starthere/davids-blog/521-disclosure-endgame.

16 還原九一一事件的真相

1. "Rebuilding America's Defenses: Strategy, Forces and Resources for a New Century," report of the Project for the New American Century, September 2000, http://www.newamericancentury.org/RebuildingAmericasDefenses.pdf.
2. Jess Cagle, "Pearl Harbor's Top Gun," *Time*, May 27, 2001, http://www.time.com/time/magazine/article/0,9171,128107,00.html.
3. Anonymous, private conversation with the author, 2011.
4. "The USA PATRIOT Act: Legislation Rushed into Law in the Wake of 9/11/01," 9/11 Research, August 11, 2008, http://911research.wtc7.net/post911/legislation/usapatriot.html.
5. 同上
6. Jennifer Van Bergen, "The USA PATRIOT Act Was Planned Before 9/11," Truthout.org, May 20, 2002,

   http://www.globalissues.org/article/342/the-usa-patriot-act-was-planned-before-911.
7. 同上
8. "The USA PATRIOT Act: Legislation Rushed."
9. "WTC Steel Removal: The Expeditious Destruction of Evidence at Ground Zero," 9-11 Research, April 26, 2009,

   http://911research.wtc7.net/wtc/groundzero/cleanup.html.
10. 同上
11. David Wilcock, "Wilcock Readings Section 2: December 1–15, 1996," Ascension2000.com, Archive.org snapshot from January 24, 2000, http://web.archive.org/web/20000124000818/http://ascension2000.com/Readings/readings02.html.
12. David Wilcock, "Wilcock Readings Section 2,"
13. 同上
14. David Wilcock, "Earth Very Soon to Shift Its Position," Greatdreams.com, February 23, 1999, Archive.org snapshot from October 9, 1999, http://web.archive.org/web/19991009190326/http://www.greatdreams.com/shift.htm.
15. 同上
16. Susan Lindauer, "Extreme Prejudice: The Terrifying Story of the Patriot Act and the Cover Ups of 9/11 and Iraq," CreateSpace Independent Publishing Platform, October 15, 2010, http://extremeprejudiceusa.wordpress.com/2010/10/10/extreme-prejudice-bysusan-lindauer/.
32. David Wilcock and Benjamin Fulford, "Disclosure Imminent? Two Underground NWO Bases Destroyed," Divine Cosmos, September 14, 2011, http://divinecosmos.com/start-here/davids-blog/975-undergroundbases; David Wilcock and Benjamin Fulford, "New Fulford Interview Transcript: Old World Order Nearing Defeat," Divine Cosmos, October 31, 2011,

    http://divinecosmos.com/start-here/davids-blog/988-fulford-owo-defeat.
33. E. L. Skip Knox, "The Punic Wars: Third Punic War," Boise State University,

    http://web.archive.org/web/20110625203436/http://www.boisestate.edu/courses/westciv/punicwar/17.shtml.
34. Andrew Walker, "Project Paperclip: Dark Side of the Moon," BBC News, November 21, 2005,

    http://news.bbc.co.uk/2/hi/uk_news/magazine/4443934.stm.
35. 同上
36. Naomi Wolf, "Fascist America, in 10 Easy Steps," *The Guardian*, April 24, 2007, http://www.guardian.co.uk/world/2007/apr/24/usa.comment.
37. Robert Parry, "The Original October Surprise, Part III," Consortium News/Truthout, October 29, 2006,

    http://www.truthout.org/article/robert-parry-part-iii-the-original-october-surprise.
38. 同上
39. Gary Sick, *October Surprise: America's Hostages in Iran and the Election of Ronald Reagan* (New York: Random House, 1991; New York: Three Rivers Press, 1992).
40. Gary Sick, "The Election Story of the Decade," *New York Times*, April 15, 1991, http://www.fas.org/irp/congress/1992_cr/h920205-october-clips.htm.
41. Barbara Honegger, *October Surprise* (New York: Tudor, 1989).
42. "Jimmy Carter Wins Nobel Peace Prize," CNN, October 11, 2002,

    http://archives.cnn.com/2002/WORLD/europe/10/11/carter.nobel/index.html.
43. "Jimmy Carter's UFO Sighting," Cohen UFO, 1996, http://www.cohenufo.org/Carter/carter_abvtopsec.htm.
44. Walker, "Project Paperclip."
45. Ewan MacAskill, "Jimmy Carter: Animosity Towards Barack Obama Is Due to Racism," *The Guardian*, September 16, 2009,

    http://www.guardian.co.uk/world/2009/sep/16/jimmy-carter-racism-barack-obama.

3. Alexandra Cosgrove, "A Clinton Timeline: Highlights and Lowlights," CBS News, Washington, January 12, 2001,

http://www.cbsnews.com/stories/2001/01/08/politics/main262484.shtml.

4. Steve Benen, "As 'Obamacare' Turns Three, the Politics Haven't Changed," Maddow Blog, MSNBC, March 21, 2013,

http://maddowblog.msnbc.com/_news/2013/03/21/17401638-as-obamacare-turns-three-the-politics-havent-changed?lite.

5. David Wilcock, "6/23/99: Prophecy: Wars, Earth Changes and Ascension," Divine Cosmos, June 23, 1999,

http://divinecosmos.com/index.php/start-here/readings-in-text-form/185-62399-prophecy-wars-earth-changes-and-ascension.

6. Wilcock, "6/23/99: Prophecy"; Wilcock, "11/24/00: Prophecy."

7. Wilcock, "4/29/99: Reading."

8. David Wilcock, "ET Update on Global Politics, Immediate Future Earth Changes and Ascension Events," Ascension2000, June 23, 1999, Archive.org snapshot from March 11, 2000,

http://web.archive.org/web/20000311102326/http://ascension2000.com/6.23Update.html.

9. 同上

10. David Wilcock, "An Ongoing Puzzle Collection from the Deepest Possible Trance State: Archangel Michael Reading #2," Ascension2000, September 30, 1999, Archive.org snapshot from April 9, 2001,

http://web.archive.org/web/20010409200610/http://ascension2000.com/9.30.99.htm.

11. David Wilcock, "Archangel Michael Series #3," Ascension2000, October 1, 1999, Archive.org snapshot from March 4, 2000,

http://web.archive.org/web/20000304142506/http://www.ascension2000.com/10.01.99.htm.

12. 同上

13. David Wilcock, "Very Powerful Reading: The Autumn Season of Humanity," Ascension2000, September 4, 1999, Archive.org snapshot from March 11, 2000, http://web.archive.org/web/20000311174059/http://ascension2000.com/9.04.99.htm.

14. 同上

18 重新改寫人類的生命之書

1. "The Battle of Swiecino," Wikipedia, http://en.wikipedia.

17. Susan Lindauer, "Public, Global Profile of SLindauer2010," Gravatar, 2010, http://en.gravatar.com/slindauer2010.

18. Elizabeth Nelson and Bill Ryan, "What Really Happened to Flight 93—Interview Transcript," Project Camelot, February 2009,

http://projectcamelot.org/lang/en/elizabeth_nelson_flight_93_transcript_en.html.

19. 同上

20. David Wilcock, "Financial Tyranny: Defeating the Greatest Cover-Up of All Time," Divine Cosmos, January 13, 2012,

http://divinecosmos.com/start-here/davids-blog/1023-financial-tyranny.

21. John Kerry, "Transcript: First Presidential Debate," *Washington Post*, September 30, 2004,

http://www.washingtonpost.com/wp-srv/politics/debatereferee/debate_0930.html.

22. Kate Murphy, "Single-Payer & Interlocking Directorates: The Corporate Ties Between Insurers and Media Companies," FAIR, August 2009, http://web.archive.org/web/20120203103550/http://www.fair.org/index.php?page=3845.

23. Ben Bagdikian, *The New Media Monopoly* (Boston: Beacon Press, 2004),

http://web.archive.org/web/20121017114414/http://benbagdikian.net/; Free Press, "Who Owns the Media?" 2009–2012,

http://www.freepress.net/ownership/chart/main.

24. Free Press, "Who Owns the Media?"

25. "Over Neoconservative Obstructionism and Health Care Lobbying, Health Reform Passes," Populist Daily, December 24, 2009,

http://www.populistdaily.com/politics/over-neoconservative-obstruction-and-health-care-lobbying-health-reform-passes.html.

17 預言與解讀

1. "Thirteen Years' War," Nation Master Online Encyclopedia, 2010, http://www.statemaster.com/encyclopedia/Thirteen-Years'-War.

2. Derek Bok, "The Great Health Care Debate of 1993–94," Public Talk, University of Pennsylvania Online Journal of Discourse Leadership, 1998, http://www.upenn.edu/pnc/ptbok.html.

pp. 845–846.

4. Jonathan Brent and Vladimir Naumov, *Stalin's Last Crime: The Plot Against the Jewish Doctors, 1948–1953* (New York: HarperCollins, 2004).
5. Simon Sebag Montefiore, Stalin: The Court of the Red Tsar (New York: Vintage, 2004), p. 571.
6. François Masson, "Cyclology: The Mathematics of History," chapter 6 in *The End of Our Century* (1979),

   http://divinecosmos.com/index.php/start-here/books-free-online/26-the-end-of-our-century/145-chapter-06-cyclology-themathematics-of-history.
7. 同上
8. Timothy Taylor, "Time Warp," *Saturday Night*, 2000, http://www.mail-archive.com/ctrl@listserv.aol.com/msg69058.html.
9. 同上
10. Nikolai A. Morozov, Christ: *The History of Human Culture from the Standpoint of the Natural Sciences*, 2nd ed. (in Russian), vols. 1–7 (Moscow, 1926–1932); vols. 1–7 (Moscow: Kraft and Lean, 1997–1998 [8 books]).
11. Anatoly T. Fomenko, *Empirico-Statistical Analysis of Narrative Material and Its Applications to Historical Dating*, vol. 1, *The Development of the Statistical Tools*; vol. 2, *The Analysis of Ancient and Medieval Records* (New York: Kluwer Academic Publishers, 1994).
12. Taylor, "Time Warp."
13. 同上
14. A. T. Fomenko and G. V. Nosovskij, "New Hypothetical Chronology and Concept of English History: British Empire as a Direct Successor of Byzantine-Roman Empire," New Tradition, 2002, http://www.new-tradition.org/investigation-eng-history.php.
15. Taylor, "Time Warp."
16. Bill Wall, "Who Is the Strongest Chess Player?" Chess.com, October 27, 2008, http://www.chess.com/article/view/who-is-thestrongest-chess-player.
17. Garry Kasparov, "Mathematics of the Past," New Tradition Sociological Society,

    http://web.archive.org/web/20100323072616/http://www.new-tradition.org/view-garry-kasparov.html.
18. Wieslaw Z. Krawciewicz, Gleb V. Nosovskij, and Petr P. Zabrieko, "Investigation of the Correctness of Historical Dating," New Tradition Sociological Society, 2002, http://web.archive.org/web/20100926092137/http://www.newtradition.org/investigation-historical-dating.html. (當我寫這本書時，無法連上原尺寸的檔案，但在以org/wiki/Battle_of_%C5%9Awiecino.

2. "Hurricane Katrina: The Essential Time Line," National Geographic News, September 14, 2005,

   http://news.nationalgeographic.com/news/2005/09/0914_050914_katrina_timeline_2.html.
3. Scott Shane, "After Failures, Government Officials Play Blame Game," New York Times, September 5, 2005,

   http://www.nytimes.com/2005/09/05/national/nationalspecial/05blame.html?_r=0.
4. Carl Hulse and Philip Shenon, "*Democrats and Others* Press for an Independent Inquiry," *New York Times*, September 14, 2005, http://www.nytimes.com/2005/09/14/national/nationalspecial/14cong.html?fta=y.
5. "United States Elections, 2006," Wikipedia, http://en.wikipedia.org/wiki/United_States_elections,_2006.
6. Michael A. Fletcher and Richard Morin, "Bush's Approval Rating Drops to New Low in Wake of Storm," *Washington Post*, September 13, 2005, http://www.washingtonpost.com/wp-dyn/content/article/2005/09/12/AR2005091200668.html.
7. "America Votes 2006," CNN, http://www.cnn.com/ELECTION/2006/.
8. Jeffrey M. Jones, "GOP Losses Span Nearly All Demographic Groups," Gallup Politics, May 18, 2009,

   http://www.gallup.com/poll/118528/gop-losses-span-nearly-demographic-groups.aspx.
9. Appian of Alexandria, "The Lusitanian War," *History of Rome*, §56, http://www.livius.org/ap-ark/appian/appian_spain_12.html.
10. James Grout, "The Celtiberian War," Encyclopaedia Romana, 2013,

    http://penelope.uchicago.edu/~grout/encyclopaedia_romana/hispania/celtiberianwar.html

19 歷史為什麼會重演？

1. Maximilien de Robespierre, *On the Principles of Political Morality (February 1794), in Maximilien Robespierre: On the Principles of Political Morality, February 1794*, ed. Paul Halsall, Modern History Sourcebook, August 1997, Fordham University, http://www.fordham.edu/halsall/mod/1794robespierre.asp.
2. David Andress, *The Terror* (New York: Farrar, Straus and Giroux, 2007), p. 323.
3. Simon Schama, Citizens: *A Chronicle of the French Revolution* (New York: Alfred A. Knopf, 1989),

http://www.greatdreams.com/plpath1.htm.

17. 同上

18. Daniel 12:8–9 (NRSV).

19. Daniel 12:10–11 (NRSV).

20. Daniel 12:12–13 (NRSV).

21 進化、變身，邁向第四密度

1. Zhaxki Zhuoma.net. "The Rainbow Body."

   http://web.archive.org/web/20120301124019/http://www.zhaxizhuoma.net/SEVEN_JEWELS/HOLY%20EVENTS/RAINBOW%

2. Namkhai Norbu. Dream Yoga and the Practice of Natural Light (Ithaca, NY: Snow Lion Productions, 1992), p. 67.

3. Gail Holland. "The Rainbow Body." Institute of Noetic Sciences Review, March–May 2002. http://www.snowlionpub.com/pages/N59_9.html.

4. 同上

5. 同上

6. Giovanni Milani-Santarpia, "Mysticism and Signs in Ancient Rome: The Sibyls," Antiquities of Rome,

   http://www.mariamilani.com/ancient_rome/mysticism_signs_ancient_rome.htm.

7. Padraic Colum, "The Sibyl," *Orpheus: Myths of the World*, p. 119, http://www.livius.org/ap-ark/appian/appian_spain_12.html.

8. Don Elkins, Carla Rueckert, and Jim McCarty, T*he Law of One* (West Chester, PA: Whitford Press, 1984), session 1, http://lawofone.info/results.php?s=1.

9. 同上, session 6, question 24, http://lawofone.info/results.php?s=6#24.

10. 同上, session 6, questions 16–19, http://lawofone.info/results.php?s=6#16.

11. Robert D. Peden, "The Mayan Calendar: Why 260 Days?" Robert Peden website, 1981, updated May 24 and June 15, 2004, accessed June 2010, http://www.spiderorchid.com/mesoamerica/mesoamerica.htm.

12. 同上

13. Hans Jenny. Cymatics—A Study of Wave Phenomena. (Newmarket, NH: MACROmedia Publishing, 2001), http://www.cymaticsource.com/.

14. Elkins, Rueckert, and McCarty, *The Law of One*, session 1, http://lawofone.info/results.php?s=1.

15. "Who Was Robert J. Moon?" *21st Century Science and* 下網站可找到縮小複本：http://www.world-mysteries.com/sci_16.htm.)

19. Robert Grishin, "Global Revision of History: Preface," New Tradition Sociological Society, 2002,

    http://web.archive.org/web/20101106080043/http://www.new-tradition.org/preface.html.

20. Krawciewicz, Nosovskij, and Zabrieko, "Investigation of the Correctness of Historical Dating."

21. Grishin, "Global Revision of History: Preface."

20 從黑鐵時代到黃金時代

1. Wieslaw Z. Krawciewicz, Gleb V. Nosovskij, and Petr P. Zabrieko, "Investigation of the Correctness of Historical Dating," *New Tradition Sociological Society*, 2002, http://web.archive.org/web/20100926092137/http://www.newtradition.org/investigation-historical-dating.html.

2. François Masson, "Cyclology: The Mathematics of History," chapter 6 in *The End of Our Century* (1979),

   http://divinecosmos.com/index.php/start-here/books-free-online/26-the-end-of-our-century/145-chapter-06-cyclology-themathematics-of-history.

3. "Iconoclasm," Wikipedia, accessed April 2010, http://en.wikipedia.org/wiki/Iconoclasm.

4. Paul Robert Walker, *The Feud That Sparked the Renaissance: How Brunelleschi and Ghiberti Changed the Art World* (New York: Harper Perennial, 2003).

5. "How a Day Can Equal a Year," Bible Prophecy Numbers, http://www.1260-1290-days-bible-prophecy.org/day-yearprinciple.html.

6. Daniel 12:11 (新修訂標準版／NRSV).

7. Daniel 2:20–22 (NRSV).

8. Daniel 2:31–35 (NRSV).

9. Daniel 2:37–40 (NRSV).

10. Daniel 2:41–42 (NRSV).

11. Daniel 7:23 (NRSV).

12. Daniel 2:44–45 (NRSV).

13. Daniel 12:1 (NRSV).

14. Daniel 12:2–3 (NRSV).

15. Daniel 12:6–7 (NRSV).

16. Joe Mason, "Humanity on the Pollen Path, Part One: Symbols of the Chakras and the Midpoint," Great Dreams, April 24, 1999,

php?s=63#29.
30. 同上, session 9, question 4, http://lawofone.info/results.php?s=9#4.
31. 同上, session 14, question 16, http://lawofone.info/results.php?s=14#16.
32. 同上, session 63, question 25, http://lawofone.info/results.php?s=63#25.
33. 同上, session 63, questions 12–15, http://lawofone.info/results.php?s=63#12.
34. 同上, session 40, questions 10–11, http://lawofone.info/results.php?s=40#10.
35. Elkins, Rueckert, and McCarty, *The Law of One*, session 40, question 5, http://lawofone.info/results.php?s=40#5.
36. 同上, session 16, question 50, http://lawofone.info/results.php?s=16#50.
37. 同上, session 20, question 24, http://lawofone.info/results.php?s=20#24.
38. 同上, session 89, question 8, http://lawofone.info/results.php?s=89#8.
39. 同上, session 14, question 4, http://lawofone.info/results.php?s=14#4.
40. 同上, session 65, question 9, http://lawofone.info/results.php?s=65#9.
41. 同上, session 17, question 29, http://lawofone.info/results.php?s=17#29.
42. 同上, session 17, question 22, http://lawofone.info/results.php?s=17#22.
43. William Henry and Mark Gray, *Freedom's Gate: The Lost Symbols in the U.S.* Capitol, Hendersonville, TN: Scala Dei, 2009, p. 25, http://williamhenry.net/freedomsgate.html.
44. Lex Hixon and Neil Douglas-Klotz, *The Heart of the Qur'an: An Introduction to Islamic Spirituality*, 2nd ed. (Wheaton, IL: Quest Books, 2003), p. 38.
45. 同上, p. 85.
46. 同上, pp. 85–86.
47. 同上, p. 86.
48. 同上, p. 88.
49. 同上, p. 99.
50. 同上, p. 94.

Technology. http://www.21stcenturysciencetech.com/articles/drmoon.html
16. The Moon Model of the Nucleus. [List of related articles], *21st Century Science and Technology*, http://www.21stcenturysciencetech.com/moonsubpg.html
17. David Guenther, "Solar and Stellar Seismology," St. Mary's University, January 2010,

http://www.ap.stmarys.ca/%7Eguenther/seismology/seismology.html; "David Guenther, Professor," St. Mary's University, January 2010, http://www.ap.stmarys.ca/%7Eguenther/.
18. Robert B. Leighton, Robert W. Noyes and George W. Simon, "Velocity Fields in the Solar Atmosphere. I. Preliminary Report," *Astrophysical Journal*, vol. 135, p. 474, http://adsabs.harvard.edu/abs/1962ApJ…135..474L.
19. Elkins, Rueckert, and McCarty, *The Law of One*, session 27, question 6, http://lawofone.info/results.php?s=27#6.
20. Nassim Haramein. "Haramein Paper Wins Award!" The Resonance Project, http://www.theresonanceproject.org/best_paper_award.html
21. Dewey Larson. "The Reciprocal System: The Collected Works," http://www.reciprocalsystem.com/dbl/index.htm.
22. Elkins, Rueckert, and McCarty, *The Law of One*, session 20, question 7, http://lawofone.info/results.php?s=20#7.
23. 同上, session 6, question 15, http://lawofone.info/results.php?s=6#15.
24. Zecharia Sitchin. *Twelfth Planet: Book I of the Earth Chronicles*. (New York: Harper, 2007), http://www.sitchin.com.
25. Ryan X, "Is the Sun Part of a Binary Star System? Six Reasons to Consider," *Signs of the Times*, June 24, 2011,

http://www.sott.net/article/230480-Is-the-Sun-Part-of-a-Binary-Star-System-Six-Reasons-to-Consider.
26. Elkins, Rueckert, and McCarty, *The Law of One*, session 16, questions 33–35, http://lawofone.info/results.php?s=16#33.
27. 同上, session 10, question 17, http://lawofone.info/results.php?s=10#17.
28. Earle Holland, "Major Climate Change Occurred 5,200 Years Ago: Evidence Suggests That History Could Repeat Itself," *Research News*, Ohio State University, December 15, 2004, http://researchnews.osu.edu/archive/5200event.htm.
29. Elkins, Rueckert, and McCarty, *The Law of One*, session 63, question 29, http://lawofone.info/results.

BX0008R
源場2 同步鍵——超宇宙意識關鍵報告

The Synchronicity Key: The Hidden Intelligence Guiding the Universe and You

作者　大衛・威爾科克（David Wilcock）
譯者　黃浩填
責任編輯　于芝峰
特約主編　莊雪珠
封面設計　黃聖文
內頁構成　舞陽美術 張淑珍、張祐誠
校對　莊雪珠、魏秋綢

發行人　蘇拾平
總編輯　于芝峰
副總編輯　田哲榮
業務發行　王綬晨、邱紹溢、劉文雅
行銷企劃　陳詩婷
出　版　橡實文化 ACORN Publishing
地址：231030新北市新店區北新路三段207-3號5樓
電話：02-8913-1005　傳真：02-8913-1056
E-mail信箱：acorn@andbooks.com.tw
網址：www.acornbooks.com.tw

發行　大雁出版基地
地址：231030新北市新店區北新路三段207-3號5樓
電話：02-8913-1005　傳真：02-8913-1056
讀者服務信箱：andbooks@andbooks.com.tw
劃撥帳號：19983379　戶名：大雁文化事業股份有限公司

二版一刷　2024年2月
定　價　550元
ISBN　978-626-7313-96-1

國家圖書館出版品預行編目資料

源場 2 同步鍵：超宇宙意識關鍵報告/ 大衛.威爾科克(David Wilcock)作；黃浩填譯. -- 二版. -- 新北市：大雁文化事業股份有限公司 橡實文化出版：大雁出版基地發行, 2024.02
416面；17×22公分

譯自：The synchronicity key : the hidden intelligence guiding the universe and you
ISBN 978-626-7313-96-1(平裝)

1.CST: 能量 2.CST: 宇宙論 3.CST: 文集
能
163　　112022547